Lot-et-Garonne

LA TOSCANE FRANÇAISE

Telle était l'évocation de Stendhal lorsqu'il parlait du Lot-et-Garonne. Quelle belle métaphore pour ce territoire aux multiples richesses naturelles, gastronomiques et culturelles ! Séjourner dans ce département ne vous laissera pas indifférent. Du passé historique que témoignent le château Henri IV de Nérac ou encore Bonaguil, en passant par les saisons chaudes rythmées par les nombreux concerts, fêtes et autres festivals, ce territoire vous offre à chaque saison la possibilité de vous enrichir et de découvrir une certaine idée du « bien vivre ». Agen, la préfecture qui se transforme, la vallée du Lot à découvrir à vélo ou Marmande et son terroir florissant, tout est à (re) découvrir.
Comme le Lot-et-Garonne, le *Petit Futé* ne s'arrête jamais de se renouveler, même lorsqu'une crise sanitaire chamboule les choses et la façon de vivre ses vacances. [illegible] it et va de l'avant : [illegible] découvrirez, est [illegible] pondre au mieux [illegible] s qui en font un [illegible] es « dénicheurs [illegible] le ces pages les [illegible] its phares sans [illegible] et des dossiers thématiques pour que vous alliez à l'essentiel. Complet, accessible et enrichi, ce guide sera votre boussole pour découvrir ce territoire aux mille facettes et réussir votre séjour dans le cœur du Sud-Ouest.

SOMMAIRE

La vieille ville de Nérac au bord de la Baïse. © NICOLAS THIBAUT

6 INSPIRER

Les bonnes raisons d'y aller, les mots-clés à connaître, les événements qui rythment l'année... Un premier aperçu de la destination, pour se mettre dans le bain !

21 DÉCOUVRIR

Histoire, géographie, gastronomie, sports, architecture, arts et culture... Toutes les clés pour comprendre le territoire.

57 PAYS DE L'AGENAIS

Agen et ses environs forment une terre de diversité. Du Pont-Canal au Pays de Serres, partez découvrir ce territoire où l'histoire inspire la curiosité.

119 PAYS DE LA VALLÉE DU LOT

La vallée du Lot est un verger florissant. Venez respirer la fête dans ses bastides qui font battre la vie toute l'année.

187 PAYS DU VAL DE GARONNE GUYENNE GASCOGNE

Entre Duras et Casteljaloux, ce pays offre les charmes contrastés des Landes de Gascogne et des abords du Périgord. Avec ses festivals, Marmande offre une richesse culturelle sémillante.

241 PAYS D'ALBRET

Du château d'Henri IV aux vignobles de Buzet, le pays d'Albret est un point de rencontre de la Gascogne et des Landes. Nature, patrimoine et gastronomie y sont préservés.

267 ORGANISER SON SÉJOUR

Moyens de transport, agences de voyages et autres informations pratiques : tout le nécessaire pour planifier au mieux vos vacances.

Le châtea

© JERDOZAIN -

Autoroute
Nationale
Départementale
Ville
Forêt domaniale
Vers Sainte-Foy-la-Grande
St-Astier
Villeneuve-de-Duras
LOUBÈS-BERNAC
D708
St-Sernin
Savignac-de-Duras
ST-JEAN-DE-DURAS
Vers Bergerac
Baleyssagues
DURAS
Auriac-sur-Dropt
SOUMENSAC
St-Pierre-sur-Dropt
Pardaillan
D668
LA SAUVETAT-DU-DROPT
MONTETON
ALLEMANS-DU-DROPT
ROUMAGNE
MONTEDON
MIRAMON DE-GUYEN
D993
D667
Vers Bordeaux
MAUVEZIN-SUR-GUPIE
Seyches
MEILHAN-SUR-GARONNE
SAINTE-BAZEILLE
SAINT-BARTHÉLEMY D'AGENAIS
Beaupuy
Vers Bordeaux
MARMANDE
Virazeille
D124
COUTHURES-SUR-GARONNE
Garonne
D993
TOMBEBŒUF
A62
Canal Latéral à la Garonne
Labretonie
GIRONDE
St-Sauveur-de-Meilhan
D641
FOURQUES-SUR-GARONNE
GONTAUD-DE-NOGARET
COCUMONT
Brugna
D3
Samazan
LE MAS-D'AGENAIS
Grateloup
Vers Bordeaux
D933
Grézet-Cavagnan
BOUGLON
LAGRUÈRE
TONNEINS
CASTELMO SUR-L
Argenton
LAPARADE
Villeton
Ruffiac
GRANGES-SUR-LOT
D655
LEYRITZ-MONCASSIN
CLAIRAC
D120
LAFITTE SUR-LOT
ST-SARD
CASTELJALOUX
D291
VILLEFRANCHE-DU-QUEYRAN
DAMAZAN
AIGUILLON
LACÉP
D157
St-Léon
St-Léger
D11
BUZET-SUR-BAÏSE
BAZENS
ST-PIERRE-DE-BUZET
CLERMONT-DESSO
FARGUES-SUR-OURBISE
D933
D655
Thouars-sur-Garonne
SÉRIGNAC-SUR-GARONNE
Allons
D8
XAINTRAILLES
VIANNE
BRUCH
HOUEILLÈS
Forêt de Campet
Pompiey
LAVARDAC
MONTESQ
BARBASTE
Durance
STE-COLOMBE-EN-BRUILHO
D665
MONTAGNAC-SUR-AUVIGNON
Boussès
D109
NÉRAC
Vers Mont-de-Marsan
LANDES
D656
D930
RÉAUP-LISSE
POUDENAS
MÉZIN
FRANCESCAS
SOS
LANNES
D656
D5
MONCRABE
STE-MAURE-DE-PEYRAC
10 KM
Vers Condom

Lot-et-Garonn

QUANDY ALLER

JANVIER

2° / 10°

FÉVRIER

3° / 12°

FESTIVAL MONDOCLOWNS
(MARMANDE)
A Marmande, diverses manifestations pour mettre en avant les arts clownesques : parade, exposition, représentations théâtrales...

MARS

4° / 15°

FESTIVAL LA BD EST DANS LE PRÉ
(FOURQUES-SUR-GARONNE)
La BD est à l'honneur à Fourques-sur-Garonne. Au programme : salon, expositions thématiques, ateliers pédagogiques et animations.

JUILLET

15° / 28°

FESTIVAL INTERNATIONAL DE JOURNALISME
(COUTHURES-SUR-GARONNE)
Rencontrez les personnalités du monde médiatique et politique pour discuter et débattre en profitant des bords de Garonne.

DURASSIC FESTIVAL
(DURAS)
2e édition d'un tout jeune festival de musiques électroniques, auquel le château de Duras fournit un décor historique singulier.

AOÛT

15° / 29°

LES FÊTES D'AGEN
(AGEN)
Le dernier week-end d'août venez vous divertir au sein d'un espace musical éclectique.

NUITS D'ÉTÉ
(AGEN)
Manifestations un peu partout sur le territoire, permettant ainsi à des villages de bénéficier d'une soirée estivale et culturelle.

SEPTEMBRE

12° / 25°

ATELIER DESTINATION MOYEN-ÂGE
(AGEN)
A la découverte dans Agen de la richesse de l'architecture médiévale ! Une animation taillée sur mesure pour les 8-12 ans.

ALBRET JAZZ FESTIVAL
(NÉRAC)
Durant trois jours, on pourra écouter une programmation autour du jazz à la fois originale, éclectique, fédératrice.

Le Lot-et-Garonne est une région du Sud-Ouest, et en ce sens, les saisons estivale et printanière restent idéales pour profiter de ses atouts architecturaux, culturels et gastronomiques. Les festivals y battent alors leur plein, le soleil illumine les terrasses et les événements font vivre le patrimoine. Pour autant, le terroir unique et le climat océanique sont autant d'avantages qui rendent cette campagne à la fois vivante et attirante durant toute l'année.

AVRIL

6° / 18°

$$

MAI

10° / 22°

FOIRE A LA FRAISE
(SAINTE-BAZEILLE)
Sainte-Bazeille est connue pour sa foire à la fraise en mai avec stands de producteurs et animations qui déplacent les foules.

$$

JUIN

13° / 26°

GAROROCK
(MARMANDE)
Marmande bat au rythme des plus grandes célébrités pop, rock et électro, avec des dizaines de milliers de festivaliers attendus.

$$

OCTOBRE

9° / 20°

FESTIVAL DE L'AQUARELLE ET DU CARNET DE VOYAGE
(AIGUILLON)
Un festival artistique qui célèbre les aquarellistes et les carnettistes à Aiguillon : démonstrations publiques, stages et sensibilisations.

LA CORRIDA DES PRUNEAUX
(VILLENEUVE-SUR-LOT)
Un week-end festif et sportif placé sous le signe des pruneaux, avec notamment un marathon en relais.

$

NOVEMBRE

5° / 13°

SALON DU LIVRE
(VILLENEUVE-SUR-LOT)
Cet événement bi annuel se déroule à Villeneuve-sur-Lot, avec en ligne de mire le Prix des Bastides et un prix lycéen.

JOURNÉES BIEN ÊTRE
(AGEN)
A Agen, exposants, conférences, ateliers, espace relaxation au cœur de murs végétaux, expositions artistiques et ateliers bien-être.

$

DÉCEMBRE

3° / 10°

LA BASTIDE ENCHANTEÉ
(VILLENEUVE-SUR-LOT)
Durant tout le mois de décembre, le marché de Noël, ses décors et animations, font souffler un joyeux vent de fête sur la ville.

$

LES BONNES RAISONS D'Y ALLER

© PANOSUD360 - STOCK.ADOBE.COM

LES CHÂTEAUX

Gavaudun, Bonaguil, Nérac... racontent la riche histoire de ce territoire.

LES VIGNOBLES RETROUVÉS

De Duras à Buzet en passant par Marmande, le terroir viticole s'affirme au monde.

© OT ALBRET

© CHRISATPPS - SHUTTERSTOCK.COM

LES BASTIDES

Dispersées sur le département, leur magnifique architecture typique est à contempler.

UN RELIEF DIVERSIFIÉ

Vallée du Dropt, pays de Serres, forêt des Landes... les reliefs sont remarquables.

UNE GASTRONOMIE DE TERROIR

D'un sol fertile et d'une agriculture composite, la gastronomie s'en trouve magnifiée.

LES FESTIVALS DE L'ÉTÉ

Ils jalonnent la saison estivale et font battre la vie culturelle des villes et villages.

LE PRUNEAU

Emblème gourmand de la ville d'Agen, le pruneau si précieux est fêté comme il se doit.

LES BONNES RAISONS D'Y ALLER

LE CANAL DES DEUX-MERS

Reliant Bordeaux à la Méditerranée, son parcours offre une balade à vélo unique.

© CHRISTIAN PRELEUR - CDT 47

© TEDDY VERNEUIL LEZBROZ - CDT 47

LES MARCHÉS GOURMANDS

De la fin du printemps au début de l'automne, ils témoignent de l'esprit de fête.

© CHRISTIAN PRELEUR - CDT 47

LE PONT-CANAL

Ouvrage rarissime, il détonne magnifiquement sur Agen et son architecture s'admire.

LES 12 MOTS-CLÉS

#BASTIDES

Ces villes nouvelles caractéristiques du Moyen Age sont au nombre de 42 disséminées sur le territoire lot-et-garonnais. Avec leur architecture unique et leur organisation carrée, elles sont aujourd'hui le fief de la douceur de vivre du Sud-Ouest, mais aussi d'une certaine idée de la convivialité qui s'exprime par des marchés au cœur de la cité.

© THIEURY - SHUTTERSTOCK.COM

#KIWI

Fruit d'hiver, le kiwi déploie ses vertes couleurs dans les lianes de son arbre, l'actinidia, de décembre à avril. Le Lot-et-Garonne en est le premier producteur français notamment grâce à des conditions idéales avec des terres placées à proximité du Lot et de la Garonne. Implanté depuis les années 1970, le kiwi voit aussi la vie en jaune.

© NICOTREX - SHUTTERSTOCK.COM

#BIO

Jamais dans la tendance, toujours dans la bonne direction, c'est ainsi que l'on pourrait qualifier le rapport du Lot-et-Garonne avec l'agriculture biologique puisque celle-ci s'est installée dans les années 60 et n'a de cesse de faire des émules. Premier département de Nouvelle-Aquitaine en surface cultivée, le Lot-et-Garonne est un précurseur.

#CANAL DES DEUX-MERS

C'est peut-être ce qui symbolise le mieux le Lot-et-Garonne en tant que terre de passage et d'enjeux commerciaux et politiques. Le canal des Deux-Mers traverse le département depuis Meilhan-sur-Garonne jusqu'à Saint-Jean-de-Thurac et fait le pont entre l'Atlantique et la Méditerranée. Aujourd'hui, c'est le paradis des péniches et des cyclistes.

#CHÂTEAUX

Ils sont nombreux et expriment selon que l'on soit à Bonaguil ou à Nérac, une époque spécifique où ils connurent leur âge d'or. Logiquement, ils symbolisent les histoires de famille et les enjeux de défense qui avaient cours à ces différentes époques. Plus ou moins détruits, ils sont en grande partie restaurés et doivent se visiter absolument.

#NOISETTE

Avec Cancon comme capitale française, la noisette trouve toutes les conditions pour s'épanouir dans les magnifiques paysages du haut Agenais. Fruit à coque particulièrement sain notamment décliné en huile, la noisette fait le bonheur des plaisirs sucrés en pâte à tartiner ou simplement brute et décoquillée, accompagnée par exemple d'un vin de noix.

© ANILAKKUS - ISTOKPHOTO.COM

#PONT-CANAL

Ce pont en arc historique long de 539 mètres est initialement construit dans l'axe du canal du Midi pour passer au-dessus de la Garonne. Son histoire révèle les enjeux commerciaux qu'il suscitait et qui expliquent sa construction. Aujourd'hui paradis des promenades du dimanche et des coureurs, il est inscrit au titre des Monuments historiques.

#PRUNEAU D'AGEN

L'emblème du département par excellence, celui qui fait rayonner la préfecture au-delà des frontières et qui s'exprime par son goût et ses qualités nutritives. Savoir-faire multi-séculaire, il est la fierté d'une gastronomie locale avec ses méthodes de séchage de la prune d'ente si particulières qui lui confère ses qualités organoleptiques.

#RUGBY

Le sport roi à Agen où le SUA fait parler de la préfecture au-delà des limites du territoire. Il est un sport rassembleur qui anime chaque dimanche bon nombre de villages lot-et-garonnais et où chaque club anime les conversations des habitués le reste de la semaine. Si le Sud-Ouest est la région du rugby, le Lot-et-Garonne en est le cœur.

© GABRIEL-M - ISTOCKPHOTO.COM

#TOMATE

Une autre fierté gastronomique du Lot-et-Garonne et qui s'exprime en multiples variétés et de multiples couleurs. Green zebra, cœur de bœuf, tomate cerise... se plaisent à pousser dans les champs de la région de Marmande, sa capitale. Symboles des tables d'été, elles se différencient entre elles par leur goût, leur jutosité et leur forme.

#VALLÉE

Les vallées dessinent le département en suivant les rivières qui y coulent. La vallée de la Garonne de Marmande à Agen se situe au cœur du territoire. La vallée du Lot en tant qu'affluent droit de la Garonne concerne la région de Villeneuve-sur-Lot jusqu'à Fumel. Plus modestement, la Baïse, affluent gauche du fleuve Garonne, se situe en Néracais.

#VERGER

Le Lot-et-Garonne possède la plus grande variété de fruits cultivés en France. A ce titre, les locaux nomment leur territoire comme le verger de la France. Des fruits populaires comme la fraise, le melon, mais aussi le kiwi se plaisent ici, tout comme les fruits à coque à l'image de la célèbre noisette et de sa capitale française, Cancon.

VOUS ÊTES D'ICI, SI...

- **Vous êtes les seuls à dire** « Garonne » lorsque vous parlez d'un des quatre grands fleuves français que tous vos concitoyens appellent communément la Garonne, et par ricochet vous provoquez une certaine incompréhension plutôt cocasse.
- **Vous connaissez** un « paloumayre » qui vous a invité dans sa palombière pour regarder les vols de palombes durant la période de chasse et partager de bons repas dans cette cabane construite en haut des arbres, le vertige n'étant pas une de vos phobies.
- **Vous êtes au moins allé une fois** au Garorock depuis sa création et connaissez donc cette institution musicale française qui se déroule chaque été à Marmande. Vous en connaissez tous les recoins et vos amis riverains vous invitent à vous garer chez eux pour être plus proche de l'entrée.
- **Vous savez qu'au printemps** vous admirerez la floraison des vergers dont Michel Serres disait qu'elle était aussi belle que celle des cerisiers au Japon.

MON LOT-ET-GARONNE

avec Nicolas MICHEL, auteur du guide

© JEAN-PHI

Interview

Journaliste de métier, Nicolas Michel a été pendant 20 ans critique de cinéma et de musiques de films. Ce passionné des grands espaces de l'Ouest américain et des parcs d'attractions en Floride, a quitté sa vie parisienne en 2015 pour s'installer en Lot-et-Garonne. Dès lors, il a fait du tourisme et du patrimoine ses sujets de prédilection avec l'envie toujours de valoriser sa région d'adoption.

TOP 5

SE RESTAURER

Le Lot-et-Garonne est une terre où l'on mange bien. Entre cuisine respectueuse du terroir et élan créatif, voici notre Top 5 des tables du département. Des adresses soignées, joyeuses et gourmandes où vous pouvez vous rendre les yeux fermés.

GOSTAR L'ARTISAN CULINAIRE

Lauzun

Dans le village pittoresque de Lauzun, cet établissement gastronomique abordable se distingue par une cuisine du terroir moderne.

© GOSTAR

228

© LE NORD SUD

81

MAISON CARRÈRE - TABLE D'HÔTE

Agen

Elégante table d'hôte ouverte sur la cuisine où officie avec talent le chef Sébastien Vergne, qui tire son inspiration du marché.

85

LE NOSTRADAMUS

Agen

Ce restaurant de charme dans une ferme rustique propose une cuisine audacieuse et maîtrisée, qui fait de chaque bouchée un délice.

© LE NOSTRADAMUS

L'HOSTELLERIE DES DUCS

Duras

Restaurant avec terrasse proposant des plats aux produits frais, locaux et faits maison, et divers menus à Duras.

© HOSTELLERIE DES DUCS

236

© LA VIEILLE AUBERGE

213

LA VIEILLE AUBERGE

Casteljaloux

Quelle belle personnalité dans la cuisine élaborée et le cadre raffiné de ce restaurant gastronomique de la cité thermale !

TOP 5

SE LOGER

Notre sélection voit large et pour tous les goûts : de la vie de château à l'expérience haut perchée d'une cabane dans les arbres, on vous livre des adresses coups de cœur où poser vos valises le temps de découvrir le département lot-et-garonnais.

© @GARDETTEENALBRET

265

GITE GARDETTE EN ALBRET

Vianne

Cette superbe demeure dans un immense parc abrite un gîte tout confort aménagé avec un goût très sûr, assorti d'une belle piscine.

© LE CHÂTEAU LA GRAVE BÉCHADE

233

CHÂTEAU LA GRAVE BÉCHADE

Baleyssagues

Château entouré d'un parc, avec terrasse et piscine chauffée, disposant de chambres, dont une double.

© LA MAISON SUR LA PLACE

153

LA MAISON SUR LA PLACE

Penne-d'Agenais

La décoration toute en élégance de ces chambres d'hôtes révèle un goût très sûr en la matière pour un séjour plein de charme.

© JP-MOULET

155

CHÂTEAU LE STELSIA - RESORT****

Saint-Sylvestre-sur-Lot

Hôtel 4 étoiles possédant 4 types de chambres avec climatisation à Saint-Sylvestre-sur-Lot.

LE SÉCHOIR DE BRAGUÈZE****

Roumagne

Une splendeur que ce séchoir à tabac transformé en 1 gîte d'exception où vous profiterez de la piscine et du calme de la campagne.

© CHRISTIAN PRÊLEUR

230

TOP 5

ACTIVITÉS

Les adeptes d'activités de plein air pourront choisir entre randonnée à pied et croisière. Pour le volet culture et terroir, laissez-vous guider par notre sélection. Le Lot-et-Garonne promet de belles découvertes.

AQUALAND AGEN

Roquefort
Adossé à Walygator Sud-Ouest, ce parc aquatique combine nombre d'attractions à sensations fortes et d'autres plus familiales.

© AQUALAND AGEN

97

© AELEMENTWORKS - CDT 47

184

CHÂTEAU DE BONAGUIL

Saint-Front-sur-Lémance
Doté d'un parcours de visite étonnant, l'impressionnant château fort de Bonaguil est le monument le plus visité du Lot-et-Garonne.

237

CHOCOLATERIE GUINGUET

Duras
Chocolats et pruneaux sont les deux grandes spécialités de la Maison Guinguet, devenue une référence dans toute la région.

© CHOCOLATERIE GUINGUET

CASCADE WATERPARK

Damazan
Glissez sur le lac de Damazan grâce au téléski nautique, louez un paddle ou mesurez-vous au parcours de structures gonflables.

© CASCADE WATERPARK

178

© LUD'O PARC

245

LUD'O PARC

Nérac
Plongez dans l'univers balnéoludique du Lud'O Parc.

IDÉES DE SÉJOUR

Terre de diversité architecturale et paysagère, le territoire possède ses marqueurs iconiques entre les rivières, les vergers ou les bastides. Le Lot-et-Garonne offre une multitude d'idées de séjour, la seule difficulté restant l'embarras du choix thématique que vous voudrez donner à votre séjour. Entre les adeptes des « plaisirs gourmands », du « besoin d'air » ou de la « soif d'histoire », le point de convergence se résume en un mot : réalisable. Ayant la chance d'être aménagé pour des mobilités multiples, le Lot-et-Garonne pourra dévoiler ses points de vue magnifiques, ses merveilles historiques ou ses senteurs gourmandes que vous soyez à pied ou à vélo. Nous vous proposons donc un circuit des bastides disséminées sur l'ensemble du territoire ainsi que la découverte du département par ses canaux permettant ainsi de découvrir l'étendue des joyaux naturels, culturels et culinaires et de profiter de tout ce qui fait le Lot-et-Garonne.

LOT, GARONNE, BAÏSE, LE 47 À VÉL'EAU

Identifié par ses deux grandes rivières, le Lot et la Garonne, le département est aussi traversé par la Baïse du côté du pays néracais. Des pistes cyclables ont été aménagées sur ces bords de canal et de rivières qui permettent de flâner et faire d'innombrables haltes. Entre canal des Deux-Mers, vallée du Lot et de la Baïse, nous vous proposons un programme journalier au fil de l'eau.

› Jour 1 - Aiguillon / Villeton – Le-Temple-sur-Lot

Depuis **Aiguillon** (p.176) ou Villeton si vous arrivez depuis le canal des deux mers, vous remonterez la rivière Lot et découvrirez les charmes de cette vallée et ses plages notamment **Clairac** (p.219) et **Castelmoron-sur-Lot** (p.169), pour des pauses baignades bien méritées. Cette escapade vous fera passer par **Le Temple-sur-Lot** ★ (p.170) et son jardin des nénuphars, bijou floral unique.

› Jour 2 - La Vallée du Lot : Le Temple-sur-Lot – Fumel

L'aventure sera douce jusqu'à **Villeneuve-sur-Lot** ★★ (p.124) puis **Fumel** (p.144) avant de continuer dans le département voisin du Lot. Cette vallée sera l'occasion de parcourir vergers et autres vignobles et d'admirer des villages hauts perchés comme Penne-d'Agenais.

Balade à vélo dans la campagne du Lot-et-Garonne.

Place des Arcades à Monflanquin.

› Jour 3 - Meilhan-sur-Garonne – Le Mas d'Agen

Un petit tronçon pour un grand bol d'air avec un chemin de halage, 87 kilomètres, des écluses, un pont-canal, des villages et un Rembrandt, prenez votre souffle..., c'est parti ! La voie verte qui fait le tronçon lot-et-garonnais du Canal des Deux-Mers a été aménagée sur un ancien chemin de halage qui correspondait aux routes le long des voies d'eau où les bateaux avançaient à la force des bras ou des chevaux. Depuis **Meilhan-sur-Garonne** (p.206), commencez par vous arrêter et admirer la vue puis vous rejoindrez les alentours de **Marmande** ★ (p.191)-la-Jolie qui porte bien son nom. En continuant, vous arriverez au Mas d'**Agen** ★★ (p.61) où figure un véritable trésor, *Le Christ en croix*, une œuvre de Rembrandt dans l'église Saint-Vincent.

› Jour 4 - Le Mas-d'Agenais - Buzet

Durant cette journée placée sous le signe de l'aventure douce vous passerez par Lagruère et Villeton jusqu'à **Damazan** (p.178) où écluses, maisons éclusières, fontaines et ponts se succèdent. Buzet s'offre ensuite et reste une étape charmante et très prisée avec son port et son côté bucolique évident.

› Jour 5 - Buzet-Agen

Dernier jour sur le canal des deux mers où depuis Buzet vous filerez doucement jusqu'à **Agen** ★★ (p.61) et son fameux pont-canal qui se présente telle une arrivée d'étape avec sa satisfaction de circonstance. Vous pourrez continuer jusqu'à la frontière tarn-et-garonnaise en passant par Lafox et **Saint-Nicolas-de-la-Balerme** (p.107), l'aventure douce sera de la même quiétude.

› Jour 6 - Barbaste-Nérac

Depuis **Barbaste** ★ (p.259) jusqu'à **Moncrabeau** ★ (p.254), c'est une balade tranquille que vous aurez l'occasion de réaliser tout en y mêlant un brin d'histoire et les décors d'une campagne paisible. Depuis le moulin des Tours à Barbaste, la véloroute rejoint la ville de Nérac, toute proche. Vous y visiterez par exemple le **parc royal de la garenne** (p.246) et admirerez son château lui aussi royal. La ville et son charme s'offriront à vous pour une pause fraîcheur ou gourmande.

› Jour 7 - Nérac-Moncrabeau

Vous parcourrez ensuite cette campagne où fleure bon l'esprit gascon et vous vous arrêterez peut-être au Fréchou où se tient chaque année un concours pour le moins étonnant, celui des cracheurs de pépins de melon. Ce sera le début des terres de l'Armagnac jusqu'à **Moncrabeau** ★ (p.254), la ville des menteurs qui n'est pas à une cocasserie près avec son festival bien connu.

LE LOT-ET-GARONNE, DE BASTIDE EN BASTIDE

Visiter le Lot-et-Garonne ★★, c'est visiter une architecture propre au Sud-Ouest, en l'occurrence les bastides. Avec leur place carrée centrale et des arcades charmantes, ces villages reconnaissables entre mille font émaner une impression de douceur de vivre et de convivialité qui se vérifie.

Castillonnès est l'une des quarante-deux bastides.

› Jour 1 - Castillonnès, Villeréal et Monflanquin

3 perles qui se succèdent sur la route depuis Bergerac. On visitera **Castillonnès** ★ (p.136) dominant la vallée puis on se laissera charmer par **Villeréal** ★ (p.179) et ses nombreux points d'intérêts. Pourquoi ne pas assister aux brocantes, aux marchés et autres bodegas qui y rythment l'année ? Enfin, **Monflanquin** ★ (p.161), magnifique sur son piédestal naturel et classé aux plus beaux villages de France s'offrira à vous.

› Jour 2 - Villeneuve-sur-Lot

Une ville oui, mais une bastide aussi ! La sous-préfecture de **Villeneuve-sur-Lot** ★★ (p.124) invite à la flânerie en son centre, mais aussi sur le Lot qui la borde. Animée, elle donne à voir dans son cœur, mais aussi sur sa périphérie, notamment **Pujols** ★★ (p.158) qui domine la vallée du Lot.

› Jour 3 - Durance, Vianne et Lavardac

On partira de la « landaise » Durance telle une bastide perdue en forêt et dont l'aspect inachevé rajoute à l'unicité. On rejoindra **Vianne** (p.264), véritable bastide fortifiée où l'on en profitera pour admirer les vignobles de Buzet aux alentours. Enfin, on finira à **Lavardac** (p.258) flâner sur son port et pourquoi pas visiter **Nérac** ★ (p.245) et son château.

› Jour 4 - Miramont de Guyenne

Direction cette ville restaurée et notamment sa place centrale où il faut vivre le marché du lundi comme un bouillonnement trépidant qui débute la semaine. On pourra pique-niquer au lac du saut du loup et finir en visitant le pays de **Duras** ★★ (p.233), tout proche.

› Jour 5 - Monclar et Laparade

La vue sera encore une fois sollicitée avec ces deux bastides qui dominent et qui offrent une étendue visuelle sur le pays de Tolzac pour **Monclar** (p.168) et sur la vallée du Lot et l'horizon des Pyrénées (par temps clair) pour **Laparade** (p.173). Aux beaux jours, les coteaux offrent également de beaux vergers aux fleurs blanches.

› Jour 6 - Puymirol et Penne d'Agenais

Direction les contreforts du Pays de Serre et du Quercy avec **Puymirol** ★ (p.115) et Penne d'Agenais. Elles se dévoileront au fur et à mesure que vous vous en approcherez par la route. La plus ancienne du Lot-et-Garonne, Puymirol saura vous charmer avec son tour de ronde de 2 km. Quant à **Penne d'Agenais** ★ (p.150), avec sa basilique romano-byzantine qui rayonne, elle se présentera sous ses meilleurs atours.

› Jour 7 - Caudecoste et Francescas

Étape finale sur les environs du Gers avec **Caudecoste** (p.106), située sur un promontoire et qui s'atteint par une côte courte et raide qui donne chaud, « calida costa », qui donnera son nom en français. Vous visiterez idéalement la bastide et les vignobles du brulhois situés sur ces terres. L'échappée belle vous emmènera enfin à **Francescas** (p.253) où sous ses arcades, vous trouverez des maisons anciennes dont l'une abrite l'original musée de la boîte en fer blanc.

DÉCOUVRIR

Le Lot-et-Garonne est un département de confluence et d'influence. C'est ici que se rencontrent deux rivières ainsi que des reliefs, des cultures et des architectures présentes du fait de l'histoire et qui en font un territoire riche de diversité. Lors de votre séjour, partez à la découverte de paysages dessinés par les vergers ou les vignes qui les composent et laissez-vous séduire par l'agrotourisme honorant le terroir. L'histoire se vit dans les châteaux et les bastides comme la culture qui se veut multi-générationnelle pour mieux répondre au désir de vivre ensemble. Si la convivialité chère aux Lot-et-Garonnais va de pair avec la gastronomie, il faut indéniablement l'associer à leur amour du sport et du rugby, à apprécier lors de derbys enflammés. Il y a tant à découvrir durant vos quelques jours passés ici sans oublier de repartir les bras chargés de cadeaux et la tête remplie de souvenirs. Direction l'échappée belle !

LES PLUS BEAUX CHÂTEAUX DU LOT-ET-GARONNE

Terre d'histoire, le Lot-et-Garonne possède quelques places fortes qui témoignent de son passé et des époques qui ont traversé la France. Gavaudun et Bonaguil, aux frontières du Périgord et du Quercy, Nérac en Gascogne et Duras en Guyenne se situent dans quatre régions qui ont façonné le département, comme pour mieux exprimer son histoire, terre d'influences perpétuelles. La richesse patrimoniale se caractérise par les marqueurs chronologiques de ces enceintes qui participent à la survivance mémorielle du territoire. Entretenus par les contemporains au fil des réhabilitations et des rénovations auxquelles ils ont pu bénéficier, ils sont fêtés chaque année. Les nombreuses manifestations organisées sont l'occasion de découvrir leurs évènements majeurs faits d'anecdotes, d'histoire de familles et de légendes qui les rendent exceptionnels au même titre que les différentes architectures qui les façonnent.

Gavaudun : une singularité impressionnante

Tout est particulier pour ce château érigé au XIe siècle. De l'entrée « trouée » dans la roche sous forme de puits vertical à ses remparts couronnant l'éperon rocheux donnant l'impression d'une muraille naturelle, en passant par son donjon dominant la vallée du haut de ses 20,80 mètres et dont l'aspect se présente de façon cylindrique, anguleux ou droit. Il a l'air d'un castel imprenable, on l'appelle d'ailleurs le « verrou de la vallée ». Le donjon puis le château dans son ensemble ont été classés « monument historique » respectivement en 1882 et 1987. Seule la base du donjon témoigne de la première édification. Gavaudun se caractérise par des passages étroits, des escaliers escarpés, des montées et des descentes à pic, bien que son accessibilité ait évolué au fil du temps. Les familles Durfort, Lustrac, Caumont, Auray de Brie se succèderont à la tête du château au gré des guerres et des mariages avant que la commune de Gavaudun en devienne la propriétaire au XIXe siècle. Vous pouvez vivre les époques au travers des animations estivales qui se succèdent. Lieu exceptionnel, Gavaudun retranscrit par ses particularités une ambiance médiévale sans égale.

Le château de Bonaguil.

Bonaguil : la bonne aiguille

Fièrement dressé sur une aiguille rocheuse, le château de Bonaguil (« la bonne aiguille ») domine depuis huit siècles la vallée et le village médiéval, position stratégique pour contrôler les frontières entre le Quercy, l'Agenais et le Périgord. Cette magnifique forteresse mêle dans son architecture les systèmes de défense du Moyen Âge (murs épais, fossés…) aux premiers éléments décoratifs et de confort de la Renaissance (fenêtres à meneaux, système de latrines *intra-muros* proche de notre tout-à-l'égout, belles cheminées…). De la barbacane à la cour d'honneur en passant par la grotte naturelle, formidable lieu de stockage, et jusqu'en haut du donjon, d'où la vue panoramique sur les environs est magnifique, tout est à découvrir. Les graffitis de la tour Grosse, ces mots gravés dans la pierre ou écrits sur les murs sont de véritables témoignages de la vie quotidienne de l'époque. Dès 1271, l'existence de Bonaguil est mentionnée dans un document. Ce n'est alors qu'une simple tour de pierre, base

Le château de Nérac.

du donjon actuel. Il faut attendre 1483 pour que le puissant Bérenger de Roquefeuil, seigneur de la région, débute plus de trente ans de travaux et fasse de Bonaguil le château d'exception qu'il est aujourd'hui. Bâtie dans une période de transition, entre le Moyen Âge et la Renaissance, la forteresse n'a jamais subi d'assauts, d'où son état de conservation remarquable. Le château est racheté par la commune de Fumel en 1860 et classé au titre des Monuments historiques dès 1862. Aujourd'hui, Bonaguil accueille autour de 70 000 visiteurs par an et prête son cadre exceptionnel à de nombreuses animations. C'est le château de tous les superlatifs : « le plus beau », le plus grand et certainement le dernier château fort construit dans le royaume !

Duras : une évolution au fil des histoires familiales

Dominant la vallée du Dropt, le château de Duras a traversé l'histoire de France. Construit en 1137 par Guillaume Amanieu, vicomte de Benauge, de Bezaume et de Gabardan, il n'est alors qu'un simple castrum. Il passe ensuite dans la famille des Goth, dont fait partie Bertrand de Goth, qui devient Pape sous le nom de Clément V. Au cœur des guerres franco-anglaises, le château se pare alors de murailles, pont-levis, tours et donjon pour devenir une forteresse imprenable grâce à l'argent pontifical. Le château change ensuite une nouvelle fois de main et les Durfort deviennent les seigneurs de Duras. Tantôt coté anglais, tantôt côté français, les stratégies politiques et financières profitent à la famille. La fin de la guerre de Cent Ans avec la bataille de Castillon en 1453 ouvre une ère de paix qui ne va pas durer. Pendant les Guerres de Religion au XVIe siècle les seigneurs de Duras s'opposent au Roi en devenant protestants. Eprouvés par plusieurs années de guerre les Durfort-Duras renoncent finalement à leur foi protestante et obtiennent au passage le titre de comte. La porte de l'ascension sociale est ouverte : comte, marquis, duc et pair de France, le château devient alors une vitrine de la puissance financière, militaire et politique des Durfort-Duras. Pendant deux siècles, le château vivra au rythme des évolutions architecturales : transformations, agrandissements, embellissements... pour ainsi devenir une villa de plaisance inspirée de la Renaissance et accompagnée de jardins à la française. La Révolution française met un terme à tous ces travaux. Le château de Duras se visite aujourd'hui et il faut absolument assister à la féérie nocturne qui dévoile son histoire par le biais d'un Mapping 4D coloré et animé. Majestueux !

Nérac : le château royal des Albret

Construit au XIVe siècle, il surplombe la Baïse avec une tour et 3 ailes où se situent les appartements de Jeanne d'Albret (aile nord), les logis principaux (aile est) et les pièces de service et le pont levis (aile ouest). C'est donc dans ce château qui illustre la vie de la famille d'Albret que va vivre le futur Henri IV alors Henri III d'Albret et qui partagera cet édifice avec la reine Margot, Marguerite de Valois. Après sa mort, le château commencera un long déclin entre la répression des protestants et les évènements engendrés par la révolution française. De cette époque, seule résiste l'aile nord et ses colonnes torses de style Renaissance. Lorsqu'en 1925 la ville devient propriétaire du château, une véritable restauration est mise en place jusqu'à l'élaboration d'un musée municipal. Ce château témoin de l'histoire de France et demeure d'un de ses rois les plus iconiques sert aujourd'hui de décor à une exposition permanente sur Henri IV et les Albret. Un château royal !

GÉOGRAPHIE

« Entre Agen et Marmande, c'est un paysage aussi beau que l'Italie : le charme des coteaux, la couleur de la terre… Le Lot-et-Garonne est la Toscane de la France ». Ainsi parlait Stendhal de ces 5 361 km² qui constituent ce territoire unique. Le voyageur en ressortira ébahi par tant de diversité géographie et géologique. Des « puechs » du pays de Serre aux prémices de la forêt des Landes en passant par la rencontre de la Garonne et du Lot à Aiguillon, cette mosaïque donne à chacun la promesse d'une découverte entre horizon et verticalité où seul la soif de parcourir la région ne changera pas. C'est dans ces plaines de la Garonne et du Lot où toute la richesse agricole se déploie, mais aussi sur les sols argilo-calcaires ou limoneux qui définissent toute la complexité des vins que nous vous proposons d'embarquer et ainsi découvrir pourquoi Stendhal parlait aussi bien de ce territoire au potentiel si grand.

Un relief aux atouts disparates

Être à Beauville un jour et à Allons un autre peut surprendre tant ces deux « coins » offrent des reliefs dissonants. Les « puechs » en occitan que l'on peut traduire par « les buttes » identifient la particularité du Pays de Serre et rappellent la proximité de celui-ci avec les paysages du Quercy. Puymirol et Tournon-d'Agenais illustrent l'utilité défensive de ces petits monts dans l'histoire des hommes. À l'inverse, la platitude de la région localisée à l'ouest lot-et-garonnais appelée « Les Landes de Gascogne » et qui ne manque pas moins d'intérêt, témoigne de la contiguïté avec la singulière forêt des Landes et ces grandes lignes droites bordées de pins indiquant la route de l'océan. La majeure partie du territoire à savoir 400 000 hectares est sinon constituée de plateaux et de plaines où apparaissent parfois des collines que l'on soit à Duras ou aux abords du pays gersois. Du nord au sud, les deux vallées du Lot et de la Garonne forment les fils conducteurs où s'adjoignent ces reliefs qui caractérisent cette disparité géographique.

L'eau : une rencontre fondatrice

Comme beaucoup d'autres départements, le Lot-et-Garonne doit son nom aux fleuves qui le parcourent. Ce qui fait le particularisme de cette terre réside dans le fait que la confluence entre les deux grandes rivières de la région se fait en son cœur. Depuis Aiguillon, le Lot provenant du Massif central se jette par la droite dans la Garonne arrivant d'Espagne. Ces deux fleuves ont bâti l'histoire économique de la région dans tous les secteurs, de l'agriculture aujourd'hui encore à celui d'un tourisme vert à la dimension croissante. La Garonne est comme un élément naturel totémique pour les Lot-et-Garonnais qui

Campagne Puymirolaise

l'appellent d'ailleurs « Garonne ». Le Lot quant à lui caractérise la région est du territoire et sa symbolique est aussi forte pour ses riverains. Le canal des Deux-Mers raconte aussi le Lot-et-Garonne et le point de passage crucial qu'il a toujours été à chaque époque. Historiquement, le canal des Deux-Mers est la jointure entre le canal du Midi depuis Sète jusqu'à Toulouse et le canal latéral à la Garonne reliant Toulouse à Castets-en-Dorthe en Gironde, permettant ainsi de relier la mer Méditerranée à l'océan Atlantique. Le tronçon lot-et-garonnais du canal des Deux-Mers « perce » le département depuis Meilhan-sur-Garonne jusqu'à Saint-Jean-de-Thurac et fait le bonheur d'un tourisme vert récent.

D'autres rivières « font » le Lot-et-Garonne, notamment la Baïse gasconne et ses écluses qui, longeant le côté ouest du département, est donc un affluent gauche du fleuve Garonne. Sa navigabilité est plaisante, mais elle fut longtemps considérée comme dangereuse du fait de « payssières » en l'occurrence des barrages extrêmement peu fiables. Sinon, le Dropt périgourdin et ses moulins, le Ciron à Houeillès, si précieux pour les vins liquoreux tant appréciés, ou bien encore la Séoune dans la région sud caractérisent le Lot-et-Garonne. Quant à l'Avance, c'est une drôle de rivière au faible débit qui, avant d'arriver à Casteljaloux, se perd par deux fois dans le sol.

Entre brouillard et soleil : un climat océanique dégradé

Comme la terre entière, le Lot-et-Garonne subit le réchauffement climatique et ses saisons peuvent s'en trouver légèrement modifiée. Malgré tout, on peut définir assez facilement des éléments climatiques qui distinguent ce territoire au fil de l'année. Les épais brouillards d'automne sont réels et forcent à la prudence les conducteurs qui parcourent les routes de la vallée de la Garonne. Lorsqu'on est matinal, que l'on soit dans le Mézinais ou sur les routes bordant les cultures du Marmandais, force est d'avouer que la beauté est splendide. Il est plaisant de pouvoir admirer la brume comme un voile blanc sur les champs qui tapissent l'horizon. Les étés sont chauds et les températures contrastent avec celles de l'hiver. Le Lot-et-Garonne est une « terre chaude » sur les trois mois d'été et les orages de mai annoncent la pleine rentrée dans la saison estivale. La transition des saisons et le passage de témoin entre les mois de soleil et ceux plus froids en octobre donnent généralement le coup d'envoi de la saison des champignons dans les forêts, comme celle du Mas d'Agenais. En termes de précipitations, le territoire lot-et-garonnais connaît de fortes disparités entre le mois de mai très pluvieux et le mois de mars avec le moins de précipitations dans l'année. Le Lot-et-Garonne n'est pas un département de vents forts, dont

La Baïse à Nérac.

la fréquence reste finalement plutôt faible, mais il a été profondément impacté lors de la grande tempête de la fin de l'année 1999 et sa population en a été particulièrement meurtrie.

En général, ce climat singulier additionné à une terre fertile a en partie donné au territoire son identité agricole.

Des sols dispersés

Le Lot-et-Garonne est formé d'une mosaïque de « pays », tantôt limoneux, tantôt calcaire, appartenant au grand ensemble du bassin aquitain. Ainsi à l'est du département, vous trouverez une zone de cause calcaire, et plus particulièrement dans le Fumélois où se trouvent des formations calcaires quartzeuses ou gréseuses recouvertes, selon où vous êtes, de sables et de graviers, en autres. A l'inverse, dans le sud-ouest du département, les sables des Landes et les sols provenant de ces sables ont le drôle de nom de podzols. Par ailleurs, il faut savoir que sur les pentes douces, exposées au nord et à l'est, les molasses sont recouvertes d'une formation épaisse argilo-sableuse et peu calcaire. Là encore, le Lot-et-Garonne se distingue par une diversité géologique plutôt riche où la Garonne se faufile entre tous ces sols telle une gouttière. De ce « plancher naturel » assez diversifié et globalement caractéristique de chacun des « pays » qui constituent le Lot-et-Garonne, vous trouverez une vigne pléthorique qui y pousse – les différents sols donnant une identité bien propre, que l'on soit dans le Brulhois, à Buzet, Marmande ou Duras –. D'un plat pays sableux vers les Landes à des serres rocheuses où se sont bâtis des villages comme Beauville ou Puymirol, le sol contrasté s'additionne aux autres critères géographiques pour faire du Lot-et-Garonne un mille-feuille de particularités naturelles.

NATURE

Des forêts, des arbres fruitiers, une fleur unique et un prix du plus bel arbre de France, voilà donc le palmarès du Lot-et-Garonne en matière végétale. De quoi avoir assez d'atouts pour satisfaire le curieux de nature. On ne peut que rêver en parcourant les routes de ce département aux splendides visions qu'offre le printemps lorsque les arbres fruitiers font apparaître leurs premières fleurs. Les locaux ont la fierté d'affirmer que leur terre est le verger de la France et à y regarder de plus près, on s'aperçoit que la diversité des cultures leur donne raison. Cette admiration vaut pour les forêts, habitat d'une faune de circonstance, qui permet à l'automne de dévoiler ses couleurs orangées réconfortantes. On en viendrait presque à croire que la reconnaissance nationale du multi-séculaire chêne de Tombebœuf attesterait d'un remerciement de la nature à ce territoire où « marquer une respiration » n'est pas un vain mot.

Un verger d'envergure

Parcourir le Lot-et-Garonne demande une certaine connaissance florale tellement la diversité des champs d'arbres qui se suivent est prégnante. Des noisetiers qui font de Cancon sa capitale française en passant par les lianes si reconnaissables de l'actinidia donnant le kiwi, ou encore les pruniers emblématiques, on pourrait presque s'y perdre. Cette flore fruitière caractéristique donne une production à l'année, le kiwi se dévoilant à la saison froide quand les pêchers, parmi d'autres, fournissent la saison estivale. C'est bien sûr aux jours de la floraison blanche que ces arbres invitent à l'admiration. Perché en hauteur, il faut profiter de cette période pour contempler cette écume odorante qui a fait dire à Michel Serres qu'il n'y a que deux endroits au monde où l'on peut assister à un tel spectacle : le Japon et le Lot-et-Garonne !

La tulipe d'Agen : unique

On recense 400 espèces naturelles et 50 espèces vivaces qui peuplent la terre lot-et-garonnaise. Toutes sont qualifiées de noms poétiques qui « sentent bon » : le mouron des oiseaux, la véronique de Perse, le pâturin annuel, la moutarde des champs… Parmi les vivaces : la prêle géante, le sorgho d'Alep, ou encore l'achillée millefeuille. Cette diversité de fleurs vient de la multiplicité des sols entre calcaire, sable, argile… qui provoquent différentes pousses selon leur spécificité.

La tulipe d'Agen est elle, unique au département. Indigène du fait de son ancienneté et de sa présence majoritairement en Lot-et-Garonne, la tulipe d'Agen trouve sa véritable origine en Iran. Elle est une des rares tulipes à l'état sauvage que l'on peut admirer, notamment dans les vignes de Buzet.

Arbres fruitiers en floraison au printemps.

© DAMIANKUZDAK - ISTOCKPHOTO.COM

Le brame du cerf.

Avec ses 25 à 40 centimètres de hauteur, elle détonne grâce à sa tige simple et sa fleur en forme de campanule. En voie d'extinction du fait du changement des pratiques agricoles, elle est aujourd'hui sauvegardée et bénéficie d'une protection nationale depuis 1995. Il faut absolument admirer son rouge éclatant et son étoile jaune dessinée au cœur de sa fleur signant sa particularité.

On ne saurait parler de façon complète de flore en Lot-et-Garonne sans évoquer les champignons et le cèpe. Comme dans bon nombre de régions françaises, il connaît ses cueilleurs, retraités ou bien plus jeunes, qui bravent les ronces et retournent les feuilles à la recherche de cette moisissure noble qui fait tant rêver les gastronomes. On en profitera pour conseiller aux curieux de respecter les avertissements des propriétés privées qui interdisent de cueillir les cèpes… ou les girolles !

Une faune de campagne typique

Chevreuils et cerfs, sangliers, petits lièvres, lapins, sans oublier ragondins et visons d'Europe, toute cette faune explique pourquoi un conducteur doit faire attention lorsqu'il traverse une forêt ! Ce petit tour d'horizon animalier serait incomplet si nous n'évoquions pas le cerf et son brame. Son cri puissant et rauque retentit dans les Landes ou les forêts du nord du département.

Côté volatile, route de passage entre les pays du Nord et ceux du Maghreb, on en compte un certain nombre. Sans avoir d'espèces charismatiques qui identifieraient le département comme terre d'accueil spécifique, il est un oiseau qui rencontre un grand succès du fait de son passage dans le ciel d'Aquitaine, la palombe ! Ce pigeon ramier dont la route vers le sud passe dans le ciel lot-et-garonnais provoque ce que l'on appelle « le mal bleu ». Entendez par là l'attente des chasseurs qui, durant un mois dans des cabanes nichées dans les arbres, patiente jusqu'au passage des volatiles dans le ciel. On ne saurait être exhaustif si l'on ne mentionnait pas les quelques jours du passage des grues qui, en plus d'être annonciateur des changements de saison, font lever la tête.

Par ailleurs, il existe un grand nombre de cours d'eau et de lacs : 540 hectares de plan d'eau sont reconnus par la fédération de pêche, soit 38 lacs. L'ensemble de la faune halieutique est représentée : carpe, tanche, perche, brochet, sandre, silure, l'esturgeon ou encore l'alose. La grande famille des pêcheurs attend l'ouverture au printemps, pour passer le temps à buller, cane en main, que le poisson morde à l'hameçon. Chose étonnante et qui a un impact négatif sur la vie aquatique et la flore des cours d'eau, la présence d'écrevisses exotiques qui mangent tout : végétation aquatique, insectes, mollusques, têtards, alevins de poissons, tritons, vase, œufs, poussins, grenouilles, libellules, gastéropodes… Elles fragilisent les berges et peuvent mettre à mal l'ensemble d'un écosystème en 10 ans.

Le plus bel arbre de France

Les arbres sont divers et variés. On peut croiser du châtaignier, de l'érable, du genévrier, du chêne (bien sûr !) ainsi que, plus spécifiquement dans la région de Casteljaloux, les pins maritimes charismatiques de la forêt des landes. Il y a quelques belles balades à faire, notamment en automne, dans la forêt domaniale de chênes du Mas d'Agenais et de Senestis, site prisé des cueilleurs de champignons. On s'en rend d'ailleurs compte avec les voitures garées sur le bas-côté lors de la saison.

Le Lot-et-Garonne, terre de conservation d'une nature séculaire. Magique, féerique, époustouflant... les adjectifs manquent lorsque l'on évoque les caractéristiques du chêne de Tombebœuf, cet « Ancien » champion de France. Avec ses près de 300 ans au compteur, ses 25 mètres de haut et ses 38 mètres d'envergure, le « chêne de Tombebœuf » fut élu plus bel arbre de l'année 2019 par le magazine *Terre Sauvage* en partenariat avec l'Office National des Forêts et ce, face à une centaine de candidats. Ce sont ses dimensions et sa longévité, mais aussi et surtout sa beauté qui ont séduit le jury. Ce chêne unique trône dans cette prairie verdoyante de Tombebœuf. Refuge de la faune et de la flore, il est un endroit privilégié par l'homme et invite au repos et à la sagesse. Loin d'une nature hostile et d'une ère anthropocène, le multicentenaire chêne de Tombebœuf est la démonstration du lien qui unit l'homme et la nature et s'inscrivant dans la durée. Sa reconnaissance récente en fait un site naturel incontournable à visiter.

HISTOIRE

Terre habitée depuis la préhistoire, le Lot-et-Garonne a classiquement évolué à l'identique de ses régions voisines. A la fois témoin des guerres de Religion ou des trahisons de famille provoquant des bains de sang où le peuple n'était jamais trop épargné. Analyser l'activité économique du département actuellement, c'est comprendre que le Lot-et-Garonne s'explique aujourd'hui par son histoire passée. Effectivement, en étudiant cette science humaine, on s'aperçoit que la terre lot-et-garonnaise lui confère historiquement une appétence pour l'agriculture. Il y a la terre et il y a les hommes, son patrimoine historique se distingue notamment par la présence de personnages importants de l'histoire de France, d'Henri IV à Armand Fallières et d'anecdotes qui feront l'histoire de France comme celle de Saint-Sardos le 16 octobre 1323. La frise chronologique du Lot-et-Garonne résume son destin de terre de passages, de cultures et d'influences.

PRÉHISTOIRE — On trouve des traces de présence humaine dans les vallées de Gavaudun, de la Lède et de la Lémance. On sait que l'homme s'est réfugié dans les grottes de Monsempron et qu'au Mésolithique, Sauveterre La Lémance est une terre où sa présence est connue.

DE 5000 À 700 AV. J.-C. — Durant l'âge de bronze, l'Agenais est déjà une terre de croisement avec les influences continentales et atlantiques et les techniques et cultures de l'Ouest et de l'Est.

ANTIQUITÉ — On voit les premières activités se dessiner à Tonneins, Aiguillon. C'est une succession de passage (ibères, celtes…) et les celtes vont s'installer sur le plateau de l'Ermitage et vont faire de ce lieu, Aginum, leur royaume.

53-52 — Les Celtes s'allient avec Vercingétorix et l'aident à gagner la bataille de Gergovie. Suite à la défaite d'Alésia, Aginum devient une cité et se transforme avec la Pax Romana. On voit s'ériger théâtre et autre amphithéâtre à l'identique de Rome. Militairement, Aiguillon, Le Mas d'Agen deviennent des places fortes et des villas agricoles sont bâties le long de la Garonne (Castelculier) ou de la Baïse (Moncrabeau).

303 — Le christianisme amène ses premiers martyrs à l'image de saint Caprais et sainte Foy ou encore saint Maurin.

507 — Rome fuit, Clovis étend son territoire sur l'actuelle Aquitaine suite à d'innombrables batailles.

700-800 — La bataille de Roncevaux donne l'Aquitaine comme royaume, amputé de la Gascogne, au fils de Charlemagne.

1152

Suite au règne des ducs d'Aquitaine, la région revient à la fille de Guillaume X qui l'apportera en dot à Henri Plantagenêt lors de son remariage. De fait, Aliénor devenant reine d'Angleterre, ce sont 3 siècles d'âge d'or que va connaître l'Aquitaine sous « pavillon » anglais.

MOYEN ÂGE

On rentre dans l'époque des bastides, ces villes neuves emblématiques de la région et les châteaux à l'image de Bonaguil, véritable bijou de cette époque. Le commerce est alors à son apogée et les vins fort demandés par les Britanniques.

XIVE-XVE SIÈCLES

Le 16 octobre 1323 est la date d'un événement majeur de l'histoire qui trouve son explication en Lot-et-Garonne. En effet c'est l'incident de Saint-Sardos qui va entraîner la guerre de Cent Ans. Les Français voulaient ériger une bastide dans ce bourg contre la volonté des Anglais, siégeant à Montpezat. Le roi Edouard II d'Angleterre refuse alors de rendre hommage à Charles IV le Bel, le souverain français. Ce jour du 16 octobre 1323, fixé pour l'établissement de la nouvelle bastide française, le seigneur de Montpezat met à sac le chantier et pend le représentant des Capétiens, il sera banni par la suite. Le roi de France refusant de lui pardonner, confisque le fief et envoie son oncle, Charles de Valois, occuper le pays. Des échauffourées ont lieu entre les officiers locaux et c'est donc cet incident qui déclenche un conflit qui durera 100 ans (1337-1453). Enfin, le 17 juillet 1453 : les Français écrasent les Anglais à Castillon, l'Aquitaine redevient française et Duras et Seyches, exsangues, seront repeuplées par des Saintongeais, des Angoumois et des Poitevins. Une vie normale reprend avec une activité économique et la région retrouve une certaine richesse.

XVIE SIÈCLE

Le mariage de Marguerite de Navarre, sœur de François 1er, avec Henri d'Albret va mettre Nérac au premier plan et en faire le centre d'une cour où Théodore de Bèze, Clément Marot et Clain se croisent et où les idées de la réforme font sens.

FIN XVIE SIÈCLE

C'est l'avènement d'Henri IV qui a vécu à Nérac et qui promulguera le fameux édit de Nantes, faiseur de paix entre catholiques et protestants, en 1597. La Gascogne est alors au firmament.

Le Roi Henri IV.

XVIIE SIÈCLE	Le règne de Louis XIII verra les guerres de Religion refaire surface et ce roi se battra pour regagner Nérac, Clairac ou Monheurt et détruira Tonneins à l'exception de la maison du passeur.
XVIIIE SIÈCLE	La paix installée permettra de voir se développer les ventes de blé, de tabac et de prunes dans cette région. Pourtant, la paysannerie reste pauvre et la famine déclenchera en partie la Révolution que le pays va connaître. La région restera « relativement » éloignée des événements puisque seules 7 personnes seront guillotinées. Il y aura quelques soulèvements et quelques émeutes populaires. Les prêtres réfractaires (ils représentaient 60 % du clergé) seront chassés, mais aucun ne sera mis à mort.
1795	Les notables, Girondins pour la plupart, seront destitués par la convention montagnarde puis ne retrouveront leur place qu'après les événements de Thermidor et ne l'abandonneront qu'après la Monarchie de Juillet. Ils seront fidèles à Napoléon III (sauf Marmande et Villeneuve).
IIIE RÉPUBLIQUE	Le département prônera le conservatisme. La révolution industrielle n'apportera aucun essor à la région. L'industrie textile continuera de décliner. Le bâtiment diminuera son activité, seule l'industrie alimentaire se développera. En 1850, la concurrence américaine mettra à mal les exportations de blé, et la vigne sera détruite par le phylloxéra. Ce sera le grand exode rural : les campagnes se videront, Agen, Villeneuve-sur-Lot Nérac ou Marmande verront leur population augmenter, tout comme leur activité administrative artisanale et commerciale.
1906	Un enfant du pays, Armand Fallières est élu président de la République française. Né à Mézin en 1841 et mort à Villeneuve-de-Mézin en 1931, il est président de la République française de 1906 à 1913 et aura aussi occupé les fonctions de ministre de l'Intérieur, des Affaires étrangères, président du Conseil des ministres et président du Sénat. C'est une figure politique du département.
APRÈS GUERRES	Après la Première Guerre mondiale : Les Italiens arriveront en masse et débuteront une vague d'immigrations en Lot-et-Garonne, notamment due à l'arboriculture et au maraîchage qui se développent. Après la Seconde Guerre mondiale : La désertification s'accentue, mais l'activité rurale se maintient tout de même dans les campagnes.
1970-1980	La construction de l'autoroute des Deux Mers et le TGV permettront le désenclavement du département et lui octroieront une certaine visibilité, encore modeste, qui finira de se développer depuis que le Lot-et-Garonne, rural, s'est résolument tourné vers le tourisme.

ARCHITECTURE

Découvrir l'architecture du Lot-et-Garonne impose au voyageur de flâner dans les bastides qui se sont construites sur ces terres et qui définissent le particularisme architectural du Moyen Âge, principalement dans le Sud-Ouest. Elles ont un charme bien à elles et sont devenues aujourd'hui des pôles touristiques, avec une prévalence pour les manifestations culturelles, ainsi que des ambassadrices d'une certaine douceur de vivre. Eglises et abbayes constituent le patrimoine architectural religieux du territoire et le mouvement clunisien a plus particulièrement laissé une empreinte remarquable dans quelques endroits. Comme souvent, que l'on soit à Pompogne aux confins des Landes, ou à Castillonnès près de la Dordogne, la maison n'aura pas le même aspect et c'est en ça que le Lot-et-Garonne est un condensé architectural d'ouvrages variés, révélateur de son positionnement au croisement d'influences multiples.

Les bastides comme héritage patrimonial emblématique

Les bastides sont des villes nouvelles nées au Moyen Âge et on en compte 42 dans le Lot-et-Garonne. Ces villes avaient pour mission, d'abord, d'attirer de nouvelles populations, et ensuite d'héberger des garnisons, pour enfin créer un pôle économique. Fonder une bastide, c'était au départ proclamer une charte de coutumes, ou plus simplement établir un règlement que tous les habitants devaient accepter. De cette façon, on organisait la vie locale et on officialisait les droits et les devoirs des habitants. Le maire n'était pas un maire puisque la fonction n'existait pas encore, tout comme le conseil municipal, mais il y avait un bayle (ou prévôt) à la tête de la bastide qui était assisté de jurats (il s'agissait alors de magistrats municipaux). Il avait pour mission de prélever les impôts et de rendre la justice. Quiconque voulait créer une bastide devait adopter la même démarche, qu'il soit roi de France ou roi d'Angleterre. On choisissait un lieu, on s'entendait avec le propriétaire et on passait un accord avec ce dernier. Aux termes de l'acte ainsi rédigé et signé, on déclarait l'administration en commun de la ville nouvelle, et le partage des revenus. Ces villes étaient construites en pleine campagne, sur une colline pour surveiller la venue possible d'ennemis. Pour les construire, on partit d'un plan en forme de damier, avec au centre une place et une halle érigée au cœur de cette place ; des quatre coins de cette dernière partaient des rues parallèles et perpendiculaires. La place est entourée de « couverts » ou arcades avec des maisons à un seul étage. Les arcades, au-delà de leur charme architectural, avaient un rôle bien précis de protéger les meubles et les denrées du soleil et des intempéries. A noter que dans le Lot-et-Garonne, il existe une bastide qui a deux actes de naissance : née anglaise, Miramont-de-Guyenne est devenue bastide française de par la volonté d'un roi de France. La bastide est un argument touristique, et il faut se rendre au marché, celui de Miramont-

La ville de Monflanquin a été construite en damier, autour de la place centrale.

© DESTINATION AGEN

Le Prieuré de Moirax.

de-Guyenne le lundi par exemple, pour comprendre le charme de cette vie de bourg. Petit jeu pour les curieux, quand vous serez sur les routes du Lot-et-Garonne, amusez-vous à deviner si tel ou tel village regroupe les caractéristiques d'une bastide. Il y a des pièges, comme par exemple à Pujols, qui n'en est pas une et qui pourtant possède une place centrale et une halle !

Un patrimoine architectural religieux : entre églises et abbayes

Beaucoup d'indications de directions vous parleront d'églises du XIe ou du XIIe siècle isolées en pleine campagne. L'explication se trouve dans le contexte de cette époque qui fut pour l'Eglise catholique une période d'évangélisation, en plus d'avoir une forte influence sur les gens soucieux des religions et se basant sur les écrits sacrés. C'est donc pour cela qu'il y eut l'édification d'églises sur d'anciens sites païens. Pour l'anecdote, on expliquera peut-être la pousse d'un pin sur le clocher de celle de Pompogne par le fait d'un miracle. Les édifices du mouvement bénédictin de l'abbaye de Cluny marquent l'influence de cette mouvance religieuse dans la région. Les abbayes de Moirax et de Saint-Maurin en sont les preuves architecturales et si la dernière est fragmentée en quelques éléments, celle de Moirax, qui domine l'Agenais, est exceptionnelle.

Au carrefour de bâtis architecturaux typiques

Tout comme sa géographie, le Lot-et-Garonne ne possède pas une architecture particulière mais il est plutôt un concentré de maisons aux styles déterminés par le «pays» où les communes se trouvent. Entre échoppe bordelaise, maison landaise ou périgourdine ou encore la borde emblématique du Quercy, on a affaire à une pluralité de bâtisses. **L'échoppe bordelaise** qui se situe dans la basse vallée de la Garonne, la moyenne vallée et les coteaux de l'Agenais, est le logement de l'agriculteur. Il est distinct des bâtiments d'habitation et les murs sont en pierre calcaire souvent enduite. **La maison landaise**, logiquement située des contreforts landais à la moyenne vallée de la Garonne, est la maison d'habitation. Plan souvent carré, bâtiments construits autour d'une structure porteuse en bois, la façade principale est tournée vers l'est. **La métairie marmandaise** est la maison à grange centrale de type landais, on la trouve dans les plaines du Lot et de la Garonne, près de Marmande notamment. Plan carré, toiture descendant très bas, logement occupant le côté sud, étable du côté nord... L'ossature reste de bois à l'intérieur, avec des remplissages en briques d'argile crue. **La maison limousine et périgourdine** se retrouve au nord du département, dans la vallée du Dropt, et vers l'est jusqu'à Tournon-d'Agenais et dans le pays de Serres. Grange, étable et habitation sont contiguës, ce qui donne une construction tout en longueur, d'un seul volume et sur un seul niveau. **La borde quercynoise**, comme son nom l'indique, se rencontre dans la région des Causses et du Quercy à Tournon-d'Agenais notamment. Une maison en hauteur, étroite sur sous-sol, avec au rez-de-chaussée les locaux d'exploitation, et, au-dessus, l'habitation, avec généralement un accès extérieur par escalier. Concernant **la maison languedocienne**, on peut en voir de beaux exemples dans la vallée de la Garonne, à l'est du département. Habitation, remise, étable et grange à foin. Plan rectangulaire et allongé, toiture à deux pentes ; le pigeonnier est annexé au bâtiment principal. La maçonnerie est formée de briques de terre crue ou cuite formant des assises à des lits de pierres ou de galets.

© AYMA - ISTOCKPHOTO.COM

Pigeonnier à Monflanquin.

La maison à empilage de poutres de bois est construite à la limite du Lot-et-Garonne, dans une aire très circonscrite entre Castillonnès et Villeréal, sur l'emplacement d'anciennes forêts. Ces constructions étaient probablement l'œuvre de bûcherons. Sur un socle de maçonnerie, ou de blocs de pierre, a été élevé un système d'empilage de poutres croisées à mi-bois aux angles. La charpente est rudimentaire, sans système assemblé et le bois utilisé est le chêne ou le châtaignier, avec une couverture en tuiles et vraisemblablement en bardeaux de bois à l'origine.

L'architecture par les raconteurs de pays

Le patrimoine architectural du Lot-et-Garonne est riche, cela va sans dire, mais ce patrimoine magnifique ne saurait vivre sans des hommes de mains pour les réhabiliter, les conserver, les rafraîchir et des hommes de paroles pour les faire (re)vivre dans l'imaginaire des gens. Les raconteurs de pays sont ces hommes de parole. Ils sont disséminés sur tout le département et c'est la passion qui les anime, racontant le territoire où ils vivent mais à la façon des passeurs de mémoire qu'ils sont, en sortant des sentiers battus. Ce réseau de passionnés regroupe aujourd'hui plus de 45 membres en Lot-et-Garonne. Le Raconteur de Pays n'est pas un guide professionnel mais plutôt votre ami qui vous confie les secrets de sa région. Eglises romanes, canal de Garonne, bastides, moulins... Ils n'auront plus de secrets pour vous. L'un vous contera le cadran lunaire présent sur la façade du beffroi de Tournon d'Agenais en précisant et expliquant le mécanisme qui en découle quand un autre à Moirax prendra plaisir à vous intéresser aux pigeonniers et à l'histoire et l'architecture propre de ces édifices non dénués de charme. Vous pourrez aussi comprendre l'histoire architecturale d'un village en entier comme à Castelmoron-sur-Lot, où ce passionné vous contera les bâtiments tels que l'église néo-gothique, le temple protestant, la halle, le pont moderne et l'hôtel de ville, si particulier. Si les moulins et leur caractéristiques propres sont votre dada, direction Barbaste pour assouvir votre soif de connaissance avec l'un deux qui ne manquera pas non plus de vous faire l'apologie des églises et chapelles, fontaines, lavoirs, maisons fortes... cachés par la nature. Les raconteurs de pays sont donc une richesse patrimoniale à part entière indispensable au Lot-et-Garonne ne serait-ce que parce qu'ils racontent l'histoire des bâtiments à la seule force de leur passion communicative et transmetteuse. Ces hommes et ces femmes sont le Lot-et-Garonne, et surtout ils sont ceux qui en préservent la mémoire architecturale en racontant et en contextualisant tel ou tel édifice dans son époque.

Les charmes des pigeonniers historiques

On en dénombrerait plus de 6000 dans le Lot-et-Garonne. Mais alors pourquoi le pigeonnier ? La question trouve comme souvent sa réponse dans l'histoire de l'homme, de la terre et des bêtes. En effet, le pigeon était recherché pour la colombine, un mot beaucoup plus délicat pour parler des rejets naturels de l'oiseau. Cette colombine a un fort pouvoir de fertilisation de la terre avec son taux élevé d'azote et autre acide. L'homme s'est donc mis à construire ces bâtisses avec des nids appelés boulins pour attirer les pigeons. Plus on avait de terre, plus on avait de boulins. Par conséquent, ces derniers étaient un signe extérieur de richesse. On peut donc remarquer des pigeonniers construits à même la maison quand d'autres plus imposants, sont indépendants de la construction principale. Le pigeon était un mets apprécié des hommes mais aussi des rats qui pénétrant dans les édifices faisaient un véritable carnage. On a donc élevé des murs sans aucune aspérité empêchant ainsi les rongeurs de s'introduire tout en fixant près du sommet des lanterneaux pour l'entrée des volatiles. L'architecture caractéristique du pigeonnier est aujourd'hui une marque de charme et de cachet en matière de logis et la singularité des propriétés se considère notamment grâce au pigeonnier. Si vous allez du côté d'Allemans-du-Dropt, ne manquez pas d'aller voir l'un des plus beaux pigeonniers du département, construit dans le jardin d'une propriété et qui date du XVIIe siècle. La petite anecdote raconte que lors des alliances entre nobles, certains exagéraient leur nombre de boulins comme marque de richesses et c'est ainsi que serait né l'expression se faire pigeonner. On conseillera de, plutôt que de se faire pigeonner, profiter d'une nuit calme dans les nombreux pigeonniers réhabilités en superbes gîtes.

BEAUX-ARTS

Le musée des beaux-arts d'Agen est la référence en la matière et regroupe de magnifiques collections, héritage de la société académique d'Agen, il évoque aussi le lien particulier de Goya et l'art espagnol avec la ville. Lorsqu'on évoque les beaux-arts, deux noms viennent à l'esprit qui font la fierté du département puisque ces deux personnages excellèrent dans leur domaine en y apportant une résonance qui fait encore écho aujourd'hui. Dans le domaine de la sculpture, avec Bernard Palissy, le Lot-et-Garonne a vu naître un des concepteurs de la faïence, un céramiste reconnu et un passionné qui a dévoué sa vie à son art. Dans le domaine de la photographie, Ducos du Hauron est à classer dans les inventeurs, et pas des moindres, puisqu'il fut l'un de ceux qui permis l'évolution vers la photographie en couleurs. Le Lot-et-Garonne est donc une terre où l'histoire et les beaux-arts sont liés et où le génie créatif n'est jamais très loin.

Bernard Palissy, une vie dévouée à ses recherches

Né à Saint-Avit selon les dires, Bernard Palissy va passer sa vie à essayer de percer le secret de l'émail, mais résumer Bernard Palissy à cette seule histoire serait réducteur. A la fois potier, émailleur, peintre, artisan verrier, écrivain et savant français, il peut être considéré en ce sens comme un génie de la Renaissance et sa vie pourrait être titrée de la sorte : « une quête perpétuelle ». L'homme sera adulé pour ses créations quand il ne sera pas emprisonné pour son protestantisme. Ce que l'on retient de Palissy, c'est donc sa découverte de l'émail après des années de recherche. L'un de ses plus célèbres travaux est sans doute le bassin à décor rustique, qui fait voir et « toucher » un serpent, des poissons, des écrevisses, des amphibiens, le tout complété par des coquillages et des feuillages. Nous sommes là dans le savoir-faire du maître, en l'occurrence l'art du feu. Cette œuvre à la fois exposée au musée du Louvre à Paris et au musée de la Renaissance d'Ecouen illustre les projets de Bernard Palissy concernant les grottes artificielles dont Catherine de Médicis avait été une des commanditaires pour le jardin des Tuileries.

Palissy fut un influenceur de son temps, un esprit libre qui participe à la fierté du Lot-et-Garonne par son œuvre incarnant les réussites iconiques de la Renaissance. Le musée de Saint-Avit et le lycée d'Agen qui porte son nom montrent l'empreinte laissée par cet inventeur qui réussit à faire d'une « folle passion », une avancée majeure dans l'histoire des beaux-arts.

Louis Ducos Du Hauron et la photo couleur : une invention parmi d'autres

Si la télévision, la photographie et le cinéma s'apprécient en couleurs, c'est en premier lieu grâce à Louis Ducos du Hauron qui fut l'inventeur de la photographie colorisée. C'est en 1877 qu'il arrivera à prendre en photo la ville d'Agen depuis les hauteurs du coteau de l'Ermitage avec une vue de la cathédrale Saint-Caprais, ce qui lui fera « simplement » dire : « Le soleil n'a pas trompé mon attente. Il fait un usage judicieux de la palette réduite à trois couleurs ». Agen sera une ville qui posera pour ses expériences, et revoir ses clichés fait d'elle une cité spéciale pour le monde de la photographie.

Au-delà de ce simple exploit considérable, ce fils de famille agenaise a le dépôt de brevet comme activité régulière et son procédé de la trichromie annonce au XIXe le futur de la photographie. Le « palmarès » de Ducos du Hauron peut se résumer en 4 inventions considérables : la photographie en couleurs donc, mais aussi l'image en 3D, la diapositive et l'image animée dont le brevet sera utilisé par les frères Lumière pour leur cinéma. Il est aujourd'hui remis à l'honneur et considéré pour le travail qu'il a accompli et les avancées qu'il a engendrées. Un collège porte son nom comme pour mettre en lumière l'ancrage local de ce personnage important.

Bernard Palissy.

© OT DESTINATION AGEN

Musée des Beaux-Arts.

Le musée des Beaux-Arts : un lien étroit à Goya

Le musée des beaux-arts d'Agen est un formidable concentré de peintures, sculptures et autres meubles allant du Moyen Age au XIXe siècle. Il abrite aussi une section archéologie. Comme une maison de ville, il se loge dans 4 hôtels particuliers formant un bel ensemble : l'hôtel d'Estrades, l'hôtel de Vaurs, l'hôtel de Vergès et l'hôtel de Monluc.

© JIMJAG - FOTOLIA

Musée des Beaux-Arts, Agen.

La particularité qui fait le charme de ce musée provient du legs de cinq exceptionnels tableaux de Francisco Goya. L'autoportrait comme son nom l'indique est une peinture de Goya par lui-même, démarche qu'il adopta une trentaine de fois, et c'est en partie ce tableau qui lui permettra de rencontrer le succès tant espéré. Dans Le Ballon, Goya a peint une montgolfière qui s'élève dans le ciel en même temps qu'une foule s'agite au beau milieu d'un paysage montagneux. Ce dernier tableau est l'emblème du musée des beaux-arts. Les autres tableaux de Goya sont une Messe de Relevailles, une scène fantastique intitulée Caprices et l'esquisse du portrait équestre de Ferdinand VII. Véritable trésor du maître de la peinture contemporaine, le musée des Beaux-Arts d'Agen se place avec ces tableaux exceptionnels comme un des plus riches établissements culturels en Aquitaine.

Lamarque

La ville de Castelculier pourrait être considérée comme la plus ancienne ville de l'histoire du Lot-et-Garonne avec le site archéologique la villa de Lamarque. En effet, cet espace n'est autre qu'une ville thermale qui fut mise au jour et qui date d'il y a 1800 ans. Les fouilles ont permis de découvrir de nombreux objets d'arts comme des statuaires, céramiques, sculptures, pièces de monnaies ou mosaïques mais aussi des ustensiles du quotidien. Il fut par exemple dégagé de ces recherches une statue de Marc Aurèle dans une tombe mérovingienne. Avec ces richesses accumulées, on comprend alors la vie luxueuse et raffinée dont jouissaient les puissants d'alors.

Le Mas-d'Agenais et son tableau de Rembrandt

Voilà un charmant village de 1 500 âmes perché au-dessus de la Garonne ! Et pour ajouter à son attrait, il recèle un trésor artistique national : le tableau *Le Christ en Croix* peint en 1631 par Rembrandt, figure majeure de l'école hollandaise. La toile fut donnée à l'église au début du XIXe siècle par une famille du village. La paternité du chef-d'œuvre ne fut attribuée à Rembrandt qu'en 1853 et il fallut attendre 1960 pour que son authenticité soit définitivement établie. Son départ en restauration en 2016, suite à une fissure de la vitrine qui l'abritait, causa localement un vif émoi. Le tableau allait-il revenir un jour au Mas-d'Agenais ? Exposé un temps dans la cathédrale Saint-André de Bordeaux, son retour a été minutieusement préparé au sein de la magnifique Collégiale Saint-Vincent, au cœur même du bourg. Un nouveau coffre d'exposition blindé et équipé de capteurs d'humidité a été installé début 2022. Son emplacement a été changé de façon à ce que les reflets ne viennent pas gêner sa contemplation par les visiteurs. La commune chérit son trésor inestimable.

MUSIQUES ET SCÈNES

Les arts vivants tiennent une place importante dans le paysage lot-et-garonnais et leur histoire s'inscrit majoritairement dans le présent. L'art de l'image et de la représentation est même en plein développement dans le département soutenu par les institutions qui ont su voir les attraits que pouvaient offrir les terres lot-et-garonnaises, notamment à l'industrie du cinéma. Terre de spectacles et de créations ? Sans nul doute et depuis longtemps maintenant, et les festivals qui s'y déroulent, certains à la dimension internationale, ont rajouté du crédit au Lot-et-Garonne en tant que territoire culturellement riche et attrayant. Berceau d'artistes fidèles, qu'ils soient chanteurs ou metteurs en scène, le Lot-et-Garonne est un vivier de créateurs en perpétuel renouvellement. Il n'est pas usurpé de dire qu'il a su avec ses hommes et sa terre, attirer les regards et les projecteurs sur son potentiel culturel.

Musique et ruralité se conjuguent à l'année

On pourrait penser qu'à l'échelle de ce département rural, la musique n'a que peu d'espace et de temps d'exclamation, mais ce serait sans compter sans d'irréductibles passionnés qui durant toute l'année résistent encore et toujours à la désertification culturelle. On peut voir ainsi différentes associations faire vivre la musique en se basant sur un concept d'itinérance et en proposant des manifestations régulières dans des petits villages. On pensera logiquement au festival Abracada'sons en pays de Guyenne et Gascogne, avant-gardiste des musiques (éclectiques) amplifiées en milieu rural depuis plus de 20 ans et qui a permis aux aficionados de voir notamment Rachid Taha à Miramont-de-Guyenne ou encore Les Négresses vertes à Tonneins. D'autres évènements ont lieu ici ou là durant l'année et font vivre la campagne lot-et-garonnaise de Puymirol à Monflanquin. Des salles de concert existent aussi, à l'image du Florida d'Agen, qui propose une programmation étalée et qui a su se faire une communauté de suiveurs et de fidèles en raison de son offre culturelle de premier choix, éclectique dans ses formes de représentations.

Des évènements qui marquent l'année musicale

Garorock à Marmande, Albret Jazz festival ou encore les nuits lyriques en Marmandais, il y a pléthore d'événements musicaux pour satisfaire tous les goûts et ce foisonnement culturel s'inscrit principalement durant les saisons chaudes. Du festival qui donne à voir des pointures internationales à presque 200 000 personnes sur une immense plaine, à celui qui offre aux amateurs de jazz des performances de haut vol dans un cadre naturel, la culture musicale se conjugue au pluriel et la longévité et la réputation de ces soirées ont au fil du temps inscrit le Lot-et-Garonne comme point d'étape des amateurs d'art vivants.

Garorock est l'événement phare de la scène musicale du Sud-Ouest et il s'est déplacé dans Marmande au fil du temps et de sa renommée grandissante. Au départ situé dans l'actuel parc des expositions, il s'est ensuite étalé sur les alentours de cette zone avant de se fixer à la Filhole, un immense espace naturel propice pour pouvoir faire du Garorock ce qu'il est aujourd'hui. Il a vu passer bon nombre de célébrités françaises et internationales et le côté punk de ses débuts n'est plus qu'un lointain souvenir pour les locaux parfois nostalgiques de ces années-là. DJ Snake, Muse, Indochine… la liste est longue des stars qui sont passées par Marmande, et cette palette de styles très large explique sans doute le fait que cet événement organisé à la fin juin, est l'un des plus importants de France.

Nérac et l'Albret fête le jazz, et un peu plus encore depuis quelques années déjà. Cet événement continue de faire perdurer ce style de musique dans des cadres enchanteurs à l'image des châteaux de l'Albret et dans une ambiance à la fois jazzy et gourmande, l'occasion de rencontrer et de voir des pointures du genre en ayant accès à une certaine forme d'exclusivité de par l'espace dédié aux spectacles.

Pour la musique classique, celle-ci est célébrée à Marmande avec les Nuits Lyriques, authentique concours de chant international et tremplin pour les jeunes artistes lyriques désireux de faire carrière dans cet art. Reconnu comme un passage conseillé pour pouvoir percer dans ce milieu, c'est l'occasion pour les locaux et les passionnés de venir admirer et découvrir les voix qui feront l'opéra de demain. Depuis bientôt 35 ans que cet événement célèbre l'art lyrique, il y a plus de 470 prix qui ont déjà été décernés et plus de 5 500 chanteurs auditionnés.

Festival Garorock à Marmande.

Francis Cabrel, le Lot-et-Garonne reconnaissant

Il faut bien avouer que l'aura musicale du département a pris une dimension nouvelle dès lors que Francis Cabrel a émergé sur la scène musicale française. Au fur et à mesure des albums et des chansons devenus des classiques, l'homme a toujours su soutenir et être un ambassadeur de son patrimoine lot-et-garonnais, ne serait-ce que dans son accent qu'il a défendu à l'encontre des convenances artistiques imposées, les roses qu'il chante ayant toujours l'éclat qu'elles méritent. C'est sûrement parce qu'il vit toujours à Astaffort au milieu des siens que Francis Cabrel est le premier ambassadeur de ce Lot-et-Garonne où il est si plaisant de vivre. Initiateur des rencontres d'Astaffort et de l'association Voix du Sud qui les organise, il a ainsi créé dans ce petit village du département une sorte de pôle d'attraction pour le monde de la musique. En refondant l'ancienne école en ateliers de créations, c'est tout un village qui respire la culture au cours de l'année.

Une filière théâtrale pourvoyeuse de talents

Rien qu'en comptant le nombre de théâtres existants, on se rend compte de la place particulière que cet art possède en Lot-et-Garonne. Le théâtre Ducourneau à Agen, le théâtre Georges Leygues et le théâtre des 13 vents à Villeneuve-sur-Lot, le Comoedia à Marmande ou encore le théâtre Côté Cour à Mézin illustrent le dynamisme de cette discipline en pays de Gascogne où l'art de la diction n'est plus à prouver.

Historiquement, deux villes ou plutôt une ville et un village incarnent le théâtre dans le département. Agen et le théâtre du jour de Pierre Debauche, et Monclar avec les baladins en Agenais de Roger Louret. L'art de la scène est foisonnant et le théâtre lot-et-garonnais ne va jamais s'arrêter de (se) produire à partir des années 1970 et la sortie avec un premier prix du conservatoire de Toulouse de Roger Louret. Au fil des années, ce sont d'innombrables représentations qui seront données dans Monclar, ce village dominant la vallée du Tolzac et nombre d'acteurs reconnus aujourd'hui fouleront les planches de ce bourg lot-et-garonnais. Pourvoyeuse de talents, la « filière » théâtrale locale mettra en lumière la comédienne Muriel Robin sortie des Baladins en agenais ou son co-fondateur Nicolas Marie auréolé d'un césar du meilleur acteur ou encore Benoît Solès, premier artiste à se voir décerner un Molière de l'auteur et de comédien pour sa pièce *La machine de Turing*, lui-même ayant fait ses classes à Monclar et parrain du théâtre du jour de Pierre Debauche. Ce même Pierre Debauche, disciple de Vitez, en pionnier de la décentralisation du théâtre qui reste un personnage important pour le Lot-et-Garonne. Acteur de la formation – il dirigea notamment le centre d'art dramatique de Limoges et fonda le théâtre des Amandiers à Nanterre – il a créé le Théâtre-école d'Aquitaine au sein du Théâtre du Jour à Agen dont la fermeture a malheureusement été annoncée en mai 2022. Il reste entre autres l'image d'un avant-gardiste bâtisseur.

Les clowns ont aussi leur festival ici avec Mondoclowns à Marmande qui a lieu généralement durant le mois de février. Toute la sphère clownesque mondiale se retrouve pour parader et se donner en spectacle sur fond d'excentricité.

Le théâtre conventionnel se vit aussi à travers les festivals qui animent l'été parfois dans des lieux magiques à l'image de Bonaguil dont le château sert de magnifique cadre durant le festival. Michel Galabru, Jean-Louis Trintignant, Robert Hossein y ont joué parmi tant d'autres vedettes du genre. Le festival de théâtre de Villeréal marque aussi l'empreinte de la scène en Lot-et-Garonne dans une version différente puisque le village ne possède pas de théâtre. Durant quelques semaines, les artistes investissent le village pour une résidence et en font un théâtre à ciel ouvert avec la participation de l'ensemble des villageois. On ne pourrait pas mieux le qualifier que hors circuit et novateur.

Avec les nombreuses compagnies de théâtre amateur évoluant sur l'ensemble du territoire, le théâtre tient réellement une place particulière dans le Lot-et-Garonne. Historique avec ses représentants charismatiques que sont Roger Louret et Pierre Debauche, le 6e art lot-et-garonnais continue de perpétuer son influence dans le monde artistique.

Le théâtre aussi dans la rue

Le théâtre se vit aussi hors des scènes habituelles, et notamment dans la rue. D'ailleurs parler simplement de théâtre serait réducteur puisque ce sont les arts de la rue dans leur ensemble qui s'expriment durant la période estivale. Durant l'été, on retrouve bon nombre de représentations et de déambulations dans les manifestations qui ont lieu lors des mises en avant des différents patrimoines historiques parsemant le territoire. D'ailleurs, Miramont-de-Guyenne et sa région se prête admirablement à ce jeu et il n'est pas étonnant de voir le festival Bastid'art perdurer depuis 1995 et drainant un nombre important de fidèles. Véritable spécialiste en la matière, ce festival promeut toutes sortes d'artistes. Des clowns, des jongleurs, des acrobates, des musiciens, des acteurs… Bref, toutes les formes de théâtralisation se retrouvent ici et le public se déplace en nombre pour applaudir, rire, chanter voire participer aux côtés d'artistes confirmés ou de ceux en devenir. Ce festival est (re)connu pour être un dénicheur de talents durant ce week-end ensoleillé du mois d'août.

Silence on tourne… dans le 47

André Téchiné (pour le cultissime « Les roseaux sauvages »), Stéphane Brizé, Cédric Kahn, Jacques Perrin, Catherine Deneuve, Vincent Lindon mais aussi Josée Dayan le temps d'un épisode de la populaire série « Capitaine Marleau » avec Corinne Masiero… autant de noms prestigieux qui ont foulé les terres du département, dont la diversité géographique est un formidable vivier de décors propice au cinéma. Courts et longs métrages, documentaires, fictions TV, web-séries à foison : de ce dynamisme, le Lot-et-Garonne s'en est emparé et la nomination au Festival de Cannes 2019 de « En guerre » de Stéphane Brizé a permis de mettre en lumière le département et ses habitants. Il faut croire que le Lot-et-Garonne est aussi apprécié pour son accueil par les professionnels du cinéma puisque ce même Stéphane Brizé a encore choisi le territoire lot-et-garonnais pour le tournage de « Un autre monde » (sorti en salles en février 2022). Thomas Cailley est venu dernièrement tourner des scènes de son film « Le règne animal », avec Romain Duris en vedette. Le 24 avril 2022, le soir du second tour de l'élection présidentielle, le village de Laroque-Timbaud a été le théâtre d'une expérience inédite : la fiction « Jour de gloire » de Jeanne Frenkel et Cosme Castro a été tournée et diffusée en direct sur *Arte.tv* et dans plusieurs salles de cinéma du territoire. Un défi technique à la hauteur des ambitions artistiques du Lot-et-Garonne.

© CHRISAT - ISTOCKPHOTO.COM

Villeneuve-sur-Lot a servi de décor pour le film Les Roseaux Sauvages, d'André Téchiné.

LITTÉRATURE

L'histoire de la littérature lot-et-garonnaise s'écrit dans le XXe siècle, l'art de la prose prenant une dimension nouvelle avec deux figures incarnant cette floraison littéraire, une femme, Marguerite Duras et un homme, Michel Serres. La prose mais aussi la bande dessinée ou encore l'écrit journalistique rencontrent une abondance d'activités depuis peu et l'éclosion d'événements d'envergure assoient le Lot-et-Garonne dans le paysage national du genre. Il est une terre d'accueil pour des festivals à l'ambition intellectuelle forte et à l'influence majeure dans leur secteur. Le particularisme local de ce bouillonnement intellectuel nouveau se situe dans les lieux où il s'est installé, en l'occurrence des petits villages dont le destin n'était pas celui de devenir durant quelques jours le lieu de résidence d'une intelligentsia. Le Lot-et-Garonne peut mûrir un dessein littéraire, sa terre inspire.

Le Lot-et-Garonne : une source d'inspiration pour Marguerite Duras

Elle n'est pas née ici, mais son nom d'auteure évoque le Lot-et-Garonne et l'influence du département sur l'inspiration de Marguerite Duras qui choisit le nom de la cité des ducs comme pour rendre hommage à cette région, point de départ de son génie littéraire. Son œuvre s'est en partie écrite dans la maison de son père à Pardaillan, ce qui lui a fait dire : « Je revois. C'était une terre déserte, pauvre. Les gens vivaient d'un petit vin de fruit, de pruneaux, du tabac, des artichauts aussi... c'est à Duras que je suis devenue quelque chose comme écrivain ». Lorsqu'en 1943 sort son premier roman, *Les Impudentes*, il faut y voir toute la campagne des environs de Duras et le Lot-et-Garonne en général. La maison de son père évidemment, mais aussi Le Dropt qui coule sous les lettres du Dior, car c'est bien ce cours d'eau local connu des gens d'ici que Marguerite Duras évoque, tout comme la demeure paternelle. L'histoire entre Marguerite Duras et le Lot-et-Garonne s'est écrite en pointillés, mais elle reste aujourd'hui prégnante, ne serait-ce que dans ses livres magnifiques. Concrètement, seule subsiste de son passage la maison de son père sauvée in extremis de la ruine pour en faire un lieu de mémoire. L'auteure de *L'amant* a marqué la littérature française et le prix Marguerite Duras initié notamment par le Conseil départemental de Lot-et-Garonne depuis 2001 est un classique des événements littéraires français qui marque l'attachement réciproque de ceux nés ici avec celle qui aima y vivre.

Fourques, Grateloup, Couthures, des festivals et salons de villages reconnus

Fourques-sur-Garonne, Grateloup, et Couthures, voilà trois communes qui ont la particularité d'être des villages, voire des petits villages, à l'image de Couthures et ses 350 habitants et qui accueillent des festivals et un salon faisant référence dans leur domaine.

Il y a le neuvième art fêté depuis peu à Fourques-sur-Garonne avec son festival de la bande dessinée et qui rencontre un succès grandissant. Dans ce village où la végétation est dense et expliquant le nom du festival « La bd est dans le pré », les amateurs lisent, parlent de BD, mais aussi de mangas et de comics avec leurs auteurs présents. Le prix Jacarbo du nom de ce dessinateur qui a notamment été à la tête des « Pieds Nickelés » et qui a vécu à Fourques-sur-Garonne est remis. Dans les animations, on peut par exemple s'adonner au dessin de BD avec l'aide d'un illustrateur ou assister à des expositions ayant pour thématique la bande dessinée. C'est un vrai festival où le charme bucolique des lieux se complète avec l'esprit BD.

Le livre jeunesse lui, fait salon à Grateloup, petit village près de Tonneins, au nom digne d'un conte de Perrault. Véritable cadre approprié pour ce genre d'évènement, Grateloup est à vivre pour les enfants comme pour les grands lorsqu'on veut véritablement s'échapper et retrouver un imaginaire bienfaisant. Depuis 2002, dix auteurs viennent le temps d'un week-end échanger avec leurs petits lecteurs et leurs familles autour de rencontres, d'expositions, de théâtres, d'ateliers ludiques ou de balades littéraires. On aurait presque l'impression que le village se transforme et se trouve coupé du monde durant ces 3 jours. Avec ce succès qui dure depuis presque 20 ans, les organisateurs ont su depuis le début des années 2000 se faire une place dans le monde du livre jeunesse et son adhésion à La Fédération des Salons et Fêtes du livre de jeunesse tout comme sa longévité en sont les plus belles preuves.

Le festival international de journalisme de Couthures est assez récent puisqu'il a débuté en 2016, mais l'enthousiasme n'a fait que décupler au fil des années. C'est une sorte d'Agora de campagne où le public s'assoit sur l'herbe ou sur des chaises en plein air et assiste aux nombreux débats entre journalistes et hommes politiques, s'intéresse à des ateliers thématiques et se divertit avec de multiples rendez-vous festifs. Ces trois jours sont comme un bouillonnement culturel en bord de Garonne et le village devient le point de convergence entre les décideurs et les observateurs nationaux. On y a vu entre autres Florence Aubenas, MC Solaar... Benoît Poelvoorde ou Pierre Lescure en parrains et bien sûr toute la sphère des femmes et des hommes qui font la presse française. Dans le Marmandais c'est un moment à la fois fort et sympathique de voir la presse et les hommes politiques avoir le devoir et le droit de citer autrement. Il est à noter la qualité des thématiques qui renvoient à l'actualité et de la façon de les traiter.

La philosophie optimiste de Michel Serres

La figure gasconne de la littérature locale est sans nul doute Michel Serres. Ce natif d'Agen était un homme de son temps qui permet au territoire de revendiquer une fierté intellectuelle amplement méritée. Lorsqu'on lit ce qu'a répondu Georges Canghilhem à Michel Serres lorsque ce dernier sortit de l'agrégation à la deuxième place, on mesure le destin de cet homme qui n'a pas toujours été reconnu pour son génie par ses pairs, ne se voyant jamais coopter pour le collège de France par exemple: « A ce concours, le meilleur est toujours reçu deuxième. Ce fut naguère mon cas. C'est aujourd'hui le vôtre. »
Auteur d'une soixantaine de livres, il publia notamment les best-sellers « les cinq sens » faisant de ces sens un ravissement et le chemin de tous les possibles. Il fut aussi l'auteur de « Petite Poucette » dont le succès a été immense et où l'écrivain âgé de 82 ans lors de sa publication en 2012, projetait le monde futur et ses changements par le prisme de la jeunesse numérique qui tape les messages avec le pouce. L'optimisme de Michel Serres se traduit particulièrement dans ce livre au large succès.
De par son attachement viscéral à sa ville d'Agen et son aura dans le monde philosophique, Michel Serres fut un représentant magnifique de ce pays gascon qu'il aimait tant et qu'il a fait vivre rien que par sa voix. Homme de science et de gaieté, cet homme à l'optimisme influent a marqué l'histoire récente et son empreinte sur la pensée est certaine. Campus et avenue portent son nom dans la préfecture agenaise et il est aujourd'hui semblable à une figure tutélaire pour la ville.

QUE RAPPORTER ?

Rapporter le Lot-et-Garonne, c'est rapporter les fruits de sa terre. Loin du porte-clés prenant la forme du département ou d'une torche électrique avec l'effigie de l'animal local, on penchera logiquement vers des souvenirs gourmands. En territoire agricole de premier plan, vous trouverez des spécialités qui racontent son histoire et qu'il faut absolument avoir dans son sac de voyage pour ressentir toute la gourmandise que le Lot-et-Garonne inspire. La bonne nouvelle, c'est que les produits emblématiques qui font le terroir peuvent se conserver à l'image des fruits secs ou des fruits à coque, et si vous venez de rapporter une richesse des vergers représentatifs de la région, ils se transforment en recettes conditionnées pour se conserver et se déguster dans le temps. Rapporter le Lot-et-Garonne, c'est rapporter ses odeurs et ses saveurs comme des madeleines de Proust évocatrices de plaisirs et de souvenirs.

L'emblématique pruneau d'Agen

Le pruneau se conserve facilement, voilà pourquoi on en emmène dans les cales des bateaux et que vous pouvez en rapporter chez vous en toute sécurité. L'histoire du pruneau date du XIIe siècle et on le doit en grande partie aux moines de l'abbaye de Clairac qui eurent l'idée de génie de greffer, « enter » en vieux français, une prune rapportée de Damas en Syrie lors du retour des croisades. La prune d'ente servant au pruneau d'Agen était née. Oui, mais pourquoi le connaît-on comme le pruneau d'Agen ? L'histoire indique que ces pruneaux étaient acheminés depuis le port d'Agen vers Bordeaux pour les expéditions en mer par le biais de gabarres, ces petits bateaux qui amenaient les marchandises sur la Garonne, et que ces denrées transportées étaient marquées du nom du port d'origine d'où l'estampille « pruneaux d'Agen » sur les sacs de toile embarqués.

© CDT 47

Le pruneau, fruit emblématique à ramener dans ses bagages.

Bénéfique pour la santé, il est diététiquement gourmand, car pauvre en lipides, riches en fibres, en glucides et en oligo-éléments et son pouvoir antioxydant est remarquable. Il sera votre compagnon d'appétit, quel que soit le moment de la journée. Le pruneau se déguste sec, mais aussi mi-cuit, enrobé de chocolat ou à l'apéritif, enroulé dans de la ventrèche, ou encore en digestif, macéré dans de l'eau-de-vie. C'est véritablement un allié des fringales et si vous avez l'âme cuisinière, rapportez-en pour vos recettes salées-sucrées, il en existe plein. On vous conseille le mi-cuit, sans conservateur, et surtout non réhydraté, comme cela se fait de plus en plus.

La cote des fruits à coque

Saviez-vous que Cancon était la capitale française de la noisette et que la noix poussait aussi en Lot-et-Garonne? La filière est en pleine expansion et le savoir-faire est reconnu. Les fruits à coques sont l'autre spécialité de la région et leur transformation en aliments divers et variés vous permettra encore une fois d'embarquer un peu d'ici chez vous. En farine, en pâte à tartiner régressive, en huile bienfaitrice et recommandée, à dénoyauter ou grillées... le plaisir sera constant. Emballés, en pot, en bouteille, tout est fait pour le transport. Aide de préparation, les fruits à coque seront aussi vos alliés dans l'élaboration de vos pâtisseries par exemple.

La truffe ou l'or noir

Elle se trouve sur les terres lot-et-garonnaises à l'instar de la région où elle est reine, le Périgord voisin. Vous pourrez la rapporter en bocal, vous aurez des truffes en pleine maturité et à l'ouverture le feu d'artifice odorant embaumera votre cuisine de cette senteur si singulière qui la caractérise. En brouillade, une recette simple pour une explosion de saveurs, il vous faudra mettre vos œufs dans le bocal avec les truffes durant 48h et ensuite à vous la préparation simplissime et la dégustation exceptionnelle.

La truffe, un mets incontournable du Périgord.

Des préparations de fruits pour une conservation de goût

Le petit déjeuner ne sera plus jamais le même après votre passage en Lot-et-Garonne. Ne se satisfaisant pas d'être le verger de la France, le Lot-et-Garonne se fait fort de valoriser ses cultures. Il vous faudra repartir avec des confitures de fraises, de melons, de prunes ou de kiwis pour avoir un panel de gourmandises à la maison. Et si tant est que vous vouliez cuisiner salé, la tomate de Marmande se décline en conserves sous forme de sauce ou de ketchup artisanaux pour des condiments originaux.

Quatre appellations pour quatre terroirs viticoles remarquables

Bruhlois, Buzet, Cotes de Duras et Cotes du Marmandais, voilà les 4 familles du terroir viticole du Lot-et-Garonne. En bon amateur, ces appellations sauront vous ravir, et rapporter des bouteilles de ces vins vous assurera une agréable surprise. La qualité est reconnue par le biais de viticulteurs chevronnés qui ont élaboré des cuvées en biodynamie qui font foi chez les professionnels. Des signatures de vin en Marmandais et en Duras ont fait passer un cap à toute une filière en plus de remettre des cépages indigènes comme l'Abouriou sur le devant de la scène. Procurez-vous quelques bouteilles et régalez-vous avec modération.

Tout le canard mis en boîte

Non satisfait d'être un territoire à la pointe des cultures fruitières et légumières, le Lot-et-Garonne est aussi à l'instar de ses départements voisins une terre d'élevage où le canard se plaît à grandir et où les conserves se déclinent aussi bien en rillettes qu'en pâté, et confit de toutes sortes. Le canard a détrôné l'oie en matière de production, celle-ci étant plus difficile à élever et le canard restant moins gras et plus digeste. La tradition de la conservation au sel et à la graisse permet d'avoir la totalité de l'animal mise en boîte. On vous conseille de visiter les fermes dispersées sur l'ensemble du territoire et donc de privilégier les produits fermiers garants d'un travail d'élevage et de transformation de qualité. En plus, il n'est pas dit que vous ne puissiez pas goûter une petite tartine en dégustation pour vous faire un avis. Des cous de canards farcis coupés en cercle tellement bons à l'apéritif aux cuisses confites mariées à des pommes de terres cuites dans la graisse de canard, il y a de quoi faire en rapportant des conserves et des terrines… de foie gras bien sûr !

La bière : le nouvel artisanat gourmand du Lot-et-Garonne

Il n'est pas ici question de surfer sur une mode des brasseries qui pousseraient comme des champignons un peu partout dans le monde sans avoir analysé réellement la situation locale. Clairement, on peut vous l'affirmer, on se doit de rapporter de la bière du Lot-et-Garonne, car si elle se développe de plus en plus, elle grandit en gardant comme crédo la qualité. Il faut mettre en avant le travail de ces nouveaux brasseurs éparpillés dans les quatre coins du département avec chacun une identité bien précise. Le travail des cultures est primordial et de l'orge au houblon, les plantes et autres céréales sont choyées. Il en va de même de la production avec le choix des ingrédients, les arômes recherchés, l'équilibre de l'amertume… tout ce qui confère à la bière un pouvoir désaltérant parfois ou celui du plaisir d'une vraie dégustation de bières spéciales. En flânant sur les marchés, vous trouverez parfois ces brasseurs directement, sinon on vous conseille les épiceries fines. A l'inverse de bières industrielles qui se font mousser allègrement, ces brasseries locales donnent un vrai coup de fraîcheur qualitatif à cette boisson universelle.

SPORTS ET LOISIRS

Le Lot-et-Garonne est historiquement un département où le rugby règne en maître, chaque village ayant sa propre équipe. Il ne faut pas oublier les autres sports collectifs (foot, basket..) qui drainent bon nombre d'amateurs. Ce pays est aussi un formidable concentré de sentiers divers et variés, aux paysages bigarrés et aux dénivelés plus ou moins prononcés qui font et feront le bonheur des randonneurs, des cavaliers, des vététistes et des coureurs. Il recense également des étendues d'eau et des forêts, les chasseurs et les pêcheurs y trouvant de nombreuses satisfactions. Les activités nautiques ne sont pas en reste avec la base du Temple-sur-Lot qui régale les amateurs jusqu'aux équipes de France olympiques de canoë-kayak et d'autres lacs à l'instar de celui de Damazan qui offrent des espaces de baignade estivaux. Terre de sports et de loisirs orientés nature, le Lot-et-Garonne est un champion en la matière.

Un pays à parcourir à pied

Amateurs de sentiers, de chemins, d'espaces, de sous-bois... le Lot-et-Garonne est fait pour vous. Avec ses 438 sentiers de randonnées, les marcheurs ont l'embarras du choix et peuvent allègrement thématiser leur circuit entre parcours historique, à travers les vignobles ou autour de lacs... tout est réuni pour découvrir la richesse et la variété géographique et culturelle du pays. Les dénivelés sont de toutes sortes et les distances varient pour offrir la possibilité de parcourir le pays en choisissant la difficulté qui convient.

Effectivement terre de contrastes géologiques et de dénivelés, l'espace lot-et-garonnais possède des chemins escarpées, des forêts étendues et d'autres zones naturelles qui permettent l'organisation de compétitions de sports natures à l'image des trails et des raids qui poussent de plus en plus dans la région. On pourra ainsi jauger de ses capacités lors de week-ends sport et nature organisés dans le sud du département ou plus au nord et ainsi découvrir la région en mode sportif.

Un pays à randonner à vélo

Le canal des Deux Mers, la vallée du Lot, la véloroute de la vallée de la Baïse, la scandibérique, quatre grandes routes qui se rejoignent en Lot-et-Garonne et qui l'imposent à fortiori comme un catalyseur d'un tourisme vert bien à propos. Entre le canal des Deux Mers et ses écluses et bastides, ou la véloroute à la découverte de la Gascogne, le Lot-et-Garonne à vélo offre un concentré de ses richesses. Une aventure douce en longeant les principaux canaux du sud-ouest cela va sans dire, mais la région est aussi pour les amateurs d'escapades tortueuses une belle destination lorsque l'on recense quelques parcours VTT aux accents plus ou moins marqués, que l'on soit à Prayssas pour une difficulté plus accrue, ou à Lacépède pour plus de facilité. Les chemins sont balisés selon les parcours et les difficultés, il n'y a donc aucune raison d'être pris par surprise par la rudesse des côtes ou la longueur des sentiers.

Le cheval : un autre moyen de découverte

Les cavaliers amateurs ou plus aguerris trouvent ici de quoi chevaucher la lande ou les Landes de Gascogne, plus précisément avec les multiples centres équestres disséminés un peu partout et qui proposent des balades plus ou moins soutenues. Des alentours de Duras aux contreforts du Gers en passant par la forêt landaise de Casteljaloux, il y a tous les paysages à admirer à dos de cheval avec les accompagnateurs comme boussole et qui guident les cavaliers dans ces balades itinérantes

Le Lot-et-Garonne n'est pas non plus avare de courses hippiques. Il existe effectivement quelques hippodromes sur le territoire.

DÉCOUVRIR

© TEDDY VERNEUIL LEZBROZ - CDT 47

Randonnée et point de vue sur Monségur.

Kayak sur le Lot.

© CDT 47

© WHITE RABBIT PRODUCTION

Randonnée équestre.

Le Passage d'Agen entre autres abrite l'hippodrome de la Garenne qui peut être foulé à la fois par des chevaux de trot et de galop. Plus au nord, au cœur de la campagne du pays des bastides, Villeréal possède également un site à vocation hippique et il est possible d'assister à des courses au milieu de turfistes passionnés.

Des activités nautiques et aquatiques

Côté nautisme, on dira que l'offre est au top niveau ! Le Lot, le canal de la Garonne mais aussi la Baïse, le Lot-et-Garonne se vit aussi sur l'eau et donne une définition claire et limpide de l'aventure douce. Qu'on flâne en péniche ou que l'on randonne en canoë-kayak, encore une fois, le territoire se distingue par sa diversité. Les activités de balades en bateau forment une grande partie de l'offre touristique estivale et certaines communes s'en sont faites une spécialité à l'image de Castelmoron pour les vacanciers des bords du Lot ou Le Mas d'Agen et Buzet sur Baïse pour les tenants de la douceur du canal des deux mers. Point central du nautisme voire du sport en général, la base du Temple sur Lot est un bijou de complexe sportif qui accueille principalement des équipes de haut niveau pour des stages, des préparations avant les jeux olympiques ou des manifestations sportives de grande ampleur.

Côté aquatique, les lacs sont aussi présents et aménagés pour les activités estivales à l'image de Casteljaloux et la base de loisirs du lac de Clarens, véritable pôle de loisirs à plusieurs facettes, il n'est pas étonnant d'ailleurs que ce site accueille des compétitions de triathlon. Pour les fans de sports de glisse, Damazan avec le lac de Moulineau reste le lieu du fun et de la prise de vitesse où on pourra s'adonner à fond aux activités en vogue telles que le téléski nautique et ce, que l'on soit débutant ou adepte des modules de toutes sortes.

Un pays où l'on joue

Plutôt nature, plutôt attractions, plutôt animaux, il y a tout ça en Lot-et-Garonne et on aura l'embarras du choix que l'on soit en Guyenne, en Albret ou dans l'agenais. Les sites de parcours type accrobranche sont nombreux et ils raviront autant les petits que les grands. Des-Chênes-Toi aventure à Sainte Colombe de Duras ou encore Parc-En-Ciel à Lacapelle-Biron restent des références dans ce domaine tout comme Cap Cauderoue à Barbaste que l'on pourrait qualifier aisément de complexe de loisirs avec accrobranche, laser game, tir à l'arc ou encore kart à pédale…

Les familles adeptes des parcs d'attractions seront comblées avec Walygator Sud-Ouest et Aqualand situés à Roquefort en périphérie d'Agen. Les propositions de ces sites bien connus vont des attractions « famille » plutôt tranquilles jusqu'aux activités plus frissonnantes pour passer une journée de détente où seul le plaisir sera le maître mot

Le thermalisme, une activité renaissante

Les eaux aux vertus médicinales ne sont pas légion en Lot-et-Garonne mais Casteljaloux est historiquement une ville thermale dont la réputation de ses eaux sulfureuses et ferrugineuses lui ont valu au XIXe siècle le nom de Casteljaloux-les-Bains. Si cette activité s'est estompée pendant un long moment, le thermalisme a bel et bien repris depuis peu dans cette commune des Landes de Gascogne dont la vocation thermale est inscrite dans la nomenclature des actes médicaux en rhumatologie par la sécurité sociale. Comme toutes les stations thermales, Casteljaloux bénéficient donc d'une attraction naturelle logique, et les commerces afférents comme les restaurants de qualité ou les casinos ne sont pas absents, bien au contraire.

GASTRONOMIE

Quand on est le verger de la France mais aussi le territoire avec la plus grande diversité de cultures d'Europe, le rapport à la gastronomie est tout de suite plus particulier. Ici, elle porte un sens tant en quantité qu'en qualité. Elle s'exprime dans des produits bruts à l'image des fruits parfumés comme les fraises et ses nombreuses variétés mais la gastronomie transforme aussi magnifiquement ces produits pour en faire des spécialités connues et reconnues comme le pruneau. Terre de vins avec quatre appellations qui comptent, le territoire possède un patrimoine viticole qui tend vers la qualité et les démarches dans ce sens se multiplient. Que dire de la restauration? Que du bien lorsque l'on voit l'approche qu'adoptent les professionnels se sachant chanceux d'avoir tout à portée de piano. En conclusion, il y a tout, sans parler des céréales, de la bière... bref, de tout ce qui fait ici une terre qui régale ses hommes et les autres.

Les fruits et légumes

Ils sont partout : rouge, vert, jaune, sucrés, de pleine terre, dans les arbres, à coque, bio, d'été, d'hiver... les fruits et légumes caractérisent le Lot-et-Garonne ! Le département est le verger de la France mais les légumes ne sont pas en reste avec les cultures de choux, d'asperges, de concombres et pleins d'autres qui poussent sur les terres fertiles. Non satisfait d'être le champion des cultures en Europe, le département se distingue avec le soin apporté par ses hommes aux qualités organoleptiques de ses richesses végétales comme les différentes variétés de la filière fraise ou de la tomate dont Marmande s'est faite la spécialiste. De saison vous demanderiez-vous? Avec le kiwi , le Lot-et-Garonne se place encore comme le numéro 1 en France de ces fruits que l'on récolte durant les mois rugueux. Il y a donc de grandes chances qu'il y ait une saveur du 47 dans les corbeilles de fruits ou les paniers de légumes consommés dans l'hexagone.

Le pruneau, une spécialité d'un savoir-faire local

Soyons clair : le pruneau ne pousse pas sur un arbre, c'est la prune qui pousse sur le prunier et se transforme par dessiccation, en pruneau. Le prunier a été probablement ramené de Syrie par les Croisés au XIIe siècle. Il a été greffé (« enté ») par les moines bénédictins de l'abbaye de Clairac, sur des variétés locales. C'est ce qui explique pourquoi ce prunier est appelé prunier d'Ente. Jusqu'au XVIe siècle, la prune sèche au soleil. On découvre que dessécher la prune dans le four à pain est réalisable. Les paysans installent alors des fours à prunes. Il fallait faire cuire 3 kg de prunes pour obtenir 1 kg de pruneaux. De plus, il fallait effectuer trois cuissons, séparées chacune

© NOIRCHOCOLATE - ISTOCKPHOTO.COM

Les pruneaux se dégustent aussi à l'apéritif.

par environ 48 heures de refroidissement. Il n'y a pas encore si longtemps, dans les années 80, il y avait deux équipes : celle de jour et celle de nuit, car il fallait régulièrement surveiller la cuisson et sortir les pruneaux lorsqu'ils étaient juste à point. Si vous êtes de passage au printemps, et pendant quelques jours seulement, une mer blanche et odorante s'abat sur tous les vergers : c'est le temps de la floraison. Le philosophe agenais, Michel Serres, affirme d'ailleurs que cette floraison est aussi belle que celle des cerisiers au Japon. Est-ce parce que la capitale du Lot-et-Garonne s'appelle Agen que l'on a choisi de donner son nom au pruneau ? Au XIXe siècle, on parlait de prune de Bordeaux, parce que la prune était transportée par bateau. Elle voyageait dans des sacs en toile de coton blanche sur lesquels était estampillé le nom du port de départ. Quand, grâce au canal de Garonne, les prunes sont parties d'Agen, les sacs ont été estampillés Agen, alors que les vergers de pruniers se trouvent essentiellement dans la vallée du Lot et dans le pays du Val de Garonne Guyenne Gascogne. Le département du Lot-et-Garonne est logiquement le premier producteur français

Fraise, tomate, noix et noisette, un domaine et plusieurs reines

L'une et l'autre règnent en été, dans les salades pour la tomate, en fin de repas pour la fraise. Ces deux produits stars des tables sont produites en grande partie ici.

Marmande est la championne incontestée de la tomate avec ses 700 hectares de culture et les variétés sont diverses entre la cornue et l'impressionnante cœur de bœuf. Elles ont leur particularité : quand la green zebra colore l'assiette, la cœur de bœuf se signale par son goût. La filière la valorise aussi en sauce ou en confiture pour des condiments de premier plan.

Quant aux fraises, elles s'appellent gariguette, mara des bois, ciraphine, charlotte ou encore cléry et se distinguent chacune par leur forme et leur goût. Si la gariguette est sucrée et acidulée, la mara des bois fait valoir son goût régressif de fraise des bois. Le Lot-et-Garonne compte 530 hectares où 15 000 tonnes de fruits sont récoltés chaque année pour régaler les amateurs d'ici ou d'ailleurs.

L'autre couple star est issu de la famille des fruits à coque avec la noix et la noisette. Ces deux spécialités que l'on croque généralement à l'apéritif ou entre les repas trouvent leur point de chute à Cancon qui produit pas moins de 98% de la production française avec ses 250 producteurs. Déclinées en huile voire en pâte à tartiner pour la noisette, ces aliments- santé ont de beaux jours devant lui.

Une restauration de conviction

Le Lot-et-Garonne ne possède pas de mégapole avec des avenues où les restaurants étoilées

© OT ALBRET

Le Lot-et-Garonne offre des produits de qualité.

se succèdent mais il possède des petits bijoux de gastronomie éparpillés sur le territoire qui portent haut les couleurs d'une gastronomie du bon et de la raison. Que vous soyez dans le petit village de Moirax ou à Agen voire à Marmande ou Cancon, il y aura toujours une pépite proche de vous. Des restaurateurs tiennent bon la barre de la restauration et défendent avec ferveur l'identité du département dans les assiettes qu'ils présentent. Les produits sont mis en valeurs dans les restaurants gastronomiques comme dans les petites adresses bien connues des habitués. Du champ à l'assiette, les Lot-et-Garonnais ont toujours su lier produits de proximité et restauration de qualité.

Les assiettes de pays

Dégustez les produits du terroir et découvrez les authentiques saveurs du Lot-et-Garonne dans une assiette unique, une formule simple, rapide et de qualité : l'Assiette de Pays ! Accompagnée d'un verre de vin, ce plat unique est confectionné uniquement avec des produits frais et de qualité achetés localement. Cette assiette doit être confectionnée avec plusieurs denrées locales, au minimum trois différentes, et servie en un seul temps de service. Une quinzaine de restaurateurs sur tout le territoire lot-et-garonnais proposent l'Assiette de Pays. Par exemple, en Pays de la vallée du Lot, vous pouvez déguster une assiette avec une salade de grattons de canard, magret fumé, une cuisse de canard confite et ses légumes de saison puis un fromage Palanchou d'Auradou, mais aussi à Villeréal avec une assiette gourmande composée d'un tourin Périgourdin, de grattons de canard, petite salade, clafoutis aux pruneaux le tout servi avec un verre de Bergerac rouge...

TOP 10

GASTRONOMIE LOCALE

Connus de tous par leur succès dans les paniers de saison, les fruits proviennent majoritairement de cette terre lot-et-garonnaise avec ses vergers emblématiques qui font la fierté de ceux qui travaillent cette terre fertile. Voici donc un palmarès de ces stars naturelles et gourmandes.

MELON ESPAGNOL

Ce melon est aussi cultivé dans le département et sa couleur jaune vert séduit de l'entrée au dessert.

© BRENT HOFACKER - ISTOCKPHOTO.COM

LA FRAISE

Gariguette, mara, cléry…, leur rouge acidulé, sucré et parfumé en font les reines du Marmandais.

© OT PORTE D'AQUITAINE EN PAYS DE SERRES

NOISETTE

Fruit à coque cultivé vers Cancon notamment, qui fait fureur en pâte à tartiner, en huile ou nature…

© GECE33 - ISTOCKPHOTO.COM

TOMATE

Un « fruit-star » de Marmande dont la consommation en salade trône en tête des étés ensoleillés.

© CDT 47

KIWI

Un arbre « à lianes », du vert pour un fruit d'hiver qui est une culture majeure du Lot-et-Garonne.

© CHENGYUZHENG - ISTOCKPHOTO.COM

NOIX

L'autre fruit à coque qui se consomme en huile ou nature est un must des cultures lot-et-garonnaises.

© BEATS1 - SHUTTERSTOCK.COM

POMME

La pomme se cueille en Lot-et-Garonne et les variétés anciennes font un come-back réussi.

© CDT 47

PRUNE

Déclinée en nombreuses variétés, c'est la prune d'ente qui fait le pruneau d'Agen. Un must !

© CDT 47

MELON

Fleuron des cultures lot-et-garonnaises où il pousse généreusement comme à Nérac : il est l'été.

© OT ALBRET

POIRIER

Les vergers de poires font partie des productions majeures qui bordent les routes départementales.

© HANS VERBURG - ISTOCKPHOTO.COM

AGENDA

Le Lot-et-Garonne est une terre où le sens de la fête est inné et où chaque art y trouve des événements à la hauteur de sa vertu émotionnelle. La musique, le théâtre, la gastronomie et tant d'autres thématiques animent principalement la saison estivale, mais les autres saisons ne manquent pas de manifestations qui font déplacer les locaux et les autres. Ce qu'il faut retenir du Lot-et-Garonne et de son aura festive c'est l'évolution progressive de son écho qui va aujourd'hui bien au-delà des frontières régionales voire nationales avec certains grands événements qui font référence dans leur domaine artistique. Toutes les manifestations se lient entre elles, ainsi lorsque le pruneau est célébré, il fera entrer la musique dans sa fête ou inversement si le jazz est mis à l'honneur, le vin et la gastronomie l'accompagneront avec goût dans son festival... Venir ici et vivre le Lot-et-Garonne, c'est venir vivre en fête!

FESTIVAL DU RIRE

VILLENEUVE-SUR-LOT
www.rirevilleneuve.fr
Du 27 juin au 2 juillet 2022.

Chaque année depuis 1992, le Festival du rire marque le début des vacances dans la bastide. Depuis plus de 20 ans, le festival s'est en effet forgé une belle réputation de découvreur de talents ; talents devenus pour certains de grands noms de l'humour en France, à l'image de Titoff, Eric et Ramzy,.. Le Festival du rire, ce sont aussi des talents confirmés comme Anne Roumanoff, Olivier de Benoist, Christelle Chollet... Pour cette édition de grands artistes devraient encore faire le spectacle, et des animations de rue viendront compléter la programmation.

FESTIVITÉS D'ÉTÉ AU CHÂTEAU DE BONAGUIL

1, place Georges-Escande
SAINT-FRONT-SUR-LÉMANCE ✆ 05 53 71 17 17
www.festivaldebonaguil-fumel.fr
Fête médiévale les 9 et 10/07. Cinéma en plein air les 27/07 et 10/08 à 22h (5 €). Festival de théâtre du 2 au 7/08.

Deux événements majeurs à retenir cet été avec pour cadre majestueux le château de Bonaguil. Les 9 et 10 juillet, la 20e grande fête médiévale vous ramènera à l'époque des chevaliers en armure et des saltimbanques. Du 2 au 7 août aura lieu la 59e édition du festival de théâtre renommé de Bonaguil-Fumel, qui vit passer tant de célébrités (Jean Marais, Michel Bouquet, etc.). Cinéma en plein air, escape game, murder party et descente en rappel du donjon sont aussi au programme.

GAROROCK

MARMANDE
www.garorock.com
Du 30/06 au 03/07. Pass 1 jour sans camping 70 €. Pass 3 jours (ven, sam, dim) + camping 190 €. Pass 4 jours + camping 220 €.

Après 2 ans d'interruption pour cause de pandémie, le plus grand événement musical du Lot-et-Garonne fête ses 25 ans d'existence à Marmande du 30 juin au 3 juillet. L'immense plaine de la Filhole en bord de Garonne va se transformer une nouvelle fois en scènes et camping géants pour les flots de festivaliers (ils étaient 160 000 en 2019). La prestigieuse affiche 2022 réunit comme chaque année la crème de la musique pop, rock, électro française et internationale : Vianney, M, Orelsan mais aussi Stromae, Sean Paul, Green Day, Martin Garrix... Un programme de folie !

DURASSIC FESTIVAL

DURAS
www.durassic-festival.com
Du 15 au 17 juillet 2022 dans le parc du château de Duras. 43,70 € / soirée ; 49,70 € avec camping. Pass 3 jours 110 €.

C'est l'un des derniers nés des festivals musicaux en Lot-et-Garonne. Lancée courageusement en juillet 2021 pendant la crise sanitaire, cette manifestation dédiée aux musiques électroniques s'empare à nouveau cet été durant 3 jours du formidable cadre du château de Duras. L'édition 2022 compte parmi ses têtes d'affiche les DJ français Étienne de Crécy et Trym, l'Américain Jeff Mills, le duo israélien Infected Mushroom, entourés d'une dizaine d'autres artistes. Camping, buvettes et food trucks sont prévus. Du bon son en perspective au pied du château !

FOIRE MÉDIÉVALE

GAVAUDUN

Le 17 juillet 2022. Entrée 7 €, 4 € pour les 6-16 ans avec visite du château.

Au programme, artisans d'arts et de métiers anciens : forgerons, maroquiniers, graveurs sur verre, bijoutiers, ébénistes, vanniers, libraires et autres vendent leurs produits ou font des démonstrations de leur savoir-faire. Des ateliers variés sont organisés (calligraphie, tir à l'arc, orfèvrerie, etc.) et des compagnies médiévales se produisent toute la journée. Pour vous restaurer, repas jambon à la broche le midi, tourin et grillades le soir. Après un spectacle de feu, l'embrasement du château et un feu d'artifice concluent la fête en beauté.

DURAS FÊTE SON VIN

DURAS

www.cotesdeduras.com

Les 6 et 7 août 2022. Pass dégustation pour le salon des vins le dimanche avec verre offert : 3 €.

Organisés par les vignerons des Côtes de Duras, ces deux jours mêlent plaisir, partage et bonne humeur sous l'égide de l'AOC. Les festivités commencent le samedi par un match de rugby et un repas en musique le soir dans le village. Le dimanche se tient à partir de 10h le salon des vins avec intronisation par le Maréchalat des Côtes de Duras. Concerts et animations pour les enfants rythment la journée, avant le spectacle son et lumière projeté à 22h30 sur la façade du château. Ce week-end est devenu un rendez-vous incontournable dans le Duraquois.

NUITS D'ÉTÉ

Hôtel de Département - **AGEN** ✆ 05 53 69 42 25

www.lotetgaronne.fr

Edition 2022 : le 21/07 à Saint-Sixte, le 28/07 à Prayssas, le 04/08 à Beaupuy, le 11/08 à Hautefage-la-Tour.

Le Département organise les Nuits d'été afin de diffuser la culture un peu partout sur le territoire, permettant ainsi à des villages de bénéficier d'une soirée estivale festive et culturelle. Au programme, des visites découvertes du patrimoine, des concerts avec restauration. Pour 2022 : le 21 juillet à Saint-Sixte avec concert swing/jazz de Samarabalouf, le 28 juillet à Prayssas avec un concert jazz du Rémi Dugué Trio, le 04 août à Beaupuy avec Makja (chansons françaises) et le 11 août à Hautefage-la-Tour avec le groupe occitan La Mal Coiffée suivi d'un bal.

LES JOURNÉES MÉDIEVALES DE MONFLANQUIN

MONFLANQUIN

Du 13 au 15 août 2022.

Les Journées médiévales de Monflanquin sont connues comme le loup blanc en Lot-et-Garonne. Il faut dire que le décor historique de cette bastide se prête bien à un tel événement. En 2022, la manifestation fête ses 30 ans et cet anniversaire s'annonce animé. Camelots, ménestrels, parades dans les ruelles, banquet... Le village tout entier donne l'impression d'avoir remonté le temps jusqu'au Moyen Age et vous avec ! C'est l'événement phare de Monflanquin. Ne le manquez pas !

BASTID'ART

MIRAMONT-DE-GUYENNE

✆ 09 67 52 73 46

www.bastidart.org

Premier week-end d'août.

Bastid'Art, est le festival des Arts de la rue en Lot-et-Garonne : le cirque, le théâtre, la danse, le mime, la musique, les marionnettes, les arts plastiques et des artistes du monde entier sont les ingrédients du succès de ce festival à l'ambiance survoltée et magique. L'édition 2022, la 28e au compteur, marque une période de refonte pour cet événement qui a choisi la devise « Libre comme l'Art ». Ses qualités resteront les mêmes que celles des précédentes années pour donner lieu à un festival convivial, familial et festif. Plus d'infos sur le site.

GARONNE EN FÊTE

AGEN

Le 20 août 2022.

6e édition de « Garonne en fête » le 20 août 2022 qui, comme son nom l'indique, célèbre le fleuve Garonne. Durant cette journée, l'agglomération d'Agen crée l'événement autour de l'eau. Le sport, mais aussi la culture et le terroir gourmand sont mis à l'honneur. Ce sont des descentes de Garonne en canoës, une course trail, une marche éco-rando, des balades à vélo et un marché de Producteurs de Pays qui sont entre autres au programme de cette journée événement. Un rendez-vous festif et familial à ne pas manquer. Plus d'informations sur le site internet.

FESTIVAL DES NUITS LYRIQUES DE MARMANDE

18, Boulevard fourcade - **MARMANDE**
http://nuits-lyriques.fr/
Du 20 au 27 août 2022 au Théâtre Comoedia à Marmande mais aussi à Gaujac (le 21/08) et Fourques-sur-Garonne (le 23/08).

Après avoir été délocalisé à l'Espace Expo à cause de la pandémie, le festival d'art lyrique de Marmande retrouve pour sa 34e édition la scène beaucoup plus personnelle du théâtre Comoedia. L'ouverture se fait avec l'opéra « Lakmé » de Léo Delibes, dont l'histoire se déroule en Inde au temps de la colonisation britannique. Le prestigieux concours international de chant se tient du 24 au 27 août. Assistez aux sélections, la demi-finale et la finale pour découvrir les talents de demain.

FESTIVAL DE L'AQUARELLE ET DU CARNET DE VOYAGE

AIGUILLON
Du 8 au 23 octobre 2022.

Baptisé « Confluences », ce festival artistique qui célèbre les aquarellistes et les carnettistes de voyage fête sa 15e édition en 2022. Les différentes salles d'Aiguillon mettent en lumière des artistes nationaux et internationaux mais aussi de jeunes talents. Idéal pour les familles, ce festival prend une dimension pédagogique puisque des démonstrations publiques, des stages et des sensibilisations aux jeunes sont proposés. Un concours de peintres de rue a lieu chaque année.

LES FÊTES D'AGEN

Place Esquirol
AGEN
Les 26 et 27 août 2022. Soirée 3 concerts de 25 € à 45 €. Pass 2 jours de 49 € à 69 €. Placement libre debout.

Le dernier week-end d'août voyait se tenir le Pruneau Show, une manifestation devenue avec le temps extrêmement populaire à Agen. En 2022, la fête a été repensée. Si une partie des animations en centre-ville demeurent gratuites, 2 soirées désormais payantes constituent les temps forts. Elles s'articulent autour de 3 concerts par soir : Amir, Les Négresses Vertes, Vitaa & Slimane le vendredi 26 août, Samaka, Feder, Sexion d'Assaut le samedi 27 août : une programmation musicale éclectique au sein d'un espace festival spécialement aménagé, avec restauration.

LA CORRIDA DES PRUNEAUX

Place de la Libération - **VILLENEUVE-SUR-LOT**
✆ 06 69 49 82 16
www.lacorridadespruneaux.fr/
Du 14 au 16 octobre 2022. Informations et tarifs des courses et de l'ekiden sur le site www.lacorridadespruneaux.fr

Cette 9e édition de l'incontournable Corrida des Pruneaux, organisée par la Maison Roucadil et La Boutique des Pruneaux, se déroulera du 14 au 16 octobre 2022. Le temps fort reste le samedi l'organisation des courses à pied, dont la « Family » sur 1,5 km, mais aussi l'ekiden : un marathon de 42 km en relais à 6 participants. La journée sera marquée par de nombreuses manifestations comme le concours culinaire avec des restaurateurs et des écoles, l'intronisation dans la confrérie des pruneaux... Une belle journée sportive et gourmande en perspective.

ALBRET JAZZ FESTIVAL

Parc de la garenne
NÉRAC
✆ 05 53 67 27 75
www.albret-jazz-festival.com
Du 9 au 11 septembre 2022.

Initié par l'Office de Tourisme et la Communauté de Communes de l'Albret, ce festival de jazz a soufflé sa première bougie en septembre 2021 après s'être appelé pendant 4 ans Albret Jazz Sessions. Durant trois jours, on peut venir écouter une programmation à la fois originale, éclectique, fédératrice et qualitative, cela va de soi. Le cadre verdoyant du Parc de la Garenne apporte un enchantement supplémentaire à cette manifestation rythmée. Un village des saveurs des territoires fait quant à lui swinguer les papilles. A écouter et à déguster sans demi-mesure !

FESTIVAL MONDOCLOWNS

32, Rue Léopold Faye
MARMANDE
✆ 05 53 93 09 50
7e édition du 3 au 5 février 2023.

Traditionnellement en février, à Marmande, se tient un festival unique en son genre, MondoClowns, initié et animé par Thierry Planès, un enfant du pays à la fois auteur, comédien, peintre, sculpteur et Monsieur Loyal pour l'occasion. Représentations sur la scène du théâtre Comoedia, parades dans les rues, expositions : la fête prend des airs variés. Des artistes clowns viennent du monde entier pour y participer. On rit beaucoup, on s'émeut aussi car la poésie n'est jamais bien loin. En 2023, Thierry Planès présentera sa nouvelle création, le spectacle « BrikAbrac ».

PASSPORT

PAYS DE L'AGENAIS

Le pays de l'Agenais s'étend de Beauville à Laplume et forme une frontière administrative avec la région Occitanie. Des contreforts du Gers depuis le Brulhois et ses vallons jusqu'au pays de Serre et ses villages haut perchés faisant le lien avec le Quercy voisin, on a ici une région au relief contrasté. Agen la préfecture est une ville qui se transforme avec un patrimoine historique et naturel riche à l'image du Pont-Canal et du coteau de l'Ermitage, berceau de la photo couleur. C'est une cité éveillée qui sait recevoir. On admirera Puymirol, Beauville et les nombreux villages qui surplombent le pays de Serre pour s'émerveiller des points de vue puis on ira flâner dans les vignes du Bruhlois et découvrir Moirax et son prieuré, magnifique témoignage du mouvement clunisien. Le pays de l'Agenais constitue un territoire de surprises où l'histoire a su s'écrire dans des décors urbains et ruraux.

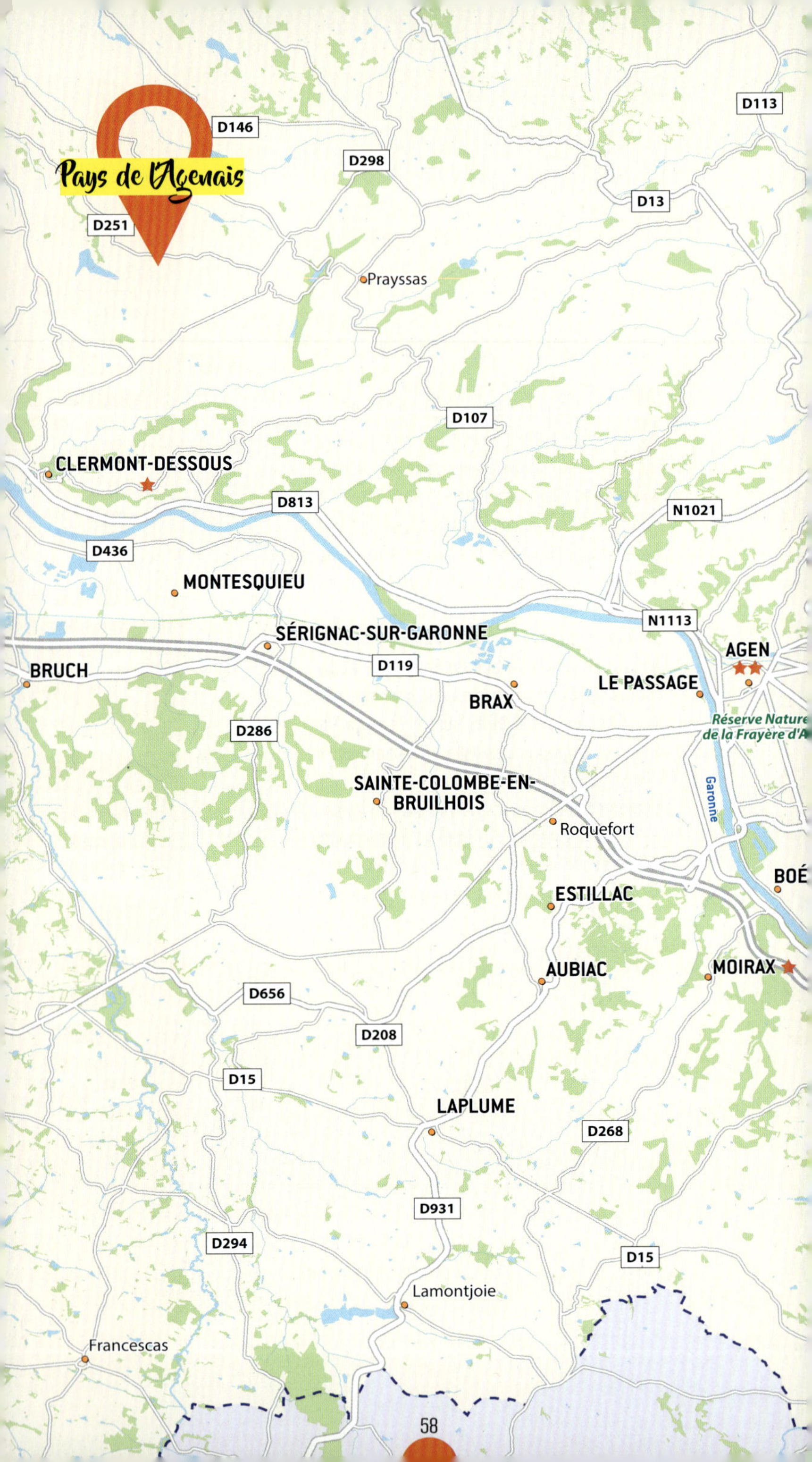
Pays de l'Agenais
D146
D298
D113
D13
D251
Prayssas
D107
CLERMONT-DESSOUS
D813
N1021
D436
MONTESQUIEU
N1113
SÉRIGNAC-SUR-GARONNE
AGEN
BRUCH
D119
LE PASSAGE
BRAX
Réserve Nature
de la Frayère d'A
D286
Garonne
SAINTE-COLOMBE-EN-
BRUILHOIS
Roquefort
BOÉ
ESTILLAC
AUBIAC
MOIRAX
D656
D208
D15
LAPLUME
D268
D931
D294
D15
Lamontjoie
Francescas

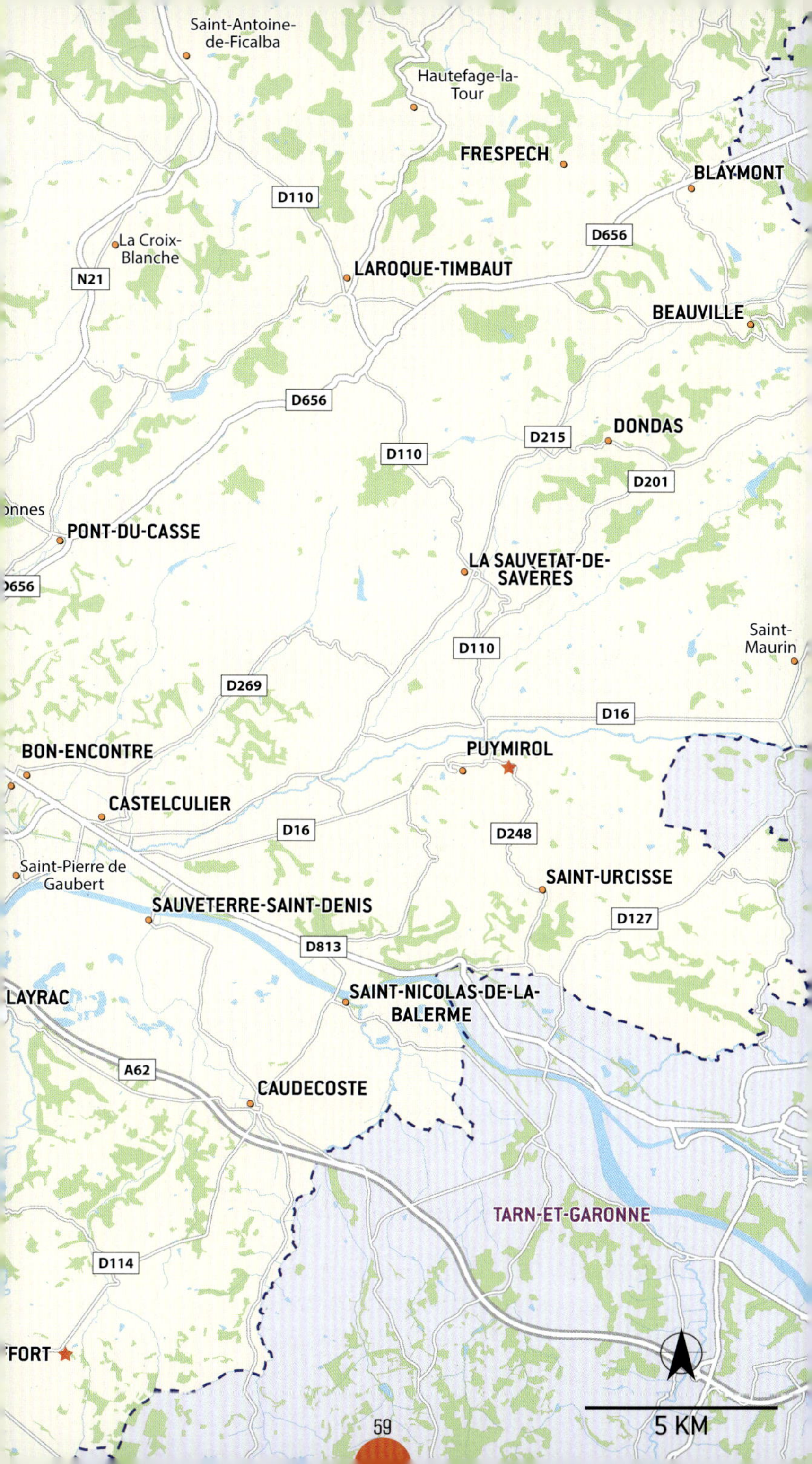
Saint-Antoine-de-Ficalba
Hautefage-la-Tour
FRESPECH
BLAYMONT
D110
D656
La Croix-Blanche
N21
LAROQUE-TIMBAUT
BEAUVILLE
D656
D110
D215
DONDAS
D201
nnes
PONT-DU-CASSE
D656
LA SAUVETAT-DE-SAVÈRES
D110
Saint-Maurin
D269
D16
BON-ENCONTRE
PUYMIROL
CASTELCULIER
D16
D248
Saint-Pierre de Gaubert
SAINT-URCISSE
SAUVETERRE-SAINT-DENIS
D127
D813
LAYRAC
SAINT-NICOLAS-DE-LA-BALERME
A62
CAUDECOSTE
TARN-ET-GARONNE
D114
FORT
5 KM

PAGES

PAYS DE L'AGENAIS

AGEN ★★

Agen fait peau neuve ! Après soixante-dix années d'un sommeil urbanistique profond, le chef-lieu du département restaure son cœur de ville et le résultat est bluffant. Autrefois grand port de la Garonne (aujourd'hui situé sur l'esplanade du Gravier) d'où transitaient pruneaux (prunes séchées pour pouvoir voyager longtemps ; source de vitamine C, alors meilleur ennemi du scorbut), produits maraîchers et vins du Sud-Ouest, la ville a subi – il faut bien le dire – une urbanisation post-Seconde Guerre mondiale des plus erratiques. Le long du pont-canal ou sur la passerelle du Passage, admirez les ruines submergées des anciennes écluses sur le fleuve. Mais surtout, Petit Futé recommande une balade dans le centre historique désormais piéton. Le marcheur curieux sera surpris par ce qu'il convient d'appeler une architecture hybride : tantôt haussmannienne sur le boulevard de la République, tantôt typiquement occitane (Médiathèque Lacépède), mais aussi largement moyenâgeuse dans la rue de Beauville, avec ses maisons à colombage bourrées de charme. Et pour cause, la ville est au carrefour des routes historiques commerciales et religieuses, à équidistance de Bordeaux et Toulouse dont elle a subi les influences tout au long de l'Histoire… Pas étonnant qu'aujourd'hui encore les Lot-et-Garonnais eux-mêmes se déchirent quant à savoir s'ils sont plutôt bordelais ou toulousains ; car avant de se rallier à une identité régionale forte, l'Agenais est surtout et quoi qu'il en dise, un Gascon ; soit un mélange foutraque du Toulousain et du Bordelais, sans oublier la proximité géographique des deux grands terroirs français que sont le Périgord et le Gers.

Le lecteur futé l'aura compris, Agen a le charme discret de celles qui se font prier… Millefeuille archéologique, il faut d'abord, pour bien comprendre cet environnement, se rendre sur le coteau de l'Ermitage, visible depuis la gare et premier foyer de peuplement d'Agen. Au moins 400 ans avant Jésus-Christ, les Nitiobriges élurent leurs troglodytes de domiciles en haut de ladite colline – et plus généralement sur l'ensemble des hauteurs de la vallée de la Garonne, dont le niveau était alors bien plus élevé. S'ensuivent près de 1 700 années prospères, depuis les Gallo-Romains jusqu'à la guerre de Cent Ans. Le commerce fluvial a alors le vent en poupe et génère de forts revenus qui permettront de bâtir les lieux de culte, parmi lesquels l'église des Jacobins, joyau agenais et plus ancienne église gothique du Midi. Le XVIe siècle marque une nouvelle étape dans l'essor de la ville : Bernard Palissy décape les fondements de la poterie artisanale en créant les premiers émaux français (il n'en reste qu'une poignée de par le monde), dont la recette était jusqu'alors secrètement gardée par les Chinois. Vestige de ces années de renouveau : l'actuel Musée des Beaux-Arts, situé place du Dr Esquirol, regroupe en son sein 4 hôtels particuliers de la Renaissance. Un *must see* à Agen ! Ville catholique opposée à Nérac (la ville d'Henri IV est alors une grosse concurrente), Agen hébergea même Marguerite de Valois, la Reine Margot. Après un Grand Siècle difficile (pénuries et famines, épidémie de peste), Agen se spécialise dans la confection de toiles, voiles et draperies.

Malheureusement, la ville manque le coche de l'industrialisation au XIXe siècle, sa situation d'intermédiaire entre Bordeaux et Toulouse s'affaiblissant à mesure que les transports deviennent plus rapides et sûrs. Cela étant dit, Agen est un pôle non négligeable de l'artisanat et de l'industrie pharmaceutique ; en 1935, le docteur Camille Bru crée UPSA, son trèfle et ses aspirines aujourd'hui revendus aux Américains Bristol-Myers Squibb, mais toujours produits sur place ! Agen se développe aussi d'un point de vue universitaire et accueille bon nombre d'étudiants sur le campus Michel Serres, du nom du célèbre académicien et philosophe français originaire de la ville. Côté culture, le Théâtre Ducourneau représente l'assurance d'une soirée réussie et le Florida ravira les oreilles du spectateur. Enfin Agen, c'est surtout un club de rugby, le légendaire SUA et son stade Armandie qui offrent aux Agenais et à tout visiteur de bons moments d'adrénaline.

CATHÉDRALE SAINT-CAPRAIS ✟ ★

Rue des Augustins

Visite libre du mardi au dimanche : 9h-19h. Messe le dimanche à 10h30.

La cathédrale porte le nom d'un martyr, saint Caprais. Décapité, son crâne repose dans un reliquaire au fond de la chapelle. Côté est, observez les modillons très cocasses sur les absidioles romanes notamment ce petit cochon qui se cache les yeux. Le clocher du XIXe siècle est bâti selon les styles gothiques. La façade est rénovée et le parvis inauguré en 2020, laisse plus de place aux piétons. Le pèlerin de Toutain regarde vers le chemin de Compostelle et des découvertes archéologiques ont été réalisées durant sa rénovation (sarcophage, cercueils…).

SILENCE, ON TOURNE… DANS LE 47 !

André Téchiné (pour le cultissime « Les roseaux sauvages »), Stéphane Brizé, Cédric Kahn, Jacques Perrin, Catherine Deneuve, Vincent Lindon mais aussi Josée Dayan le temps d'un épisode de la populaire série « Capitaine Marleau » avec Corinne Masiero… autant de noms prestigieux qui viennent fouler les terres du département, dont la diversité géographique est un formidable vivier de décors propice au cinéma. Courts et longs métrages, documentaires, fictions TV, web-séries à foison : de ce dynamisme, le Lot-et-Garonne s'en est emparé et la nomination au Festival de Cannes 2019 de « En guerre » de Stéphane Brizé a permis de mettre en lumière le département et ses habitants. Il faut croire que le Lot-et-Garonne est aussi apprécié pour son accueil par les professionnels du cinéma puisque ce même Stéphane Brizé a encore choisi le territoire lot-et-garonnais pour le tournage de « Un autre monde » (sorti en salles en février 2022). Le 24 avril 2022, le soir du second tour de l'élection présidentielle, le village de Laroque-Timbaud a été le théâtre d'une expérience inédite : la fiction « Jour de gloire » de Jeanne Frenkel et Cosme Castro a été tournée et diffusée en direct sur *Arte.tv* et dans plusieurs salles de cinéma du territoire. Un défi technique à la hauteur des ambitions artistiques du Lot-et-Garonne.

CHÂTEAU DE TAYRAC

TAYRAC

✆ 05 53 66 24 00

Bâtiment édifié au XIIe siècle, le château se situe sur une propriété de 14 hectares. Il a été habité par de nombreuses personnalités. On attribue sa construction à un proche de Richard Cœur de Lion. Guillaume de Bellecombe, ancien commandant des armées de Louis XV et ambassadeur aux Îles Bourbon, y a vécu. Il appartient aujourd'hui à la société Papaye de Philippe Payet. Cette boîte bien implantée dans le milieu du cinéma loue des moyens techniques (caméras, éclairages, machineries, etc.) pour des tournages de longs métrages et films publicitaires.

CHATEAU FEODAL DE MADAILLAN

MADAILLAN

✆ 05 53 87 56 23

Téléphoner pour prendre rdv. Gratuit jusqu'à 7 ans, adulte 6 €, enfant jusqu'à 15 ans 3 €, groupe 5 €, scolaires 3 €.

On l'aperçoit de loin depuis la route de Prayssas. Ce château médiéval a vu sa construction commencer au XIIIe siècle. Moins connu que certains, il n'en reste pas moins intrigant, perché là-haut, comme seul au milieu de la vallée. C'était l'ancien camp de retranchement des protestants, il est aujourd'hui l'antre de Jacques Aurin, un être rare et charmant dont la passion pour le château est communicative : profitez de ses commentaires éclairés lors des visites qu'il organise !

© DAVID DEBRAY - STOCK.ADOBE.COM

Balade dans les rues d'Agen.

LES FÊTES D'AGEN

Place Esquirol

Les 26 et 28 août 2022. Soirée 3 concerts de 25 € à 45 €. Pass 2 jours de 49 € à 69 €. Placement libre debout.

Le dernier week-end d'août voyait se tenir le Pruneau Show, une manifestation devenue avec le temps extrêmement populaire à Agen. En 2022, la fête a été repensée. Si une partie des animations en centre-ville demeurent gratuites, 2 soirées désormais payantes constituent les temps forts. Elles s'articulent autour de 3 concerts par soir : Amir, Les Négresses Vertes, Vitaa & Slimane le vendredi 26 août, Samaka, Feder, Sexion d'Assaut le samedi 27 août : une programmation musicale éclectique au sein d'un espace festival spécialement aménagé, avec restauration.

COTEAU DE L'ERMITAGE

Le coteau de l'Ermitage offre un point de vue singulier sur la ville d'Agen et son fleuve Garonne. L'endroit a été fort prisé pendant les Années folles, l'exposition plein sud et la vue qu'offrent les terrains favorisant la construction de nombreuses villas. De nombreux chemins sont présents, dont la rue Coupo-Cambo qui signifie rue « Brise-Jambe » en occitan, et dont le nom n'est pas usurpé ! Petit Futé connaît un petit coin de verdure, l'accès se fait par un escalier situé juste à côté du n° 9 quai Georges Leygues, allez-y, vous ne serez pas déçu.

ÉGLISE NOTRE-DAME-DU-BOURG ★

Rue Montesquieu

Ouverte toute l'année, visite libre. De mai à octobre, de 8h à 19h et de novembre à avril, de 9h à 18h.

Cette petite église qui était à l'origine une chapelle, date du XIIIe siècle. Son style est intermédiaire entre l'art roman et gothique, tandis que le clocher-mur est clairement de style « Toulousain », il suffit d'en regarder les briques rouges pour en être sûr ! Au Moyen Age, le sol était au niveau de l'entrée mais les crues de la Garonne ont rehaussé la ville, l'église est désormais en contrebas de quelques marches. Son parvis offre une magnifique terrasse.

EGLISE SAINTE-FOY

10, rue des Martyrs

En accès libre toute l'année, en dehors des offices religieux.

Démolie, reconstruite : l'église Sainte-Foy fait presque office de survivante avec son immense clocher et sa petite chapelle. Ce lieu de culte a été dédié à sainte Foy, martyre agenaise. Une partie de l'église date du XIIIe siècle, le clocher de pierre du XIXe siècle. L'église fut partiellement détruite en 1893. Elle abritait un cimetière qui gênait le percement des boulevards et de la gare. Le maire Jean-Baptiste Durand décida de déplacer l'un et de détruire la moitié de l'autre ! En sortant de la gare, c'est un des premiers édifices que vous apercevez.

ESPACE MÉMORIEL DE LA RÉSISTANCE ET DE LA DÉPORTATION EN LOT-ET-GARONNE

Rue de Contensou ✆ 05 53 95 93 49

www.agen.fr

Sur rdv toute l'année sauf juillet-août du lundi-vendredi 10-12h, 13h30-17h visites libres ; Gratuit

En ce lieu solennel, qui convoque le devoir de mémoire, sont retracées l'histoire de la Résistance et les heures sombres de la déportation en Lot-et-Garonne durant la Seconde Guerre mondiale. A travers de nombreux documents d'archives, journaux, photos, vidéos de témoignages sont évoquées aussi bien l'histoire des Résistants que la vie quotidienne des habitants. Les visiteurs ont par ailleurs accès à une bibliothèque dédiée généreusement fournie.

ESPLANADE DU GRAVIER ★

Au départ, il y avait une île au milieu de la Garonne dont la superficie variait en fonction des crues du fleuve. Cette île accueillait des foires et servait de point de débarquement des marchandises ! Au XIXe siècle, les berges furent aménagées en parc. Autour du kiosque à musique ont été conçues de grandes allées semées de gravier (d'où son nom) entourant des massifs fleuris. Elle accueille les joueurs de pétanque et les noctambules, passée une certaine heure. Le dimanche, il est agréable de se promener le long de la digue et d'observer le fleuve s'écouler.

LES JACOBINS ★

Place des Jacobins

✆ 05 53 69 47 23

www.destination-agen.com

Ouverture seulement en période d'expositions temporaires du musée des Beaux-Arts d'Agen.

Cette ancienne église, aujourd'hui désacralisée, est le seul vestige de l'ancien couvent des Dominicains dit aussi Jacobins (les Dominicains à Paris étaient rue Jacob). Elle se présente sous la forme d'un vaisseau rectangulaire et non sous la forme d'une croix comme le voulait cet ordre monastique prônant une certaine austérité, tant dans leur pratique religieuse que dans l'architecture. Cette église des Jacobins fait une entorse à la règle, pas des moindres ! Remarquez en levant la tête dans la nef, les impressionnantes voûtes soutenues par des colonnes massives. Ce type d'architecture était proscrit par l'ordre dominicain dirigé par Humbert de Romans jusqu'à sa mort en 1263. La construction des voûtes date de 1265, ceci explique cela ! Après avoir servi d'écurie, de prison et de salle de réunion pour rédiger les cahiers de doléances de la Révolution, elle est aujourd'hui utilisée par le musée des Beaux-Arts. Y ont notamment été présentées les expositions « Goya, génie d'avant-garde » en 2019, « Inventer la couleur » en 2021 en hommage à Louis Ducos du Hauron, l'un des pères de la photographie en couleurs, et récemment le « Forest Art Project » pour sensibiliser à l'environnement à travers l'art. A partir du 25 juin et jusqu'au 11 septembre 2022, les visiteurs pourront s'imprégner de l'œuvre colorée d'une artiste née à Agen en 1990 : Inès Longevial. Une soixantaine de toiles et dessins du petit au très grand format, dont certains ont été créés spécialement pour cette exposition. A découvrir.

JARDIN JAYAN

www.agen.fr

Ouvert du 1er novembre au 31 mars 8h30-20h et du 1er avril au 31 octobre 8h30-21h. Accès libre.

Sa création remonte aux dernières années du XIXe siècle. Face au lycée Bernard Palissy, ce parc aux gracieuses boucles de promenade, à l'ombre de grands arbres aux espèces variées, a connu un important réaménagement en 2013. En 2020 encore, son aire de jeux a fait l'objet d'une attention particulière avec l'installation notamment de structures adaptées aux enfants en situation de mobilité réduite. Le Jardin Jayan constitue un espace de verdure et de respiration apprécié de tous les Agenais qui viennent s'y promener ou se poser sur un banc.

MUSÉE DES BEAUX-ARTS D'AGEN ★★

Place du Docteur Esquirol ✆ 05 53 69 47 83
www.agen.fr
Horaires sur le site Internet. Gratuit jusqu'à 18 ans (et étudiants de moins de 26 ans). Adulte 5,90 €.

Le Musée des Beaux-Arts d'Agen, situé au centre le plus ancien de la ville, est déjà une curiosité architecturale en soi, car il est composé de quatre hôtels particuliers datant des XVIe et XVIIe siècles, dans lesquels on se promène au fil du temps et de l'histoire de l'art. Parmi les vingt-six salles du musée se trouvent des œuvres d'artistes prestigieux tels Goya, Le Tintoret, Corot, Boudin, Sisley, Monet ou Picabia, mais également des réalisations célèbres comme les plats de Palissy ou encore les vases en céramique décorés par Rodin.

On descend au sous-sol pour découvrir une petite collection de minéraux, mais également des objets préhistoriques, vestiges de la vie quotidienne des premiers Lot-et-Garonnais. On remonte vers l'Antiquité au rez-de-chaussée avec les collections des époques celtiques et gallo-romaines dont la pièce maîtresse est la Vénus du Mas d'Agenais : découverte en 1876, elle est datée des Ier-IIe siècle après J.-C. On s'attardera aussi dans la pièce où sont exposés de multiples objets en provenance du Proche-Orient (Liban et Syrie) couvrant les périodes de l'âge de bronze jusqu'aux croisades. Vous trouverez une grande pièce à gauche de l'entrée, dotée d'une rare cheminée circulaire du Moyen Âge. En montant dans les étages et les siècles, on découvre des peintures, des sculptures, des meubles, des faïences, des tapisseries, témoignages hauts en formes et en couleurs de l'art de vivre du XVIe au XXe siècle. Enfin, on ne manquera pas *Le Choupatte* et *Le Minotaure* du sculpteur François-Xavier Lalanne (1927-2008), pour le plaisir des plus petits et des plus grands. En 2018, le musée a investi en se procurant, au nez et à la barbe des Américains, le tableau *Nature morte à la mésange, aux souris, aux noix, aux insectes et au vase de jasmins*, exécuté vers 1712-1713 par le peintre Jean-Baptiste Oudry (1686-1755). Œuvre de jeunesse, elle est contemporaine de deux natures mortes du peintre, saisies en 1793 au château d'Aiguillon et présentées aujourd'hui dans les salles XVIIIe siècle du Musée. Considéré comme l'un des plus beaux achats réalisés par les musées français en 2017, le tableau contribue à faire du Musée des Beaux-Arts d'Agen un établissement reconnu pour la richesse de son fonds d'œuvres du XVIIIe siècle européen et la première collection au monde d'œuvres de jeunesse du peintre Oudry. Le musée propose aux visiteurs des tablettes tactiles afin d'apprécier librement les collections, selon des parcours thématiques proposés.

NUITS D'ÉTÉ

Hôtel de Département
✆ 05 53 69 42 25 - www.lotetgaronne.fr
Edition 2022 : le 21/07 à Saint-Sixte, le 28/07 à Prayssas, le 04/08 à Beaupuy, le 11/08 à Hautefage-la-Tour.

Le Département organise les Nuits d'été afin de diffuser la culture un peu partout sur le territoire, permettant ainsi à des villages de bénéficier d'une soirée estivale festive et culturelle. Au programme, des visites découvertes du patrimoine, des concerts avec restauration. Pour 2022 : le 21 juillet à Saint-Sixte avec concert swing/jazz de Samarabalouf, le 28 juillet à Prayssas avec un concert jazz du Rémi Dugué Trio, le 04 août à Beaupuy avec Makja (chansons françaises) et le 11 août à Hautefage-la-Tour avec le groupe occitan La Mal Coiffée suivi d'un bal.

PLACE DES LAITIERS

Des laitiers parce que, tout simplement, c'est là que s'installaient chaque matin les marchands venus vendre leur lait à la ville. Aujourd'hui, la place des Laitiers est toujours le cœur animé du centre d'Agen et c'est là qu'il faut être pour boire son café et s'adonner à l'observation des passants venus pour faire du shopping. Au centre de la place : une statue qui représente un pèlerin allant à Saint-Jacques-de-Compostelle signée Toutain, une sommité dans la région ! Autour de la place : des galeries couvertes ou cornières surmontées de maisons médiévales.

MAISON ART NOUVEAU

56, boulevard Carnot

C'est une propriété privée mais son architecture et sa prestance méritent amplement une visite. En face du Florida, au 56 du boulevard Carnot, cette maison d'angle dans le style Art nouveau, ou modern style est une splendeur. Ses petits balcons, son toit, ses rondeurs et moulures, tout en fait une œuvre. Elle a été construite en 1896 sur les plans de l'architecte Ephraïn Pinètre dans un style imitant la végétation et a été inscrite en 2000 au titre des Monuments historiques de la ville. Elle est également connue sous le nom de son créateur, la maison Pinètre.

PLACE DU DOCTEUR ESQUIROL

En accès libre toute l'année.

Au cœur d'Agen, cette place est encadrée par 3 monuments du cœur de la cité : la mairie, le musée des Beaux-Arts et le théâtre Ducourneau. Outre le musée inclus dans ce guide, la mairie, elle, a été édifiée en 1666 à l'endroit du château médiéval de Monrevel, et abrite la magnifique salle des Illustres. Le théâtre doit son nom à l'homme qui offrit à sa ville 682 928 francs or, dont la moitié a permis de construire ce théâtre à l'italienne qui offre une programmation originale.

PLACE ARMAND FALLIÈRES

Du nom de l'ancien président Armand Faillières, elle est une richesse patrimoniale. Au début théâtre antique, elle fut une promenade bordée d'hôtels particuliers. Elle abrite la médiathèque municipale et l'ancien palais épiscopal dont la façade fut en partie détruite par un incendie et que Napoléon transforma en préfecture. Son parc à l'anglaise est admirable lors des journées du patrimoine. Le palais de justice attenant avec un escalier monumental est lui encadré par les statues de la Loi et du Droit. C'est un point de départ idéal pour visiter Agen.

PÔLE MÉMOIRE ET ARCHIVES

Rue de Contensou
✆ 05 53 95 93 49
www.agen.fr
Ouvert du lundi au vendredi de 8h30 à 12h et de 13h30 à 17h. Sur rendez-vous. Gratuit.

Les lieux regroupent les Archives municipales et l'Espace Mémoriel de la Résistance et de la Déportation. Considéré comme la mémoire de la ville, le fonds des Archives municipales d'Agen est constitué d'une somme importante de documents allant de la Révolution française jusqu'à nos jours : pièces historiques, photos, plans, articles de journaux... En salle de lecture, il est possible de consulter gratuitement des ouvrages retraçant l'histoire de la ville d'Agen, la « Revue de l'Agenais » fondée en 1874 et le quotidien local « Le Petit Bleu » (depuis 1967).

PARC DES EXPOSITIONS D'AGEN

ZAC du Midi
✆ 05 53 48 49 50
www.agen-expo.com
Du lundi au vendredi 8h30-12h/13h30-17h (sauf le vendredi après-midi).
La ville d'Agen met à disposition son parc des expositions modulable sur 7 200 m² pour diverses manifestations événementielles : expositions, foires mais aussi congrès, activités artistiques avec son centre des congrès (avec auditorium de 500 places et plusieurs salles de réunion). Idéalement situé à 2 minutes du centre-ville, de la gare et des principaux axes routiers, chaque année le parc des expositions accueille plus de 100 manifestations et 160 000 visiteurs et congressistes.

PONT-CANAL D'AGEN ★★

56, rue du Duc d'Orléans
Accès libre et gratuit.
Deuxième pont-canal de France par sa longueur (539 mètres), l'ouvrage est unique ou presque, seuls trois ponts sont semblables en France. Il offre une splendide vue panoramique sur la Garonne et le coteau de l'Ermitage ! Bâti en pierre de taille du Quercy, ce joyau mettra dix années avant d'être achevé. Lieu très prisé des joggeurs et cyclistes notamment, le bâtiment constitue un beau point de départ pour une balade en famille. En 2016 se sont achevés les travaux de rénovation du pont-canal désormais éclairé de nuit. Café Vélo et skatepark à proximité.

RUE BEAUVILLE ★

Accès libre toute l'année.
Un circuit de petites ruelles aux anciennes maisons à colombages et encorbellement, joliment restaurées : voilà une belle balade aux allures de plongée dans l'Agen historique ! Les encorbellements, c'est-à-dire la superficie du rez-de-chaussée plus étroite que celle des étages, permettaient le passage des charrettes. Les façades et les toitures sont inscrites aux Monuments historiques depuis 1993. A voir entre autres, un singulier porche d'angle en forme d'avant de bateau permettant aux chariots de tourner. Pour un peu, le Moyen Age reprendrait vie sous vos yeux !

RUE DES CORNIÈRES

Toute l'année en accès libre.

Du XIIIe au XIXe siècle cette rue fut toujours fort fréquentée, c'était le poumon économique de la ville. Aujourd'hui, les commerces sont assez variés et de nombreux restaurants ou salons de thé proposent en été de belles terrasses à l'ombre des cornières. Les arcades abriteront votre déjeuner ou votre dîner, que ce soit a l'Affranchi ou à la Table des Cornières. Des travaux d'embellissement ont été réalisés, la voirie, les trottoirs sont au même niveau, la rue des Cornières est devenue alors une prolongation naturelle de la vie sur la place des Laitiers.

THÉÂTRE DUCOURNEAU

Place du Docteur Esquirol

✆ 05 53 66 26 60

www.agen.fr/theatre

Accessibilité pour les PMR au parterre du théâtre. Accueil enfants. Visite guidée.

C'est en présence du président Armand Fallières que la première pierre fut posée en 1906. Construit dans un style situé dans la lignée de celui des boulevards percés à Agen à la fin du XIXe siècle, sa structure est en béton armé. Théâtre à l'italienne doté d'une scène pentue, la salle est sans lustre pour ne pas cacher la fresque d'Antoine Calbet, que l'on pourrait presque effleurer du paradis avec ses sièges de l'époque. Le théâtre municipal assure la permanence artistique au cœur de la cité et organise la rencontre de grands noms du spectacle notamment.

RUE DU PUITS DU SAUMON

Avec une maison historique à admirer depuis la rue.

Cette rue est vraiment à découvrir puisque vous y trouverez la maison dite du Sénéchal datant du XIVe siècle : cette demeure serait la plus ancienne maison civile d'Agen. Elle ne se visite pas mais l'extérieur vaut le coup d'œil. Depuis la rue des Cornières, tournez à gauche dans la rue Puits du Saumon. Vous remarquerez cette façade majestueuse. Vous comprendrez que le bas de la demeure était réservé aux serviteurs et que les lieux de réception se trouvaient à l'étage. De style gothique, elle est classée au titre des Monuments historiques depuis 1913.

TOUR DU CHAPELET

Située dans le voisinage immédiat de la cathédrale Saint-Caprais, cette tour inscrite au titre des Monuments historiques, est le dernier vestige de la deuxième enceinte d'Agen. Au Moyen Age, la ville était protégée par un système de fortification assez important et si cette tour a subsisté, c'est qu'elle a longtemps été le clocher du couvent des Bénédictins. Le couvent fut rasé après la Révolution française et cette tour servit de prison à partir de 1815. Longtemps laissée à l'abandon, elle a été restaurée et abrite aujourd'hui un cabinet d'architecture.

LES SENTIERS DE L'ERMITAGE

Plus de renseignements auprès de l'Office de Tourisme Destination Agen et du CEDP47.

Initiés en 2017 par les Conseils de quartiers, les sentiers de découverte de l'Ermitage suivent 4 chemins de randonnée balisés par le CEDP 47 (Centre d'étude et de découverte du paysage et du patrimoine). Ils se distinguent selon leur niveau de difficulté par leur couleur, à l'image des pistes de ski. Vous trouverez la piste bleue, verte, rouge et noire pour découvrir le plateau de l'Ermitage et voir la ville sous un autre angle, avec de beaux points de vue à admirer.

VISITE HISTORIQUE DE LA VILLE

✆ 05 53 47 36 09

Juin : mar et sam ; juil du lun au sam sf le 14 ; août du lun au sam sauf le 15 ; sept mar et sam. 7 € /Grat. -12 ans.

Partez sur les traces des Agenais qui ont bâti l'histoire de la « Perle du Midi » autour d'un parcours complet afin de tout savoir sur l'histoire, l'architecture et l'art de vivre agenais à travers les sites incontournables comme la cathédrale Saint-Caprais inscrite au patrimoine mondial de l'Unesco. Pour agrémenter cette visite, vous aurez la possibilité de découvrir le Comptoir de la prune avec film et dégustation compris.

Toutes les informations sur le site internet.

© AQUALAND

WALYGATOR SUD-OUEST & AQUALAND AGEN

47, route d'Agen - **ROQUEFORT** ✆ 05 53 96 58 32
www.walygatorparc.com/sudouest
Toutes les infos concernant le calendrier d'ouvertures et les tarifs à consulter sur les deux sites internet.

Le parc Walygator et son voisin Aqualand caracolent en tête des sites les plus fréquentés du Lot-et-Garonne. Tous les éléments sont réunis pour passer une journée pleine de fun en famille, en couple, entre amis. Les attractions vont des plus tranquilles aux plus renversantes comme le « Boomerang » qui vous met la tête à l'envers en marche avant et arrière ! Quant aux toboggans géants d'Aqualand, ils vous feront faire pareillement le plein de sensations gentilles ou fortes.

AGEN POUR LES KIDS

✆ 05 53 47 36 09

www.destination-agen.com/

Les 8, 15, 22 et 29 juillet. Les 5, 12, 19 et 26 août. Départ à 16h30. Tarif 5 €, gratuit pour les accompagnants.

C'est une animation estivale qui va plaire aux explorateurs en herbe curieux de nature. Destination Agen propose une visite de la ville spécialement réservée aux 6-12 ans pour allier culture et amusement. Emmenez vos enfants à la découverte de la cité grâce à un rallye touristique durant lequel l'histoire de la ville leur sera dévoilée de multiples façons. Enigmes, questions et dessins permettront à chacun de s'adonner au plaisir de découvrir les lieux tout en apprenant. À la fin, vous partagerez le plaisir de ce moment autour d'un goûter bienvenu.

PONT-CANAL AUX FLAMBEAUX

www.destination-agen.com/node/1159

21 et 28.07, 4 et 11.08. Départ de l'entrée du Pont-Canal côté Agen. Départ 21h30. Résa impérative 8 €, grat. -12 ans.

Il se révèle particulièrement imposant : découvrez l'ouvrage d'art, deuxième plus long de France (580 m.), qui déploie ses 23 arches en pierre de taille d'une rive à l'autre du fleuve. En parcourant la voie verte, à l'aide de flambeaux, vous verrez le pont sous un autre angle dans une ambiance particulière pour une expérience incroyable à vivre en famille quand la fraîcheur revient sur la ville. Le départ s'effectue depuis l'entrée du Pont-Canal côté Agen (rue du Duc d'Orléans). Toutes les informations sont disponibles sur le site internet.

EDETOURS

Application edetours. www.destination-agen.com/incontournables/circuit-connecte-de-nos-villages

Destination Agen n'a pas de pétrole, mais des Edetours ! Immersive, ludique et familiale, voilà comment on pourrait qualifier cette expérience ! Muni de votre smartphone ou de votre tablette, partez visiter le patrimoine de l'agglomération d'Agen avec un outil de visite animée à 360° ou découverte. Les villages d'Aubiac, Castelculier, Caudecoste, Laplume, Layrac, Moirax, Sainte-Colombe-en-Bruilhois et Sérignac-sur-Garonne s'offrent à vous gratuitement pour une visite unique et riche de découvertes. Retrouvez toutes les informations sur le site internet.

LES RACONTEURS DE PAYS

271, rue Péchabout

✆ 05 53 66 14 14

www.raconteursdepays47.com

Liste des Raconteurs de Pays sur le site https://www.raconteursdepays47.com

Les Raconteurs de Pays sont des passionnés qui racontent leur territoire autrement, en sortant des sentiers battus. Ce ne sont pas des guides professionnels. Chacun accompagne le visiteur comme le ferait un ami, à la découverte de son domaine. Eglises romanes, canal de Garonne, chemin de la noisette, bastides, soirées contées, moulins... Ce sont de vrais « passeurs de mémoire ». La démarche est née d'une volonté de l'Union Départementale des Offices de Tourisme et Syndicats d'Initiative de Lot-et-Garonne en collaboration avec le Comité Départemental du Tourisme.

PETIT BATEAU SUR L'EAU

✆ 05 53 47 36 09

Les jeudis et vendredis en juillet et août (sauf le 14 juillet). Départs à 14h, 15h et 16h. Tarifs : 9 €, 5 € enfant.

Destination Agen propose une visite originale au fil de l'eau. À bord du bateau électrique « le Scoop », votre guide vous embarque pour une balade jusqu'au Pont-Canal. Laissez-vous conter l'histoire du canal de Garonne et du Pont-Canal et admirez entre autres le coteau de l'Ermitage. Cette balade sur l'eau est limitée à 6 participants, aussi pensez bien à réserver votre visite. Les départs de « Petit Bateau sur l'Eau » se font depuis la Capitainerie du Port-Canal d'Agen. Vous trouverez plus d'informations sur le site internet.

TERRA AVENTURA

✆ 05 55 11 05 90

https://www.terra-aventura.fr/

Téléchargez l'application gratuite Terra Aventura. Plus d'informations sur le site web.

Terra Aventura, le jeu de géocaching en Nouvelle-Aquitaine, vous propose de découvrir de façon ludique le département du Lot-et-Garonne. Très appréciée en famille, cette chasse aux trésors ludique vous invite à partir à la recherche des richesses du patrimoine et de ses anecdotes. 43 parcours vous attendent aussi bien au cœur des villages que dans les campagnes, les vignes... Téléchargez l'application gratuite Terra Aventura, puis à vous de choisir votre parcours en fonction du lieu ou de votre thématique préférée ! En 2021, vous avez été plus de 100 000 à y jouer.

TOURISME LOT-ET-GARONNE

271, rue de Péchabout
✆ 05 53 66 14 14
www.tourisme-lotetgaronne.com
Ouvert du lundi au jeudi de 8h30 à 13h et de 13h30 à 18h ; le vendredi jusqu´à 17h.

L'accueil, la convivialité, le partage... Des valeurs chères au Lot-et-Garonne et mises en avant par Tourisme Lot-et-Garonne, l'Agence de Développement et de Réservation Touristiques du 47. Celle-ci permet aux vacanciers d'organiser leurs séjours en mettant à leur disposition toutes les informations pratiques sur les sites à visiter, les activités à pratiquer, les restaurants où aller et produits du terroir à acheter... et plus encore ! Elle leur permet de trouver et de réserver sur son site internet leur hébergement. Découvrez le Lot-et-Garonne comme on l'aime !

AVIS

12, boulevard Sylvain-Dumon
✆ 05 53 47 76 47
www.avis.fr
Ouvert du lundi au vendredi 8h-12h/14h-17h30 ; le samedi 8h-12h.

Avis est un loueur de voiture. Mais pas seulement ! Au-delà de la seule location de voiture, les agents d'Avis conseillent et renseignent sur le choix du véhicule, sur les services, les accessoires… De la simple réservation d'une journée à plus d'une semaine, Avis s'engage sur plusieurs critères, sans doute les plus importants. Adaptée à tous les besoins, la gamme des véhicules de location Avis vous offre un large choix : petites citadines, berlines équipée, 4x4, cabriolets, minibus, prestige, etc. Le système de réservation en ligne est rapide et efficace.

TIDEO

Boulevard Sylvain Dumon
✆ 08 00 94 40 47
www.tideo.fr
Horaires des lignes disponibles sur le site Internet.

Le réseau des cars régionaux concerne aussi bien les trajets entre les principales villes du département (Marmande, Agen, Villeneuve-sur-Lot, Nérac, Fumel, Lavardac…) que les dessertes dans de nombreuses communes traversées par les lignes. Pour un tarif fort abordable, vous pouvez ainsi naviguer à loisir et rayonner dans tout le Lot-et-Garonne. C'est un réseau équilibré dont les fréquences de passage sont organisées de telle manière que tout est fait pour satisfaire l'ensemble des usagers dans leur recherche de mobilité.

LA GARE D'AGEN

1, place Rabelais
✆ 3635
www.oui.sncf

Très esthétique, la gare d'Agen offre une large verrière qui court le long de sa façade et agrandit l'espace d'accueil. Quant au parvis, il s'agit d'un bel espace piéton, complété par la terrasse de La grande Brasserie. Agen est reliée à Paris-Montparnasse par le TGV via Bordeaux. 2e gare de Nouvelle-Aquitaine, elle est aussi un arrêt de la ligne Bordeaux-Sète reliant l'Atlantique à la mer, un parallèle à la voie verte. C'est aussi une gare régionale desservie par les trains des réseaux TER Nouvelle-Aquitaine et TER Occitanie / Pyrénées-Méditerranée.

AGENCE COMMERCIALE TEMPO

1, place Rabelais
✆ 05 53 48 90 10
www.tempobus.fr

Tempo est le réseau de transports en commun de l'Agglomération d'Agen. Composé de 9 lignes de bus régulières, de transports à la demande, de lignes scolaires, d'un service de transport pour personnes à mobilité réduite et de navettes électriques gratuites de centre-ville, Tempo vous accompagne dans tous vos déplacements sur le territoire. Le conseil Futé : téléchargez l'application mobile dédiée (plus d'informations disponibles sur le site web), elle vous permettra d'acheter votre titre de transport, calculer votre itinéraire, suivre les bus en temps réel…

RENT A CAR

1838, avenue du Général Leclerc
✆ 05 53 87 00 47
www.rentacar.fr
Ouvert du lundi au vendredi de 8h à 12h et de 14h à 18h ; le samedi de 9h à 12h et de 14h à 18h.

Le Lot-et-Garonne promeut bien volontiers le cyclotourisme, mais pour vos déplacements plus longs, vos excursions et autres balades dans ce bien riche département, la voiture s'avère parfois bien pratique et efficace ! Rent a Car propose différentes catégories de véhicules à la location : économique, citadine, confort, berline, minibus, monospace… Il y en a pour tous les goûts et les besoins. Vous pouvez louer à l'heure, à la demi-journée, à la journée ou plus. Tout est possible ! Cette société dispose également d'un grand parc de véhicules utilitaires.

MARCHÉ-PARKING

Place Jean-Baptiste-Durand
✆ 05 53 66 44 48
Tous les jours. 24h/24. 432 places. Tarifs de 1,10 € les 45 minutes à 11,30 €/ 24 heures (6,40 € les 24h suivantes).

Inauguré le 21 septembre 2019, le marché-parking d'Agen a été repensé notamment pour sa partie stationnement. Des peintures refaites et un renouvellement de l'éclairage entre autres ont permis à la structure de gagner en propreté et en commodité pour les automobilistes. Vous trouverez un parking couvert et sécurisé, accessible par les escaliers ou l'ascenseur, panoramique. Disposant de 432 places, certaines réservées aux résidents, et au cœur de l'activité commerciale du centre-ville, il est certainement le parking le plus pratique.

OFFICE DE TOURISME DESTINATION AGEN

38, rue Garonne ✆ 05 53 47 36 09
www.destination-agen.com
Été : lun-sam 9h-19h dim 9h30-12h30. Hors saison : lun-sam 9h-12h30, 14h-18h (fermé le mardi matin d'oct à mai).

Destination Agen est l'Office de Tourisme Intercommunal de l'agglomération, à deux pas du boulevard piéton et de la Place des Laitiers où se déroulent, en période estivale, de nombreuses animations festives. Depuis 2019, l'Office de Tourisme a été totalement relooké dans un souci d'amélioration de l'accueil des touristes. A l'intérieur des locaux, la boutique « L'Echoppe du 38 » propose un large choix de souvenirs et de produits régionaux. N'hésitez pas à pousser la porte !

PARKING CARNOT-LAFAYETTE

Boulevard Carnot
✆ 05 53 66 02 63
Ouvert 24h/24. Parking de 195 places. 1,50 € pour 1h ; 11,30 € pour 24h.

Avec ses 195 places en sous-sol et en terrasse, ce parking est idéal pour découvrir le Musée des Beaux-Arts, entre autres. Il fait partie des cinq parkings de la ville gérés par Indigo, ce qui fait monter l'offre de stationnement à près de 1 800 places. De plus, il se trouve à proximité du cœur de ville et du Boulevard de la République qui est l'artère commerçante de la préfecture et qui a été refaite à l'instar du Boulevard Carnot, la voie principale menant à la gare. A noter que des bornes de recharge pour véhicules électriques sont disponibles.

PARKING DE LA GARE

2, rue brondeau de senelles
✆ 08 10 26 30 00
https://fr.parkindigo.com/
524 places. 1,50 € pour 1h ; 11,30 € pour 24h.

Le nouveau parking de la gare à la façade orange facilement reconnaissable a été inauguré en octobre 2018 par le maire d'Agen et peut accueillir 524 places. Ce nouveau point de stationnement permet de pouvoir avoir accès directement à la gare d'Agen, mais aussi de rejoindre en peu de temps la Place du Pin. Il est idéalement situé à côté du boulevard Carnot qui traverse la ville et permet à tout voyageur d'y garer sa voiture. Pour toute question concernant la tarification et les horaires, le site internet d'Indigo est à votre disposition.

PARKING REINE-GARONNE

Rue Garonne
✆ 05 53 66 79 80
165 places. Ouvert tous les jours. 1,50 € pour 1h ; 11,30 € pour 24h.

A Agen, c'est un peu comme dans toutes les grandes villes, se garer dans un parking est bien pratique. Le parking Reine-Garonne offre une proximité avec les commerces et les restaurants du centre-ville. Il est très apprécié car il est situé entre l'une des artères principales d'Agen, à savoir le Boulevard de la République et la « petite » rue Garonne très commerçante. Soyez prévoyants, les véhicules avec un très gros gabarit auront un peu de mal à circuler entre les niveaux. Ce parking a une capacité d'accueil de 165 places.

GITES DE FRANCE €€

169, boulevard de la république
✆ 05 53 47 80 87
www.gites-de-france-47.com
Ouvert toute l'année. Du lundi au vendredi 9h-13h, 14h-19h ; le samedi 9h-12h, 14h-17h.

En Lot-et-Garonne, l'association Gîtes de France vous accueille dans le centre d'Agen. L'équipe de conseillers séjours répondra à votre demande et mettra tout en œuvre pour dénicher l'adresse où vous logerez. Ces offres sont aussi classées par séjours à thèmes (« Autour des bastides », « Au cœur des vignes », « Bien-être », « Randonnée »...) et vous pourrez retrouver ainsi l'hébergement correspondant le mieux à vos attentes. Passez aux bureaux ou plutôt à « leur maison » grâce à la décoration délivrant cette ambiance si chaleureuse ou visitez le site internet.

TEMPO VÉLO

✆ 05 53 48 90 10
10 €/jour. 20 €/semaine. 40 €/mois. 200 €/semestre. Abonnés Tempo : 8 €/jour. 15 €/semaine. 30 €/mois. 150 €/semestre.

Plus économique et écologique que lui, il n'y a que vos pieds ! Avec le service Tempo Vélo, l'Agglomération d'Agen se parcourt à votre guise. Alors, en selle ! Pour 1 jour, 1 semaine, 1 mois, voire 1 semestre, le service de location de vélos à assistance électrique est fait pour vous. Les vélos sont équipés d'un panier intégré et d'un antivol. Des vélos se trouvent en libre-service sur le territoire avec l'application Tempo Vélo, à télécharger. Agen et les villes alentour comptent plusieurs stations. Petit Futé vous souhaite une bonne balade.

APPART 'HÔTEL ASTORIA*** €

1 350, avenue du Midi ✆ 05 53 69 65 10
www.residenceastoria.com
A partir de 94 € la nuit, petit-déjeuner 12,50 €, lit king size, piscine extérieure, jardin, bar, fitness.

Près du parc des expos et du palais des congrès, une résidence où l'accueil est primordial. Bar, piscine, salle de sports gratuite et exclusive, restaurants à proximité à pied, tout est présent pour votre confort. Vous logerez en appartement de 1 à 4 personnes, doté d'une kitchenette équipée (micro-ondes, réfrigérateur...). Pour les entreprises, 4 salles de réunion sont présentes pouvant accueillir jusqu'à 100 personnes. Petit Futé apprécie la piscine et sa terrasse. Le restaurant La Table de Michel Dussau, au pied de l'hôtel, est un enchantement gastronomique.

APPART'CITY AGEN CENTRE*** €

34, rue La Fayette ✆ 05 53 98 88 30
www.appartcity.com
Lun-ven 8h-12h/15h-20h, sam 8h-12h/14h-17h. Dim 8h-12h. 103 appartements 1-6 pers dès 60 € la nuit. Petit-déj 11,90 €.

C'est une résidence hôtelière récente, idéalement située en centre-ville : 103 appartements, du studio à l'appartement 3 pièces, hébergeant jusqu'à six personnes. Chacun offre un coin séjour, une salle d'eau ou de bains, et un coin cuisine tout équipé. A deux pas de la gare et des commerces, c'est l'hébergement parfait pour des séjours prolongés à Agen. Petit Futé est attaché au bâtiment de cette résidence, avec en son sommet le clocheton qui a survécu à la démolition de la clinique.

CAFÉ VÉLO €

207, rue du Duc d'Orléans
✆ 05 53 96 15 51
www.cafe-velo.net
Juillet-août : 7/7. De mars à juin et septembre-octobre : du mercredi au dimanche. Dès 18 €/nuit/pers. Vélo dès 19 €/j.

Au pied du Pont-Canal, le Café Vélo rend service à de nombreux cyclotouristes empruntant la voie verte. Il représente un lieu tourné vers une mobilité respectueuse et durable. Relié à la piste cyclable et aménagé dans l'ancienne usine des eaux d'Agen datant de 1870, il permet aux cyclistes d'entretenir leur matériel, de dormir dans un gîte d'étape de 12 couchages, de se restaurer (cuisine à tendance bio et locale) et au final de souffler un peu. Lieu de vie et de passage, le Café Vélo n'est pas seulement ouvert aux amoureux du vélo, mais à tout le monde.

INTERVIEW

GÎTES DE FRANCE 47

QUAND LES LOT-ET-GARONNAIS OUVRENT LEURS PORTES

Le réseau regroupe sur l'ensemble du Lot-et-Garonne plus de 500 hébergements extrêmement diversifiés. Le taux de réservation au niveau du département a progressé de 32 % en 2021. Brigitte Hugon, la directrice, revient sur l'attractivité du territoire.

Qu'est-ce qui plaît à vos clients en Lot-et-Garonne ?

Ils plébiscitent le département pour son environnement et la qualité de la vie. Ici, la nature est préservée, le patrimoine valorisé, les rencontres favorisées. C'est un concentré du Sud-Ouest, à la confluence du Quercy, des Landes, du Gers et du Périgord. Il attire des visiteurs à la recherche d'un tourisme authentique.

Comment se traduit cette authenticité ?

Par la convivialité, notamment. Le Lot-et-Garonne doit se distinguer par rapport aux autres destinations touristiques voisines. Cette différenciation se fait entre autres sur la qualité de l'accueil, inscrite dans l'ADN de Gîtes de France.

Le territoire est-il propice au développement du « slow tourisme » ?

Derrière l'expression se trouve l'idée de valoriser un tourisme de découvertes, prendre le temps d'apprécier les paysages, la gastronomie locale… Le Lot-et-Garonne s'y prête parfaitement.

Une tendance dans les habitudes de location se dégage-t-elle ?

On note l'émergence d'une clientèle pour des hébergements privatifs de grande capacité dotés de multiples activités de loisirs ; ce que nous appelons des gîtes tribu où se réunissent les familles nombreuses, les groupes d'amis…

Quelle est votre vision personnelle du 47 ?

Celle d'un département généreux, ouvert, à la fois humble et riche de toutes les histoires de ces femmes et de ces hommes qui ouvrent leur maison pour partager quelque chose.

CAMPANILE*** €

Rue de Bellile ✆ 05 53 68 08 08
www.campanile-agen.fr

Toute l'année réservation 7/7j 8h-22h. 50 chambres. chambre double dès 50 €/nuit. Petit déj. buffet 10,90 €. Parking.

Situé en pleine zone commerciale d'Agen Sud, cet hôtel Campanile cumule les atouts : sa situation privilégiée, son parking gratuit qui assure un stationnement sans soucis, une rénovation récente qui lui donne un bel esprit contemporain. Le wifi gratuit est depuis peu assuré en haut débit. L'adresse est complète. D'un bon rapport qualité-prix, le restaurant du Campanile propose une cuisine régionale et traditionnelle dans sa salle récemment aménagée. Autre détail important, l'hôtel comporte une salle de séminaire pouvant accueillir un petit groupe de personnes.

CAMPING DU MOULIN DE MELLET*** €

204, Route de Prayssas
SAINT-HILAIRE-DE-LUSIGNAN ✆ 05 53 87 50 89
www.camping-moulin-mellet.com

Du 01.04 au 10.10 2022. Emplacement de 12,95 € à 24,90 €/nuit. Chalet à partir de 75 €/nuit, cocosweet dès 50 €/nuit.

A 10 minutes d'Agen, le terrain de camping est un lieu champêtre avec son étang de pêche, son petit canal et le ruisseau qui coule à côté. Vous pouvez louer un emplacement ou l'un des 6 chalets, à moins que vous ne préfériez l'originalité d'une cocosweet ! Il y a 2 grandes piscines, une pour les adultes, la seconde destinée aux enfants. Le camping dispose d'une restauration (pizzas). Tous les jeudis soir l'été, un repas à thème est organisé ainsi que des concours de pétanque.

IBIS AGEN CENTRE*** €

16, rue Camille-Desmoulins
✆ 05 53 47 43 43

Ouvert toute l'année. Accueil 24h/24. 56 chambres. De 64 à 84 €. Petit déj buffet 9,90 €. Plus d'infos sur le site.

A Agen, l'hôtel est situé en plein centre de la ville, à 400 m de la gare, à 10 minutes du Centre des Congrès et vous y jouirez naturellement de tout le confort propre à l'enseigne. La chambre standard avec lit double est équipée de la nouvelle literie « Sweet Bed by ibis » et offre un confort absolu avec : bureau, écran plat LCD, salle de bain... L'équipe conviviale pourra vous préparer un « en-cas plat chaud et dessert » à n'importe quelle heure du jour ou de la nuit. Petit Futé a aimé les petits déjeuners avec buffet à volonté à partir de produits du terroir.

MAMOUNET HAUT €

Mamounet Haut - **MADAILLAN**
✆ 06 21 41 18 14
www.gites-de-france-47.com

Une chambre pour deux personnes à partir de 70 € la nuit ; suite à partir de 90 €. Petit déjeuner inclus.

Cette chambre d'hôtes, on pourrait même dire petite maison d'hôtes, se situe sur un terrain de 3 ha, entouré de bois et de prairies. Cette ancienne ferme du XVIIIe siècle a été rénovée avec goût, alliant modernité et authenticité. Camille et Arnaud vous y accueillent simplement avec bienveillance, chaleur et discrétion. Les petits déjeuners, aux allures de terroir, sont bons et copieux. Nombreuses activités aux alentours. Camille est passionnée de chevaux. Ces derniers accompagneront votre séjour, ajoutant de la quiétude à ce lieu déjà empreint de calme.

LA MICHELLE €

MADAILLAN
✆ 06 70 70 32 33
www.chambredhote47.com

Toute l'année. 5 chambres 2 à 4 pers. Dès 70 €/nuit/1 pers, 75 €/pour 2. Dès 500 €/sem. Petit-déj compris. Table d'hôte.

Ancienne ferme et tuilerie de 1782, le site a conservé une âme exquise qui nous a séduits. Dans un grand parc, 5 chambres de caractère vous attendent. La décoration y est magnifique : murs de pierres et harmonie de couleurs. Toutes réunies par le même confort, les chambres sont très grandes. Le Pigeonnier est un véritable nid d'amour. La famille Chiocci a à cœur de bien recevoir ses hôtes. Katia, la maîtresse de maison, se met aux fourneaux pour partager la table d'hôtes. Petit déjeuner gourmand et copieux. Grande piscine avec vue sur lac... Belle adresse !

LE PETIT DOMAINE €

30, route de Saint-Hilaire - **COLAYRAC-SAINT-CIRQ**
✆ 06 78 16 58 13
www.lepetitdomainedecolayrac.com

4 chambres. Pour 1 personne : de 59 € à 69 €. Pour 2 : de 69 € à 75 €. Petit déjeuner inclus. Lit supplémentaire : 10 €.

C'est d'abord la maison de plus d'un siècle qui vous charmera, son architecture est digne des habitations bourgeoises d'antan et si elle a été rénovée avec goût, elle a gardé tout le cachet : pierres et poutres apparentes sont au rendez-vous. Quatre chambres d'hôtes spacieuses décorées avec soin vous sont proposées, ce sont de vraies suites romantiques qui peuvent accueillir jusqu'à quatre personnes. Les petits déjeuners et paniers-repas de Martine sont excellents. Profitez de la piscine et du bain bouillonnant à disposition pour vous détendre.

CHAMBRES ET TABLE D'HÔTES LA POULE À VÉLO €€

645, route du canal - **SAINT-JEAN-DE-THURAC**
✆ 05 53 68 41 17
www.lapouleavelo.com
Mi-avril/mi-octobre. Fermé mar soir et mer. Table d'hôte 25 €/pers. 2 chambres 1-4 pers. 65 à 110 €. Panier repas 15 €.

Quel charme a cette ancienne maison éclusière ! Christelle vous accueille avec gentillesse, que ce soit en chambres d'hôtes (vue sur le canal) ou au mini-camping. Côté saveurs avec la table d'hôte, les produits viennent de petits producteurs locaux souvent bio, la cuisine est faite maison avec amour selon l'humeur du jour. Au petit-déjeuner, pain de campagne, confitures et crêpes de Christelle. L'adresse est ouverte pour le goûter : boissons, glaces artisanales et autres gourmandises.

DOMAINE DE BERNOU €€

891, route des Cèdres - **LA CROIX-BLANCHE**
✆ 05 53 68 88 37
www.domainedebernou.com
Ouvert toute l'année. 5 chambres. Chambre double de 80 € à 128 €. Petit déjeuner inclus. Lit supplémentaire : 25 €.

Sophie et Jean-Pascal vous accueillent dans leur superbe demeure de 1780 et ont à cœur la réussite de votre séjour. Si la bâtisse nous invite à voyager dans le temps, la propriété invite elle à profiter de la nature avec une vue sublime sur les Pyrénées. La table est raffinée et gourmande. Passionnée, Sophie élève et éduque des chevaux et propose des stages personnalisés d'éthologie. Pour agrémenter votre séjour, le Domaine de Bernou propose piscine en été, ping-pong, visite de la brasserie des cèdres et chemins de promenades. Maison et terrasses non-fumeurs.

DOMAINE DE LASSORD €€

1981, avenue de Stalingrad
✆ 05 53 66 91 52
Chambre double à partir de 85 €. Petit-déjeuner inclus. Gite (96 m²) pour 5 personnes à partir de 680 € la semaine.

Chantal et Manuel vous accueillent en gîte ou chambres d'hôtes dans leur superbe demeure du XIXe siècle. La chambre bleue a des airs de riad marocain et surtout, un lit à baldaquin. Le gîte, quant à lui, est spacieux et agréable, même en hiver grâce à sa cheminée. Dans le parc, le pigeonnier a été transformé en suite, sa terrasse indépendante permet de profiter du jardin en toute quiétude. Vous profiterez d'un espace bien-être avec salle de sport, spa, sauna à infrarouge et salle de massage. La piscine et le jardin sont parfaits pour se détendre encore un peu plus.

QUAND LA VILLE DORT €€

71, quai Georges Leygues
✆ 07 85 56 32 35
5 chambres. Chambre double à partir de 99 € ; suite à partir de 179 €. Petit déjeuner inclus.

L'enchantement chic et le dépaysement cool en ville ou Quand la ville dort vous offre le calme et la certitude de vous échapper du commun ! Ces chambres d'hôtes ont fait suite en 2019 à la Maison Noire qui avait défrayé la chronique. Les 5 chambres possèdent une identité propre avec leur déco, leurs différentes vues (Agen, le canal...), leur mobilier, pour un séjour ravissant. Prendre le petit-déjeuner dans la rotonde et le patio magnifiques rajoute une touche d'exception et la végétation abondante participe de ce dépaysement. Un bijou où le sommeil se sent bien.

MADEMOISELLE €

18, place Goya
✆ 05 53 48 34 41
Lundi 8h-14h, du mardi au vendredi 8h-18h, samedi 10h-18h. Menu entre 7 € et 11 € sur place ou à emporter.

© MADEMOISELLE

La petite place Goya abrite un trésor de douceur et de réconfort. Mademoiselle vous accueille pour prendre simplement un café à emporter où vous installer pour déguster un chaï latte, un thé... Le matin, laissez-vous tenter par les formules petit-déjeuner. Le midi, la restauration comporte des sandwichs, quiches, salades... En dessert, Petit Futé recommande des pâtisseries comme le carrot cake ou le banana bread. Le tout fait maison ! C'est une véritable panoplie gustative qui vous est proposée dans des versions originales. La terrasse ajoute au plaisir du lieu.

STIM'OTEL*** €€

105, boulevard du président Carnot
✆ 05 53 47 31 23
www.stimotel.com
Ouvert à l'année sf entre Noël et 01/01. Accueil 24h/24. 58 chbres. Double 89 €/nuit du lun au ven et 69 €/nuit le WE.

Le Stim'otel est idéalement placé au cœur d'Agen, près des commerces et à 5 minutes à pied de la gare. Il fait rimer accueil et modernité et les 58 chambres sont toutes équipées avec de nouvelles salles de bains, mais aussi une belle literie, une insonorisation parfaite, des moquettes chaleureuses. 4 salles de séminaires modulables très pratiques pour les rdv professionnels. Restauration sur place élaborée par le chef au gré des saisons sur réservation : ardoise complète (assortiment d'entrées, plat chaud en cocotte, fromages, desserts). Label Accueil Vélo.

L'OSCAR €

65, boulevard de la République
✆ 07 71 18 76 82
www.instagram.com/loscarkiosque/
Ouvert du lundi au samedi de 11h30 à 17h. Plats du jour : 12,90 €, dessert à partir de 3 €.

© L'OSCAR KIOSQUE

Les propriétaires de l'Atelier de Coco ont remis le couvert à quelques mètres de leur boutique et proposent au beau milieu de la section piétonne du Boulevard de la République une cuisine de rue qualitative. Petit Futé s'est donc empressé d'y aller et a pu se délecter du plat du jour mais il aurait pu se régaler tout autant avec les pâtes, un burger, un wrap ou une salade. Pour les desserts, les crêpes se dégustent au miel, à la pâte à tartiner, au caramel beurre salé… et pour le café, il est bio. Ce kiosque remporte l'Oscar de la street food agenaise.

VILLA SAINT-VINCENT €€

21, avenue de Courpian
✆ 06 56 83 62 30
3 chambres (dont 1 suite) de 1 à 5 personnes, de 60 € à 160 € la nuit. petit déjeuner inclus.

Alexandra et Paul proposent trois chambres d'hôtes, dont une suite, d'une capacité totale de neuf personnes. La suite Jasmin, avec son salon privatif et son accès indépendant, vous offre un grand standing. Elle peut accueillir jusqu'à cinq personnes et permet de passer de longs séjours. La chambre Magnolia, avec sa salle d'eau et ses toilettes privatives, peut accueillir deux personnes. La chambre Baptiste, pour deux personnes aussi, est parfaite pour les budgets plus modestes. Le petit déjeuner est servi dans la véranda ou le jardin aux beaux jours.

HÔTEL CHÂTEAU DES JACOBINS €€€

2, Rue Maurice Jacob ✆ 05 53 47 03 31
www.chateau-des-jacobins.com
Tte l'année. Chambre simple 80 €, double 120 €, twin 130 €, familiale 140 €. Petit déjeuner 10 € (gratuit enfant).

Face à l'église des Jacobins, se dresse ce bel hôtel particulier de style Restauration, propriété de Stéphane De Capmarty-Bujan. L'hôtel subit régulièrement quelques restaurations, mais les meubles sont d'époque, tout comme le service : vous serez reçu à l'ancienne, avec toute la rigueur des grandes maisons bourgeoises. Lorsque vous prenez votre petit déjeuner c'est dans de la porcelaine fine et s'il fait beau, sur la terrasse qui donne sur le parc. Une halte dans les règles de l'art.

GREEN CHEF €

78, ter boulevard carnot
✆ 09 71 48 08 76
https://boutiquegreenchef.fr/
Du lun au ven 9h-15h, 18h-20h30. Formule de 9,90 € à 13,90 €.

« Chaque jour nous popotons pour vous », lit-on sur la vitrine. Poke bowl ou blanquette de veau, bagnats ou ris de veau, le grand écart gastronomique de Green Chef surprend et séduit grâce à la qualité des recettes distillées par le chef Fabrice Biasiolo, anciennement étoilé dans son restaurant astaffortais. Une adresse qui mise sur la rapidité de préparation et joue local dans le choix des produits. Les desserts font envie à l'instar des plats, comme le fondant chocolat ou le cheese-cake. Côté vins, la sélection est rigoureuse. *Green and good chef !*

AU P'TIT BONHEUR RÉPUBLIQUE €

57, Emile Sentini
✆ 05 53 96 72 63
Mar au sam de 11h à 14h. Menu dès 9,90 €, bocal du jour 8,90 €, sandwich de riz 5 €, sandwich 6 €, dessert 3,50 €.

Un P'tit bonheur n'arrive jamais seul et se décline au début de la rue piétonne Emile Sentini dans une version « A emporter » franchement originale. Pour preuve ces pops sandwichs que Petit Futé a englouti, des Onigirazu ou plus simplement des makis à la truite, frais et bons qu'on mange avec les mains. Avec ça, une rafraîchissante citronnade et un pastizzu corse moelleux. On retrouve toute la philosophie locavore et militante de son grand frère en mode comptoir.

BISTROT VOLTAIRE €

45, rue Voltaire
✆ 05 53 47 62 42
bistrotvoltaire.eatbu.com
Mardi-jeudi 12-14h/19-22h. Ven-samedi jusqu'à 22h30. Menus 14-25 €. Carte 30 € environ. Formule midi 14-17 €. Terrasse.

Installés dans la rue Voltaire, les Gersois Yann et Romain proposent une belle cuisine française. Ils font vivre le Bistrot Voltaire à base de produits frais et locaux et la carte évolue selon les arrivées des poissons et des viandes de chez Marassé (tournedos Rossini, ris de veau…). L'ardoise propose d'alléchantes suggestions et les desserts et sorbets sont maison (humm ! le délice de poires shooter de vintage). Côté vin, belles signatures comme Mouthes Le Bihan en Côtes de Duras. Le restaurant dispose d'une terrasse d'été ouverte du printemps à l'automne.

BROCK N'COFFEE

11, place Émile Sentini
✆ 06 68 57 47 40
www.brockncoffee.fr
Ouvert du lundi au vendredi de 10h à 21h. Plats : 13 €. Desserts : 3 €. Apéritif, tapas.

C'est dans un lieu à la décoration rock vintage qu'Annabelle Costa accueille la clientèle. À commencer par le petit déjeuner, toujours avec un jus de fruits frais et une viennoiserie. Puis, une cuisine maison et locale est proposée le midi, avec salades diverses, tartines et de savoureux desserts. En journée, le coffee shop est le lieu idéal pour se réconforter autour d'un café, d'un chocolat viennois et d'une gourmandise. À ne pas manquer non plus, les soirées pintxos pour de joyeux apéritifs dans une ambiance cosy. En plus, il y a une Happy Hour !

CAFÉ DES ARTS €

2, rue de Cessac
✆ 05 53 66 01 49
Lun. au ven. 7h-21h ; sam 18h-23h. Formule du midi : 14,90 €, 12.90 € Vin au verre

© LA CAFE DES ARTS

Le Café des Arts est depuis toujours une adresse emblématique d'Agen, fort de sa magnifique terrasse donnant sur la place de la mairie, le musée des Beaux-Arts et le théâtre municipal. Les propriétaires Christophe et Maria Lacombe, si fidèles au département depuis de nombreuses années, se sont attachés à rendre cet endroit plaisant. La cuisine bistrotière fait saliver et Petit Futé se régale à chaque fois avec les suggestions du jour variées, entre viandes et poissons. Le service est attentif et souriant et la réservation conseillée. Menus à emporter le midi.

CONTREPOINT CAFÉ-THÉÂTRE €

21-23, avenue du général de Gaulle
✆ 07 82 98 42 42
www.le-contrepoint.fr
Mer 12h-14/18h-0h ; jeu, ven 12h-14h/18h-1h ; sam 12h-14h/15h-1h ; dim 11h-15h/18h-0h. Formule du midi 14,90 €.

Le Contrepoint Café-Théâtre allie arts du spectacle et restauration. La carte suggère des plats comme le camembert rôti au miel et vin, le burger au canard et sa ganache de foie gras à l'Armagnac, le tataki de saumon au coeur mi-cuit sauce yakitori. Le zinc appelle les clients à s'accouder en attendant de voir un spectacle en sirotant un cocktail. Ce lieu est avant tout un endroit où l'on déniche les talents. La programmation se partage entre concerts, comédies, one-man-show et one-woman-show, spectacles pour le jeune public. Brunch le dimanche.

PAYS DE L'AGENAIS

L'IMPRÉVU €

7, rue Camille Desmoulins
✆ 05 53 66 39 31
www.resto-limprevu-agen.com
Mar au sam midi & soir. Résa conseillée. Formules de 10 à 19 €. Carte 22 € env. Vente en ligne livraison/à emporter.

© L'IMPREVU

Il faut penser à l'imprévu, mais l'Imprévu y a pensé, jusqu'à mettre en place un site de vente en ligne à emporter ou en livraison. Belle initiative pour profiter de la cuisine généreuse de ce resto/bistrot qui s'est agrandi et a accentué sa déco jardin. Les serveurs assurent un service souriant en salle dotée de tables mange-debout et de bancs en ormeau et sur la grande terrasse de 70 m², toujours à l'esprit jardin. Les assiettes généreuses et colorées sont des succès tout comme les burgers avec bun d'un Meilleur Ouvrier de France et 5 sortes de frites maison.

L'EPICURIUM €

76, rue Montesquieu
✆ 05 53 67 85 67
www.lepicurium-agen.fr
Ouvert du mardi au samedi le midi. Menus de 15 € à 26 €. Formule du midi : 14 € à 16 €.

En plus de sa fromagerie, Hélène Cazes suggère une ardoise avec 3 tartes, 1 lasagne, 1 plat du jour et 4 desserts qui changent toutes les semaines. Ces plats maison sont confectionnés avec les fromages qu'elle propose. Petit Futé a apprécié la tarte au Brillat-savarin, petits pois, carottes, navet et menthe. Le camembert rôti a fait son apparition à la carte pour l'été. Raclette et tartiflette sont aussi là pour assouvir les faims d'hiver. En fin de repas, faites-vous plaisir avec l'assiette gourmande de 3 desserts. La petite salle cocooning est très agréable.

LE HANG'ART €

116, boulevard Edouard Lacour
✆ 05 53 95 72 79
www.hangart47.fr
Du lundi au mercredi 9-19h, du jeudi au samedi 9h-23h. Formule : 10 € et selon conditions.

La solidarité et l'échange sont les seuls choix imposés par le Hang'art et on applaudit à ces conditions. Imaginez une salle spacieuse, de grandes tables, des gens (dont certains en novices) qui s'affairent à vous cuisiner et vous servir de bons plats anti-gaspi et vous aurez la formule gagnante de ce lieu déjà renommé au-delà de l'Agenais. On peut venir y manger, mais aussi y échanger autour d'un café, d'ateliers cuisine... c'est ouvert à tous. Le tarif du menu (toujours alléchant) est soumis aux conditions de chacun. Vous avez là, le lieu d'une vie vertueuse.

LE HANG'ART BUS €

116, boulevard Edouard Lacour
✆ 06 08 69 97 50
www.hangart47.fr/le-hangart-bus
Prix selon la situation. Lieu et horaires à consulter sur le site internet et la page Facebook.

Alerte super concept ! Que faire lorsque vous avez déjà fait germer une super idée vertueuse qui rencontre le succès ? Réponse : la dupliquer en version mobile. Le hang'art bus, c'est la philosophie sociale et solidaire du Hang'art en version bus itinérant. Les Lot-et-Garonnais et les chanceux de passage peuvent maintenant profiter des bons plats anti-gaspi à prix solidaire selon les situations et la tournée. Ainsi, on peut déguster un croustillant de pintade à Madaillan un jour ou un rôti de cochon à Tayrac un autre. Attendre le bus n'a jamais été aussi plaisant.

IODE BISTROT MARIN €

105, rue Psty du Gravier
✆ 05 53 99 64 35
Ouvert du mercredi au samedi le midi et le soir ; le dimanche midi. Plats : de 6 € à 25 €. À partager : 45 €.

Le restaurant Iodé est le projet de plusieurs amis bistrotiers bien connus d'Agen. Le concept : proposer des produits de la mer, dans les assiettes, dans les verres, et surtout, ne pas hésiter à partager les plats pour encore plus de convivialité. Dans une décoration contemporaine, la carte révèle gambas à la plancha, tartares de thon et de saumon, dorade, merlu et moules d'Espagne au beurre persillé. Côté boissons, des cocktails et des vins de grandes régions de France. À noter également, une terrasse pour les belles journées ensoleillées.

L'ATELIER TRAITEUR €

Place Jean Baptiste Durand

Ouvert du lundi au samedi de 9h30 à 14h30 et de 16h à 19h. Entrée + plat + dessert : 20 € en moyenne.

Après avoir tenu le restaurant L'Atelier, Marjorie et Stéphane ont donné une nouvelle impulsion à leur activité culinaire en ouvrant fin 2021 leur adresse traiteur autour du marché couvert. Une boutique chaleureuse où la cuisine se révèle toujours aussi délicieuse. Il est difficile de se décider par exemple entre le pâté en croûte au foie gras et la Tatin d'échalote au fromage en entrée, le suprême de pintade champignons ou le risotto aux gambas en plat, le tiramisu Amaretto ou la panna cotta eau de rose fruits rouges en dessert. Tout fait envie !

AU P'TIT BONHEUR €

Quartier des cinémas ✆ 05 53 96 72 63

https://auptitbonheur.bio/

7j/7 12h-14h et du lun au sam 18h-21h30. Réservation conseillée. Formule midi à partir de 15,90 €. Carte 12 € env.

Référence agenaise, chaleureuse et design, cette brasserie voisine du cinéma CGR Agen séduira les papilles des amateurs de circuits courts et de mets biologiques. A sa tête, Yan Douady met à l'honneur la richesse du terroir local. Avec sa compagne Julie Modat, il a créé un lieu simple, familial. En bref : épicurien. Des soupes du jour alléchantes aux plats du jour qui le sont tout autant, comme ce poulet coco ou ce wrap d'omelette aux épinards et béchamel pour les végétariens, tout est confectionné avec les produits estampillés bio. Petit plus : service souriant.

QUARTS COFFEE-KITCHEN €

3, Rue Emile Sentini

✆ 05 53 96 63 74

Basse saison : mardi au dimanche 8h30-18h30. Haute saison : du mardi au samedi 8h30-19h. Carte : 11 € environ.

Attention : gros coup de cœur futé ! Nicolas *Quaranta* et Indya Roberts ont eu la riche idée d'associer non seulement leur nom, mais aussi leur savoir-faire pour créer le *Quarts*. On y resterait des heures à lire, discuter ou simplement regarder vivre la rue. On mange du fait maison trop bon : des croques, des bowls, des plats chauds, des salades, des burgers… Une véritable symphonie gourmande que l'on retrouve dans le choix de boissons. L'adresse a pour points forts sa carte brunch du petit déjeuner sucré/salé en semaine et une formule brunch spéciale le dimanche.

TANTE POULETTE €

35, boulevard Édouard Lacour ✆ 05 24 29 70 27

www.tantepoulette.fr

Ouvert 7/7 midi et soir. Plat + accompagnement 14 €, entrée + plat ou plat + dessert 19 € entrée + plat + dessert 22 €.

Et si c'était tous les jours dimanche avec un bon poulet rôti traditionnel ? C'est le défi remporté haut la plume par Tante Poulette. Dans cette grande salle avec la rôtissoire à vue, on se régale de volailles. Œufs mimosa, haut de cuisse de poulet rôti au jus, ail en chemise et gratin dauphinois, Petit Futé y a ses habitudes. Le poulet local est décliné sous toutes ses formes. Repartez aussi chez vous avec un bon poulet de ferme et des produits du moment. La boutique propose aussi toutes sortes de pâtes artisanales, jus de fruits... Alors, l'aile ou la cuisse ?

MAISON CARRÈRE - TABLE D'HÔTE €

33, Cours Victor Hugo

✆ 05 53 99 98 58

www.maison-carrere.fr

Du lun au sam midi (entrée/plat, plat/dessert 20 €, entrée/plat/dessert 25 €). Afterwork mer, jeu, ven soir (9 à 25 €).

© MAISON CARRERE

L'épicerie de la Maison Carrère fait aussi table d'hôte. Une plaisante expérience avec une salle de 14 places ouverte d'un côté sur la cuisine et de l'autre sur la cave à vin généreusement fournie. Nous sommes donc en immersion totale en compagnie de Mathilde au service et du chef Sébastien Vergne dont les plats étaient appréciés au restaurant Le Bouchon. Ici, il propose une cuisine du marché renouvelée chaque jour, avec toujours le choix entre 1 viande et 1 poisson. 2 terrasses l'été.

AL DENTE €€

11, rue Molinier ✆ 05 53 48 03 32
www.aldente.transfile.fr

Lun, mar, du jeu au sam midi et soir. Formule midi 20 €. Entrée/plat, plat/dessert 16,50 €. A la carte 16 € environ.

© AL DENTE

Situé à deux pas de la cathédrale, ce restaurant c'est l'Italie à Agen ! La décoration est lumineuse et claire et au menu, vous trouverez des viandes comme l'irrésistible Saltimbocca, des pâtes fraîches faites maison avec des sauces goûteuses ainsi que des risottos (humm ! à la truffe blanche proposé en saison). Evidemment, la carte des pizzas cuites au feu de bois est savoureuse. Conseil futé : la pizza Burrata au lait de Bufflonne, au top ! Côté dessert le choix est difficile et c'est ce qui est bon ! La carte des vins est appropriée. Grazie Al Dente !

ARÔME LA SUITE €€

57, Rue Molinier

Du mercredi au samedi le midi et le soir ainsi que le dimanche midi.

Louise a souhaité prolonger le plaisir de sa clientèle en ouvrant en face de son restaurant Arôme un second établissement baptisé... Arôme La Suite ! Le concept : faire découvrir plusieurs plats au cours d'un même repas à travers de petites portions. Ou comment passer par exemple d'une focaccia italienne à un gravlax de poisson puis à un tigre qui pleure asiatique... Les influences du monde chères à Louise se retrouvent ainsi combinées. En dessert, savourez une barre chocolatée revisitée servie avec une glace à la cacahuète ou un croquant feuillantine.

LA CUCINA €€

25, rue Émile Sentini
✆ 09 54 58 44 49

Le midi du mercredi au dimanche. Formule à 20 €. Brunch à l'italienne le dimanche 25 €. A la carte : 16 € environ.

Ce petit restaurant est une référence sur Agen avec une cuisine transalpine faisant de plus en plus d'adeptes. Des bruschettas, des arancinis, des risottos, des pizzas mais aussi une large sélection de plats comme ce filet mignon de porc farci tomates séchées et basilic, gratiné au parmesan. Anne et Fabien élaborent leurs recettes avec des produits frais. Les végétariens y trouvent leur bonheur aussi. Le brunch du dimanche est souvent complet, pensez à réserver ! Des spécialités sucrées ou salées, bières et vins italiens sont disponibles à emporter.

ARÔME €€

46, rue Molinier
✆ 05 53 86 31 80

Du mer au sam midi et soir ; dim midi. Réservation recommandée. A la carte 25 € le midi environ, 40 € le soir.

© AROME

La cuisine de Louise reflète l'expression d'une jeune femme qui a forgé son expérience et qui sait exprimer dans l'assiette une fougue culinaire et une énergie créatrice maîtrisée. La salle donne sur la cuisine ouverte joliment décorée (pierres apparentes et végétal suspendu, cheminée, tapisserie...). Dans les inspirations de Louise, vous dégusterez par exemple un banh mi langoustine rôtie, chorizo et pickles, une pluma de porc ibérique, racines de lotus, céleri rôti au miso et crème cajun, en dessert churros de patates douces et chocolat tonka. Une belle adresse.

L'ARTI SHOW €€

25, rue des Cornières
✆ 05 53 99 72 62
Ouvert du lundi au samedi de 11h à 15h et de 18h à minuit. Carte : 18 € environ. Formule du midi : 16 €

© L'ARTI SHOW

Eric pour les plats salés et Philippe pour les douceurs sont à la barre de ce restaurant culte qui a bénéficié de travaux en 2021 et se trouve donc complètement refait. L'Arty Show, c'est une cuisine de bistrot avec une carte qui suggère des plats savoureux : salade lentilles boudin noir ou brochettes de filets de caille foie gras en entrées, tartare de bœuf et son foie gras poêlé ou poêlée de Saint-Jacques risotto primavera, que du bon ! Le clou du spectacle, c'est le chariot de desserts maison à volonté, incomparable ! Aux beaux jours, la terrasse est plaisante.

GUEULETON DU MARCHÉ COUVERT €€

Place Jean-Baptiste Durand ✆ 05 24 29 01 78
www.gueuleton.fr
Du mer au ven 18h30-1h du matin, sam 12h-15h30 /18h30-1h du matin, dim 11h30-16h30. A la carte de 10 € à 24 €.

Les bouteilles alignées du sol au plafond derrière le comptoir donnent le ton. Ce bar à vin propose pas moins de 150 références que l'on peut accompagner de belles assiettes. La carte change fréquemment. Parmi les incontournables, citons la planche mixte charcuterie/fromages, le croque-monsieur à la truffe ou encore le magret de canard avec sa sauce foie gras à l'Armagnac. Sans oublier de généreuses côtes de bœuf maturées ! Les épicuriens peuvent s'y rendre les yeux fermés.

ASSIETTE AU BOEUF €€

Boulevard Sylvain Dumon
✆ 05 53 78 21 29
www.assietteauboeuf.fr
Lun au ven 12h-14h30. Lun au jeu 19h-22h30. Ven 19h-23h. Sam 12h-15h/19h-23h. Dim 12h-15h/19h-22h30. Formule 18,90 €.

Installé en face de la gare d'Agen, ce restaurant au concept original est tenu par François Xavier, le fils du patron de la brasserie de la gare. Reposant sur une formule unique avec une entrée (mesclun de salade fraîche et grana padano) et un plat au choix, le lieu mise sur une viande de bœuf française avec une sauce « paradis » secrète et servie avec des frites allumettes maison à volonté. Le restaurant propose aussi d'autres plats comme le « Rossini style » avec steak haché et foie gras et la carte des vins aime le bio. Le lieu idéal pour une envie de viande.

© ASSIETTE AU BOEUF

© ASSIETTE AU BOEUF

LE BISTRONOME €€

57, rue Péristyle du Gravier
✆ 05 53 67 84 70
Lun et mer le midi, mar, jeu et ven midi et soir. Carte 25 € env. Plat du jour 9 €, avec boisson 11 €, + dessert 13 €.

© LE BISTRONOME

La cuisine bistronomique et qualitative du chef Cyril Dumont séduit. Inspirés et inventifs, les plats proposés changent en fonction de sa façon de les préparer. On se régale de succulentes recettes élaborées avec les produits du marché du jour. Les belles pièces de viande dans les assiettes produisent toujours leur petit effet. Le restaurant dispose d'une belle terrasse, idéale pour déguster des tapas, de la charcuterie ou du foie gras maison tout en découvrant la belle carte des vins. Une adresse incontournable sur Agen ! Coup de cœur du Petit Futé.

IL SICILIANO €€

21, rue Voltaire
✆ 09 70 94 12 24
Mardi au vendredi + dimanche midi & soir. Samedi soir. Carte 15 € env. Formule midi 15 €. Menu Bambino 8,50 €.

Un air de Sicile dans la rue Voltaire. Le sourire du gérant fait l'unanimité chez les gourmets curieux. On y trouve une cuisine traditionnelle préparée avec des produits « maison » directement expédiés depuis la Sicile. A la carte : pâtes siciliennes aux fruits de mer, fenouil et gambas, *Cassata* (gâteau farci à la ricotta, pâtes d'amande et fruits confits), *Cannolo* au chocolat (biscuit croquant au chocolat noir, fourré à la chantilly). Les jeudis sont prisés pour les soirées spéciales spaghettis carbonara flambés dans une meule de parmesan. Les clients adorent !

LE MARGOTON €€

52, rue Richard Cœur de Lion
✆ 05 53 48 11 55
www.lemargoton.com/fr.html
Mercredi au samedi midi & soir. Mardi soir. Réservation conseillée. Menus de 28 à 35 €. Formule midi semaine 19,50 €.

Le Margoton est un petit restaurant du vieil Agen où la créativité est au rendez-vous. Le chef, Frédéric Fabre, propose une cuisine inventive accessible aux goûts de chacun. En salle, Véronique, sa charmante épouse, s'occupe des 10 tables réparties dans 2 salles et ne néglige aucun détail. On y déguste des produits frais préparés avec élégance et respectés au mieux par une cuisson juste. On retient le velouté d'asperges et foie gras, les ris de veau braisés, le filet de bar rôti et crème de crustacés, le soufflé Grand Marnier en dessert. Une belle surprise !

LE BISTROT DE STEPHANIE €€

7, cours washington ✆ 09 61 60 19 63
www.lebistrotdestephanie.fr
Du lun au ven 12h-14h. Du mer au ven 19h-21h. Réservation conseillée. A la carte entre 26 € et 35 €. Terrasse.

© LE BISTROT DE STEPHANIE

On est charmé tant par le décor de cette maison de ville que par l'offre culinaire de l'assiette où se côtoient recettes classiques et touche personnelle. Ce soir-là, Petit Futé s'est régalé avec une Tatin de poire au Rocamadour, des knödel de bœuf avec rösti et fondue de chou rouge, une assiette de fromage et un millas potimarron boosté par une glace châtaigne bien à propos. Décor et service agréables complètent la cuisine délectable. A découvrir ! Il est à noter que l'établissement dispose d'une belle salle pour vos réunions et réceptions.

BRUT €€

328, rue de cartou
✆ 06 89 49 41 76
Du jeudi au samedi : 18h à 2h. Cocktails : 10 € à 12 € (sans alcool : 7 € à 9 €). Accompagnements de 8 € à 39 €.

© BRUT AGEN

Manger, boire, partager : telle est la philosophie de ce bar restaurant qui joue la carte gastronomique dans une ambiance lounge avec lumières tamisées, fauteuils confortables et coussins moelleux. Le temps passe comme dans un cocon. Les cocktails (alcoolisés ou non) séduisent par leur touche sophistiquée et les assiettes d'accompagnements par leur originalité, à l'image du croque-monsieur au caviar de la maison Petrossian ou de l'entremets pomme fenouil et son glaçage chocolat blanc. La terrasse est superbe. En juillet et août, un DJ anime les soirées le jeudi.

LA P'TITE CUISINE €€

3, place des laitiers
✆ 05 53 99 74 95
www.laptitecuisineagen.fr/
Lundi au mercredi midi. Vendredi et samedi midi & soir. Formule midi 13,50 €. Carte 25-35 €. Vin au verre. Terrasse.

Martin Cuny, jeune chef agenais déjà fort expérimenté, aime travailler le poisson et en a fait sa spécialité. On a beaucoup aimé le pavé de thon crème moutarde risotto de coquillettes. Le fromage blanc au miel reste simple et bon : c'est l'essentiel. Parmi les autres inspirations du chef : pavé de cœur de longe de porc rôti à l'ail de Garonne, gâteau de pomme de terre, pavé de turbot grillé, chou pack choï, premières asperges blanches landaises, tartelette au potiron, crémeux vanille et crumble de pain d'épices ! Terrasse ouverte aux beaux jours.

RESTAURANT OCEANIS €€

1, rue des Mimosas - **FOULAYRONNES**
✆ 05 53 96 27 39
www.restaurant-oceanis.fr
Du mar au dim 12h-14h ; le ven et le sam le soir 19h30-21h30. Formules midi 16,50/19,50 €. Menus 31 € à 46 €

L'Océanis est considéré comme un standard dans la région agenaise. Le Chef Francis Zago y propose des plats semi-gastronomiques classiques, au sens noble du terme où le poisson donne le tempo de la cuisine. Les propositions changent suivant la criée : ragoût de homard aux légumes fondants, blanquette de la mer, filet de sole au champagne... La table est excellente à l'instar de la créativité que le Chef met dans ses recettes. Le restaurant dispose d'une terrasse avec une magnifique vue dominant la vallée de la Garonne et Agen.

LE NOSTRADAMUS €€

40, rue des Nitiobriges
✆ 05 53 47 01 02 - www.lenostradamus.com
Fermé le lun, mer et dim soir. Formule du marché 20 €. Menus à 32 €, 39 €, 50 € (enfant 12 €). Jardin. Terrasse.

© LE NOSTRADAMUS

Située dans le charmant vallon de Vérone, une ferme typique abrite le Nostradamus. Le maître-restaurateur Miguel dirige le lieu, tandis qu'en salle et côté cave, Amandine mène la cadence. Dans l'assiette, le résultat est d'un équilibre extraordinaire. Exemples : en entrée œuf parfait, jambon bellota, sur un crémeux de panais à l'huile de noisette, en plat râble de lapin farci et pané au beaufort, jus corsé au pesto de roquette, crozets de Savoie et carotte en risotto. Aux beaux jours, on profite de la belle terrasse ombragée ou de la cheminée en hiver.

PAYS DE L'AGENAIS

LA TABLE DES CORNIÈRES €€

14, rue des Cornières ✆ 05 53 66 60 24

Fermé le mar soir, le mer et le dim tte la journée. Midi 17 € et 20 €. Soir 27 €, 28 € et 30 €. Menu enfant 10 €.

© LA TABLE DES CORNIERES

La cuisine du chef Moïse Rajaonarivelo, maître restaurateur, sait nous faire apprécier les plats traditionnels du Sud-Ouest mêlés à des saveurs malgaches. La dégustation des plats confirme que la ville détient une adresse de haute volée : terrine de foie gras à la vanille de Madagascar brioche maison, souris d'agneau en deux cuissons, hamburger de cochon de lait laqué sauce maison... Côté desserts, le pain perdu à l'ancienne ou la banane rôtie, glace caramel et mousse de fruits sauront conclure sur une note de douceur un excellent repas.

LE ROSEMARY'S €€

9, avenue du Général-de-Gaulle

✆ 05 53 48 02 34

www.rosemarys.eatbu.com

Ouvert lundi soir, du mardi au vendredi midi et soir, le samedi soir. A la carte : 20 € en moyenne.

Welcome in Agen ! Passé la porte, la lumière tamisée, la déco épurée et la musique jazzy vous font basculer dans l'ambiance feutrée digne des pubs britanniques. Barbara Lesniak, la propriétaire, fait vivre le Rosemary's qui compte plus de 30 sortes de bières en bouteille. La cuisine fait valoir ses atouts grâce à un savoureux *fish & chips*. Vous pourrez aussi déguster de belles salades, burgers, ou des plats classiques (entrecôte, côte de bœuf). Les desserts finissent le repas en beauté. Tous les impératifs « so british » sont présents et emportent l'adhésion.

VALÉRIE SIEURAC GASTRONOMIE €€

2, rue Félix-Aunac ✆ 05 53 68 37 53

www.votrechefchezvous.fr

Activité traiteur + restaurant ouvert le dimanche midi. Cours de cuisine. Vente de box d'ingrédients sur le site.

C'est dans une belle demeure du XIXe siècle que la cheffe Valérie Sieurac exerce et dispense ses talents culinaires. Son slogan : « Saveurs et partage en toute harmonie ». Au-delà de son activité de traiteur et des cours de cuisine qu'elle donne, elle dispose de plusieurs cordes à son arc. Elle a notamment développé sur son site internet la vente de box créatives pour jouer les chefs chez soi (les recettes sont fournies). Une façon originale de découvrir sa cuisine savoureuse.

LE VINIVORE €€

81, rue Péristyle du Gravier

✆ 05 40 40 49 15

Mercredi-vendredi midi & soir. Mardi midi. Samedi soir. Merc-sam soir ouvert en mode bar-tapas. Menu 15 €. Formule 13 €.

Au Vinivore, le service de Fabien est impeccable et souriant. Faites-lui confiance sur le choix du vin : le meilleur de la France viticole est représenté. Côté cuisine, c'est Tony qui officie, le Vinivore est un bar à manger et à boire à tendance basque : chipirons sauce Xipister, xistoras grillées, croquetas, planches charcuterie, fromages ou mixtes à partager… C'est aussi une adresse où de belles pièces de viande premium (de Galice notamment) sont à l'honneur, comme la côte de bœuf à partager qui fait toujours des heureux. Ça régale ! Terrasse sous les arcades.

L'AFFRANCHI €€€

33, rue des Cornières

✆ 07 50 72 35 30

www.restaurant-laffranchi.fr

Été : du mar soir au dim soir. Hors saison : du mer soir au dim soir. Menu 35 € midi, à partir de 42 € soir.

Auréolé d'un Bib Gourmand, l'Affranchi montre tout le talent du chef et la réussite de ce concept unique à Agen. La volonté de Manu est de valoriser la créativité culinaire et de surprendre le client, avec des produits frais et locaux associés de façon inattendue. Vous ne saurez rien à l'avance du menu qui vous sera servi. La surprise sera donc totale de bout en bout. La proposition est osée et fonctionne comme une relation de confiance entre dégustateur et créateur. Un concept néo-gastro qui se remarque. Allez-y et laissez-vous étonner !

© LA GRANDE BRASSERIE

© LA GRANDE BRASSERIE

© LA GRANDE BRASSERIE

LA GRANDE BRASSERIE DE LA GARE €€

1, place Rabelais ✆ 05 53 67 17 37
www.la-grande-brasserie-agen.fr/

Toute l'année. Menu du jour : Plat 11,90 €, entrée/plat ou plat/dessert 14,90 €, menu complet 16,50 €. Menu LGB 28,50 €.

La brasserie grouille d'activité, entre sa clientèle d'habitués et les voyageurs de passage reconnaissables à leur valise. Depuis les travaux effectués en 2021, l'élégante salle a gagné en clarté et la terrasse a été agrandie. Le service est attentionné et rapide, autant que faire se peut vu le monde ! Une carte joliment bistronomique avec en suggestions un carré de veau désossé au jus parfumé à la truffe ou des gambas persillade. De beaux burgers également. Une halte à faire.

© LA GRANDE BRASSERIE

© LA GRANDE BRASSERIE

© MICHEL DUSSAU

© @FRANCK PETIT.

LA TABLE DE MICHEL DUSSAU €€

1350, avenue du Midi ✆ 05 53 96 15 15
la-table-agen.com

Ouvert du mardi au samedi (sauf jours fériés) 12h-13h15, 19h30-21h. Menus de 26 € à 62 €. Carte : 65 € environ.

Respect et reconnaissance : voilà ce que la gastronomie locale doit à Michel Dussau ! Sa cuisine réfléchie est faite de produits simplement et justement magnifiés. Membre du Collège Culinaire de France, il défend son terroir à l'image du foie gras dont il est spécialiste. Ses plats signatures se retrouvent au fil des saisons. Une cave à maturation pour la viande est aussi là et celle des vins reflète son respect de la vigne. Belle récompense obtenue cette année : un Bib gourmand !

© MICHEL DUSSAU

© @FRANCK PETIT.

© @FRANCK PETIT.

LA BRÛLERIE DES FILLES

16, rue des Ambans
✆ 05 53 66 34 78
Toute l'année du mardi au samedi 9h-12h/14h30-19h. Thés, cafés, accessoires liés au service, vaisselle... Terrasse.

La Brûlerie des Filles offre une terrasse où il est bon de déguster thé ou café accompagné d'une mignardise ou pâtisserie. Le café n'est plus torréfié dans la brûlerie, mais il l'est bel et bien par Danielle Pradère, qui vous accueille en toute sympathie. Outre les 150 variétés de cafés et thés en vrac ou en sachet, elle propose aussi de nombreux produits gourmands et vaisselle : pruneaux fourrés, coffrets avec boule à thé et boîtes dégustation, mugs, cafetières, théières colorées... Tout le nécessaire lié au service ! Un rayon gourmand est aussi au rendez-vous.

C'EST ICI

31, rue des cornières
✆ 07 66 15 23 33
www.cestici.metro.bar
Mardi, mercredi : 18h-minuit. Du jeudi au samedi 18h-2h du matin. Cocktails entre 6 € et 10 €.

« C'est ici »... et nulle part ailleurs ! La dynamique rue des Cornières abrite ce bar lounge qui n'est pas que cela. La décoration remarquable entre un côté indus' et une patte boisée donne un style tendance à ce comptoir de nuit ouvert en 2019. La carte des cocktails varie tous les mois afin de proposer de nouvelles créations maison. Celle des alcools et spiritueux comporte des références soignées. Vieux rhum, Whisky, Gin, Cognac... mais aussi bières, vins, planches gourmandes... Toute la panoplie d'un bar stylé qui attire un public curieux et connaisseur.

L'ENDROIT BAR MOJITO CLUB

20-22, rue des Cornières
✆ 05 53 48 18 22
Mercredi 17h30-0h, jeudi et vendredi 17h30-2h, samedi 19h-2h. Cocktail de 8 € à 14 €. Tapas à la carte.

Dès l'entrée, le ton est donné : « Ici c'est l'Endroit et c'est comme ça ! ». Ici, c'est une équipe soudée qui tient l'endroit, ils forment la quintessence du lieu. Nombreux sont ceux qui se retrouvent là pour un apéro tapas. On vient y boire un verre et on grignote les poêlées de cœurs de canards, les émincés de bœuf... L'ambiance est assurée. L'Endroit Bar vous propose aussi son cocktail du moment, c'est à chaque fois le plaisir de la découverte.

L'ATELIER DE COCO

1, rue des cornières
✆ 06 01 07 28 11
Le lun et les jours fériés 14h30-19h ; du mar au sam 10h30-19h. Ouverture et horaires variables selon les saisons.

© L'ATELIER DE COCO

Ce sont plus de 30 parfums – classiques ou insolites – préparés artisanalement que propose ce glacier, dont vanille, orange sanguine ou omelette norvégienne. Alizée, Pierre-Laurent et Georges, frères et sœur, jouent à fond la carte du localisme pour l'approvisionnement en matières premières. Ainsi le melon vient de Lectoure, la framboise de Layrac et les pépites de chocolat des Simonettes, 100 mètres plus loin. On aime les cônes, mais aussi les gaufres à bulles garnies de chantilly, fruits et toppings et que dire de la variété de bûches de noël ? A tomber !

LA FABRIQUE DU PÂTISSIER AGEN SUD

galerie marchande agen sud ✆ 09 82 37 30 99
Ouverture du mardi au samedi de 9h à 19h30.

Bis repetita pour la Fabrique du Pâtissier et un nouveau succès ! Une aubaine pour la galerie marchande que Jean-Pierre Semper ait ouvert une boutique pour offrir aux Agenais la possibilité de goûter ses divines créations. L'endroit fait salon de thé. Il permet de se restaurer le midi ou de déguster à n'importe quelle heure de la journée l'une des pâtisseries du maître-artisan, accompagnée par exemple d'une boisson chaude au chocolat Valhrona, une référence.

LA FABRIQUE DU PÂTISSIER

46, rue Montesquieu
✆ 09 83 55 99 61
www.lafabriquedupatissier.fr
Ouverture du mardi au samedi de 7h à 19h30 et le dimanche de 7h30 à 13h.

Ce qu'on aime chez Jean-Pierre Semper, c'est son amour pour le chocolat qu'il travaille avec la maison Valrhona, la référence. On craque pour ses tablettes, ses ballotins et toutes ses réalisations. Parmi les spécialités, le Black Pearl, un Royal Chocolat revisité avec du chocolat praliné croustillant. Citons aussi le Brocéliande avec sa mousse mûre/framboise, sa compotée cassis/myrtille, son biscuit noisette/cranberry et sa ganache vanille. Ses créations, il les fabrique à l'inspiration et à la saison, comme les glaces maison en été ou les macarons. Le top !

© LA FABRIQUE DU PATISSIER

© LA FABRIQUE DU PATISSIER

GUEULETON DU MARCHÉ COUVERT

Place Jean-Baptiste Durand ✆ 05 24 29 01 78
www.gueuleton.fr
Du mercredi au vendredi 18h30-1h du matin, samedi 12h-15h30 /18h30-1h du matin, dimanche 11h30-16h30.

C'est définitivement le repère des bons vivants et de celles et ceux qui aiment partager un verre de vin accompagné d'assiettes alléchantes. Au gré des 150 références que comprend la cave, on parcourt la France des vignobles, la boussole orientée vers l'hémisphère du plaisir, guidé par les conseils avisés d'une équipe de connaisseurs. Ancré dans la façade du marché couvert, c'est l'occasion de faire une pause vinicole après des achats gourmands. Les apéros sont mythiques !

HEGOAK

32, rue Voltaire
✆ 07 67 27 85 23
Mercredi au samedi le soir 18h-2h. Planches 12-18 € environ. Vin au verre à partir de 3,50 €. Terrasse (mai à octobre).

Le Pays basque pousse un peu sa corne jusqu'à ce bar-tapas situé en plein centre-ville d'Agen. Avec son petit accent basque, Mathilde nous accueille dans un cadre magnifique où les planches de fromage ou charcuteries et mixtes varient selon les saisons. La charcuterie et les jambons viennent de la région d'Estrémadure. Les fromages sont issus d'une coopérative de producteurs laitiers à Macaye. Le gâteau basque ? Une recette familiale que Mathilde tient de ses grands-parents. Elle fait aussi des dégustations au verre à l'aveugle pour faire découvrir les vins.

L'INDÉ

14, avenue du Général de Gaulle
✆ 05 53 68 65 66
www.inde-agen.com
Ouvert 7j/7 de 9h à 2h du matin. Happy Hour du lundi au vendredi de 17h30 à 19h30 : 50 cl de bière au prix des 25 cl.

Brasserie artisanale indépendante, L'Indé a fait sa réputation avec l'originalité de ses bières « 100 % made in Agen » aux notes aromatiques surprenantes, comme le pamplemousse et la mandarine dans l'Indécise, la framboise et le sureau dans la Diabolic, le miel et la prune dans l'Indépend'ente... Avec sa tendance déco industrielle et son patio agréable, le lieu dégage une énergie palpable. On apprécie de s'y retrouver pour boire et discuter, notamment au moment de l'happy hour. Des visites de la brasserie sont organisées sur réservation.

M&MOI

26, place Jean-Baptiste Durand
✆ 05 53 96 42 06
Ouvert du mardi au samedi 8h-2h du matin, le dimanche 11h-15h.

Le M&Moi attire un grand nombre de noctambules. Du mardi au samedi soir, Maxime, en chef d'orchestre des nuits agenaises, est capable de vous faire danser sur les tables même si l'endroit n'est pas grand. L'ambiance est à la fête, le long comptoir domine le lieu, derrière se trouve la cave à vin réfrigérée et la carte est... sur le plafond ! Aussi plus récurrent, tous les jeudis soir ont lieu les After Work avec buffet de tapas, fromages, charcuteries, jambon Pata Negra, des cassolettes et boissons. On vous l'assure, tout est fait pour passer un excellent moment.

LE PATIO

12, rue des Cornières
✆ 05 53 67 19 63
Ouvert du mercredi au samedi 10h-18h. Boutique jusqu'à 19h. Thé 4,90 €. Pâtisseries de 2,50 € à 4,90 €.

Quelle charmante adresse ! Au Patio, Nathalie vous reçoit avec le sens de la convivialité et du partage pour vous faire découvrir thés et scones. L'hiver, on goûte à son vin chaud aux épices ou à son excellent chocolat à l'ancienne accompagné de pâtisseries maison. A midi, tartes salées, sandwichs italiens ou soupe vous attendent. Ici, que des produits d'excellence ! Sont proposés des thés des maisons Dammann Frères, Palais des Thés, Comptoir Français du Thé ainsi que des gourmandises de chez Guinguet (chocolats, pruneaux) et des chocolats de chez Cluizel.

PÂTISSERIE FEYT

14, rue Bajon ✆ 05 53 66 19 75
www.patisserie-feyt.fr
Du mardi au vendredi de 7h30 à 12h45 et de 15h15 à 19h30 ; le samedi de 7h30 à 19h30. Le dimanche de 7h30 à 12h45.

Pâtisserie référence où l'on est comme dans une scène de *Playtime* de Jacques Tati : portes automatiques à bras mécaniques, miroirs et lumières « néo-rétro-futuristes »... mais surtout : une ribambelle de classiques de la pâtisserie : éclairs, saint-honoré, opéras, mille feuilles... Conseil futé : pour l'Epiphanie, achetez la coque (galette des Rois briochée). Lionel propose 40 sortes de chocolats différents : palets d'or, ganaches au citron vert, pralinés maison. Il faut goûter les glaces en forme de coccinelle ou de hérisson et aux goûts poire, macaron, crème brûlée...

ABÉLIA DÉCO

10, place Jean-Baptiste-Durand
✆ 05 53 47 19 67
Mar, mer : 9h30-12h30/14h30-19h. Jeu, ven : 9h30-19h. Sam : 9h-13h/15h-19h. Dim : 9h30-13h. Livraison possible.

Dans l'hypercentre d'Agen, le trottoir végétalisé détonne face à l'urbanisation avoisinante et vous donne l'impression d'une respiration soudaine. Abelia Déco met la fleur au rang d'artisanat d'exception dans des suggestions réfléchies pour toutes les occasions. Du bouquet d'impulsion à celui d'un événement de la vie (mariage, Noël et autres), on a l'assurance de trouver l'intention qu'il faut dans leurs créations, le tout dans l'atmosphère chaleureuse de la boutique. De la beauté pour toutes et tous ! Le magasin livre dans les environs d'Agen.

LA BOUTIQUE DES PRUNEAUX MAISON ROUCADIL

1, rue Albert-Ferrasse
✆ 05 53 47 69 11
www.laboutiquedespruneaux.fr
Ouvert du mardi au samedi de 9h à 12h30 et de 14h à 19h.

Le pruneau est incarné par la maison Roucadil depuis 1890. Les pruneaux classiques ou fourrés sont présents, mais aussi des nouveautés comme les gourmands d'Agen, des bâtonnets de chocolat fourrés aux pruneaux ou les billes en folies, des fruits secs enrobés de chocolat (ananas, figues...) à découvrir en vrac, pour piocher allègrement. Le savoir-faire est pluriel avec les mendiants, les tablettes chocolat riz soufflé ou sans sucre. Pour Noël, les corbeilles feront un beau cadeau.

LABO ARTISAN DU CHOU

2, place Jean Baptiste Durand
✆ 05 53 99 06 73 - www.laboduchou.com
Mardi au samedi de 9h à 19h30. A consommer sur place ou à emporter. Choux sucrés : 1 ; 70 €, choux salés : 0,90 €.

© AZUL

Une pâtisserie-salon de thé spécialisée dans les choux dans le centre-ville d'Agen. Thomas, son créateur, a toujours baigné dans la cuisine et il a misé sur Timmy qui a notamment été formé chez un MOF pour confectionner ces pépites en pâte à choux. La boutique propose chaque mois 7 choux sucrés et 4 salés dont les parfums sont renouvelés au gré des inspirations saisonnières. Les glaces maison sont pareillement irrésistibles. Laissez-vous tenter enfin par la délicieuse brioche feuilletée nature, fleur d'oranger, à la pâte à tartiner maison ou au caramel beurre salé.

BOUCHERIE PINEAU

Place Jean-Baptiste-Durand ✆ 05 53 47 39 56
www.boucherie-pineau-agen.eatbu.com
Fermeture le lundi. Mardi, jeudi, vendredi 7h-12h30/15h30-19. Mercredi, dimanche 7h-13h. Samedi 7h-19h.

Patrice Pineau, accompagné par son fils Jérémy, ne choisit et n'achète ses bêtes que chez des éleveurs qu'il connaît depuis longtemps. Chez lui, on découvre de l'agneau du Quercy, de la Blonde d'Aquitaine, de la Parthenaise, de la Limousine, de l'Aubrac et même de la côte de bœuf d'Angus réputée pour sa qualité. Quant au veau, il est bien sûr élevé sous la mère. Côté cuisine, daube de bœuf, lapin à la moutarde, rognons de veau, paleron braisé, couscous, suprême de volaille sauce forestière, pour ne citer qu'eux, font partie des plats revenant périodiquement.

CARINE ET LAURENT POISSONNERIE GIBAUX

Place Jean-Baptiste-Durand
✆ 05 53 47 47 20
Le mercredi de 8h à 13h ; le jeudi de 7h à 13h ; le vendredi et le samedi de 7h à 13h30 ; le dimanche de 7h30 à 13h30.

La meilleure adresse pour ce qui est des produits de la mer ! Carine et Laurent Gabory ont pris leurs quartiers au marché couvert depuis plus de 7 ans... Ici, l'étal (récemment relooké) est toujours frais et donne clairement envie de ne cuisiner que du poisson. Une large variété de ligne et de pêche issue des côtes françaises vous sera proposée ainsi que, régulièrement, des arrivages surprenants. Le plus : la poissonnerie vous propose des plats préparés frais du jeudi au dimanche !

LES SIMONETTES

99, boulevard de la république
✆ 05 53 66 89 33
www.simonettes.fr
Ouverture du mardi au samedi de 10h à 18h.

© LES SIMONETTES

Imaginez d'alléchantes pâtisseries joliment exposées en vitrine, une tapisserie doucement florale, des infusions, des eaux fruitées façonnées artisanalement, un esprit dentelle et sweet cottage : vous voilà plongé dans l'univers sucré de la boutique « Les Simonettes ». Amandine et sa sœur Caroline tiennent cette pâtisserie unique en son genre avec une spécialité, des cookies aux parfums inspirés, mais aussi différentes tartes et gâteaux... Un festival de gourmandises réconfortantes ! Un E-Shop est disponible. N'hésitez pas à céder à la tentation.

CHEZ MARIA

Place Jean-Baptiste-Durand
✆ 05 53 66 71 03
www.charcuterie-epicerie-chezmaria.com
Ouvert du mardi au jeudi 7h-13h, le vendredi 7h-13h/15h-19h, le samedi 7h-19h, le dimanche 7h-13h.

© CHEZ MARIA

Au marché couvert d'Agen, les gourmets ont rendez-vous Chez Maria. Jérémy Arouch ne sélectionne que les meilleurs produits pour vous apporter le goût d'une charcuterie d'ici ou d'ailleurs comme on l'aime, authentique ! Le rayon épicerie fine fait dans le haut de gamme à travers une large sélection de délices de la mer (saumons et truites fumés, caviar d'Aquitaine Perlita ou de la Maison Petrossian, etc.), foies gras, recettes traditionnelles (cou de canard farci, cassoulet). Vous pouvez aussi demander la composition de plateaux de charcuterie superbement présentés.

CHÂTEAU LA BASTIDE - CATHERINE ET ISABELLE ORLIAC

CLERMONT-SOUBIRAN
✆ 05 53 87 41 02
www.labastide-orliac.com
Accueil tous les jours en juillet et août 10h-18h, le reste de l'année sur rendez-vous. Visite gratuite.

Catherine et Isabelle Orliac cultivent 10 ha de vignes sur leur domaine familial de 30 ha. Les sœurs allient tradition et modernité pour donner naissance à des vins de caractère aux cuvaisons longues. A la dégustation, des vins rouges de garde, élevés en fûts de chêne et des rosés, plaisants et fruités. Depuis peu, suivant une recette ancestrale familiale, Catherine et Isabelle élaborent des apéritifs « Secrets de Famille » à bas degrés anciennement servis à la cour de Versailles.

DANS MA LIBRAIRIE

32, rue Garonne
✆ 05 53 48 25 68
www.dansmalibrairie.fr
Ouvert le lundi de 15h à 19h et du mardi au samedi, de 10h30 à 12h30 et de 14h à 19h.

Des albums petite enfance aux romans pour les juniors et les adolescents, la littérature jeunesse occupe une part importante de cette librairie indépendante spécialisée. Toujours à la page, Violène, Grégory et Julie savent bien quelles nouveautés sont attendues par les enfants. Les bandes dessinées ne sont pas en reste. Les lecteurs de tous âges trouveront ici un large choix de titres dans des styles très différents. Le rayon manga en particulier a été étoffé. Nul doute que vous apprécierez l'atmosphère conviviale du lieu.

L'EPICURIUM

76, rue Montesquieu
✆ 05 53 67 85 67
www.lepicurium-agen.fr
Ouvert du mardi au vendredi de 9h30 à 13h30 et de 16h à 19h ; le samedi de 9h à 19h.

© L'EPICURIUM

Les Agenais ont de la chance avec cette boutique qui ne fait pas que vendre des fromages, mais qui les valorise aussi. Il faut avoir de la passion pour mener un fromage à maturité et Hélène Cazes en est remplie. Vieux comté, chèvre d'Astaffort, coup de corne, tomme fleurs, Napoléon... Il y a tout ! Ses camemberts ou bries truffés régalent les connaisseurs. La sélection de la cave à vin est exigeante, orientée Languedoc-Roussillon, Loire et Lot-et-Garonne. Être commerçant, c'est savoir écouter et conseiller : cette fromagère le fait avec bonheur.

LA FROMAGERIE DES HALLES

Place Jean-Baptiste-Durand
✆ 05 53 66 24 21
www.fromageriedeshalles47.fr
Ouvert du mardi au dimanche de 8h à 13h. Ouvert également les vendredis et samedis de 15h30 à 19h.

Karine affine elle-même ses fromages qui bénéficient d'une AOC. Beaufort, comté, gruyère sont de magnifiques pâtes dures aux notes gustatives changeantes selon les saisons. Les pâtes molles à croûte fleurie ou lavée sont divines à l'image du maroilles, du langres ou du neufchâtel. Le Lot-et-Garonne n'est pas en reste, représenté par le pavé ou la bûchette de Coulx. Immanquable pour accompagner les fraises, la chantilly de Karine et son fontainebleau (mélange de chantilly et de fromage blanc). Elle fabrique aussi de délicieux biscuits-cookies, les « P'tits Oui ».

© FROMAGERIE DES HALLES

© FROMAGERIE DES HALLES

GARANCE CAFE BOTANIQUE

70, Rue Montesquieu
✆ 05 53 99 16 98
Ouvert du mardi au samedi de 8h30 à 19h30. Boutique E-shop.

Belle idée que cette boutique à la fois fleuriste et salon de thé prônant une philosophie mêlant éthique, écoresponsabilité et localisme. Leslie et Floriane vous partagent leur engagement entre grignotage (cookies végans et biscuits de la boutique agenaise Les Simonettes), ateliers floraux (bouquets séchés, couronnes), ateliers enfants, le tout dans une démarche saisonnière et de proximité. On aime les poteries, les assemblages mets et thés, le patio si mignon et les soliflores tout comme les bouquets fleurent bon la douceur de vivre. Commerce vert(ueux) !

LIBRAIRIE MARTIN DELBERT

85, boulevard de la République
✆ 05 53 77 07 47
www.martin-delbert.fr
Ouverte du lundi au samedi de 9h30 à 19h.

La librairie familiale a sa place au cœur d'Agen depuis 1890. C'est une institution dans la cité. Bien sûr, elle a su s'adapter aux différentes époques. Elle s'est petit à petit agrandie pour offrir aujourd'hui une surface de 1 500 m² aux clients sur deux niveaux. Librairie, mais aussi disques, DVD, fournitures de bureau, loisirs créatifs, espace dédié aux livres de voyage... Outre les conseils personnalisés en rayons, la librairie propose des services en ligne : achats et retrait en magasin, meilleures ventes et coups de cœur, bibliothèque et liseuses numériques.

MAISON CARRÈRE - EPICERIE

33, cours Victor Hugo
✆ 05 53 99 98 58
www.maison-carrere.fr
Du lundi au samedi de 9h à 20h.

La conserverie créée en 2016 par Matthieu Carrère a pignon sur rue dans Agen. Le point de vente a été pensé comme une épicerie de quartier mais aussi une épicerie fine faisant honneur à la gastronomie du Sud-Ouest. Outre les produits gourmets de la maison Carrère à base de canard et de porc, le magasin ouvre ses rayons à d'autres producteurs, membres du Collège Culinaire de France. Un gage de qualité ! A voir : l'élégante cave à vin. N'hésitez pas à prendre conseil auprès de Mathilde.

LES SAVEURS DE L'ITALIE

Place Jean-Baptiste-Durand
✆ 05 53 48 78 63
Du mar au jeudi de 8h à 12h30 ; ven et sam 8h à 12h30 et 15h 30 à 19h ; dim 8h à 12h30.

© LES SAVEURS DE L'ITALIE

Cet espace traiteur fait à chaque fois notre bonheur : charcuteries et fromages tels des pépites (coppa, prosciutto veneto, gorgonzola à la cuillère…), mais aussi une grande variété de pâtes fraîches, des préparations maison (focaccia, torta, tiramisu…), des antipasti (involtini, poivrons farcis…). L'épicerie fine sucrée/salée est sensationnelle (riz carnaroli, balsamique DOP, panettone…). Simplement irrésistible ! Lasagnes, gratin valdostana, permesane saumon champignons ou jambon truffe : rapportez donc un peu de la poésie culinaire italienne chez vous !

MAITRE PRUNILLE

50, boulevard de la République
✆ 05 53 66 00 42
www.maitreprunille.com
Ouvert du mardi au samedi de 10h à 12h20 et de 14h à 19h.

Sur le très passant boulevard de la République, les amateurs de pruneaux marqueront forcément l'arrêt devant l'alléchante vitrine de Maître Prunille. Ici, le pruneau est classique ou fourré au chocolat, parfumé à l'orange, à l'armagnac… Avec le temps, la boutique a évolué. Elle propose aujourd'hui les spécialités sucrées et salées de nombreux producteurs locaux. Figure emblématique du magasin après plus de 30 ans de bons et loyaux services, Danielle Escafignoux a passé le relais à Séverine Dillet qui saura tout aussi bien vous orienter dans vos achats gourmands.

MARCHÉ BIO

entre le boulevard de la République et la place Castex
Le samedi de 7h30 à 12h30.

Nouvel emplacement pour ce marché bio bien connu : direction le très passant boulevard de la République. Ce petit rendez-vous bien agréable permet de rencontrer une vingtaine de producteurs bio. Fruits et légumes sont naturellement au rendez-vous, mais aussi un fromager et d'autres producteurs qu'une agriculture raisonnée réunit tous les samedis matin au cœur d'Agen. Déjà un quart de siècle que ce marché est présent et le déménagement ne le fera pas désemplir. Ça fleure bon les samedis matin en flânant près des étals pour se faire plaisir..

LE LUNETIER AGENAIS

103, Boulevard de la République
✆ 05 24 29 50 51
www.lelunetieragenais.com
Ouvert du mardi au samedi de 9h à 19h. Lundi sur rdv.

© LE LUNETIER AGENAIS

« Plus qu'un concept, une histoire, une philosophie » : tel est le credo de ce magasin chic, clair et soigné sur le Boulevard de la République. Dans une démarche de proximité, Corinne et Jeremy proposent un accompagnement pour trouver les lunettes de votre style avec des collections de marques ou de maisons de créations : Nathalie Blanc, La Brique et La Violette, Caroline Abram… Sont également proposées les montures en bois sur mesure de Clément Lunetier. Bien entendu, vous trouverez aussi chez Le Lunetier Agenais des lentilles et des produits d'entretien.

OLIVIER TRAITEUR AGENAIS - LE CELLIER

145, boulevard de la République
✆ 05 64 25 09 05
www.olivier-traiteur-agenais.com
Du mardi au samedi de 10h à 14h et de 16h à 19h.

© OLIVIER TRAITEUR AGENAIS

Olivier Baudin et Jérôme Antoine ont repris en 2021 l'activité traiteur de Michel Dussau. Dans leur boutique, vous trouverez de quoi emporter un bon repas complet, vin compris. Les recettes traditionnelles maison comme la blanquette de veau, les lasagnes, le cassoulet rencontrent un franc succès. Les crèmes brûlées ou les macarons font le bonheur des becs sucrés. Un rayon propose aussi des produits régionaux. Référencé « Artisans & Producteurs locaux » chez Tables & Auberges de France.

MARCHÉ COUVERT

Place Jean-Baptiste-Durand
Ouvert du mardi au samedi de 7h à 13h et de 15h à 19h30. Dimanche matin.

Il s'est refait une beauté pour mieux accueillir les Agenais et les autres et le voilà prêt avec plus d'espace et un agencement pratique. Très vivant et animé par une vingtaine de commerçants et artisans des métiers de bouche, vous y trouverez des produits de très grande qualité et l'accueil convivial propre à un marché. Toutes les saveurs locales, de France et d'Europe se retrouvent pour régaler vos papilles : de la fromagerie à la boucherie renommée, il y a tout et vous pourrez même y déguster un café avant de parcourir les allées. Une institution gourmande !

MARCHÉ FERMIER DU PIN

Place du Pin
Le mercredi de 7h à 12h, le dimanche de 7h30 à 12h30.

En plus du mercredi matin, c'est le rendez-vous dominical de tout bon Agenais (futé) qui se respecte ! Vous ne trouverez ici que des produits locaux, de saison et parmi les moins chers ! A noter un joli stand de champignons, ou encore les petits volaillers. Que dire de la crémière qui propose des yaourts et une crème fraîche à tomber. Aux entrées du marché, découvrez les pépiniéristes, les boulangers, le poissonnier et son excellente brandade de morue. C'est le lieu où l'on commente le match de rugby de la veille, un marché convivial et chaleureux.

NUAGE SUCRÉ

62, route de Prayssas - **COLAYRAC-SAINT-CIRQ**
✆ 06 48 54 12 33
www.nuagesucre.fr/
Boutique ouverte du jeu au sam de 7h à 12h45 et de 15h30 à 19h, le dim de 7h à 12h15. Sur RDV le mercredi.

En mai 2020, Aurélie Doumenc a ouvert sa boutique en dessous de son atelier à Colayrac-Saint-Cirq. Jeune pâtissière globe-trotteuse, côtoyant les signatures du genre (Michalak…), il n'en fallait pas plus à cette artisane du goût pour se lancer. Petit Futé est ravi de l'existence de cette pâtisserie pour pouvoir succomber à un fraisier, un macaron à l'ancienne ou quelques spécialités maison comme la brioche crémentaise, le mille-feuille revisité... Pour résumer, nous vous conseillons vivement d'aller vous perdre dans ce nuage de délices.

LE PETIT COIN GOURMAND

39, Rue, Garonne
✆ 06 27 41 93 98
www.lepetitcoingourmand.fr
Mardi 14h-19h, du mercredi au vendredi 10h-13h/14h-19h, samedi 10h-19h.

Lectrices et lecteurs épicuriens du *Petit Futé*, vous allez découvrir combien la vie peut être délicieuse quand on a la chance de tomber sur une boutique comme celle-ci ! Des mets et condiments salés à d'irrésistibles péchés sucrés (chocolats, confitures, miels, pâtes à tartiner), en passant par des produits exclusifs de chefs français ou inédits, les sélections sont faites avec soin. Vous trouverez de quoi satisfaire tous les palais, même les plus exigeants. Ce Petit Coin Gourmand propose aussi la confection de coffrets cadeaux personnalisés.

LES RÉGALS DE NOS CAMPAGNES

15, rue bajon
✆ 06 81 72 75 51
Ouvert du mardi au vendredi 7h-12h45/15h-19h30, le samedi 7h-12h45/15h-19h, le dimanche 7h-12h45.

Cette boucherie a fait le choix du local : bœuf lot-et-garonnais, en partenariat avec les Jeunes agriculteurs du 47, veau et agneau en label rouge, porc de Gontaud-de-Nogaret et volaille de Poussignac pour une réelle proximité. Vous pouvez aussi retrouver le bœuf de Bazas, un rayon charcuterie avec saucisses sèches et un coin plats cuisinés (lasagnes, gratin dauphinois, etc.). Les samedis sont préparés des paellas, daubes, burgers de canard... Les conseils sont du même niveau, au top !

YVES THURIÈS

80, boulevard de la République
✆ 05 53 47 83 74
https://yvesthuries.com
Ouvert du mardi au samedi de 10h à 12h30 et de 14h30 à 19h.

La maison Yves Thuriès possède ses propres plantations de fèves de cacao en Equateur et de noisettes à Baleyssagues. Les ganaches aromatisées vendues dans la boutique du centre-ville d'Agen offrent une texture et un goût exquis. Guimauve en été, griottes au kirsch et marrons glacés l'hiver, tous « fait-maison », rythment les saisons de notre gourmandise. Les passants s'arrêtent fréquemment devant les vitrines où sont exposées de belles pièces ouvragées en chocolat illustrant les fêtes de l'année (Noël, la Saint-Valentin, Pâques, etc.). Bravo l'artiste !

CHEZ SYLVIE

Place Jean-Baptiste-Durand
✆ 05 53 48 02 43
Mardi, mercredi, jeudi, dimanche 7h-13h ; vendredi 7h-13h/15h-19h ; samedi 7h-13h/15h-19h.

© CHEZ SYLVIE

Sylvie est à son étal dès les premières lueurs du jour, et ce depuis 2003. Ses volailles, labellisées, lui sont fournies par un producteur landais et transformées par ses soins. Elle propose alors des rôtis farcis de pintade, poulet, canette et lapin ornés d'abricots ou pruneaux, mais aussi des préparations de poulets marinés. Ses filets de canette à la Prima Verra sont divins, une préparation de tomates séchées, huile d'olive et vinaigre de marc de champagne. Vous aimez les abats ? Vous pourrez vous offrir de la queue de bœuf ou même des fraises de veau.

AQUALAND AGEN

Château de Caudouin - **ROQUEFORT**
✆ 05 53 96 58 32
https://www.aqualand.fr/agen/
Ouvert de mi-juin à début septembre. Calendrier et tarifs sur aqualand.fr. Gratuit jusqu'à 3 ans. Parking 5 €.

Walygator s'est doté d'un Aqualand avec attractions et sensations aquatiques. C'est un parc à part entière pour petits et grands... mais aussi pour les plus téméraires qui sont gâtés puisque les deux plus grands toboggans d'Europe, le Volcano et le Tornado sont ici : force centrifuge ou virages multiples et chute libre, à vous de frissonner ! Les attractions à sensations en côtoient d'autres plus familiales. Et il est toujours possible de profiter de bains ludiques ou de moments de pure détente. Il existe des billets combinés pour les 2 parcs à tarif préférentiel.

ATELIER DESTINATION HALLOWEEN

✆ 05 53 47 36 09
www.destination-agen.com/
Le 26 octobre 2022 15h-17h à l'accueil touristique d'Agen, 38 rue Garonne. 10 € / enfant, gratuit pour 1 accompagnant.

Cette année encore, Destination Agen célèbrera comme il se doit cette journée particulière qui a su s'imposer comme un événement incontournable de la ville. Halloween sera l'occasion, pour les enfants, d'écouter des contes dans l'atmosphère effrayante et singulière d'une maison hantée située dans le cœur médiéval de la cité agenaise. Après frissons et tremblements, l'après-midi se poursuivra par un atelier avec la confection de masques et le partage d'un goûter bien mérité.

GALERIE GENERALE

9, Place de la République
✆ 05 53 99 62 94
https://galeriegenerale.com/
Ouverture du lundi au vendredi de 14h à 19h, le samedi sur rendez-vous. Entrée libre.

© GALERIE GÉNÉRALE

Inaugurée en décembre 2020, la Galerie Générale se fait fort d'apporter un enrichissement culturel aux amateurs d'arts graphiques. Cet espace de création et d'exposition se place comme « un tremplin de lancement pour les pépites du monde artistique » dixit Catherine De Luca, sa créatrice. Une expo est présentée chaque mois. Peintres, sculpteurs, designers, plasticiens et photographes se succèdent, cette galerie fait vivre la culture avec une vivacité qui fait du bien. Visitez aussi le site internet pour découvrir les œuvres et acheter en ligne vos coups de cœur.

ATELIER DESTINATION MOYEN-ÂGE

✆ 05 53 47 36 09
www.destination-agen.com/
Mercredi 2 novembre 2022 de 15h à 16h30 au 38 rue Garonne. Pour les 8-12 ans. 10 € par enfant, gratuit accompagnants.

Cet atelier original sera l'occasion pour les enfants d'admirer l'architecture médiévale. Après une balade à la découverte des bâtisses de cette époque, chacun pourra dessiner sa propre maison du Moyen Age, faire une maquette et ainsi s'imprégner des rudiments de la construction sous un angle ludique. Comme à l'accoutumée, tous les participants pourront profiter d'un goûter pour clôturer ce moment convivial. Une sympathique expérience qui donne aux jeunes le goût de l'histoire.

COMITÉ DÉPARTEMENTAL DE LA RANDONNÉE PÉDESTRE DU LOT ET GARONNE

271, rue de Péchabout ✆ 05 53 48 03 41
www.ffrandonnee-lotetgaronne.fr
Du lundi au vendredi (sauf le mercredi) de 8h à 12h30 et de 13h45 à 17h.

Avec 438 circuits pédestres disséminés sur l'ensemble du territoire et répertoriés selon les niveaux, le Lot-et-Garonne offre à qui veut de pouvoir profiter de ses paysages diversifiés et de son riche patrimoine Le Comité Départemental de la Randonnée Pédestre du Lot-et-Garonne vous permet de télécharger chaque fiche des sorties possibles avec plan, descriptif, difficulté, kilométrage, données GPS... N'hésitez pas à visiter le site internet pour vous renseigner.

FÉES DU SPORT

Rue des Remparts-Sainte-Foy ✆ 05 53 68 78 60
www.fees-du-sport.com
Lun-ven 9h-12h/14h-18h. Samedi et dimanche sur rdv. Juil-sept. 7j/7 9h-19h. Adhésion 10 €. Location vélos 5 €/j.

Cette association promeut la pratique du vélo comme sport mais également comme moyen d'insertion sociale et professionnelle. Elle permet notamment aux femmes de (re) trouver un chemin vers l'autonomie et le travail. Fées du Sport propose son parc de vélos à la location (adultes, ados, enfants, remorques, tandems...) sous réserve d'adhésion à l'association. Chaque location comprend un kit réparation et de sécurité avec casque, gilet, antivol, pompe et panier de transport (sur demande). Vous pourrez ainsi partir sereinement à la découverte de la Voie Verte.

GARONNE EN FÊTE

Le 20 août 2022.

6e édition de « Garonne en fête » le 20 août 2022 qui, comme son nom l'indique, célèbre le fleuve Garonne. Durant cette journée, l'agglomération d'Agen crée l'événement autour de l'eau. Le sport, mais aussi la culture et le terroir gourmand sont mis à l'honneur. Ce sont des descentes de Garonne en canoës, une course trail, une marche éco-rando, des balades à vélo et un marché de Producteurs de Pays qui sont entre autres au programme de cette journée événement. Un rendez-vous festif et familial à ne pas manquer. Plus d'informations sur le site internet.

LOCABOAT PLAISANCE

Port de la Gare-du-Pin
✆ 05 53 66 00 74
www.locaboat.com
Location de mi-mars à fin octobre, tous les jours. Tarifs selon saison.

Avec 2 canaux, il va sans dire que les parcours dans le bassin de navigation du Lot-et-Garonne sont aussi riches que variés. En partance d'Agen, des locations de pénichettes pour un week-end ou à la semaine sont possibles et Locaboat possède une des plus grandes flottes d'Europe. Parfaites pour 2 à 12 personnes, vous êtes le seul maître à bord et naviguez suivant vos envies. L'équipe est évidemment à votre disposition pour la prise en main de votre embarcation. Il existe aussi une barque électrique à louer à l'heure ou à la journée. Une belle idée de sortie !

PISCINE AQUA'SUD

Avenue d'Italie
✆ 05 53 48 02 63
www.agglo-agen.net
Jours et heures d'ouverture selon les périodes. 4,60 €. Enf : 3,50 €. 2,95 € entre 12h et 14h et dernière heure.

Nombreuses sont les activités proposées par la piscine, composée de deux bassins, un de 50 m et l'autre de 25 m, ainsi que d'une aire de jeux aqualudiques. En période scolaire on peut pratiquer l'aquabike sinon l'aquagym. Votre enfant apprendra à sauter, à faire l'étoile de mer, à se déplacer sur le dos et sur le ventre... puis il passera le test « Sauv'Nage », le premier niveau de l'école française de natation. De grandes verrières enveloppent le lieu, ce qui est bien agréable en été car on les ouvre, ce qui offre la possibilité de bronzer en rêvant...

CINEMA CGR

9, rue de la Prune
✆ 05 53 47 00 04
www.cgrcinemas.fr/agen/
10 salles, 1 600 fauteuils. 3D. Ouvert tous les jours, consultez le site Internet pour les horaires des projections.

Agen est doté d'un cinéma multiplex de 10 salles numériques 3D en centre-ville. Le cinéma CGR projette des films en sortie nationale. La programmation, éclectique, brasse tous les genres pour satisfaire le grand public. Des concerts et des opéras peuvent être retransmis en direct sur la toile comme si vous y étiez. Certaines avant-premières sont aussi régulièrement organisées par le complexe. Les cinéphiles sont accueillis dans un très bel espace moderne et chaleureux. Pour le détail de la programmation, rendez-vous sur le site web du cinéma.

ELDORADO

7 bis, boulevard de la République (entrée rue Béranger)
✆ 05 53 66 14 77
Jeu/sam de minuit à 7h. Entrée (avec 1 conso) : jeu 5 €, ven 10 € (gratuit pour les filles), sam 10 € (hors soirée).

C'est sur cette scène que Cabrel a donné ses premiers concerts et on peut dire que l'Eldo, comme l'appellent les habitués, est la référence en matière de fête. Club jeune et ultra dynamique qui privilégie les soirées à thèmes, même les plus délirantes, il est celui où il se passe constamment quelque chose. Ici, on ose tout : du canon à mousse aux student party, la taille permet toutes les folies. Les meilleurs DJ s'y arrêtent régulièrement. On ne sait jamais ce que réserve le programme : le mieux est encore d'y aller, ce que nous vous conseillons vivement.

HAPPY HOURS DE DESTINATION AGEN

✆ 05 53 47 36 09
www.destination-agen.com/
Consultez le site internet pour connaître les dates et lieux de rendez-vous.

Les « happy hours » sont des rendez-vous réguliers des étés agenais. Venez déguster les produits des fermes locales et des ateliers environnants dans un esprit convivial. Tapas, bon verre et esprit de guinguette seront au rendez-vous. A vivre entre amis, en famille ou en solo et gratuitement ! Toutes les informations concernant les lieux, dates et horaires de ces manifestations sont disponibles sur le site internet de Destination Agen.

LES MONTREURS D'IMAGES

12, rue Jules-Ferry
✆ 05 53 48 04 54
www.lesmontreursdimages.com
Tarif plein 8,70 €, tarif adhérent ou étudiant - de 25 ans 5,70 €, tarif - de 18 ans 3,80 €, tarif solidaire 3 €.

Une association regroupant des bénévoles passionnées de cinéma a été baptisée Les Montreurs d'Images. Elle a pour but la promotion et la diffusion de films présentant un intérêt artistique, pédagogique ou culturel. Son action labellisée se manifeste par la programmation et l'animation de deux salles d'art et d'essai dans un cinéma à l'architecture moderne. Le programme commenté est disponible en permanence sur le site Internet de l'association. Festivals, ciné concerts, soirées... caractérisent la richesse de la programmation.

BOÉ

C'est le 1er mai 1800 que fut baptisée la commune de Boé, qui signifie tout simplement « bois ». À première vue, de forêt, vous n'apercevrez que celle formée par les grandes surfaces de la zone commerciale. Un peu plus loin, vous croiserez une série de lotissements très « seventies ». Bref, toutes les joies de l'urbanisme d'antan... Votre curiosité doit vous mener à Boé-Village et Saint-Pierre-de-Gaubert, plus pittoresques et dont l'histoire et l'architecture sont évidemment très liées à la Garonne. Boé possède une confrérie originale, celle des mariniers. Vous aurez peut-être la chance d'assister à une intronisation pendant les fêtes nautiques.

DESTINATION AGEN - ACCUEIL TOURISTIQUE DE BOÉ

✆ 05 53 96 04 00
www.destination-agen.com/
Mars-Avr : mar 9h-12h/14h-17h ; mer, jeu et ven 14h-17h ; sam 9h-12h30. Mai-Sep : mar-sam 9h-12h/15h-19h.

Cyber office, boutique souvenirs, boissons, lieu d'exposition... L'office de tourisme de Destination Agen à Boé est aussi la halte nautique au bord du canal. Tous les renseignements sont à votre disposition et vous pouvez également acheter vos billets d'entrée pour le parc Walygator ou vos billets pour les spectacles de la région. Apontages, fourniture d'eau et d'électricité, une jolie halte ombragée au fil de l'eau. Dans le parc attenant, plusieurs animations sont prévues pour l'été.

CHÂTEAU SAINT-MARCEL €€

Route de Toulouse ✆ 05 53 87 17 80
www.chateau-st-marcel.com
Accueil 7h-12h/16h-20h. 25 chambres. Chambre simple dès 65 €, suite dès 90 €. Possibilité de restauration sur demande.

Que diriez-vous de séjourner dans ce qui fut la demeure du comte de Montesquieu ? Anabela la directrice et Nina à la réception offrent un accueil charmant dans cet hôtel proposant 25 chambres, dont 17 « standard ». Petit Futé a un faible pour les chambres supérieures dont la Blanche et la Romantique, aux couleurs douces. Les lieux sont magnifiques aussi bien les différentes pièces du château que les extérieurs. Vous pourrez profiter d'une piscine chauffée de mai à fin septembre sur les 3,5 ha de la propriété où se trouvent aussi un terrain de pétanque et un mini-golf.

[EN] JOY'S €

Gardés
✆ 05 53 96 10 00
Ouvert le midi du lundi au samedi, service tardif. Réservation recommandée. Formule : 17,90 €. Terrasse

« Ici c'est la cuisine de bistrot, la cuisine *canaille », dixit* le chef Eric Morlay. Toujours au gré du marché, le menu change quotidiennement et sent la sincérité. Le rapport qualité prix est imbattable et les habitués le savent. Macaronade « tout canard » jus foie gras, filet mignon en croûte d'herbes tout comme les desserts maisons (riz au lait, baba...) appellent à la délectation. Les produits rares sont présents et cèpes ou truffes agrémentent délicieusement certains plats. L'accueil est sympathique et le service alerte et souriant. Traiteur à domicile.

BYRESTA €€

1, rue François Neveux
✆ 05 53 47 61 98
http://byresta.com
Lun, mar 11h45-15h. Mer au sam 11h45-15h/18h-23h. Plat du jour 12 €. Entrée/plat/dessert 18 €. Formule grillades 19 €.

S'appuyant sur un concept singulier, Byresta a connu un succès populaire fulgurant. Ce croisement entre la brasserie et le bar à tapas s'appuie sur une décoration épurée et chic et une ambiance chaleureuse. Des soirées musicales sont d'ailleurs souvent organisées. La carte est consistante (entrecôte, bavette, poké bowl poulet ou saumon, coquillettes jambon truffé et crème de cantal...) et des options végétariennes sont proposées. Aux beaux jours, la terrasse bioclimatique fait souvent le plein. Il est possible de privatiser l'établissement pour vos événements.

LA CANTINE DU PÊCHEUR €€

7, allée de Lacapelette
✆ 05 53 66 20 20
www.lacantinedupecheur.fr
Le midi : du lundi au samedi 10h-15h. Le soir : du jeudi au samedi 18h-22h.

Tout Agenais qui se respecte connaît La Cantine du Pêcheur. Ce restaurant régale les amateurs des produits de la mer : poissons, mollusques, caviar, huîtres Gillardeau, saumons d'exception, tout y est ! Le burger de homard, la fricassée de joue de lotte, la cassolette de chipirons, la côte d'espadon sashimi snackée sont quelques-unes des suggestions égayant une carte changée fréquemment. La décoration est soignée et moderne. On souligne la superbe terrasse à l'arrière, chauffée en hiver. N'hésitez pas à consulter les réseaux sociaux pour vous tenir au courant.

BIOCOOP PRÉ VERT BOÉ

22, avenue de la Capelette
✆ 05 53 47 57 02
www.biocoop-lot-et-garonne.fr
Ouvert du lundi au samedi de 9h30 à 19h30.

Petit frère de celui d'Agen, le magasin Pré Vert Boé, appartient lui aussi au réseau Biocoop. Sur 300 m², vous y trouverez un large choix de produits naturels issus de l'agriculture biologique et du commerce équitable. Comme dans tout magasin Biocoop, l'accent est mis sur la proximité des fournisseurs, le respect de l'environnement et des producteurs et la responsabilisation des consommateurs. Ici, ce sont les salariés qui détiennent le capital. Ils sont donc maîtres de leur entreprise tout comme le « consomm'acteur » est maître de sa consommation.

CÔTES & BRAISES €€

1, rue de gresailles
✆ 05 53 87 80 70
Lundi au samedi le midi, vendredi et samedi soir. Menu du midi en semaine 16,80 €.

© COTES ET BRAISES

Côtes & Braises est une adresse réputée dont on sait que l'on y mangera bien, quel que soit le jour. Avec leur four à braises en cuisine, Fabien et Sophie, les anciens propriétaires bien connus de l'Atre à Castelculier, proposent d'alléchantes suggestions comme des viandes grillées ou des poissons à la cuisson juste, tout comme des pâtes fraîches excellentes. L'ardoise change fréquemment. Sandrine en salle et sur la terrasse s'affaire à vous servir avec le sourire et la superbe décoration finit de rendre le moment agréable. Il serait dommage de passer à côté.

LE CARRÉ GOURMAND €€€

2, rue Montalembert ✆ 05 53 95 22 22
www.lecarregourmand-boe.fr
Du lun au ven midi/soir, sam soir, dim midi. Réservation recommandée. Formule du midi 25 €. Carte 65 € en moyenne.

© LE CARRÉ GOURMAND

Emmanuel Waechter, maître d'hôtel dans de prestigieuses maisons, et son épouse Angeline ont créé le restaurant qu'ils imaginaient. C'est dans l'une des trois salles réchauffées par une cheminée ou sur la terrasse, joliment réaménagée au printemps 2022, que vous goûterez la cuisine travaillée du chef Grégory Mallet, surprenante à l'image de ces noix de Saint-Jacques dorées marmelade de pamplemousse sauce chocolat blanc et champagne ou ce carré gourmand poire caramel au poivre du Sichuan. Le mobilier tout neuf et confortable ne fait qu'ajouter au plaisir.

LES CHAMPS DE LAGARRIÈRE

109, avenue de Bigorre ✆ 05 53 48 58 37
http://lagarriere.fr/
Lundi et mardi 12h-19h et du mercredi au samedi de 10h-19h. Tous les tarifs sont consultables sur le site internet.

A Boé, on ne peut pas louper la boutique ! La devanture arbore cinq canards jaunes attirant immédiatement l'attention. C'est un commerce où l'on trouve le canard dans tous ses états ! La famille Candelon élève dans sa ferme les canards, qui sont gavés et transformés sur place. Le foie gras maison est d'exception, les grands classiques sont là : confits, magrets, pâtés, rillettes.... la qualité est imbattable. La maîtresse des lieux est fière de ses grattons et raconte que de nombreux routiers s'arrêtent prendre ses « bonbons » pour rendre leur route plus agréable.

CŒUR DE VILLAGE

Lieu-dit Lorman
✆ 05 53 95 56 28
Ouvert le lundi de 14h à 19h ; du mardi au samedi de 9h à 19h.

Ce magasin de producteurs séduira les consommateurs sensibles au bien-manger, et cela dans le respect des agriculteurs de la région. Vous trouverez plus de 80 paysans partenaires et une grande diversité de produits : fruits et légumes de saison, boucherie avec porcs, bovins, volailles, du poisson, des produits laitiers, des vins régionaux mais aussi charcuteries, conserves artisanales et locales. Des nouveautés sont régulièrement ajoutées comme les haricots tarbais secs ou cuisinés de la Famille Patacq et les produits Prukibio. La carte de fidélité est un plus.

LE TRIPORTEUR

zac de fabas ✆ 05 53 67 87 12
www.letriporteur47.com/
Ouvert le lundi de 14h à 19h ; du mardi au jeudi de 10h à 19h ; le vendredi et le samedi de 9h30 à 19h30.

On pourrait appeler ça la caverne d'Ali Baba tellement la boutique regorge de mille et une gourmandises dans un espace vaste et accueillant. Le Triporteur c'est l'épicerie fine que tout le monde imagine avec ses moutardes, ses huiles, ses sels... son rayon frais où trônent des fromages de qualité et une gamme de charcuterie de choix ainsi que sa cave constituée de belles étiquettes et de vins d'auteurs sélectionnés judicieusement tout comme des bières et des liqueurs tenant le haut du panier. Tout comme les produits, les sourires sont à profusion. Immanquable !

GOLF AGEN-BOÉ

Route de Layrac
✆ 05 53 87 65 69
www.golfagenboe.fr
Ouvert toute l'année du lundi 14h au dimanche soir. Boutique. Camping. Location de salles pour séminaires.

Dernier-né en Nouvelle-Aquitaine, le golf 18 trous d'Agen-Boé n'en finit pas de se développer. Son architecte, Michel Gayon, a su tirer profit du lieu. Avec ses dénivelés, ses obstacles d'eau et ses bunkers, le parcours saura séduire les amateurs. Aux abords du château d'Allot, superbe édifice du XVIIIe siècle, les cèdres centenaires marquent par leur présence. Le club-house vous propose à midi du mercredi au dimanche une restauration rapide. Notez que la réservation est obligatoire ! Le château d'Allot a aussi créé un espace dédié aux séminaires.

LAC DE PASSELIGNE

Avenue André Tissidre
Ouvert toute l'année. Du 1er octobre au 31 mars : 8h-19h. Du 1er avril au 30 septembre : 8h-22h.

Aux portes d'Agen, sur la commune de Boé, l'agglomération d'Agen a créé, en 2012, un parc naturel de 60 ha environ, dont 30 ha d'eau avec les lacs de Passeligne et Pélissier. C'est un grand parc ouvert au public, à vocation populaire. Dans un cadre champêtre, on y vient pour la détente, la nature et des activités de plein air. Une vaste aire de loisirs a été créée, avec une plaine de jeux en accès libre, en pratique familiale ou amicale : foot, rugby, volley-ball, basket, pétanque, pêche de loisir, jeux pour enfants... C'est le lieu pour les envies de bol d'air.

LE PASSAGE

Autrefois on disait Le Passage d'Agen, mais c'était réduire cette commune à bien peu ! Dorénavant, on parle du Passage tout court. Quatre ponts traversent la Garonne et font le lien entre Agen et Le Passage. La passerelle tout d'abord que l'on emprunte à pied. Le pont-canal, ensuite, que l'on emprunte à pied ou encore en bateau. Le pont de pierre, construit sous Napoléon Ier, dont on ne voit plus les pierres depuis les années 1970. Et enfin, le dernier-né, le pont de Beauregard, construit pour desservir l'autoroute et les zones d'activités qui se sont greffées autour. C'est au Passage que se trouvent l'aéroport et l'hippodrome d'Agen.

BEST WESTERN HOTEL AGEN LE PASSAGE*** €€

Lieu-dit Gaussens
✆ 05 53 68 15 95
https://hotelagen.fr/
Chambre standard dès 55 €. Chambre supérieure dès 65 €. Chambre familiale dès 98 €. Dîner 16 €/19 €.

La localisation du Best Western Hôtel Agen Le Passage au niveau de la sortie 7 de l'autoroute A62 en fait un lieu de halte pratique. Une formule étape, notamment, comprend une nuitée avec dîner et petit déjeuner. L'établissement ne dispose pas d'un restaurant mais propose malgré tout une restauration d'appoint. Le cadre chaleureux et stylé, l'accueil professionnel ainsi que la literie confortable rendront votre séjour des plus agréables.

CAFÉ LAUNAY

ZA Beauregard
✆ 05 53 48 48 18
www.cafelaunay.com
Boutique ouverte du lundi au vendredi 9h-12h30, 13h45-18h.

C'est à l'époque napoléonienne (1814) que Café Launay a commencé à torréfier et à vendre ses cafés. Inutile de vous dire qu'il a un secret de fabrication... La torréfaction est toujours artisanale et du Blue Mountain de Jamaïque aux trésors du Honduras, le petit noir vous fait voyager autour du monde. Un point de vente bien achalandé existe sur place. Retrouvez-y toutes les variétés de cafés évidemment mais aussi de la vaisselle, des chocolats, des produits d'épicerie fine, ainsi que de beaux coffrets cadeaux. La boutique fait salon de thé.

LE COMPTOIR

avenue de la marne
✆ 05 53 48 13 23
Ouvert du lun au jeu de 8h à 13h et de 15h à 19h30 ; le ven et le sam de 8h à 19h30 ; le dim de 8h à 12h30.

Cette épicerie fine est une pépite pour tous les amateurs qui recherchent le produit dans ce qu'il a de plus vrai. Des fruits et légumes locaux d'une pure fraîcheur aux fromages de qualité en passant par une offre de charcuterie digne des plus beaux étals en la matière, voilà un spot à retenir absolument ! La cave à vins dispose d'une centaine de références. L'espace traiteur propose de délicieux petits plats mitonnés sur place : lasagnes, blanquette de veau, échine de porc confite, moussaka, légumes grillés... Le menu fait saliver chaque semaine.

LA FROMAGERIE DU CHAT D'OC

Chat d'Oc
✆ 05 53 48 88 26
Ouvert du mardi au samedi de 8h30 à 12h30 et de 15h30 à 19h (sauf le mardi après-midi).

En plus d'Agen, la Fromagerie des Halles est présente au marché du Chat d'Oc. On y retrouve ce qui fait le succès de la fromagerie avec un vaste choix de fromages, du conseil et des sourires. Toujours à même de vous faire goûter les bons produits, la Fromagerie du Chat d'Oc regorge de fromages AOP et de fromages fermiers au lait cru comme le lou biarnes. Sont proposées aussi des gammes de produits laitiers et d'épicerie de qualité, des biscuits sucrés et salés nommés « Les P'tits Oui ».

BRASSERIE LA PALMERAIE €

34, avenue Michel Ricard ✆ 05 53 96 19 13
www.brasserie-lapalmeraie.fr
Ouvert du mardi au samedi 7h-1h. A la carte 30 € environ. Plat du jour 9,90 €, entrée/dessert du jour 3 €.

© BRASSERIE LA PALMERAIE

Le Passage abrite cette brasserie institutionnelle où Cathy et Jérôme vous régalent du petit déjeuner au dîner. On y vient pour l'ardoise du marché renouvelée tous les jours, la viande 100 % française, les incontournables magret et entrecôte gargantuesque. Sans oublier l'assiette fétiche de La Palmeraie (aiguillettes de canard, jambon de Bayonne, œuf dur, salade, frites maison). En cuisine, on travaille les produits de saison et on fume le poisson. Tapas et desserts comme nous les préparaient nos grands-mères complètent la carte. La terrasse est très chouette.

INTERMARCHÉ

La ville
✆ 05 53 77 00 40
www.intermarche.com
Ouvert du lundi au samedi de 8h30 à 20h ; le dimanche de 9h à 12h30.

Tout nouveau, tout beau ! C'est un Intermarché flambant neuf que les clients ont pu découvrir le 2 février 2022, jour de sa réouverture. Ils n'ont pas eu plus loin à aller car le nouveau bâtiment se trouve toujours sur le même parking. Par rapport à l'ancien, qui a été détruit, la surface a été doublée. Le consommateur y gagne, forcément, dans le choix encore plus grand des produits proposés, notamment locaux. L'Intermarché Le Passage est de plus idéalement placé à deux minutes de la sortie d'autoroute, ce qui rend son point carburant particulièrement intéressant.

HIPPODROME D'AGEN - LE PASSAGE

Société des courses de l'Agenais
✆ 05 53 96 51 06
www.hippodrome-agen.fr

Entrée grat sauf jrs de courses : 6 €, grat -25 ans. Park. grat, 2 500 pl. assises. 3 espaces restauration sur place.

Historiquement, ce champ de courses accueille les parieurs en fort grand nombre et aujourd'hui, on fait toujours assaut d'élégance au sein de son jardin botanique. Le spectacle est au rendez-vous et il est de qualité. Ici, on sacrifie au trot, au galop et aux courses d'obstacles. L'hippodrome reçoit 9 fois par an des réunions premium retransmises à la télévision sur la chaîne dédiée. Le site est doté de 3 espaces restauration, dont un restaurant panoramique de 300 couverts.

BON-ENCONTRE

Au XVIe siècle, un jeune berger a fait une « bonne rencontre » : dans un buisson, il découvrit une statue de la Vierge. Des miracles ont été attribués à la statue et des pèlerinages ont perduré. Les pèlerins affluaient surtout au mois de mai (le mois de Marie) et adoraient la gourmandise locale « le tortillon » qui se dégustait avec un verre de vin blanc, pendant que les femmes allaient à la messe. Le tortillon est une invention de la famille Auricane devenue Lapeyre qui perpétue la tradition (au mois de mai seulement). *Petit Futé* vous conseille de partir à la découverte de la plus vieille église locale : Sainte-Radegonde, construite au XIe siècle.

LA TABLE D'ANTAN €€

41, rue de la République ✆ 05 53 77 97 00
www.table-d-antan-hotel.fr

Ouvert du lundi au vendredi le midi et le soir ; le samedi soir ; le dimanche midi. Menus de 15 € à 32 €.

Maître restaurateur, Colette Caron propose une cuisine française et exotique et a ses spécialités : le foie gras poché au Tariquet et le magret de canard sauce cacao. La carte comporte un menu gascon avec une crème brûlée au foie gras et salade à l'huile d'amandon de pruneaux, un magret de canard façon laqué et un croustillant aux pruneaux. Sachez que la Table d'Antan propose aussi la possibilité de commander des plats à emporter ou en livraison. Côté cave, tous les vins du département sont représentés. Le restaurant comporte deux salles et une terrasse ombragée.

FERME DE LA BOSSE

Route de Cassou ✆ 05 53 68 37 95
www.lafermedelabosse.fr

Lundi, mercredi, vendredi et samedi de 14h à 19h. Visite libre et gratuite aux heures d'ouverture de la boutique.

Sur le plateau de Bon-Encontre à Cassou, Corinne Taret élève ses vaches et élabore ses fromages frais et affinés dans le respect des traditions. Corinne n'hésitera pas à vous faire goûter ses fromages tout en décrivant avec passion leur élaboration. Vous pourrez assister à la traite. Corinne est présente sur le marché de Bon-Encontre du dimanche matin. Il est également possible d'acheter de la viande de ses bœufs sur commande. Pour grands et petits : découvrez tout simplement la douceur de la confiture de lait, le riz au lait vanillé et d'autres bons produits.

GOLF AGEN - BON ENCONTRE

415, Chemin du Golf
✆ 06 42 29 31 20
www.agen-golf.com

Basse saison 7/7, 10h-17h. Haute saison 7/7, 9h-19h. 9 trous 26 € (30 € le week-end). 18 trous 35 € (40 € le week-end).

A 5 km d'Agen, ce 9-trous, qui peut être pratiqué en 18-trous, est installé sur un plateau qui domine la vallée de la Garonne. Cette position sur le coteau offre une vue dégagée d'où on peut admirer les Pyrénées par temps clair. On peut s'exercer au practice. Le club-house vous y attend avec un accueil chaleureux, vous y trouverez un bar et une belle ambiance. Le golf est mené par une joyeuse équipe qui organise des animations et des soirées l'été : les « Tee d'été » chaque jeudi soir avec auberge espagnole. Se renseigner auprès du club ou sur le site Internet.

PONT-DU-CASSE

Pont-du-Casse est un nom qui peut surprendre. Il y avait un pont, c'est vrai, sur la rive droite de la Masse, mais casse ? Il semblerait d'après les érudits que le mot *quercus* (à l'origine du mot « Quercy » d'ailleurs) veuille dire chêne en latin. En langue gallo-romaine *quercus* serait devenu *cassius*. Pont-du-Casse était la cité où se trouvait un chêne remarquable près d'un pont. Pourquoi pas ? D'autant qu'on a trouvé à Pont-du-Casse les structures d'une villa dont les sols et les murs étaient ornés de mosaïques. Quatre sentiers de randonnée partent depuis la cité et sont longs de quelques kilomètres pour découvrir les environs.

JARDIN BOTANIQUE DE DAREL

Route de Cassou
✆ 06 32 46 84 74
www.tourisme-aquitaine.fr
Ouvert toute l'année. Accès libre et gratuit, tlj 9h-18h. Visite guidée sur rdv. Chiens en laisse acceptés. Pique-nique.

Aux portes d'Agen, ce jardin, œuvre de la société des sciences naturelles et agricoles de l'Agenais, est une réserve de la flore de notre région. Des centaines de plantes sont étiquetées au fur et à mesure de leur floraison et chaque année les visiteurs s'émerveillent dans le jardin de Darel. Outre la tulipe de l'Agenais, on y découvre des narcisses, des anémones ou une prairie splendide d'orchidées sauvages, mais aussi des papillons... Un véritable trésor floral.

LA FERME DE BELLE COMBE**** €€

Impasse de Belle Combe ✆ 06 25 90 47 01
https://belle-combe.mozello.com
4 personnes maxi. 1 200 €/semaine l'été. 800 €/ semaine en basse saison (possibilité de louer à partir de 3 nuits).

Consultante en développement durable, Flore a voulu avec son mari Sébastien ouvrir un gîte reflétant leurs convictions. La Ferme de Belle Combe est donc porteuse d'une philosophie écoresponsable concrétisée par des toilettes sèches, un chauffe-eau solaire, une toiture végétalisée, une piscine naturelle... De la cuisine design aux 2 belles chambres avec douche à l'italienne et terrasse, tout est incroyablement simple et pimpant, dans une dominante de bois. Le lieu respire la quiétude.

HAPPY FOREST

Route de Cassou
✆ 06 06 49 48 54
www.happyforest.fr
Juillet-août 9h30-19h30, février à juin et septembre à novembre 13h30-18h30 les week-ends, mercredi, vacances et jours fériés.

Happy Forest porte bien son nom puisque ce parc est le paradis de l'accrobranche avec 15 parcours et plus de 250 jeux (vélo, kayak...) ce qui en fait l'un des plus grands de France. Par ailleurs, le domaine c'est aussi un parc animalier des plus variés avec daims, autruches, wallabies... ou encore une immense volière. Vous en voulez encore ? Happy Forest propose un escape game indoor original puisqu'il se passe dans un sous-marin et un laser game outdoor pour profiter de la forêt en mode délire. Ce parc est un véritable temple du fun et de la détente.

PISCINE MUNICIPALE

Regadous
✆ 05 53 67 53 57
Basse saison, mer 15h-17h30, sam 14h-18h. Cours d'apprentissage dans le bassin intérieur uniquement pour l'été 2022.

La piscine couverte en hiver idéale pour faire des longueurs laisse place à une jolie piscine en plein air l'été. L'esprit du lieu est axé sur le loisir et la détente, le bassin est parfait pour l'apprentissage et les plaisirs de la baignade. Vous disposez d'une pelouse très agréable ainsi que d'un carrelage. La piscine extérieure ravira les plus petits avec sa pataugeoire et son plongeon. Grande nouveauté du lieu, le jardin aquatique, réservé aux enfants de 3 à 5 ans, qui s'initient ainsi aux plaisirs de la nage ! Une pause ensoleillée à proximité d'Agen !

CABARET LE PETIT PARADIS

Pré d'Audubert
✆ 05 53 95 02 35
www.cabaretpetitparadis.com
A l'année du jeu au sam. Déjeuner-Spectacle à 12h et dîner-Spectacle à 20h. Spectacle 30 € (Repas+Spectacle dès 49 €).

Idéalement situé entre Bordeaux et Toulouse, à 5 minutes seulement d'Agen, le Petit Paradis propose depuis plus de 15 ans des spectacles professionnels de cabaret d'une qualité esthétique indéniable. D'une capacité de 230 places, l'établissement a connu les honneurs des journaux télévisés de 13h et 20h sur *TF1*. Les représentations mêlant chants, danses, plumes, strass et paillettes font pétiller les yeux des spectateurs. De véritables féeries colorées ! L'endroit peut être privatisé pour des mariages ou des séminaires.

ASTAFFORT ★

Astaffort est une jolie cité de 2 000 âmes à la frontière du Gers. Cette bourgade est connue pour être une halte gastronomique, mais pas seulement. Promenez-vous à la découverte des maisons à colombages, de la jolie architecture de la mairie ou le moulin à eau de Roques qui baigne dans la rivière Gers. Astaffort est aussi connue pour être le berceau de Francis Cabrel qui y demeure toujours. Il est à l'origine avec la municipalité des « Rencontres d'Astaffort ». Ce sont des stages pour de jeunes artistes en devenir, ponctués de concerts donnés dans l'ancienne halle transformée en music-hall tandis que l'ancienne école sert de lieu d'accueil.

HÔTEL RESTAURANT LE SQUARE*** €€

5, Place de la Craste ✆ 05 53 47 20 40
http://lesquareastaffort.com/

Chambre de 105 € à 160 €. Restaurant du mer au dim midi et soir. Menus 18 €/28 €. Entrée/plat 28 €. Plat/dessert 24 €.

Le Square représente bien l'idée que l'on se fait d'un hôtel de charme. Aurélie Cabrel a repris cette institution astaffortaise et en a fait un lieu chaleureux et authentique. Mobilier soigné, décoration apaisante : chaque chambre magnifique possède son identité. Le patio et la terrasse offrent une lumière naturelle et la verrière rajoute ce qu'il faut de charme pour des petits déjeuners privilégiés. Le restaurant propose une cuisine raffinée et accessible, avec des produits locaux.

L'ACCENT €

3, avenue d'Agen ✆ 05 53 66 04 79
www.laccentrestaurant.com

Du mardi au samedi midi et soir + le dimanche midi. Menu midi en semaine 18 €, menu soir et week-end 32 €.

Adresse réputée ! L'Accent, c'est la cuisine signée par Cédric Renouard qui allie goûts et textures pour des promesses qui se confirment dans l'assiette. C'est beau, ça sent bon et c'est excellent. On aime le filet mignon en basse température avec sa purée maison, pointes d'asperges vertes et crème de spinata, le crumble déstructuré pommes sauce caramel beurre salé en dessert. L'été, la terrasse rajoute du charme et de la convivialité à ce lieu. La salle intérieure n'en manque pas non plus. Petit Futé vous conseille de venir tester l'Accent du midi… et du soir.

DOMAINE DU BOIRON

Route de Miradoux
✆ 06 32 83 91 08
https://leboiron.fr/

Visite et dégustation sur rendez-vous. Boutique en ligne.

Voilà 25 ans que Francis et Philippe Cabrel ont redonné vie au Domaine de Boiron. « Le bio ne doit pas être un choix, c'est une nécessité », assure Philippe Cabrel dont le domaine est certifié en bio. Aujourd'hui fer de lance de l'AOC Brulhois, il mélange la finesse du Merlot, la rusticité du Tannat et la complexité aromatique du Cabernet Sauvignon pour des vins plébiscités. Domaine du Boiron 2018, la cuvée phare, se gardera 10 ans quand Rosée du Boiron 2019 promet une dégustation en fraîcheur et finesse. Retrouvez toutes les références sur la boutique en ligne.

CAUDECOSTE

Il s'agit d'une jolie bastide fondée au XIIIe siècle. Elle conserve des maisons anciennes à pans de bois, une belle place des cornières à couverts sur piliers de bois, une église paroissiale et une école de style Jules Ferry. Quelques remparts subsistent, mais lors d'une fête le 14 juillet 1791, certains fêtards trop avinés vont démanteler une grande partie de ces derniers et seuls quelques éléments restent. Savez-vous d'où vient ce nom de Caudecoste ? La ville a été construite au sommet d'un léger promontoire. La côte pour y accéder était courte, mais raide, et on avait chaud en arrivant au sommet d'où le nom de « calda costa », la côte chaude !

KARTING CAUDECOSTE

Lieu-dit Peyroche ✆ 05 53 87 31 42
www.k47.fr

7/7, horaires selon saison (consultez le site internet). Dès 17 € les 10 min, 14 € de 7 à 14 ans. Tarif dégressif.

Amateurs de sports mécaniques, voilà le bon plan ! Karting outdoor (piste de 1 kilomètre de long homologuée par la Fédération française des sports automobiles) ou indoor (300 mètres de piste avec pont et tunnel), choisissez votre circuit ! Les enfants s'amuseront sur des mini-karts dès 7 ans et dès 3 ans, des modèles biplaces sont proposés, conduits par un adulte. Les comités d'entreprise peuvent organiser leurs événements. Une formule grand prix avec remise de médailles est possible à partir de 8 personnes sur réservation. Bar et snack sur place.

LAYRAC

Traversé par le Gers qui se jette peu après dans la Garonne. La cité s'est développée autour d'un prieuré clunisien, consacré par le pape Urbain II en personne en 1096, alors qu'il prêchait la première croisade dans la région. Ne manquez pas l'église Saint-Martin qui possède une belle abside, une coupole impressionnante et une mosaïque du XIIe siècle qui raconte le triomphe de Samson sur le lion. Il vous faut flâner dans les rues anciennes ainsi que sur la place des Cornières, vous pourrez y admirer les maisons à colombages de la rue des sept-sceaux et de la rue des Baux. Depuis Boé, vous passerez devant Le cheval de fer du sculpteur Serge Carvalho.

Balade dans les rues de Layrac.

LE CELLIER DU BRULHOIS

140, Route des Vignerons du Brulhois
✆ 05 53 87 01 65
www.vigneronsdubrulhois.com
Lundi 14h-18h. Du mardi au samedi : 9h-12h/14h-18h. Vente de vins et de produits régionaux. Dégustation gratuite.

Le vignoble du Brulhois est implanté à cheval sur le Lot-et-Garonne, le Tarn-et-Garonne et le Gers. Les vignerons coopérateurs se sont réunis sous l'appellation « Les Vignerons du Brulhois ». Le « Grain d'amour », un rosé lumineux, doux et le « B.A.BA » blanc, médaillé d'or au Mondial du Sauvignon 2020 sont incontournables. Ne manquez pas la dégustation des vins dans le noir, mais aussi les soirées gourmandes au Cellier du Brulhois. En 2020, les Vignerons du Brulhois ont obtenu la certification Haute Valeur Environnementale.

DÉGUSTATION DANS LE NOIR

✆ 05 53 87 01 65
www.vigneronsdubrulhois.com/
Sur réservation. Jusqu'à 15 personnes maximum. 19 € par personne, 35 € pour 2.

Depuis 2017, les Vignerons du Brulhois ont mis en place une salle de dégustation des vins dans le noir pouvant accueillir 15 personnes maximum pour une expérience unique en France. Une exploration des sens à ne pas manquer, inspirée d'un concept de repas dans l'obscurité organisé à Düsseldorf, en Allemagne. La salle permanente de dégustation dans le noir se trouve au Cellier du Brulhois, à Layrac. Blanc ? Rouge ? Rosé ? L'odorat et le goût sont mis à contribution pour deviner... et surtout apprendre en prenant du plaisir !

SAINT-NICOLAS-DE-LA-BALERME

Une légende rapporte que ce village est né des amours impossibles entre une déesse celte, Belisma, et un saint chrétien, Nicolas. En voici une autre : dans l'église se trouve une statue représentant saint Roch. Cette statue a été imaginée par un artisan du XVe siècle. Il semblerait que les habitants de la ville de Caudecoste aient tenté de s'en emparer pour se prémunir de la grande peste qui sévissait alors en 1712. La statue, installée sur une charrette tirée par des bœufs, ces derniers ne parvinrent pas à franchir la frontière du village par on ne sait quelle opération divine. La statue est donc restée dans son église d'origine...

SAUVETERRE-SAINT-DENIS

Sauveterre-Saint-Denis vient de *salva terra*, terre « sauve ». C'est-à-dire une zone protégée par l'Eglise où l'immunité de l'individu est respectée et où il était interdit de poursuivre les fugitifs. Il ne faut pas rater le pont suspendu sur la Garonne du XIXe siècle. Il n'y a de place précisément que pour une voiture sur les lattes de bois et il faut veiller à garder ses distances d'au moins 30 m. Tout en bas, bien loin, il y a la Garonne et une vue vertigineuse. On passe aussi au-dessus du canal latéral à la Garonne. Une jolie église également tout en briquette rose à la manière toulousaine : Sainte-Catherine qui date du XIXe siècle.

BEAUVILLE

Beauville, superbe village qui domine le Pays de Serres qui s'étend entre Lot, Tarn-et-Garonne et Lot-et-Garonne. Les Serres, ce sont des crêtes étroites et allongées de calcaire gris qui se dressent entre deux vallées. C'est sur ces coteaux que poussent vignes et arbres fruitiers qui donneront la fameuse prune transformée en pruneaux. Beauville a tout d'une bastide sans être encore reconnu comme tel. Faites votre propre opinion en visitant la place centrale, carrée, ses cornières et ses marronniers, les rues étroites, l'église et le château du XVIe. Allez vous balader le long des remparts et admirez ce panorama éblouissant sur la vallée de la Séoune.

Vue sur Beauville.

DESTINATION AGEN, ACCUEIL TOURISTIQUE DE BEAUVILLE

Place de la Mairie
✆ 06 08 53 88 95
www.destination-agen.com
Ouvert en été. Lundi, mardi, jeudi, vendredi 9h-12h30 et 14h-17h. Mercredi 9h-12h.

L'Office de Tourisme Destination Agen assure durant les mois de juillet et août un accueil sur la commune de Beauville. Toutes les informations que vous avez besoin de connaître sur le secteur pour organiser au mieux votre séjour sont concentrées ici. Entre bastides, châteaux, églises, abbayes, nature aux doux coteaux, gastronomie du terroir et animations diverses, vous allez découvrir les incroyables richesses offertes par ce beau territoire qu'est le Pays de Serres.

BALADES LUDIQUES

✆ 05 53 47 36 09
Voir auprès des accueils de l'Office de Tourisme Destination Agen.

Belle initiative que ces balades ludiques ! Amusez-vous en famille tout en vous promenant dans le beau Pays de Serres. Munis d'un livret d'accompagnement, les plus petits comme les plus grands évolueront au fil du parcours grâce aux énigmes adaptées suivant leur tranche d'âge. Quelles photos ont été prises au plan d'eau d'Engayrac ? Combien de cloches peut-on voir sur le clocher-mur de l'église Saint Julien ? Divertissant et enrichissant. Renseignez-vous auprès des points d'accueil de l'Office de Tourisme Destination Agen.

CIRCUITS DÉCOUVERTES

✆ 05 53 47 36 09
www.destination-agen.com
Se renseigner auprès des accueils de l'Office de Tourisme Destination Agen.

6 circuits découvertes existent pour connaître le patrimoine et les paysages qui font cette région. Partez par exemple de Beauville jusqu'à Lacalquétie et suivez cette boucle ombragée en descendant dans la vallée de la Séoune. Pour les enfants, le jeu du canard leur permettra de s'enrichir de savoirs sur le patrimoine tout en s'amusant. Balises, temps de parcours, dénivelé… tout est renseigné sur le livret d'accompagnement pour préparer votre randonnée et choisir votre sentier. Plus d'infos auprès de l'Office de Tourisme Destination Agen.

BLAYMONT

Commune située sur la route reliant Agen à Cahors et au nord de Beauville, Blaymont compte des églises romanes : Saint-Victor, Sainte-Foy (sanctuaire du XIIe siècle récemment mis en valeur) et Notre-Dame de Blaymont, avec son clocher carré, ses chapelles ogivales et ses chapiteaux historiés, ouverte la journée. Face à l'église, la vallée est magnifique, offrant une superbe vue sur Beauville, ce bourg qui mêle verdure et patrimoine est un site où règnent le calme et le charme. L'anecdote à retenir pour ce village, qui fera sourire les dentistes, est que sainte Apolline était vénérée : on croyait qu'elle avait la capacité de soulager les maux de dents.

DONDAS

Dominant la vallée de la Séoune, ce village, régulièrement primé au concours des villages fleuris, sait cultiver ses charmes. Dans le bourg, les puits sur la place et l'église Saint-Martin. Dans la campagne environnante, on peut découvrir les églises de Gandaille et de Saint-Julien-de-la-Serre, puis, aux détours des chemins de randonnée, les chapelles, calvaires et autres pigeonniers, tout ce patrimoine rural qui est aussi le trésor du Pays de Serres. Dondas en tant que petit village n'en est pas moins actif et trois courts de tennis se jouxtent à flanc de coteaux faisant redouter de devoir aller chercher la balle qui serait passée au-delà du grillage.

LAVOIRS

La balade des quatre lavoirs : en accès libre toute l'année, circuit balisé (6,7 km).

Le village compte dix lavoirs, mais seuls quatre se trouvent sur le domaine public : poésie du passé à découvrir et à redécouvrir. Des panneaux vous narrent leur histoire et ne manquez pas de venir admirer ce petit patrimoine au printemps et en été, un circuit est fléché et vous promet une balade en mode tranquille tout en apprenant sur ces sites populaires témoignant du passé. Les fleurs offrent à ces sources - utilisées jadis à des fins ménagères – un cadre exceptionnel, le panorama sur les coteaux et les villages est superbe !

LAPLUME

Laplume est édifiée sur un plateau à bord escarpé et domine les vallées environnantes. Cette position est à l'origine de son nom. En effet, du celte Penn (sommet), les Gallo-Romains firent une confusion en Penna, plume en latin. Les Pennaviens sont d'ailleurs les habitants de la commune. Aujourd'hui, Laplume est un gros bourg qui s'exprime au travers de son patrimoine et de sa légende. On raconte en effet que le fantôme d'un notable errerait dans le cimetière, puni pour avoir perturbé le sommeil des morts lors d'une nuit de beuverie... Il ne risque pas de vous embêter lors de vos balades, on compte pas moins de six circuits de randonnée.

FERME DU CABIER - FAMILLES LABADIE-LABROUSSE

Cabier ✆ 05 53 67 11 41

www.fermeducabier.com

Du lundi au vendredi de 8h à 12h et de 14h à 18h. Spécialités à base de poulet, conserves, volailles entières et rôtis.

Dans les années cinquante, la famille Labadie achète le Cabier et cultive des céréales, puis commence à élever des poulets. Aujourd'hui plus de 70 000 bêtes (poulets, canettes, chapons, pintades) sont élevées à la ferme, nourries au maïs et au tournesol. Vous trouverez des volailles entières et des conserves : pâté de poulet, civet de chapon, poulet en gelée, filets et confits de chapon... Mais aussi des rôtis qui méritent le détour, désossés et farcis aux pruneaux ou au foie gras.

ÉGLISE SAINT-BARTHÉLÉMY

Toute l'année en accès libre.

Il a fallu 30 ans pour la construire (1511-1541) et sa taille est impressionnante et elle est classée aux titres des Monuments historiques. L'église Saint-Barthélemy possède une nef de quatre travées bordée de chapelles latérales voûtées en étoile et un chœur à chevet pentagonal. Clocher rare : tour carrée à la base, octogonale au sommet, c'est lui que vous verrez en premier. Abîmé par un tremblement de terre et endommagé par la foudre, il est en partie tronqué et sa coupure se détache nettement dans le ciel, une particularité qui ajoute au charme du lieu.

AUBIAC

Dans ce village niché au milieu de la verdure, il faut absolument visiter l'église romane Sainte-Marie, construite sans doute au XIIe siècle et classée aux Monuments historiques. A sa droite, le château vaut aussi le détour. Il a été construit en 1763 par Louis de Narbonne-Lara, ministre de la Guerre de Louis XVI et aide de camp de Napoléon Ier sur un ancien château fortifié dont il ne reste plus que deux pans de mur. A proximité, un grenier à blé et un ancien chai ont été restaurés en salles de réception. Sur la route des Moulins, vous croiserez deux jolis moulins à vent. Enfin, voir également le lavoir restauré au lieu-dit « Champagne ».

ÉGLISE ROMANE SAINTE-MARIE

Sa construction date sans doute du XIIe siècle. Sa façade d'aspect militaire avec ses deux tours carrées, cache une nef superbe, surplombée d'une voûte cylindrique en tonnelle, typique de l'art roman. Son chevet en forme de trèfle rappelle l'édifice mérovingien à cette place avant elle et des sarcophages sous la sacristie en témoignent également. La tour-lanterne à la croisée du transept fait penser aux créations carolingiennes avec toutes ses couleurs et ses décorations.

CHÂTEAU D'AUBIAC EN GASCOGNE €

2, place Galard
✆ 05 53 66 34 93
www.aubiac.com

Chambre double 60 €. Petit-déj 5 € par personne. Gîte 5 personnes dès 150 € la nuit ; 10 personnes à partir de 250 €.

C'est dans l'ancienne métairie du château que ces chambres ont été aménagées et joliment décorées par Evelyne qui est artiste peintre. Les chambres de « l'Atelier d'Aubiac » donnent sur un jardin privatif. Dans le chai, l'orangerie ou la salle des coteaux, vous jouissez du charme des vieilles pierres pour des cocktails ou réceptions dans un lieu d'exception ou tout simplement pour des réunions de travail. Cette adresse est très pratique et particulièrement bien située.

TIMA ZEN LODGES €

5, rue des Ecoles
✆ 06 80 16 03 17
www.timazen.com

Chambre double 84 € à 125 € la nuit, de 350 € à 570 € la semaine. Petit déjeuner : 11 €/personne.

Corine et Olivier ont réalisé dans le village d'Aubiac un petit bijou de zénitude. Rarement un lieu a aussi bien porté son nom. Au cœur d'un magnifique petit jardin paysagé, trois lodges de 25 m² aux lignes épurées, équipés avec kitchenette et terrasse, vous attendent. Corinne vous prépare des paniers petit déjeuner tout chauds et sur demande des plateaux-repas avec des produits locaux et de saison. Piscine chauffée en saison et sauna prolongent le plaisir. La belle vue sur les collines vous rappelle que vous êtes dans le Sud-Ouest.

BRAX

Charmante commune qui possède, outre une église magnifique, de beaux vergers de pruniers d'Ente. Brax, un nom surprenant qui lorsque vous le prononcez a une sonorité plutôt charismatique... Il semblerait qu'il trouve son origine dans le latin *brachium fluviu*, le bras du fleuve. Cette explication paraît logique puisque l'on a pu géologiquement établir qu'un bras de Garonne passait à travers la commune actuelle. Le mot marais se disait *bracu*, et la boue *brac*... Telles sont les explications données pour expliquer ce nom de Brax. Il n'existe en France que deux communes qui soient ainsi baptisées, et les deux ont un point commun : la Garonne.

BRUCH

À cheval entre l'Agenais et le pays d'Albret, le petit et charmant village de Bruch est remarquable par son imposante tour médiévale du XIIIe siècle. Bruch est l'exemple type des villages de type Castrum, c'est-à-dire une ville fortifiée servant de refuge en cas d'attaque et dont les remparts délimitent le monde paysan de la bourgeoisie. Ville de foire vers 1900, ces journées se déroulaient avec les ventes le matin et les bals l'après-midi où la danse et les plaisirs de la table étaient fêtés. Un bref passage au cœur du bourg permettra au badaud d'admirer les maisons à colombages qui subsistent… et pourquoi pas d'y effectuer une chasse au trésor !

© CDT47

Vignoble de Bruch.

ESTILLAC

Estillac est une commune différente de toutes celles que vous pourrez visiter. Elle comporte en effet une partie haute et une partie basse. C'est dans cette partie haute de la cité que se trouve le patrimoine : c'est là qu'a été édifié le château de Blaise de Monluc où le chef des armées catholiques a passé les dernières années de sa vie. L'église Saint-Jean-Baptiste possède un clocher mural typique de ceux élevés ici. A Estillac passe un des chemins rejoignant Saint-Jacques-de-Compostelle. Les responsables départementaux ont imaginé la création d'une agropole, un parc d'activités pour des entreprises appartenant à l'industrie agroalimentaire.

MOIRAX ★

Peuplé depuis l'Antiquité, Moirax est un ancien prieuré clunisien fondé en 1049 et considéré comme un pur joyau de l'art roman pour ses chapiteaux sculptés. Il fut tout au long du Moyen Âge, une halte célèbre des pèlerins de Saint-Jacques puisque sur l'itinéraire alternatif du Puy-en-Velay. Aujourd'hui ne reste plus que l'enceinte fortifiée, Notre-Dame de Moirax, classée monument historique depuis 1846, et une tour de défense. Moirax offre une vue magnifique sur la vallée de la Garonne et les coteaux de Gascogne. Le plus : ses ruelles paisibles sans oublier l'Auberge du Prieuré qui compte parmi les meilleures cuisines du département.

LE CHÂTEAU D'ESTILLAC ★

Bertrand de Boisseson

✆ 05 53 67 81 83

Ouvert d'avril à fin septembre. Ouvert le dimanche et le lundi de 13h à 19h. Gratuit -18 ans. Adulte : 4 €.

Depuis 1787, la famille de Boisseson habite le château de Blaise de Monluc (mort à Estillac en 1577) mais l'édifice date, lui, du XIIIe siècle. Bertrand est l'homme qui vous fera la visite de la demeure où il a passé son enfance. Architecture militaire, cour intérieure remarquable sans oublier la chaire du maréchal Blaise de Monluc qui a donné au château une âme défensive en faisant construire une enceinte bastionnée. Un magnifique parc arboré d'arbres centenaires entoure le château dont la façade en triangle ne manque pas de surprendre.

LE VIEUX VILLAGE €

Mestre Marty

✆ 05 53 67 62 61

www.vieuxvillage.fr

Ouvert du lundi au vendredi : 7h à 20h. Plats de 10 € à 13 €, dessert 4 €. Accueil des groupes. Terrasse. Animations.

Coup de jeune au Vieux Village, repris en main début 2021 par Christophe d'Auria, épaulé par le chef Gérard Cavaillé qui régale les Agenais depuis longtemps avec sa bonne cuisine bistrotière. Ses recettes se dégustent sur place, à l'intérieur ou en terrasse, mais elles sont aussi à emporter afin de pouvoir se régaler à domicile. Jambon rôti caramélisé purée truffée, linguine chipirons chorizo, crumble pommes-noisettes sont quelques-unes des spécialités maison. Aux beaux jours, soirées à thème proposées les jeudis et vendredis. Tout est dit, non ?

PRIEURÉ DE MOIRAX - ÉGLISE NOTRE-DAME ★★

Rue du Couvent ✆ 05 53 67 01 99

www.moirax-tourisme.com

Accès libre et gratuit. Pour les visites guidées, se renseigner auprès du point accueil touristique de Moirax.

© JIMJAG - FOTOLIA

C'est un des rares sites clunisiens du département avec l'abbaye de Saint-Maurin. Sa construction débute au milieu du XIe siècle et il faudra près d'un siècle avant de voir s'élever le prieuré dans son intégralité. L'architecture romane est parfaitement conservée. Retenez votre attention sur les modillons de la façade et les chapiteaux des colonnes intérieures.. L'église a été inscrite sur la liste des Monuments historiques en 1846. En 2018, la façade du bâtiment a été rafraîchie.

© DESTINATION AGEN

Le Prieuré de Moirax.

TROTTE-LAPIN

✆ 05 53 47 97 91

Ouvert à l'année. Tarifs des animations : 3,60 €, 6,70 €, 9,80 €. Programme et infos sur le site www.agglo-agen.net

Trotte-Lapin est un site de découverte et de compréhension de l'environnement pour mieux le respecter. On arpente forêts, ruisseaux… et on admire les chênes centenaires tout en apprenant. Le site propose de nombreuses animations tout au long de l'année : ateliers pour se familiariser avec les insectes, les oiseaux, les végétaux, fabriquer des nichoirs, participer à des jeux de piste nature, des pique-niques… Assistez le 5 août à la Nuit des Etoiles, le 12 août au spectacle du Grand Chêne, le 4 septembre à la 13e édition de la Rentrée Nature…

LES CHEMINS DE SAINT JACQUES

✆ 05 53 47 36 09

Les 6, 13, 20 et 27 juillet, 3, 10, 17, 24 et 31 août. 39 € déjeuner + visite, 5 € visite guidée seule. Résa obligatoire.

Partez sur les sentiers des chemins de Saint-Jacques et visitez le village de Moirax et son prieuré afin d'y sentir l'harmonie qui s'en dégage. Vous pourrez aussi admirer le point de vue qu'offre le village sur la vallée du Lot et percevoir la richesse du territoire. Un plaisir allant de pair, l'office de tourisme vous propose de déguster la haute cuisine du chef étoilé Benjamin Toursel le temps d'un déjeuner « menu du marché ». Plus d'informations sur le site internet

AUBERGE DU PRIEURÉ €€€

Le Bourg ✆ 05 53 47 59 55

www.aubergeleprieure.fr

Ouvert du mercredi midi au dimanche midi. Du mercredi au samedi soir. Menus de 70 € à 92 €. Formule du midi : 33 €

L'étoilé Benjamin Toursel magnifie la gastronomie. Quelle symphonie culinaire dans cette auberge décorée idéalement pour compléter l'ouvrage du Chef d'orchestre ! Les intitulés vont de pair. En entrée, asperges blanches en copeaux, lait de poule au fruit de la passion, huile de vanille, yaourt d'asperges et miso noisettes. En plat faux-filet de bœuf swami, le gras travaillé comme un saindoux, condiment raifort et salade piquante. En dessert, tartelette coco yuzu confit d'agrumes. Le service de son épouse Agathe finit d'apporter une touche éclatante. Du grand art.

MONTESQUIEU

Le village de Montesquieu est scindé en 2 parties, Montesquieu-Haut et Montesquieu-Bas. C'est la partie haute qui mérite la visite. Au sommet d'un éperon rocheux, dominant la vallée, les vestiges du village fortifié subsistent ainsi que les ruines du château. La commune était une baronnie dont Charles Louis de Sécondat avait le titre. Le philosophe, plus connu sous le nom de Montesquieu était en effet baron de Labréde et de Montesquieu. Il y venait peu sinon pour récolter les plus-values de ses terres, mais c'est sous le nom de ce petit village que l'écrivain se rendit célèbre. Montesquieu abrite aussi le conservatoire végétal régional d'Aquitaine.

PAYS DE L'AGENAIS

FERME ROQUES

800, Route de l'Océan
✆ 05 53 68 60 39
www.fermeroques.com
Du lundi au samedi de 9h à 12h et de 14h à 19h. Fermée les jours fériés. Drive. Boutique.

Pruniculteur, arboriculteur, toute la production est directement proposée à la vente sur la ferme Roques de quoi initier un vrai rapport de confiance : cerise, abricot, kiwi, pomme... l'offre est riche. Le pruneau en tant que spécialité est notamment distillé sur place deux fois par an pour des liqueurs et eaux-de-vie authentiques. Jean-Pascal et Sandrine Roques ont tout mis en place pour que la ferme soit plus qu'une ferme (visite, accueil camping-car..). Nouveauté : le drive fermier pour répondre aux demandes et inscrire le site dans son époque.

DESTINATION AGEN, ACCUEIL TOURISTIQUE DE SÉRIGNAC

7, rue Port-du-Lau
✆ 05 53 47 36 09
www.destination-agen.com
Ouvert uniquement en période estivale.

L'Office de Tourisme Destination Agen assure un accueil estival sur la commune de Sérignac-sur-Garonne. Toutes les informations sur le secteur sont regroupées ici. Randonnées, festivités, excursions... du château d'Aubiac au prieuré de Moirax, du village de Sainte-Colombe-en-Bruilhois à la bastide de Sérignac-sur-Garonne et son clocher, tout est renseigné. Sans oublier les parcs Walygator et Aqualand ! Laissez-vous guider et appréciez ce petit bout de Bruilhois en Lot-et-Garonne.

SAINTE-COLOMBE-EN-BRUILHOIS

Sainte-Colombe est au Moyen Âge une communauté semi-indépendante dirigée par des consuls, une jurade. Elle avait une charte de coutumes qui réglait les rapports entre les habitants, fixait les punitions dispensées pour tel ou tel manquement. Sainte Colombe a connu la peste de 1628 qui mit plus de 6 ans à disparaître, et en 1634 et 1635 des orages d'une rare violence qui détruisirent le clocher ! Cette fort jolie commune possède trois églises intéressantes de par leur histoire. En vous promenant dans les rues, vous remarquerez que le village est pavé à l'ancienne. Cette commune est régulièrement distinguée par le jury départemental des villages fleuris.

SÉRIGNAC-SUR-GARONNE

C'est un centurion romain, Sérénus, qui a donné son nom à Sérignac-sur-Garonne. Au gré d'une petite promenade, vous découvrirez le charme de ce village. La rue principale, bordée de cornières et de maisons à colombages, prolongée par une belle allée de platanes, mène au canal et à sa halte nautique. Mais la curiosité du village vient de l'église, plus précisément de son clocher qui se tord vers le ciel. C'est en effet un clocher hélicoïdal du XVIe siècle et magnifiquement restauré depuis. Si les forêts encerclaient le village à l'époque gallo-romaine, Sérignac est aujourd'hui entouré de terres agricoles et du vignoble de l'appellation Buzet.

L'ESCALE €€

1, place de l'Hôtel de Ville
✆ 05 53 95 38 79
Du mer au dim midi et soir (sauf le mer soir l'hiver). Menu 30 €. Menu midi semaine 15 €. Plat à la carte : 15 € à 24 €.

© L'ESCALE

Laurence et Loys sont depuis 2017 les propriétaires de ce restaurant qui s'est vraiment modernisé avec leur arrivée. Ici, les produits frais et locaux sont à l'honneur, le poisson est à la carte suivant les arrivages, sole, turbot ou steak d'espadon ont la préférence du chef, mais nous, ce qui nous a séduits ce sont les poulpes à la plancha et leurs poivrons marinés ! Vous trouverez les grands fleurons du Sud-Ouest (magret, confit, foie gras). Une adresse très sympathique dans son esprit brasserie et accueillante. Burgers maison sur place et à emporter aussi.

LE PRINCE NOIR €€

6, rue de Menjoulan
05 53 68 74 30
www.le-prince-noir.com
Ouvert à l'année (fermeture annuelle vacances de Noël). Menus : 26 à 32 €. Menus enfant : 6 et 10 € (jusqu'à 12 ans).

Depuis février 2019, Cédric Darras officie à la cuisine de ce lieu réputé. Amélie et Julien sont les propriétaires de cet établissement où poutres et pierres sont de la partie dans le cadre authentique d'une ancienne écurie. La belle terrasse donnant sur un cadre verdoyant fait le bonheur des clients aux beaux jours. Ils trouveront ici une cuisine traditionnelle qui se veut simple, mais excellente, car s'appuyant sur des produits frais et locaux. Le foie gras du chef remporte tous les suffrages. L'adresse fait aussi hôtel, un vrai havre de paix confortable !

ÉGLISE SAINT-PIERRE-D'ORIVAL

En accès libre toute l'année.

Cette église romane du XIIe est ornée sur son pourtour d'une corniche plaquée de billettes et soutenue par des modillons variés. Le clocher-arcade est appuyé par deux murs élevés sur les clôtures de la nef. Si l'église a été restaurée depuis 1844, elle garde un charme particulier dû à sa situation en hauteur. Ses modillons, des têtes, des animaux et des oiseaux, dont un aigle, vous y attendent ! Le lieu sert pour des expositions, des concerts et des représentations théâtrales.

LAROQUE-TIMBAUT

Au cœur de l'arrière-pays agenais, cette petite ville invite à la flânerie au gré des vieilles rues, comme la rue du Lô. On admire de jolies maisons et sa halle du XIIIe siècle. De nombreux vestiges témoignent de son passé médieval, comme ceux de l'ancien château, son donjon, ses fortifications, la porte de ville et son horloge... En descendant vers le vallon Saint-Germain, on marquera une halte à la fontaine qui, en abreuvant l'armée de Roland (le neveu de Charlemagne), aurait guéri les soldats d'un mal qui les décimait. Egalement dans les environs, les églises de Norpech et de Saint-Pierre-d'Orival, en direction de Cauzac, méritent une halte.

MUSEE GERTRUDE SCHOEN

Place de la Halle
05 53 95 71 36
Visites libres ou guidées sur rendez-vous. Gratuit.

Gertrude Schoen est une artiste contemporaine franco-allemande, sculptrice sur métal. Elève d'Ossip Zadkine dans les années 1950, elle a trouvé à Laroque-Timbaut ce lieu qui lui servit de résidence et d'atelier. Elle fit don de son œuvre à la commune en 2001 et s'éteignit en 2016. Exposé sur une place, le Messager, statue de résine et métal de 2,40 m, vous regarde et vous invite à en savoir plus sur sa créatrice. L'exposition permanente dévoile ses créations : pièces d'orfèvrerie, pastels, petite et moyenne statuaire et sculptures monumentales...

CHAPELLE SAINT-GERMAIN

En accès libre toute l'année.

C'est une charmante chapelle qui aurait été construite par Charlemagne pour remercier Dieu de la guérison de l'armée de Roland qui souffrait de la peste, après avoir bu l'eau de la source auprès de laquelle elle se trouve. On célèbre encore le lieu en mai tous les ans ! Le cadre est champêtre, la promenade vaut le détour, la source et son bassin ne sont pas étrangers au charme de l'endroit. En regardant bien vous trouverez un office extérieur en pierres où l'on disait la messe et sous ses arbres, il règne une ambiance très particulière... A voir.

Z'ANIMOLAND

470, Voie Romaine - **MONBALEN**
06 32 92 99 13 - www.z-animoland.com
Ouvert d'avril à novembre. Consultez les jours et horaires sur le site internet. Entrée : 11 €, 2-13 ans 9 €. Snack.

Imaginez un domaine de 12 hectares où petits et grands voisinent avec des animaux domestiques et sauvages qu'ils soient à plumes ou à poils : cochons, chèvres, chameaux, dromadaires mais aussi tigres, zèbres, kangourous, autruches, marmottes, toute une faune diversifiée proposée à la découverte… Isabelle et Jérôme ont créé en 2006 un lieu original et à part. Sur place, essayez-vous à la réalité virtuelle dynamique. Profitez des jeux d'eau, des structures gonflables, des trampolines, d'une piste de karting à pédales pour adultes et enfants... Tout pour une journée réussie !

TERRAMAÏA*** €€

10, Route du Souvenir - **MONBALEN**
✆ 07 67 53 80 36
www.terramaia.fr
2 chambres 70 à 80 €/nuit. Petit déj 9 €. 1 gîte 2 personnes 160 à 400 € et 1 gîte 5 personnes 220 à 430 € pour 2 nuits.

Coteaux, champs, bois, étang, grange, lavoir façonnent l'atmosphère agreste de ce domaine de 8 ha, ouvert à l'hébergement depuis février 2022. Alexia et Christian privilégient la reconnexion à la Nature, la détente et le partage. Les 2 chambres d'hôtes sous la charpente sont chaleureuses, séparées par une ravissante mezzanine. Petit Futé a été immédiatement séduit par l'un des 2 gîtes aménagé dans un pigeonnier avec sa belle terrasse et a apprécié le caractère intime de l'autre en contrebas de la propriété. En prime, une grande piscine pour parachever son séjour.

LA BRASSERIE DES CÈDRES

891, route des cèdres
LA CROIX-BLANCHE
✆ 06 73 94 68 10
Point de vente 7j/7. Téléphonez avant de passer.

« Du champ à la chope » : la bière de la Brasserie des Cèdres est faite avec de l'orge et du houblon produits sur place. Henri et Hector Michez, belges, ont donc créé cette Brasserie des Cèdres en 2016 et vendent directement sur leur exploitation, sur les Marchés de Producteurs de Pays l'été (Agen, Fongrave, Villeneuve-sur-Lot) ainsi que dans les commerces de proximité. La démarche est à saluer autant que les hommes sont à féliciter pour la qualité de leurs bières qu'elles soient blondes, ambrées, brunes ou spéciales de saison.

FRESPECH

Connaissez-vous la signification du mot Frespech ? Hauteur fortifiée par les palissades. Vous comprendrez aisément que l'on ressent un choc quand on arrive en découvrant ce minuscule petit village fortifié piqué sur une crête. Beaux vestiges de l'enceinte, merveilleuse petite église romane du XIe siècle au toit couvert de lauzes, quelques demeures ayant certainement appartenu à des nobles possèdent des fenêtres à meneaux, des tourelles, et remarquez les anciennes portes permettant de pénétrer dans la ville. Ce n'est certainement pas de tapage nocturne que souffre ce petit village et c'est bien ce qui fait son charme. Une belle halte en pays de Serres.

MUSÉE DU FOIE GRAS YVES ET GENEVIÈVE BOISSIÈRE ★

Ferme de Souleilles ✆ 05 53 41 23 24
www.souleilles-foiegras.com
Jan/févr/mars : lun/sam 10h-18h. Avril à juin, sept à déc : lun/sam 10h-19h, dim 15h-19h. Été : 7j/7 10h-19h. 5 €.

Quand vous apercevrez Yves, vous penserez forcément à un certain José Bové : même moustache, même sourire jovial et même rage contre les OGM et la « malbouffe ». Avec son épouse Geneviève, ils ont repris la ferme familiale et se sont lancés dans l'aventure du foie gras, une passion qu'ils partagent à travers leur musée et leur ferme. Profitez de votre visite pour découvrir tous les secrets du foie gras et goûter des produits authentiques. Sans oublier la boutique gourmande.

PUYMIROL ★

Bastide truffée de légendes, attendez-vous à découvrir un village atypique. Puymirol, aussi secrète que bavarde s'aborde au travers d'un virage, puis d'un autre. Le château d'eau et les toits des maisons apparaissent puis disparaissent faisant avec le conducteur patient une partie de cache-cache. Première bastide fondée en Aquitaine en 1246, la ville était célèbre pour sa foire au blé qui faisait tant d'ombre à Agen. Arrêtez-vous au Sénat, lieu emblématique de la palabre puymirolaise, il s'agit d'un banc creusé dans la pierre sous les remparts du XIIIe siècle. Là, vous croiserez sûrement quelqu'un qui vous racontera l'étonnante légende de Crocatao...

MUSÉES DES ROCHES CRISTALLINES ET DES OUTILS DE LA VIGNE

Rue des Arcades ✆ 05 53 95 32 10
www.mairie-puymirol.fr/musee.html
Téléphonez pour les périodes d'ouverture et les horaires. Adulte 2 €, enfant 1 €. Tarif de groupe (+ de 10) : 1,50 €.

C'est un surprenant petit musée dont la visite constitue une plongée originale dans deux mondes complètement différents. Au rez-de-chaussée, vous trouverez une exposition d'outils anciens liés à la viticulture. Mais c'est la partie du premier étage réservée aux roches cristallines qui nous a plu, les collections proviennent de Louis Lardini, un passionné, et elles sont partagées à travers des vitrines où vardinite, cristal de fluor, soufre, mais aussi polymorphite sont au rendez-vous.

LES LOGES €€

52, rue Royale
✆ 05 53 95 21 46
www.aubergade.com
4 appart's meublés : 110 € la nuit pour 1 ou 2 personnes, 170 € pour 3 ou 4 personnes. Panier petit déjeuner 13 €.

Face à leur Relais & Châteaux, rue Royale, Michel et Maryse Trama vous proposent un autre style d'hébergement : Les Loges, composées de quatre appartements meublés composés d'un salon, d'une cuisine équipée et d'une ou deux chambres avec un lit double. Vous avez la possibilité de profiter des services du Relais & Châteaux, de l'accès à la piscine mais aussi des repas dans le restaurant Michel Trama et l'Auberge de la Poule d'Or... Vous pouvez opter pour un petit déjeuner sur place, livré devant votre porte dans un joli panier ancien.

RELAIS & CHÂTEAUX MICHEL TRAMA***** €€€

52, rue Royale
✆ 05 53 95 31 46
www.aubergade.com
9 chambres de 300 € à 720 € la nuit. Petit déjeuner 29 €.

L'Hôtel du chef étoilé Michel Trama est un lieu d'exception : une demeure du XIIIe siècle, propriété du comte de Toulouse Raymond VII, entièrement redécorée par Jacques Garcia. Ce voyage hors du temps est celui de l'émerveillement, des tapis chinés, des pierres blanches et de l'architecture au cachet rare. Les chambres sont modernes, mais d'inspiration XVIIIe avec des lits à baldaquin. Difficile de quitter cette ambiance qui n'existe qu'ici : quelle splendide réussite !

AUBERGE DE LA POULE D'OR €€

52, rue Royale
✆ 05 53 95 29 00
www.aubergade.com
Jours d'ouverture selon saison. Menu carte 47 €. Plat/dessert 28 €, entrée/plat 33 €.

Au sein de son Relais & Châteaux, Michel Trama, chef étoilé connu et reconnu, a ouvert la merveilleuse auberge de la Poule d'or. Les lieux sont empreints d'authenticité. Dîner ici vous transporte vers un voyage culinaire souvent oublié, celles et ceux qui ont eu la chance de connaître le plaisir gourmand auprès d'une grand-mère, retrouveront leurs souvenirs dans ces sensations gustatives... Le génie de Michel Trama en prime. Le maestro met son art au service d'une cuisine de campagne savoureuse. Le choix sera cornélien mais c'est un aller simple vers le plaisir.

MICHEL TRAMA €€€

52, rue Royale
✆ 05 53 95 31 46
www.aubergade.com
Une étoile. Ouverture selon saison. Menus de 90 € à 215 €. Terrasse.

L'hôtel Relais & Châteaux Michel Trama : un restaurant et un chef, mondialement connus. Son installation à Puymirol tient du coup de folie et donc du coup de génie. En été, les repas se prennent à l'extérieur dans le cloître aménagé entre l'hôtel et le restaurant. La décoration intérieure est signée Jacques Garcia : moquette épaisse, tables aux pattes de lion, et une majestueuse cheminée. Si votre budget le permet, goûter au fameux hamburger de foie gras chaud aux cèpes. Les produits sont rares, le savoir-faire unique, vous vivez une expérience qui l'est tout autant.

PISCINE MUNICIPALE

Rue des Amours
✆ 06 72 53 54 67
www.mairie-puymirol.fr
Du 9 juillet au 28 août 2022, du mardi au dimanche 12h-20h. Adulte : 3,50 €. Enfant : 3 € (jusqu'à 12 ans).

Ouverte durant la période estivale, la piscine municipale de Puymirol est située rue des Amours. Née de la volonté des habitants, la piscine fut construite en 1975. Le site jouit d'une vue imprenable, surplombant les remparts où l'on peut admirer tranquillement la verdure du Pays de Serres. Quel bonheur de pouvoir se rafraîchir en été dans les trois bassins ! Parce qu'en Lot-et-Garonne, la chaleur peut-être accablante parfois... La piscine est surveillée et vous disposez d'une terrasse avec parasols. Vous n'avez plus qu'à en profiter.

SAINT-MAURIN

Situé en Pays de Serres dans une vallée verdoyante en bordure du ruisseau l'Escornebœuf, le village de Saint-Maurin compte environ 500 âmes. Il est resté très préservé et a gardé intact tout le charme de la vie d'autrefois. L'abbaye a été construite sur le tombeau du martyr saint Maurin, décapité à Lectoure dans le Gers. En partie détruite à la Révolution, elle est aujourd'hui rattachée à la fédération européenne des sites clunisiens. Son château abbatial abrite un musée de la vie rurale et des anciens métiers. Au centre-bourg, pittoresque, vous découvrirez entre autres de belles maisons à pans de bois, un lavoir et une magnifique halle.

LE MOULIN DE FERRUSSAC

342, Chemin des Vergers ✆ 06 95 02 47 48
www.domainedeferrussac.fr

Lun-ven 9h-12h/14-18h. WE sur rdv. Vente de fruits et jus de fruits. Livraison possible. Gîte 5 pers. 290-520 €/sem.

Cet ancien moulin fortifié construit au XIVe s. est une propriété agricole depuis 1937. Aujourd'hui, Eloi Viannay, Anne et Vincent, Côme et Elodie Lapierre gèrent le domaine. Le moulin fonctionne toujours. Sur place, vous pourrez acheter les productions du domaine, notamment les fruits frais : fraises, pruneaux d'Agen sous toutes leurs formes, pommes et de succulents jus de fruits ! Une belle adresse gourmande où qualité et fraîcheur font la différence. Un gîte vous y attend aussi dans une ancienne maison du XVIe s. du domaine de Ferrussac (2 chambres, 5 couchages).

CASTELCULIER

C'est à Castelculier que vous trouverez la fameuse villa gallo-romaine « Villascopia », un lieu à découvrir absolument. Dans un autre registre, partez à la découverte des églises romanes de Saint-Amans et de Notre-Dame-de-Cabalsaut qui datent du XIIe siècle. Admirez le premier édifice et l'élégance du porche roman qui fait honte à la façade bétonnée. Notre-Dame est classée aux Monuments historiques. Les chapiteaux possèdent chacun un décor différent. Le cimetière de Saint-Amans est connu pour avoir été un lieu de résistance durant la Seconde Guerre mondiale. Par ailleurs, Castelculier a inspiré Jasmin, le poète lui a en effet dédié un poème.

LA SAUVETAT-DE-SAVÈRES

Les origines du village remontent à l'époque gallo-romaine, mais il s'est développé essentiellement au XIIe siècle. Un prieuré fut bâti puis tout autour des maisons furent construites. Ainsi naquit le bourg qui devint une des premières sauvetés agenaises sous la protection de l'Eglise catholique. L'histoire de la Sauvetat-de-Savères est également marquée par une douloureuse épreuve. Le 7 juin 1944, les nazis y ont exécuté 11 personnes. Située sur la rive droite de la Petite Séoune, la commune offre de nombreux témoignages du passé : four à pain, lavoir... La vie d'antan est également évoquée grâce à son musée des fibres et textiles et vie de la fermière.

VILLA GALLO-ROMAINE DE LAMARQUE ★★

22, rue de lamarque
✆ 05 53 68 56 00

Jardin archéologique ouvert en libre-accès du lundi au dimanche de 9h30 à 17h30. Label Tourisme & Handicap.

Le site archéologique de la villa gallo-romaine de Lamarque est géré par la ville de Castelculier. Témoignage rare et précieux en Lot-et-Garonne de la période gallo-romaine, ce lieu permet de comprendre la vie des dignitaires de l'époque sous l'angle de l'espace thermal, qui est le seul à avoir été découvert en Aquitaine. Le jardin archéologique se visite en autonomie grâce à des panneaux explicatifs. Un voyage dans le temps à ne pas manquer !

PAYS DE L'AGENAIS

Villa Gallo-Romaine de Lamarque.

LE ROUERGAT €€

4, place de la mairie ✆ 05 53 87 80 45
https://lerouergat.fr/
12h-13h30/19h45-21h Fermé lun et mar de sept à juin, dim et lun en juillet et août. Menus midi 21/31 €, soir 40/75 €.

Rouergat ou un dialecte de langue d'oc parlé dans l'Aveyron de Julien Amat. Il n'en faut pas plus pour comprendre l'attachement à cette terre de ce talentueux Chef. Sa cuisine « bistrote » élégamment le midi et joue une partition gastronomique le soir avec un jarret de veau confit pané à la chapelure japonaise, compotée de chou vert, ricotta aux fines herbes et crème de lard grillé ou un dos de cabillaud Skrei, crémeux de topinambour à la vanille de Madagascar, sablé au parmesan, shiitaké et caviar de hareng. Des intitulés aussi raffinés que la décoration !

SAINT-URCISSE

Lorsque vous allez sur le site du village, ces propos introductifs disent tout : « Un dicton populaire assure que les gens heureux n'ont pas d'histoire. S'il est possible de transférer ce dicton à des villages, il est permis de dire que Saint-Urcisse est une bourgade drôlement heureuse, car son passé n'a guère marqué l'histoire et on ne lui en connaît pas beaucoup. » Effectivement, il n'y a pas grand-chose à voir à Saint-Urcisse, si ce n'est sa très belle église romane. Cependant depuis Puymirol, la balade en voiture (ou à pied pour les plus courageux !) vaut le détour. Sur la D248, les très beaux paysages du Pays de Serres vous attendent.

CLERMONT-DESSOUS ★

Clermont-Dessous ou Clarus Mons pour la colline aux tons clairs et Dessous car en aval de la Garonne par rapport à Agen. Ce bourg a ceci d'original que c'est en fait une commune qui est composée véritablement de cinq villages, trois hameaux, trois églises et trois cimetières en l'occurrence Clermont-Dessous, Saint-Médard, Puymasson, Lapouleille et Fourtic, ce dernier étant le « centre administratif » avec la mairie et l'école. Le bourg historique qui, de part sa position élevée et ses ruelles dont un chemin de ronde permettant d'en faire le tour, attire de nombreux touristes est Clermont Dessous. Il existe aussi un château du XIIIe siècle

LA MAISON BLEUE €€

Le bourg
✆ 09 80 79 77 56
Du mer au sam midi et soir et dim midi. Menus 25,90 €, 37,90 €, 23,90 € (dim). Formules midi semaine : 14,90 €/17,90 €.

Il est parfois une impression qui ne trompe pas, comme de savoir qu'en arpentant ce petit village perché vous y trouverez votre bonheur. Elodie et Jonas vous accueillent dans leur maison aux volets bleus, elle au service, lui en cuisine. Les intitulés sont jolis et c'est excellent : ris de veau aux morilles, noix de Saint-Jacques snackées, carbonara de céleri et pesto de roquette, choux craquelin en dessert... Petit futé aime ! Et il faut profiter de la terrasse en été. On vous invite à aller dans cette Maison Bleue pour comprendre le mot « trésor caché ».

LE MIEL ET L'EAU

Las Taoulès
✆ 05 53 67 45 46
www.lemieletleau.fr
Jeudi au mardi 9h-21h30. Accès espace balnéo pour 1h30 dès 35 €/pers. Massages 1h-1h30 60 €-100 €. Soins divers.

Dans une vieille grange restaurée, le centre de bien-être Le Miel et l'Eau propose ses 180 m² privatifs. 1h30 de détente pour vous ressourcer et faire le vide intérieur : relaxation et déconnexion totale. Hammam, sauna, piscine chauffée, soins aquatiques. Prolongez cet instant par un massage. Spécialités du centre : massage du corps au miel et huile chaude, soins visage à base de miel et propolis, gommage au sucre de coco… Ce havre de relaxation est conçu suivant une logique écologique (chaudière à granules de bois, panneaux photovoltaïques).

PAYS DE LA VALLÉE DU LOT

Le pays de la vallée du Lot est un territoire aux potentiels variés. Terre de production, les vergers sont nombreux bordant la vallée et colorant le paysage selon les saisons. Cancon y tient son rang de capitale de la noisette et de Castillonnes à Damazan, les champs s'admirent à perte de vue. Terre d'une histoire particulièrement dense, ce pays attire la curiosité et la soif de découverte. Quand Bonaguil et Gavaudun aimantent par leur dominance géographique et leur style moyenâgeux, les nombreuses bastides, de Villeréal à Laparade, invitent à la convivialité partagée de par leur planification et leur architecture unique. La gastronomie se partage dans les restaurants qui foisonnent dans les petits villages mais aussi chez les producteurs qui font la richesse de ce pays. Ce territoire est une chance pour les amateurs de sport et de loisirs qui trouvent entre baignade et vélo, les activités qui font du Lot un atout touristique.

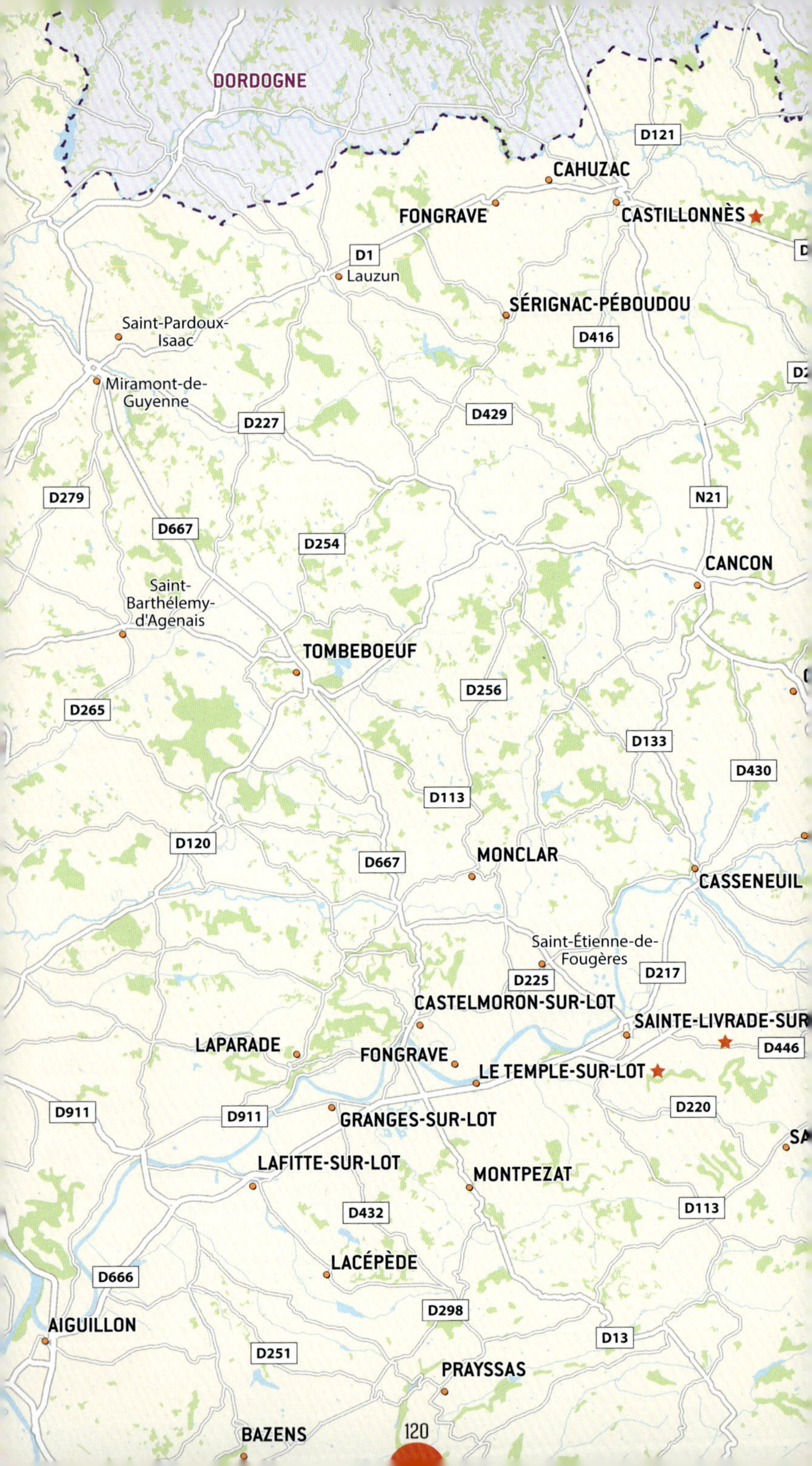
DORDOGNE
D121
CAHUZAC
FONGRAVE
CASTILLONNÈS
D1
Lauzun
SÉRIGNAC-PÉBOUDOU
Saint-Pardoux-Isaac
D416
Miramont-de-Guyenne
D227
D429
D279
N21
D667
D254
CANCON
Saint-Barthélemy-d'Agenais
TOMBEBOEUF
D256
D265
D133
D430
D113
D120
D667
MONCLAR
CASSENEUIL
Saint-Étienne-de-Fougères
D225
D217
CASTELMORON-SUR-LOT
SAINTE-LIVRADE-SUR
LAPARADE
D446
FONGRAVE
LE TEMPLE-SUR-LOT
D911
D911
GRANGES-SUR-LOT
D220
LAFITTE-SUR-LOT
MONTPEZAT
D432
D113
LACÉPÈDE
D666
D298
AIGUILLON
D13
D251
PRAYSSAS
BAZENS

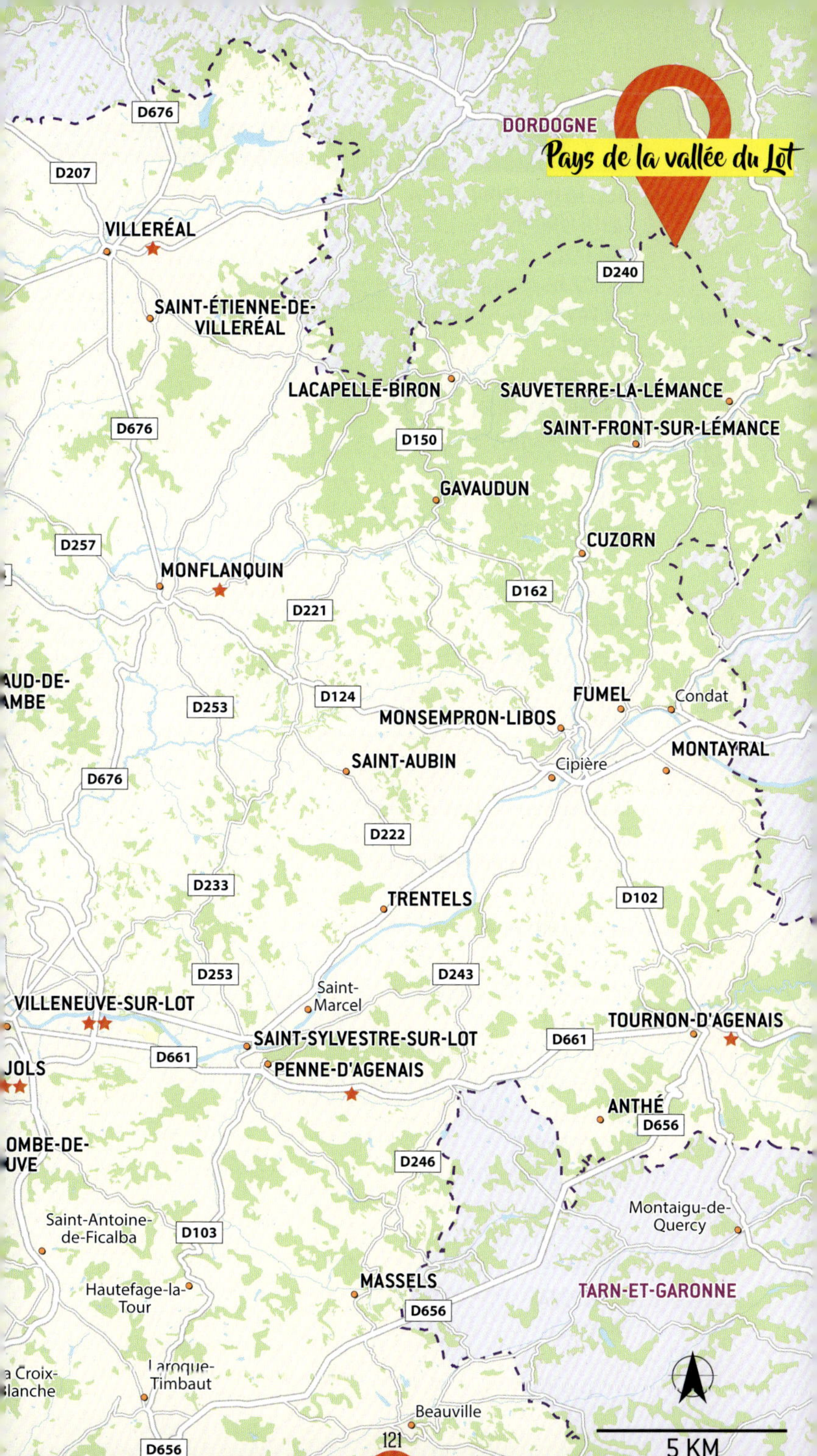
Pays de la vallée du Lot
DORDOGNE
D676
D207
VILLERÉAL
SAINT-ÉTIENNE-DE-VILLERÉAL
D240
LACAPELLE-BIRON
SAUVETERRE-LA-LÉMANCE
SAINT-FRONT-SUR-LÉMANCE
D676
D150
GAVAUDUN
D257
CUZORN
MONFLANQUIN
D162
D221
AUD-DE-
AMBE
D124
FUMEL
Condat
D253
MONSEMPRON-LIBOS
SAINT-AUBIN
Cipière
MONTAYRAL
D676
D222
D233
TRENTELS
D102
D253
D243
Saint-Marcel
VILLENEUVE-SUR-LOT
TOURNON-D'AGENAIS
SAINT-SYLVESTRE-SUR-LOT
D661
D661
JOLS
PENNE-D'AGENAIS
ANTHÉ
D656
OMBE-DE-
UVE
D246
Montaigu-de-Quercy
Saint-Antoine-de-Ficalba
D103
MASSELS
TARN-ET-GARONNE
Hautefage-la-Tour
D656
a Croix-
Blanche
Laroque-Timbaut
Beauville
D656
5 KM

PAGES

●● PAYS DE LA VALLÉE DU LOT

Lé Vue sur Villeneuve-sur-lot.

VILLENEUVE-SUR-LOT ★★

Deuxième plus grande ville du département, Villeneuve-sur-Lot n'a longtemps pas eu le sort qu'elle méritait. Cette double bastide à cheval sur le Lot fut créée en 1253 par Alphonse de Poitiers, comte de Toulouse, qui « négocia » d'une main de fer avec l'abbé d'Eysses pour la rive gauche et le seigneur de Pujols pour le versant opposé… érigeant ici une place forte en pays Haut-Agenais, dont les deux tours – dites de Paris et de Pujols – circonscrivent aujourd'hui encore le tour de ville. De nature frondeur, le Villeneuvois sera puni au XVIIe siècle, contraint d'abattre ses fortifications sur ordre royal, fortifications dont il ne reste plus rien. En 1642, le Vieux Pont est reconstruit suite à des inondations qui avaient fait s'effondrer deux de ses arches. Il était autrefois surmonté de trois tours défensives, construites au XIIIe siècle et détruites au XVIe siècle. Port d'une importance considérable, Villeneuve-sur-Lot bâtit au même moment une chapelle adjacente, Notre-Dame-du-Bout-du-Pont, petit joyau destiné aux conducteurs de gabarres, ces barques à fond plat qui effectuaient le transport de marchandises sur la capricieuse rivière Lot. La place Lafayette, anciennement place des Cornières, est le centre névralgique de la bastide rive droite, typique des places carrées du Sud-Ouest. Depuis le Moyen Age, c'est là que se tient le samedi matin le très agréable marché (le mardi matin, il a lieu devant la Tour de Paris, Place de la Libération). Les arcades de la place sont surmontées de maisons des XVIIe et XVIIIe siècles finement restaurées, qui contrastent avec la rive gauche, plus populaire, autrefois fournie en tanneurs, teinturiers, cordiers et autres commerçants. Cela dit, la rive gauche du Lot héberge la chapelle des Pénitents blancs de style baroque, ancien lieu de culte de la confrérie du même nom. A la fin du XIXe siècle, l'industrialisation galopante incite à la construction d'un deuxième pont : le Pont Neuf, tout de brique vêtu et bientôt imité, au début du XXe siècle par l'imposante église Sainte-Catherine de style romano-byzantin, conçue en remplacement de l'ancienne église du XVe siècle, jugée trop vétuste. Vestiges de cette modernisation forcée, les vitraux de la nouvelle église sont en partie d'époque ! Empruntez le pont de Basterou, dernier-né de la Bastide : il vous offrira un point de vue exceptionnel sur les deux rives : la Cale (amphithéâtre de plein air en bord de Lot) à droite, et le centre nautique à gauche, mais aussi sur l'enfilade des ponts. Pour les amateurs de panoramas, montez jusqu'au belvédère de Pujols.

CHÂTEAU DE CAUSSINAT €

CLAIRAC

✆ 05 53 84 22 11

Ouvert de mai à mi-septembre. 3 chambres et 1 suite familiale. De 60 € à 110 € selon le nombre de personnes.

Propriété agricole qui appartient à la famille depuis trois générations, Aimé et Gisèle Massias cultivent leur bonheur dans la vallée du Lot. Rustique, le château de Caussinat vous accueille en toute simplicité au cœur d'une ferme céréalière et maraîchère où les enfants seront ravis de voir les moutons de Gisèle. Votre hôtesse vous propose des plats traditionnels : blanquette de poule, canette rôtie aux pruneaux, tartes feuilletées aux fruits… De vraies vacances revigorantes à la campagne ! Sur place, ping-pong, pique-nique, piscine…

CHAPELLE DES PÉNITENTS BLANCS

50, Rue de l'Ecluse

✆ 05 53 70 85 08

Visite libre (ou guidée) de juillet à mi-septembre du mardi au vendredi 10h-12h/14h-18h, samedi et dimanche après-midi.

Il existait à Villeneuve-sur-Lot des confréries laïques des pénitents bleus sur la rive droite et des pénitents blancs de la rive gauche. Si la chapelle des pénitents bleus dans la rue du Puits Coulaud a été détruite, celle des pénitents blancs existe toujours. Elle a été magnifiquement restaurée entre février 2019 et février 2020. Elle se visite durant la période estivale uniquement. Y sont exposés des bâtons de pénitents, croix de procession et tableaux liturgiques.

MUSÉE DE GAJAC ★

2, rue des Jardins

✆ 05 53 40 48 00

Nov. à mars : semaine 10h-12h/14h-17h, we 14h-17h. Avril à octobre : semaine 10h-12h/14h-18h, we 14h-18h. Fermé lundi.

Dans un ancien moulin, sur les berges du Lot, le musée de Gajac met en lumière une belle collection d'œuvres de peintres et sculpteurs qui montrent le monde ouvrier, paysan ou bourgeois et flirtent avec l'onirisme. Cette collection permanente est complétée par une programmation temporaire tout aussi riche. En 2022, du 8 juillet au 27 novembre se tient l'exposition « La rivière au fil de l'art » : tableaux, dessins, estampes d'artistes du XIXe siècle et de la première moitié du XXe siècle sur le thème de l'eau, élément qui a sa place toute trouvée dans un tel lieu.

Pont de Villeneuve-sur-Lot.

PLACE LAFAYETTE

Lieu incontournable de Villeneuve, cette jolie place entourée d'arcades accueille le samedi matin le marché. Elle doit son nom à Alexandre Guyot, docteur qui souhaitait améliorer les conditions d'hygiène du quartier en apportant l'eau courante au plus près des habitations. En 1835, il légua à la ville une somme afin d'ériger en son centre une fontaine publique à la condition que la place, autrefois Place Publique, soit renommée Place Lafayette. La ville accepta le legs, mais ce n'est qu'en 1872, 37 ans plus tard, que fut érigée la fontaine, et la place rebaptisée.

OFFICE DE TOURISME DU GRAND VILLENEUVOIS

Allée Federico Garcia Lorca ✆ 05 53 36 17 30
www.tourisme-villeneuvois.fr
Été : lun au sam 9h30-12h30/14h-18h30. De mars à juin+septembre : fermeture 18h. Hiver : lun au sam 10h-12h30/14h-17h.

Dans le quartier de la mairie et du théâtre, vous ne pourrez pas rater l'office de tourisme du Grand Villeneuvois, avec sa façade parée d'un moucharabieh rouge. Le numérique est au cœur de cet office « nouvelle génération » avec un point I-mobile pour recharger ses appareils ou surfer sur Internet via le wifi gratuit. À l'accueil, les conseillers en séjour vous guideront sur les activités touristiques. Pour finir, la boutique propose une large gamme de produits liés au territoire.

VOIES VERTES DE VILLENEUVE-SUR-LOT

Allée Federico-Garcia-Lorca
✆ 05 53 36 17 30
www.tourisme-villeneuvois.fr
Gratuit. Durée : 1h30. Difficulté : facile.

Neuf kilomètres relient les communes voisines de Villeneuve-sur-Lot, Bias, Le Lédat et Casseneuil. Construite sur d'anciennes voies ferrées, cette piste est accessible aux rollers, cyclistes, skateurs et promeneurs. Longeant la Masse, elle offre une alternative agréable aux trajets en voiture. Casseneuil mérite la visite pour son héritage médiéval et son cadre naturel. Un second trajet fait la jonction entre Villeneuve-sur-Lot et Le Temple-sur-Lot en passant par Sainte-Livrade-sur-Lot.

LES CROISIERES DU LOT

Cale de la Marine ✆ 05 53 36 17 30
www.lescroisieresdulot.fr
D'avril à octobre. Balade 1h30 : 10 €/adulte, 8 €/enfants 3-10 ans. Croisière repas 4h30 : 60 € (36 € 3-10 ans).

Montez à bord d'un confortable bateau pour explorer le patrimoine de la bastide en voguant sur le Lot : moulins, ponts, châteaux, pigeonniers... Les secrets des corsaires, légendes et anecdotes de la ville vous seront dévoilés. Moment de détente assurée. Amoureux de la nature, la visite permet d'admirer de nombreux oiseaux. Les départs depuis Villeneuve-sur-Lot se font le samedi pour la croisière promenade d'1h30 et le dimanche pour la croisière déjeuner de 4h30. D'autres départs sont possibles au Port-Lalande de Castelmoron-sur-Lot. Réservation indispensable.

MAIRIE DE VILLENEUVE-SUR-LOT

Boulevard de la République
✆ 05 53 41 53 53
www.ville-villeneuve-sur-lot.fr
Du lundi au vendredi de 8h30 à 12h30 et de 13h30 à 17h ; le samedi de 9h à 12h. Etat civil fermé le mardi après-midi.

Maire de Villeneuve depuis le 28 juin 2020, élu avec 49,8 % des voix, Guillaume Lepers est également président de la Communauté d'agglomération du Grand Villeneuvois et Conseiller départemental du canton de Villeneuve-sur-Lot depuis le 1er avril 2015. La mairie de Villeneuve-sur-Lot est située sur le boulevard de la République et possède deux annexes situées rive gauche boulevard Camille Desmoulins et dans le quartier d'Eysses avenue du Général de Gaulle.

HÔTEL DES REMPARTS** €

1, rue Etienne Marcel ✆ 05 53 70 71 63
www.hotel-des-remparts.eu
A l'année. 9 ch, simple 50€, double 55€, triple 60€, quadruple 70€, suite 90€. Petit-déj 7€, Garage 5€. Animaux admis.

Ce petit hôtel familial idéalement situé au cœur de Villeneuve et à proximité du Lot possède 9 chambres, impeccables et parfaitement entretenues, toutes soigneusement décorées et personnalisées avec goût. Chacune est équipée d'un petit bureau, d'une armoire, d'un téléviseur à écran plat et d'une douche privative. Certaines ont une vue sur le toit-terrasse arboré. Vous recevrez un accueil souriant et chaleureux. Le petit déjeuner s'avère copieux. Cafés et thés sont disponibles gracieusement en chambre. Un excellent rapport qualité-prix pour une adresse agréable.

© COPIRYGHT RACHID HOUANOH

© AGGLOMERATION DU GRAND VILLENEUVOIS

© AGGLOMERATION DU GRAND VILLENEUVOIS

GRAND VILLENEUVOIS

Plus grande bastide du Sud-Ouest, Villeneuve-sur-Lot est la ville centre d'un territoire, le Grand Villeneuvois, où le « bien-vivre » et le « bien-manger » font le bonheur des habitants et des touristes. Les villages de caractère qui le composent et son riche patrimoine historique lui ont permis de décrocher le label Pays d'Art et d'Histoire. Les festivités s'y déploient tout au long de l'année. Des visites dans les villages remarquables sont incontournables à Sainte-Livrade-sur-Lot, Laroque-Timbaut, Casseneuil et Pujols, l'un des plus beaux villages de France.

© @JEROME MOFEL

© AGGLOMERATION DU GRAND VILLENEU

© CDT47

Villeneuve-sur-Lot.

LE MOULIN DE BRUGNAC €

1079, Route de la Mairie
BRUGNAC
✆ 06 75 03 77 39

Ouvert toute l'année. 2 chambres (jusqu'à 4 personnes). De 330 € à 600 € la semaine selon les périodes.

Si les espaces exigus ne vous mettent pas mal à l'aise, vous apprécierez sûrement le caractère intime de ce gîte peu ordinaire, aménagé dans la tour d'un moulin à vent du XIXe siècle. À chaque niveau de 10 m² correspond une pièce toute en rondeur : buanderie au sous-sol, entrée, cuisine et coin repas, 2 chambres. Le tout parfaitement optimisé. La pierre, le bois, le verre et le métal forment un ensemble des plus harmonieux. Situé sur un promontoire, le moulin offre une vue splendide sur la campagne. Rien ne devrait venir perturber votre tranquillité.

CHATEAU DE SENEZELLES €€

Sénézelles - **PAILLOLES**
✆ 05 53 41 03 10
www.senezelles.com

Gîte pour 4 personnes de 480 à 790 € la semaine, week-end dès 200 €. Chèques Vacances. Animaux acceptés.

Deux piscines extérieures, des terrains de tennis et de pétanque, un mini-golf, une salle de sport et même les producteurs locaux qui viennent jusqu'à vous une fois par semaine : les services sont nombreux ici. Les gîtes ont du caractère. Ils sont très bien équipés et en complément un service buanderie est mis à votre disposition. Dans un parc de près de 2 hectares, les enfants pourront jouer librement et en toute sécurité. La vie de château à petit prix, cela ne vous tente pas ? Sans oublier la proximité avec de nombreuses activités dans le secteur.

LA BORDENEUVE €€

16, rue de la Liberté ✆ 05 53 70 86 52
www.aquitaine-bordeneuve-gites.com

Gîtes modulables à partir de 350 € la semaine. Piscine extérieure, activités diverses (baby-foot, trampoline, vélos...)

Dans un écrin de verdure, vous trouverez des gîtes aménagés dans les dépendances d'un manoir. Les espaces sont modulables et s'adaptent aux besoins des visiteurs, y compris les personnes en situation de handicap moteur ou visuel. Le parc d'1 ha est peuplé d'arbres centenaires, d'une bambouseraie et d'une magnifique piscine. Vous pourrez y croiser le labrador, chien-guide à la retraite, divers animaux et la mascotte : Gontran le cochon ! Myriam et son fils Enguerrand, charmants, vous proposeront un circuit touristique dans une Rolls Royce Silver Cloud ! Dépaysant !

CHATEAU SAINT-SULPICE €€

LA SAUVETAT-SUR-LÈDE
✆ 05 53 01 46 44

Chambres d'hôte hors saison 60-100 € la nuit, petit déjeuner inclus. Location du château à la semaine l'été : 4 000 €.

Construit au XVIe siècle, le château a été modernisé à l'époque napoléonienne par le comte de Laborie Saint-Sulpice. Il est classé aux Monuments historiques. June et Frédéric Filliette ont choisi d'ouvrir l'édifice à celles et ceux qui souhaitent mener la vie de château. Lustres en cristal ou en bronze, cheminées en marbre, tapisseries, tableaux, le cadre est tout à fait grandiose. Admirez la pièce en rotonde avec ses fresques et ses portes cintrées ! Les chambres ne dérogent pas à la règle même si elles offrent des literies haut de gamme et le confort moderne.

LE DOMAINE DE BEUNES €€

n° 3100, Route de Mazerac Lieu-dit Beunes
PAILLOLES ✆ 05 53 41 67 20
www.domaine-de-beunes.fr

1 à 2 personnes de 110 à 150 €. Pour 2 personnes, forfait séjour gastronomique : 189 €, escapade romantique : 199 €.

Raymonde et Jean-Claude proposent quatre chambres d'hôtes et suites, aux décorations très différentes : la chambre Evasion, de style colonial, pour 2 personnes avec possibilité de lit d'appoint, Fleur de Lin de deux à quatre personnes, la jolie Zénitude, qui porte bien son nom, avec ses tons apaisants pour 2 adultes et 2 enfants, et la toute récente suite Espérance. Décorée dans des tons clairs, elle offre un espace de vie très agréable et peut accueillir 4 personnes. Spa, piscine et bien d'autres jeux et activités pour petits et grands vous attendent !

LES HUGUETS €€

✆ 05 53 70 49 34
www.leshuguets.com

Chambre simple de 62 € à 72 € ; chambre double de 78 € à 98 € ; chambre triple de 95 € à 110 € ; suite de 100 € à 125 €.

Les Huguets sont nichés sur une colline, au cœur d'une superbe propriété de 30 hectares. Gerda et Ward vous accueillent avec gentillesse et discrétion dans leur belle demeure de caractère. Cinq chambres spacieuses et confortables vous y attendent. Quatre d'entre elles sont situées dans la maison principale, la plupart avec une superbe vue sur la vallée, la cinquième est installée dans l'ancien pigeonnier au fond du jardin pour un effet cocooning garanti. Les activités ne manquent pas ici, entre piscine et sauna, c'est la détente assurée.

DOMAINE DE POUCHOU**** €€

656, Chemin du Rit - **COURBIAC**
✆ 05 53 40 72 68
www.camping-le-pouchou.com

Camping été : emplacement 20 €/la nuit pour 2. Aire camping-cars 15 €/nuit. Location chalets tte l'année 52/172 €/nuit.

Pouchou signifie petite colline : le camping en est entouré ! Annie et Jean-Paul louent 35 emplacements (très grands !) mais aussi des chalets, bungalows, mobil-homes et un gîte de pêche. Le plan d'eau invite à la pêche justement, ou à la contemplation, et apporte une agréable fraîcheur l'été. Côté activités, il y a le choix : ping-pong, baby-foot, volley-ball, badminton, piscine. Des chemins de randonnée et des circuits à vélo aménagés existent tout autour. Tournon-d'Agenais, classé parmi les plus beaux villages de France, se trouve à proximité.

IBIS STYLES*** €€

Lieu-dit Brignol
✆ 05 53 40 04 40
www.ibis.com

A l'année. 48 chambres (dont 2 accessibles aux PMR). Chambres de 79 à 109 € (1 à 4 pers.). Petit déjeuner inclus.

Cet établissement se situe dans la zone commerciale de Romas à 5 minutes en voiture du centre-ville. Loin des hôtels impersonnels à la décoration uniformisée, les chambres, à la literie confortable, sont lumineuses et agréables. Le décor des espaces communs invite à une balade en forêt. Vous pourrez demander une chambre « rugby » et dormir sous une grande fresque de Daniel Dubroca. Profitez aussi du bar, de la terrasse et de l'espace jeux. Le petit déjeuner se compose d'un buffet à volonté. Salle de séminaire de 36 places bien équipée.

HÔTEL MERCURE LE MOULIN DE MADAME**** €€

Route de Casseneuil ✆ 05 53 36 14 40
www.accorhotels.com

Toute l'année sauf 2 semaines fin décembre. 30 chambres. Chambre double de 89 € à 187 €. Restaurant sur place.

Les 30 chambres élégantes de cet hôtel ont été construites dans la partie neuve du complexe du Moulin de Madame, splendide site du XVIIe siècle. Climatisées, superbement meublées et décorées, elles offrent un très grand confort dans un cadre somptueux avec le Lot en mouvement. Le personnel, discret et professionnel, vous réservera un accueil aussi sympathique qu'attentif. Le soir, vous pourrez dîner au restaurant de l'hôtel, situé dans l'ancien moulin admirablement restauré.

NICOLE ET BERNARD BISSIERES €€

Bordeneuve - **LABRETONIE**
✆ 05 53 89 66 54
https://www.douces-collines.fr

Basse saison 370 € la semaine. Moyenne saison 470 €. Haute saison 600 €. Très haute saison 700 €. Jusqu'à 5/6 personnes.

Entouré par la végétation, ce gîte tient ses promesses de calme. La maison a belle allure. L'intérieur, avec ses teintes chaudes, se compose d'une cuisine rustique fort bien équipée, d'une salle à manger, de deux chambres accueillantes de deux et trois personnes (possibilité de rajouter un lit d'appoint). La splendide piscine donne tout de suite envie d'aller piquer une tête. L'immense jardin offre balançoires, trampoline pour les enfants, baby-foot, tennis de table...

LE COMPTOIR À T'M €

50, rue des Frères Clavet
05 53 40 15 64

Du lundi au vendredi midi dès 11h30. Menu du jour et menu tarte 11 € (à emporter) 12,50 € (sur place).

Gros coup de cœur pour cet établissement situé dans la rue piétonne : c'est bon, frais, équilibré et rapide ! Monika Pouwels propose une vente sur place ou à emporter de plats faits maison et cuisinés chaque jour avec des produits frais. Un conseil : suivez au quotidien les propositions de menus sur la page Facebook. Pâtes fraîches, salades, soupes maison, tartes originales, desserts gourmands : puisant dans ses voyages, Monika use des épices pour des saveurs créoles ou des plats de la Réunion. Familiale et gourmande, cette adresse cosy est superbe.

À L'ITALIENNE €

9, rue sainte catherine
05 53 70 37 26

Du mardi au samedi le midi, vendredi et samedi soir. Pizza (33cm) de 10 € à 14,80 €, la part entre 2,50 € et 3,70 €.

Dans cette petite pizzeria située dans le centre de la ville, Angélique distille en bonne pizzaïola la star des spécialités transalpines. Formée à Condom par un garant de la tradition de fabrication, elle propose une belle carte de pizzas et les vend à la part ou entières pour que l'amateur ait la possibilité de consommer sa pizza à la taille qu'il souhaite. Et pourquoi pas pouvoir varier les plaisirs en prenant un tiramisu ou une panna cotta maison ? Un coin épicerie fine est aussi présent avec des huiles d'olive ou des « dolces » savoureuses.

FAYROUZ €

29, boulevard Georges-Leygues
05 53 49 48 70

Fermé le dimanche. Du lundi au samedi de 12h-14h30/19h-22h30. Formule du midi 15 €. A la carte 20/25 €.

Adib El Aouf, originaire de Beyrouth, tombé sous le charme de la ville, y a installé Fayrouz (nom de la célèbre chanteuse de son pays) bien en vue sur le boulevard Georges Leygues. Cuisinier de formation, il propose des « mezzés » froids ou chauds (houmous, caviar d'aubergines, falafels), petits plats de partage, mais aussi des spécialités comme le chich taouk au poulet ou les arayes farcis à la viande. Baklava et mouhalabia (flan à la fleur d'oranger) font partie des desserts traditionnels. Le bon plan à Villeneuve-sur-Lot pour manger libanais !

HOME STREET FOOD BY LE TERMINUS €

30, Rue de Paris
05 53 71 81 63

Du mar au sam midi et soir. Burger seul 8 €. Burger frites 9 €. salades 8 €. Desserts de 2 € à 3,50 €. Boissons 2 €.

Ouverte tout début 2022, l'adresse est marquée par la gentillesse d'Arthur (le fils de Nicolas Weilenmann, patron de l'hôtel-restaurant Le Terminus). Le jeune homme propose une restauration rapide simple et plutôt copieuse à base de burgers (bacon, oriental, raclette, au poulet, au poisson) et salades (César, océane, végétarienne). Un petit tiramisu maison léger pour faire passer le tout et voilà votre faim rassasiée ! Vous pouvez consommer sur place ou emporter votre repas.

HÔTEL RESTAURANT LE TERMINUS €

2, avenue Maréchal Foch 05 53 49 29 02
www.le-terminus47.fr/

Service du midi du lun au ven 12h-14h, service du soir du lun au mer 19h-21h30, jeu et ven 19h-23h30.

Derrière la façade rétro du bâtiment se cachent une déco moderne et une ambiance dynamique. La cuisine est ouverte et tout est préparé sous vos yeux. Ici, on travaille en circuit court avec des produits locaux et surtout frais. La carte change avec les saisons. Nicolas propose une cuisine appétissante où ne manquent jamais les spécialités maison (pièce de veau aux morilles, ris de veau à la forestière, etc.). Le bar lounge vous accueille pour déguster vin, cocktail et tapas.

L'OUSTAL €

4, place Lafayette
05 53 41 49 44

Fermé mercredi et dimanche. Mardi uniquement le midi sinon midi & soir. Menus de 27 à 32 €. Formule midi semaine 20 €.

Un restaurant basque à Villeneuve-sur-Lot ? Oui et c'est un pur bonheur ! Sous les cornières de la jolie place Lafayette, découvrez une cuisine goûteuse qui mélange les traditions culinaires du Sud-Ouest. Caroline est en cuisine, son époux Lionel, en salle pour un accueil chaleureux. De la belle assiette de jambon de la vallée des Aldudes à la parillada de poissons en passant par l'axoa et le confit de canard, baladez-vous entre Biscaye et Soule. Sans oublier le foie gras « revisité » ! Côté desserts : bien sûr, le gâteau basque fait maison !

MÉMÉ COCOTTE €

Bourg nord
SAINT-ETIENNE-DE-FOUGÈRES
✆ 05 47 01 17 37

Du lundi au vendredi le midi. Réservation conseillée. Formule à 14,90 €. Vente à emporter 12,20 €.

« Ici, rien n'est fait ailleurs » ! Dans la vie, Lydie et Emilie sont belles-sœurs. Lydie est en cuisine pour le salé, Emilie pour le sucré. Chaque jour, elles proposent 3 entrées à volonté (soupe, terrine, salade de crudités), un plat unique et un buffet de desserts. Pas de stock, ni conserve, ni surgelé : une cuisine 100 % faite maison, même le pain. Privilégiant producteurs locaux et circuit court, les plats sont des classiques de la gastronomie française : blanquette de veau, pintade farcie, canard aux pruneaux… Bref, une halte gourmande et généreuse !

Ô P'TIT LYONNAIS €

38, rue des Frères Clavet
✆ 05 53 72 19 06

Mardi 9h-15h, jeudi-vendredi-samedi 9h-15h, dimanche 10h-15h. Le soir sur réservation.

Amateurs de spécialités lyonnaises, précipitez-vous dans le restaurant d'Anne Lagoutte, cette Stéphanoise qui a ouvert Ô P'tit Lyonnais en août 2018. Tablier de sapeur (spécialité à base de gras-double), cervelle de canut (spécialité fromagère), tartelette aux pralines de Lyon sont au programme. La carte propose aussi de la tête de veau sauce ravigote, de la fricassée de poulet fermier ou des quenelles de brochet sauce Nantua. Grâce à son activité de traiteur, vous pouvez emporter vos plats, de la charcuterie et du fromage. C'est le p'tit bouchon qu'on aime !

RESTAURANT AVANA €

8, rue de penne ✆ 05 47 99 99 51
www.restaurantavana.fr

Du mar au sam 12h-13h45/19h-21h30. Formules midi de 11,50 € à 15,50 €. Menu délectation 28,50 €. A la carte 33,50 €.

© RESTAURANT AVANA

Avana veut dire « famille » en malgache et celle-ci vous accueille dans son restaurant avec toute l'attention bienveillante qui vous rassure avant même d'avoir goûté à la cuisine. Christian Rakotoarimanana assure un service attentionné. Derrière les fourneaux, c'est la mère et la sœur qui officient. Farandole de tapas créoles, misao de nouilles sautées terre ou mer, biscuit banoffee spéculoos banane : le restaurant prône une cuisine inspirée d'ailleurs, qui vous transportera sans nul doute. Petit Futé vous recommande le voyage, notamment sur l'agréable terrasse.

LA TABLE DES BARRIQUES

7, boulevard Georges Leygues
✆ 05 53 40 20 04

Ouvert tous les jours de 9h à minuit non-stop. Terrasse.

Le nom annonce la couleur ou plutôt les couleurs du vin. La Table des Barriques anime le boulevard, et de barriques (et de bois), il en est question, puisqu'elles sont nombreuses et disséminées un peu partout dans ce lounge restaurant qui fait également bar à vin et à bières. Ici, les produits sont frais, locaux, de saison et les tapas et les planches travaillées pour partager et accompagner de la meilleure des façons les bons crus proposés. La Table des Barriques, avec sa cuisine fusion du Sud-Ouest ouverte sur le monde, amène un bel esprit festif au quartier.

LE BLUE MARINE €€

6, allée de la Fédération ✆ 05 47 01 19 18
www.bluemarine47.fr

Du mer au dim le midi, du jeu au sam le soir. Menu du midi en semaine à partir de 14 €, carte le soir 30/35 €.

Spécialisé en poissons, crustacés et fruits de mer, le Blue Marine vous accueille autour d'une cuisine maison confectionnée avec des produits frais et de qualité, sélectionnés au rythme des marées. Le chef, Hervé, maîtrise la cuisson du poisson et en préserve toutes les saveurs. Large choix aussi de crustacés et coquillages, plateau chaud de fruits de mer en persillade ail beurre, gambas, bigorneaux, crevettes, huîtres charentaises selon arrivage... Les festins sont réputés, jusqu'aux desserts et aux vins ! Présentation soignée, qualité constante : bonne adresse.

PAYS DE LA VALLÉE DU LOT

CASA PIETRO €€

15, avenue du Général de Gaulle
✆ 05 53 70 65 13
www.casapietro.fr
Fermé dimanche, lundi et jeudi midi. Pizzas 10,50 € à 15,50 €. Pâtes 12,50 € à 16 €. Desserts 5,50 € à 9 €.

La Casa Pietro, menée par Pietro et sa femme Corinne, assure le voyage jusqu'en Italie ! Commandes et commentaires se font dans la langue de Dante avec un accent qui évoque chaleur et soleil... mais aussi les belles spécialités de ce pays : grand choix de pizzas, pâtes dont les délicieux raviolis à la périgourdine et d'authentiques plats italiens comme les roulés d'aubergine à la parmiggiana. Formules copieuses d'un très bon rapport qualité-prix le midi. Pas sûr que vous arriviez jusqu'au dessert... Pensez à réserver pour vous assurer une place.

HOSTELLERIE DU ROOY €€

6, chemin de Labourdette ✆ 05 53 70 48 48
www.hostellerieduroov.eatbu.com
A l'année. Mardi au vend. midi & soir. Samedi soir. Dim. midi. Plat à la carte 20 €/40 €. Formule midi semaine 21 €.

Barbara, en salle, et Bruno Couderc, en cuisine, tiennent les rênes de ce restaurant gastronomique niché dans une belle bâtisse du XVIIIe siècle entourée d'un parc. Au menu, la cuisine traditionnelle suit les saisons et les arrivages de produits frais. La carte change tous les 15 jours, mais vous y trouverez toujours en entrée la tourtière aux pommes escalope de foie gras poêlée sauce aigre-douce, la terrine de foie gras mi-cuit chutney et pain brioché et le fameux homard rôti et décortiqué. Du 100 % fait maison et une belle carte des vins. Charme et raffinement !

LE MOULIN DE DAUSSE €€

DAUSSE
✆ 05 53 41 26 00
www.moulindedausse.com
D'avril à mi-octobre. Jeu, ven et sam soir + dim midi. En été : jeudi, ven, sam et lun soir + dim midi. Menu 34,50 €.

Adresse discrète, ouverte 4 jours par semaine à partir d'avril, peu de couverts... pourtant ici, se cache un endroit qui vous assure de vivre un grand moment gastronomique ! Un menu unique dévoile les talents et le savoir-faire du chef pour une cuisine, recherchée et inventive, associant produits frais, goûts et textures de façon surprenante pour créer un véritable feu d'artifice de saveurs. Les menus changent chaque mois. Le gigot d'agneau avec sa sauce à l'ail confit et le saumon fumé maison sont incomparables. Saveurs, cadre agréable et accueil chaleureux !

LE PARISTONE €€

Brignol
✆ 05 53 36 09 14
Mardi, mercredi 11h-14h/18h-22h. Jeudi et vendredi 11h-14h/18h-23h. Samedi 18h-23h.

La Station 47 n'est plus. A la place, l'un des anciens gérants, Thomas Paris, a repensé l'établissement désormais appelé Le Paristone. Ce pub gastronomique s'appuie sur une démarche de qualité des produits qui composent les burgers généreux et les alléchants poke bowls crevettes, saumon, poulet, bœuf, veggie... Circuits courts, lutte contre le gaspillage en cuisine : le lieu prône une philosophie engagée. Le cadre chaleureux est propice à ce que l'on prenne l'habitude de s'attarder pour profiter d'une bière aromatisée. Recommandé pour passer un bon moment.

LE PARVIS €€

41, Rue de Penne
✆ 05 53 36 08 95
Mardi et mercredi 12h-14h, du jeudi au samedi 12h-14h, 18h30-0h. Menu du jour 17 €. A la carte 30 € environ.

Face à l'église Sainte-Catherine, en lieu et place de Ze Cuiz'in, a ouvert en mars 2022 Le Parvis de Lucien Bourhis et son équipe. La salle est claire, avec une jolie tendance de bois, l'accueil sympathique, la carte attractive à grand renfort de valeurs sûres (confit de canard, entrecôte maturée, andouillette, burgers, etc.). Petit Futé s'est régalé avec l'écrasé de pommes de terre qui accompagnait sa viande délicieuse et la verrine de charlotte aux fraises en dessert... après avoir longtemps hésité face à la brioche perdue à la crème de pruneaux ! On reviendra.

LA PIERRE BLANCHE €€

Lieu-dit Maynot - **LA SAUVETAT-SUR-LÈDE**
✆ 05 53 40 69 14
www.restaurantlapierreblanche.fr
Toute l'année, du jeudi soir au dimanche midi. En juillet et août : tous les soirs et les midis du week-end.

Située à 10 minutes de Villeneuve-sur-Lot, cette bonne table s'ouvre aux gastronomes. Marie-Laure sublime les produits de saison et confère une jolie saveur même aux recettes les plus simples. Sur des bases de cuisine familiale, elle apporte une jolie note de créativité. Le lapin farci au foie gras reste l'un de ses plats fétiches. Rien n'est laissé au hasard, même le pain est fait maison ! Gardez un peu d'appétit pour les desserts, ils sont fabuleux ! Louis vous accueille avec le sourire et vous conseillera pour le vin. Une adresse qui vaut le détour !

RESTAURANT DE LA CALE €€

5, place de la Marine ✆ 05 53 40 87 34
www.restaurant-de-la-cale.fr
A l'année. Du mardi au dimanche midi et soir (sauf le dimanche midi). A la carte 20 € environ. Réservation recommandée.

Ouvrir un restaurant spécialisé dans le poisson au pays du canard, il fallait oser ! Pari réussi. Riche d'une expérience familiale de poissonniers, Frédéric Gourc parcourt les marchés avec son étal, gère sa poissonnerie et s'approvisionne trois fois par semaine à Bordeaux. Uniquement des produits extra-frais ! La carte évolue au rythme des marées. Petit Futé a testé, sans regret, le velouté de potimarron aux gambas lardées, le confit de joues de lotte à l'ail et un délicieux tiramisu. Plutôt carnivores ? Le magret entier de canard grillé du chef est là pour vous.

THÉ CHEZ JOEL

1, boulevard Georges Leygues
✆ 05 47 99 90 34
Du lundi au samedi 6h-18h30, dimanche et jours fériés 7h-12h. Vente de thé & café, petite restauration.

Qu'il est gourmand ce joli petit salon de thé sur le passant boulevard Georges Leygues ! Joel Benays l'a repris en 2019 et, depuis, il s'applique à accueillir ses clients avec gentillesse. Ici, toutes les petites faims trouvent leur bonheur. Quiches, croque-monsieur, lasagnes sont préparés maison. Salades Caesar, saumon, chèvre chaud complètent la carte, avec quelques desserts. Une belle sélection de thés et de cafés est proposée. Beaucoup ont pris leurs petites habitudes chez Joel. Ils viennent tailler le bout de gras ou lire leur journal, une tasse à la main.

LES ALLÉES GOURMANDES

Rue Lakanal
✆ 05 53 36 21 79
www.lesalleesgourmandes.fr
Stands : mar au ven 9h-19h, sam 8h-19h, dim 9h-13h. Brasserie : mar, mer 9h-19h, jeu, ven 9h-1h, sam 8h-1h, dim 9h-15h.

L'ouverture en 2019 de l'ancienne Halle Lakanal aux Allées Gourmandes a permis de renouer avec la tradition et l'histoire de ce bâtiment dont la première pierre fut posée en 1865. Cet espace rénové, moderne et lumineux, est approvisionné par des producteurs locaux. Il regroupe boulangerie-pâtisserie, boucherie-charcuterie, cave et épicerie fine, crèmerie, poissonnerie, primeur fruits et légumes ainsi qu'une brasserie dotée d'une belle terrasse sur le Lot. Organisée comme une rue de village, on y trouve toutes les saveurs et le savoir-faire du Sud-Ouest.

L'ATELIER DE FLORENCE

53, rue Saint-Etienne
✆ 06 15 38 65 95
Du lundi au vendredi 8h-12h/14h-19h.

Florence Chanceaulme a ouvert un atelier boutique à l'endroit même où son père tenait autrefois une concession de vélo. Elle fait revivre ainsi une tradition familiale du commerce et y confectionne rideaux, coussins, fauteuils et canapés tout en y vendant de beaux objets déco aux influences berbères ou autres bougies artisanales. Son arrière-grand-mère travaillait dans la haute couture et son arrière-grand-père était tailleur pour hommes. Une belle concrétisation artisanale qui allie l'héritage d'un savoir-faire et la continuité d'un patrimoine commerçant.

LA BASTIDE ENCHANTÉE

Place Lafayette
✆ 05 53 49 15 93
Marché de Noël et animations en décembre au cœur de la ville.

Au mois de décembre, Villeneuve-sur-Lot devient la Bastide Enchantée qui met des étoiles plein les yeux aux petits et aux grands. En 2021, plus de 100 000 visiteurs se sont laissés charmer par l'ambiance de ce marché de Noël géant avec ses décorations et ses chalets en bois où commerçants, artisans et producteurs locaux proposent leurs idées de cadeaux. Entre soirées musicales, décor féérique et animations pour toute la famille (petit train, tour en calèche, carrousel, patinoire), la magie des fêtes de fin d'année, en 2022 encore, va se répandre dans les cœurs.

LA BOUTIQUE DES PRUNEAUX - MAISON ROUCADIL

11, place de la Libération
✆ 05 53 70 02 75
www.roucadil.com

Ouvert du mardi au samedi de 9h à 12h et de 14h à 19h. Livraison possible (boutique en ligne).

Une emblématique boutique rénovée et modernisée. Vous y trouverez les eaux-de-vie de prune, le miel de prunier, la confiture de prune, mais aussi des nouveautés comme les gourmands d'Agen, des bâtonnets de chocolat fourrés aux pruneaux ou les billes en folies, des fruits secs enrobés de chocolat (miel pops, abricot...) à découvrir en vrac ! Le savoir-faire est pluriel avec les mendiants, les tablettes chocolat riz soufflé ou encore bio ou sans sucre. Pour Noël, pensez aux corbeilles.

HELLO.MA

30, rue sainte catherine
✆ 06 72 82 40 01
www.hellomadeco.com

Mar, jeu 14h30-19h, mer, ven, sam 10h-12h30/14h30-19h. Ateliers créatifs à partir de 35 €.

H comme Handmade (fait main), E comme Eco-responsable, L comme Local, L comme Lyfestyle (art de vivre), O comme Original et MA pour... Marianne Polgaire, native de Villeneuve-sur-Lot. Voici une boutique vertueuse où achat rime avec artisanat local, savoir-faire du monde, et toujours éco-responsable et tendance. Designer, Marianne propose un mix entre magasin de déco, atelier créatif et studio design où elle collabore avec de grandes marques. Des objets qui flirtent avec bohème et industriel, pour des créations utilisant lin, coton, métal...

LIBRAIRIE LIVRESSE

44, rue des Girondins
✆ 05 53 36 89 41
www.librairie-livresse.fr

Du mardi au samedi de 9h à 19h.

Juste en face de l'église Sainte-Catherine se trouve depuis 2014 une librairie de quartier indépendante comme on les aime. Laurence, la gérante, Barbara et Laure assurent l'accueil et vous apporteront conseil. Les tables et étagères sont garnies d'ouvrages dans des domaines variés : romans, polars, beaux livres, BD, jeunesse, jeux créatifs... Le rayon papeterie est complété par un grand choix de cartes postales. Des rencontres avec des auteurs et des animations comme « Les Nuits de la Lecture » sont régulièrement organisées pour faire de Livresse un lieu vivant.

MAÎTRE PRUNILLE

5, place de la Libération ✆ 05 53 70 30 86
www.maitreprunille.com
Ouvert du mardi au samedi : 9h30-12h, 14h-19h. Pruneaux, alcools, fruits secs, produits régionaux et chocolats.

Maître Prunille appartient à la coopérative France Prunille créée en 1963, qui regroupe 350 producteurs-pruniculteurs. Héritière d'un produit de tradition avec le pruneau d'Agen, la marque réunit dans ses boutiques, à l'image de celle de Villeneuve, une gamme de produits vrais, placés sous le signe de la gourmandise : des confiseries traditionnelles comme les pruneaux fourrés ou enrobés de chocolat, des pruneaux au vin, à l'Armagnac mais aussi des confitures artisanales... Sans oublier tous les fruits secs issus des meilleures sélections à travers le monde.

MARCHÉ BIOLOGIQUE

Place d'Aquitaine
✆ 05 53 36 04 55
marchebiovsl.blogspot.fr
Tous les mercredis matin sur la Place d'Aquitaine.

Certes, la Place d'Aquitaine n'a pas le charme de la Place Lafayette. Néanmoins, vous vous trouvez en plein cœur du vieux Villeneuve, rive gauche, et surtout vous rencontrerez près d'une trentaine de producteurs bio (jusqu'à quarante en été). Maraîchers, boulangers, apiculteurs ou encore charcutiers sont présents et défendent une démarche écoresponsable, et ce depuis 1975 : le marché bio de Villeneuve est l'un des plus vieux de France. L'été, le marché joue les prolongations jusqu'à 14h30 avec possibilité de déjeuner (bio, évidemment) sur place !

MARCHÉ TRADITIONNEL

Le mardi matin Place de la Libération et le samedi matin Place Lafayette et rue Lakanal.

Le samedi matin a lieu le marché traditionnel de Villeneuve sur la place Lafayette et dans la rue Lakanal. Producteurs du Pays du Lot de fruits et légumes, bouchers, charcutiers, poissonniers donnent rendez-vous aux Villeneuvois et aux gens de passage pour des matinées hautes en couleur : potins, commentaires des matchs de la veille et autres joutes politiques vous attendent. Depuis 2016, le marché du mardi matin a déménagé pour s'installer Place de la Libération. Enfin, il est à noter qu'un marché bio a lieu tous les mercredis matin sur la Place d'Aquitaine.

MARCHÉS DES PRODUCTEURS DE PAYS

Place Lafayette
En juillet et août, le vendredi soir à partir de 19h, Place de l'Amiral Courbet. Avec animations musicales.

En été, les rendez-vous gourmands nocturnes de Villeneuve-sur-Lot profitent du cadre ombragé de la Place de l'Amiral Courbet. Qui sait quelle délicieuse assiette gourmande vous allez pouvoir composer d'un stand à l'autre ? De nombreux producteurs locaux répondent présents pour vous proposer leurs viandes, fruits et légumes, desserts variés, vins, bières... Le tout dans une ambiance de fête assurée à chaque fois par un concert. Ripaille, joie de vivre et convivialité : tout est dit !

BASE NAUTIQUE DE L'AVIRON VILLENEUVOIS

Quai d'Alsace ✆ 05 53 49 18 27
www.aviron-villeneuvois.com
De juin à sep. 7j/7 10h-18h. Sur réservation. Location bateau électrique, canoë, paddle... Détails tarifs sur le site.

Après le Pont-Vieux en venant du centre-ville, descendez l'escalier du lavoir jusqu'à la base nautique. Dans ce club, vous avez la possibilité en été de louer de petites embarcations comme un gabarot à propulsion électrique (jusqu'à 8 places). On flâne en toute tranquillité sur le cours du Lot : on peut aller jusqu'à Sainte-Livrade-sur-Lot ! Locations également de canoës, de kayaks... Stages découverte sports nautiques pour les enfants de 8 à 16 ans. Cours et initiation à l'aviron.

LA CORRIDA DES PRUNEAUX

Place de la Libération
✆ 06 69 49 82 16
www.lacorridadespruneaux.fr/
Du 14 au 16 octobre 2022. Informations et tarifs des courses et de l'ekiden sur le site www.lacorridadespruneaux.fr

Cette 9e édition de l'incontournable Corrida des Pruneaux, organisée par la Maison Roucadil et La Boutique des Pruneaux, se déroulera du 14 au 16 octobre 2022. Le temps fort reste le samedi l'organisation des courses à pied, dont la « Family » sur 1,5 km, mais aussi l'ekiden : un marathon de 42 km en relais à 6 participants. La journée sera marquée par de nombreuses manifestations comme le concours culinaire avec des restaurateurs et des écoles, l'intronisation dans la confrérie des pruneaux... Une belle journée sportive et gourmande en perspective.

LE JARDIN DES SECRETS

En accès libre.

En allant visiter l'église Saint-Etienne, seule église de Villeneuve-sur-Lot classée aux Monuments historiques, ne manquez pas de pousser la grille du Jardin des Secrets qui lui est contigu. Derrière ce nom poétique se cache un havre de paix, intime et tranquille, invitant à la sérénité. Inauguré en 2011, ce Jardin des Secrets est une jolie roseraie de 700 m² regroupant des dizaines de variétés différentes, agrémentée de pergolas et de bancs de bois. C'est, en saison, un endroit charmant, un enchantement olfactif et visuel. Idéal pour une petite pause !

THÉÂTRE GEORGES LEYGUES

Boulevard de la République ✆ 05 53 40 49 49
www.ville-villeneuve-sur-lot.fr

Billetterie ouverte lundi, jeudi et vendredi 13h30-17h30. Mardi et mercredi 9h-12h/13h30-17h30. Et billetterie en ligne.

Le Théâtre Georges Leygues fait la fierté des Villeneuvois. Il a été édifié sur les fondations d'une ancienne maison d'arrêt et inauguré en 1935 par Sacha Guitry qui y présenta l'avant-première de sa pièce *La Fin du monde*, créée pour l'occasion. Les travaux furent financés par G. Leygues, homme politique français, sur sa fortune personnelle. Décédé, il ne put voir l'achèvement des travaux. Dans la belle salle de 700 places, suivez une programmation à la fois grand public, éclectique et de qualité. Théâtre, mais aussi danse, concerts, humour, cultures du monde...

LES MUSI'CALE [S]

Concerts gratuits les mercredis 20 et 27 juillet, 3 et 10 août 2022.

Cet été, de nouveau, le site de la Cale en bord de Lot va accueillir ses rendez-vous musicaux. Des concerts en plein air, gratuits, qui font à chaque fois le plein de spectateurs. Sont attendus le mercredi 20 juillet 2022 The Love Beatles, dont les chansons rendent hommage au célébrissime quatuor de Liverpool. Le 27 juillet, place au groupe béarnais Le Trottoir (ex-Le Trottoir d'En Face) et ses titres dézingués ! Le 3 août, les mythiques Négresses vertes seront de la partie puis Emma Peters le 10 août. Une très belle affiche donc pour cette manifestation.

CASTILLONNÈS

Cette bastide, érigée en 1259 et construite sur un pech, domine la vallée du Dropt. Terrain de 9 batailles durant la guerre de Cent Ans, appréciez aujourd'hui son calme et son patrimoine dont une jolie place centrale bordée de cornières où trône une halle atypique et son clocheton en poivrière. Admirez l'ancienne maison du gouverneur, sa cour d'honneur Renaissance et l'ancienne grange aux dîmes. Dans l'église, un superbe retable baroque est entouré de 2 tableaux classés et d'une Vierge à l'Enfant polychrome et 4 vitraux modernes. Ajoutez à ça la poterne Guirlity, la porte des Valets, les belles demeures du XVIIIe siècle... Quel riche territoire !

THÉÂTRE DES 13 VENTS

243, avenue du Général de Gaulle
✆ 05 47 01 19 02
www.theatre-des-treize-vents.com/

130 places. Programmation culturelle d'octobre à juin. Voir le site pour les dates. Entrée à partir de 15 €.

Ce petit théâtre offre une programmation diversifiée entre burlesque musical, fantaisie tragi-comique ou opéra de marionnettes pour les enfants. Il y en a pour tous les publics ! Le Théâtre des 13 vents propose aussi des cours, de théâtre bien sûr, mais aussi de percussions brésiliennes, et de percussions et danses africaines. Les spectacles proposés permettent de s'évader le temps d'une représentation. C'est un théâtre dynamique à l'offre culturelle riche, qualitative et accessible. Mention spéciale Petit Futé pour les spectacles à destination du jeune public.

ASINERIE DE PINSEGUERRE

Lieu-dit Pinseguerre
✆ 05 53 36 92 35
www.pinseguerre.com

Ouvert toute l'année sur rdv sauf juillet et août tous les jours de 10h à 18h. Tarifs selon prestation. Animations.

Voilà un endroit qui ravira petits et grands ! Anes des Pyrénées, Blancs d'Egypte, Gris de Sardaigne, ils sont plus de 50 à l'asinerie de Pinceguère, élevés avec amour par les dynamiques Luc et Caroline Garnier. Toute l'année, vous pouvez venir visiter l'asinerie, louer un âne sellé, un âne bâté, une carriole à 2 roues ou une voiture à 4 roues (avec accompagnateur)... Des liens se créent entre les randonneurs et leur compagnon de voyage et beaucoup réservent le même d'année en année. N'hésitez pas à les contacter pour connaître leurs nombreuses formules.

LE CHINTRE €

561, route du Chintre - **LALANDUSSE**
✆ 05 53 36 64 28
www.lechintre.com
Tarifs (petit déjeuner inclus) : chambre simple 62 €, double 70 €, suite 140 €. Table d'hôtes : 32 € (16 € enfant).

Le Chintre est une belle ferme périgourdine qui s'étend sur 12 hectares, où vous serez accueillis chaleureusement par la famille Francis-André. Ici, on cultive et on élève en bio. Fruits du verger, légumes du jardin potager, volailles, cochons... que vous aurez le plaisir de déguster à la table d'hôtes. Vous découvrirez en octobre une culture singulière, celle du safran. Les cours de cuisine vous permettront de travailler le canard. Les cinq chambres sont simples et confortables et le jardin est un véritable havre de paix. Repos ou activités, à vous de choisir !

LO PAN DEL PUECH

Le Bourg - **SAINT-QUENTIN-DU-DROPT**
✆ 05 53 36 04 55
www.lopandelpuech.blogspot.fr
Lundi et vendredi 18h-20h, mardi 8h-13h. Marchés samedi matin à Agen, mercredi à Villeneuve-sur-Lot. Livre en biocoop

Lo Pan del Puech, le pain de la colline en occitan, est un pain bio fabriqué à l'ancienne et cuit au four à briques réfractaires par Laurent Pouget, qui a pas mal bourlingué avant de s'installer dans ce petit village. Il y a repris l'ancienne boulangerie, équipée d'un four en briques réfractaires chauffé au bois et a décidé de faire du pain bio. Il travaille avec des agriculteurs locaux certifiés bio. Son pétrissage doux et une fermentation longue au levain naturel donnent des pains à haute valeur nutritive et au goût unique. A 18h, le pain est chaud.

MUSÉE D'HISTOIRE ET PATRIMOINE DE CASTILLONNÈS

Place des Cornières
✆ 05 53 36 80 49
Accès libre toute l'année, 7j/7 de 9h à 17h. Gratuit. Langues : français/anglais.

Armoiries, photos anciennes, vue aérienne, cartes du début du XXe siècle... Dans la cour de la mairie, ce musée, inauguré en 2016, retrace l'histoire de cette bastide, en français et en anglais. Et l'entrée est gratuite ! Un espace avec des objets anciens est aussi proposé : c'est un bonheur d'y remonter le temps. De l'âge de fer à notre époque contemporaine, rien ne manque grâce à l'investissement de Dick Bogg, initiateur du site qui en fait un lieu incontournable à découvrir.

OFFICE DE TOURISME COEUR DE BASTIDES

✆ 05 53 36 40 19
Point d'information sur le marché le mardi matin ainsi que les mardis et mercredis après-midi dans la zone Grand Bois.

A l'image de ce qu'il fait sur la commune de Cancon, l'Office de Tourisme Cœur de Bastides se trouve présent l'été chaque mardi matin sur le marché traditionnel pour tenir à disposition des visiteurs tous les renseignements touristiques qui pourraient être utiles concernant Castillonnès et le territoire alentour. Cette mission d'information se poursuit les mardis et mercredis après-midi dans la zone Grand Bois, près de la boutique « Rody Chocolaterie ».

Castillonnès est l'une des quarante-deux bastides.

VISITE DE LA BASTIDE

✆ 05 53 36 40 19

www.coeurdebastides.com

Le mercredi à 11h du 13 juillet au 24 août 2022. Tarif : 5 € par personne, gratuit - de 12 ans. Sur réservation.

Guide conférencière à l'Office de Tourisme Cœur de Bastides, Adeline vous emmène sillonner les rues de Castillonnès à la découverte de son passé et de son patrimoine. Le côté pittoresque de la bastide se dévoilera à vous et nul doute que son charme opérera immédiatement ! Fondée en 1259, elle a accumulé au fil des siècles quantité d'anecdotes historiques, insolites ou amusantes, qu'Adeline se fera un plaisir de partager avec vous. Vous saurez alors tout de ce site si particulier. Le rendez-vous se fait devant la mairie. Prévoyez entre 1h et 1h30.

CABANES FLOTTANTES DU LAC DE PELISSE €€€

1715, Route du Lac de Pélisse - **DOUZAINS**

✆ 06 22 96 65 96

www.cabanesflottantes.com

Fermé janvier/février. 2 cabanes. 172 €/nuit/2pers. Petit déjeuner inclus. Panier-repas 25 € par personne (10 € enfant).

La campagne, un domaine de plus de 3 ha, un grand lac et deux cabanes flottant au milieu. Ça vous fait rêver ? Alors, prenez une barque et accostez ! Chaque cabane peut accueillir 4 personnes et est équipée de panneaux solaires et toilettes sèches. Il faudra rejoindre la rive pour accéder à la salle de bains mais le petit déjeuner vous sera livré en barque. Pas de possibilité de cuisiner sur place (livraison possible de paniers-repas). Un havre de paix !

CAMPING LA FERRETTE** €

Route de Saint-Quentin

✆ 06 61 64 41 98

http://camping-la-ferrette.fr/

D'avril à oct. Emplacements tente 8 €/15 € nuit, caravane/camping-car 10 €/16,50 €, mobil-home de 185 €/ 360 €/semaine.

Petit camping familial de 32 emplacements répartis sur un hectare de terrain, la Ferrette est le lieu idéal si vous recherchez du calme, de la verdure et des loisirs sympas dans le coin : tennis, parcours de pêche et santé et surtout une super piscine municipale à proximité sont de la partie en été ! Cet hébergement de plein air présente l'avantage d'être peu onéreux. A partir du 8 juillet, chaque vendredi soir à partir de 17h30 a lieu un petit marché sur le camping. Le samedi soir, dès 18h30, Jean-François vient avec son camion proposer pizzas et burgers.

L'ENTRÉE - CHAMBRES D'HÔTES €€

1, rue de la Porte des Valets

✆ 06 38 92 86 03

www.lentree.fr

5 chambres (dont 2 peuvent être regroupées en une suite familiale). Chambre double de 60 € à 85 €.

Au cœur de la bastide de Castillonnès, dans une charmante bâtisse empreinte d'histoire, Alexandre vous propose 5 chambres au mobilier et à la décoration raffinés, chacune dans des tons différents. Prenez le temps de vous poser dans le salon cosy pour lire, regarder la télévision, jouer à un jeu de société, ou profitez de la jolie terrasse pourvue d'un barbecue. Exceptionnelle, tant par sa situation que par la qualité de l'accueil, l'adresse fait aussi bar et restaurant.

LE CAPY €

430, route du Capy

✆ 06 14 18 14 87

https://lecapy.fr

Gîtes de France 2 épis. Avril à octobre. 4 chambres (1 familiale). Chamble double 50 € à 65 €. Petit déjeuner inclus.

Marie-Claire vous accueille dans la grande maison familiale, située aux portes du Périgord. C'est une maison de maître de 1858, située sur un ancien domaine viticole. Les 4 chambres peuvent accueillir jusqu'à 10 personnes dont une grande chambre de 3 ou 4 personnes. Côté déco, on aime l'esprit de l'ancien qui se mêle à des pièces plus contemporaines. Marie-Claire se fera un plaisir de vous faire déguster ses confitures maison servies avec le petit déjeuner, fort copieux dont des gâteaux qui varient selon l'inspiration. Une jolie adresse où le calme est roi !

LES REMPARTS €€

26, rue de la Paix

✆ 09 62 50 52 63

www.lesrempartsdelabastide.fr

Chambre simple 80 € ; chambre double de 95 € à 105 € ; chambre triple de 95 € à 115 €. Petit déjeuner inclus.

Cette demeure de caractère construite en 1840 et intégrée dans les remparts de la bastide abrite cinq chambres d'hôtes confortables et spacieuses avec une décoration moderne qui a toutefois su trouver sa place sans jurer. Chaque chambre dispose d'une salle de bains complète et de la télévision. Dominique vous y accueillera avec gentillesse et disponibilité. Le matin, elle vous servira un petit déjeuner à tendance bio, composé de produits locaux comme le fromage ou le jambon. Vous pourrez profiter d'une belle terrasse lorsqu'il fait beau pour vous prélasser.

HÔTEL DE COURS DE THOMAZEAU €€€

8, rue du Petit Paris
✆ 06 37 19 12 17
www.decoursdethomazeau.com
Chambre double de 145 € à 200 € la nuit. Petit déjeuner inclus.

Cet hôtel particulier du XVIIIe siècle est un joyau qui a été superbement restauré par Jennie et Ron Whetton. Lits à baldaquin, meubles d'époque, salles de bains luxueuses, vaisselle fine et délicate, cheminées imposantes, caves voûtées, petits et grands salons, bibliothèque... c'est la vraie vie de château ! L'endroit se prête très bien aux événements, fêtes et séminaires avec ses belles salles de réception. L'accueil se fait en français ou en anglais.

LES REMPARTS DE LA BASTIDE - RESTAURANT €

26, rue de la Paix
✆ 07 86 08 59 85
Ouvert sur réservation du vendredi au lundi, le midi et le soir. Menu unique à 26 €.

En plus de leurs chambres d'hôtes, Dominique et Patrick tiennent un restaurant ouvert aussi bien à leurs pensionnaires qu'à la clientèle extérieure. Les produits de saison du marché dictent chaque mois un menu différent, pour une cuisine généreuse et de caractère. Gambas, Saint-Jacques, poulet tikka massala comptent parmi les spécialités du chef. Les desserts revisités (crumble, pavlova, etc.) vous permettront de finir votre repas sur une note de douceur appréciable.

L'ENTRÉE - CHAMBRES D'HÔTES €€

1, rue de la Porte des Valets ✆ 06 38 92 86 03
www.lentree.fr
A l'année du mercredi au samedi le soir. Réservation recommandée. Menu unique 60 €. A la carte, plats de 14 à 17,50 €.

En plus de ses chambres d'hôtes, L'Entrée a d'autres bienfaits à vous accorder. « Oubliez vos soucis et profitez du moment » : voilà ce que compte produire en vous ce bar restaurant rénové, voulu comme un endroit cosy. Les cocktails revisités, aux étonnantes couleurs dans les verres souvent, rivalisent d'originalité. Les plats sont travaillés avec le même amour et la volonté de surprendre les papilles. Avec une adresse comme celle-ci, Castillonnès a tout d'un petit paradis !

LA MARÉCHALERIE €€

1, Grand'Rue
✆ 05 53 01 58 28
www.restaurantlamarechalerie.eatbu.com
Toute l'année du mardi au samedi midi & soir + le dimanche midi. Réservation recommandée.

La Maréchalerie a déménagé en 2018 ses locaux de l'ancien atelier du maréchal-ferrant dans une belle maison cossue de village qui mise sur la clarté. Eric y assure un accueil chaleureux et une cuisine régionale et traditionnelle, copieuse et familiale. Très bon rapport qualité-prix. Foie gras maison au piment d'Espelette, escargots sous différentes formes, carré d'agneau... Il propose aussi un grand choix de glaces, crêpes sucrées et desserts maison. Le meilleur compliment que vous puissiez faire à Eric : lui dire que vous avez passé un très bon moment !

COMPTOIR QUATRE

Grand bois
✆ 05 47 01 10 29
Toute l'année du mardi au samedi 10h-12h30/14h30-19h. Fermé dimanche et lundi.

Viviane Martinet travaille avec plus de 60 producteurs locaux (installés en majorité dans un rayon de 30 km) afin de proposer une offre diversifiée et qualitative aux clients de son épicerie. Les produits sont sélectionnés avec soin. Salés ou sucrés, familiers ou inattendus, ils ont tous le goût de l'authentique : fromages au lait cru, yaourts bio, miels, pruneaux, réalisations gourmandes autour de la noisette, confitures, biscuits, foie gras, huiles, vinaigres, farines, cafés, thés, tapenades, glaces et bières artisanales... et plus encore !

MARCHÉ

Grand'Rue - Place des Cornières
✆ 05 53 36 80 49
Le mardi de 8h à 13h toute l'année.

Tous les mardis matin, à partir de la place Jasmin, la Grand'Rue et la place des Cornières sont fermées à la circulation et laissent place au marché. Pains, fromages fermiers au lait cru, bûchettes de chèvres, volailles et poissons sont présents et aussi les fruits et légumes avec les belles fraises de Dordogne en saison. Foie gras, confits, pâtés et stands de charcuterie revisitent les fleurons et plusieurs étals vous proposent des produits bio. Dès les beaux jours, la rue et la place principales de Castillonnès s'animent et en font un marché fort agréable.

RODY CHOCOLATERIE - MUSÉE & BOUTIQUE

route de Villeneuve-sur-Lot
✆ 05 53 36 50 95
www.rody-chocolaterie.fr
Basse saison : mardi au samedi 10h-18h. Haute saison : lundi au samedi 10h-19h. Livraison (boutique en ligne).

Teddy Beauvié ou l'amoureux du cacao ! Maître-chocolatier incontournable, ses Mi-Cachocs mariant le croquant au moelleux sont délicieux tout comme les tablettes à casser. Ses créations prennent des formes originales : consoles de jeux, outils de bricolage ou de jardinage, personnages de la saga *Star Wars*... Le musée est un must où découvrir l'histoire du cacao, admirer la fontaine et créer sa tablette. Deux boutiques réconfortent aussi sur Bergerac et Toulouse.

SÉRIGNAC-PÉBOUDOU

Aux confins du Périgord, niché entre coteaux et collines, Sérignac-Péboudou est un de ces villages dont l'atout principal est le calme et la sérénité. Vous pourrez y observer des vestiges d'habitats gallo-romains, mais c'est son église qui retiendra votre attention. Bâtie aux XIe et XIIe siècles, elle est détruite lors des guerres de Cent Ans et reconstruite dans un style gothique entre les XVe et XVIe siècles. Sérignac est le berceau des Maisons Familiales Rurales, qui œuvrent pour le développement des territoires avec une philosophie : réussir autrement. C'est ici, en 1937, que fut créée la première MFR. Il y en a depuis 1200 en France !

CAHUZAC

Charmant petit bourg à 2 minutes en voiture de Castillonnès, Cahuzac possède sur sa partie la plus haute un château, édifié à partir du XIIIe siècle. Il a servi aux Anglais pendant la guerre de Cent Ans et aux protestants durant les guerres de Religion. Henri IV, Rabelais ou encore le duc de La Rochefoucauld y ont séjourné. Le site demeure celui des belles vues sur la vallée du Dropt. Deux tours d'origine, une enceinte et un corps de bâtiment avec un ancien couvent restent en bon état. Du belvédère au chemin de ronde, profitez des paysages! Les arbres font de l'ensemble une balade de caractère. Le bâti du village est splendide. Flânez et profitez!

LE DOMAINE DE LA COLOMBE

Lieu-dit Gardelle
✆ 05 53 36 89 05
www.domainedelacolombe.com
Du lundi au vendredi sur rendez-vous.

Dans cette ferme équestre, Pierre-Yves Girard vous accueille à tout âge. Il propose aux enfants à partir de 3 ans de faire du baby poney, et des activités pour les séniors. Chevaux de selle, de trait, anglo-arabes, selle français, arabes, poneys... On vous enseigne avec une patience infinie la voltige, le dressage, le saut d'obstacles, on découvre les techniques de compétition, le horse-ball... Des randonnées à cheval sont organisées pendant les vacances scolaires et en période estivale ainsi que des stages d'un à plusieurs jours pour tous les niveaux.

L'ANCIEN COUVENT €€

Rue du Château ✆ 05 53 71 40 18
www.anciencouventcahuzac.fr
A l'année. 4 chambres doubles dès 95 €/nuit. Petit déjeuner inclus. Parking gratuit à proximité. Pas de TV.

L'Ancien Couvent, situé au cœur du pittoresque village de Cahuzac, est une demeure de caractère du XVe siècle qui a retrouvé tout son cachet après rénovation. Tamara Cardon, hôte charmante, attentive et disponible, vous accueille aujourd'hui dans quatre chambres confortables aux doux noms de fleurs, décorées avec beaucoup d'élégance et raffinement, et disposant chacune d'une salle de bains et de WC privés. Un salon d'invités est ouvert aux hôtes, parfait pour l'hiver, et en été le petit jardin vous attend pour un petit déjeuner gourmand. Une excellente adresse !

SAUVETERRE-LA-LÉMANCE

Ce tout petit village, niché entre le Sarladais et le Quercy, offre des points de vue magnifiques sur les collines. Cette terre a été foulée par nos ancêtres de la Préhistoire et le village a d'ailleurs donné son nom au premier âge du Mésolithique, le Sauveterrien. Sauveterre-La-Lémance abrite un riche musée baptisé du nom de l'inventeur du Sauveterrien : Laurent Coulonges, un archéologue réputé qui a découvert dans les années 1920 les vestiges du site du Martinet que vous pouvez arpenter en toute autonomie. Ancien bourg industriel, avec ses moulines, ses forges et fonderies, c'est le calme et la sérénité qui règnent ici en maîtres aujourd'hui.

SAUVETERRE MUSÉE DE PRÉHISTOIRE ★★

51, Rue du Vieux Bourg ✆ 05 53 40 73 03
www.sauveterre-prehistoire.fr

Ouvert en juillet/août, pendant les vacances scolaires de printemps et d'automne de la zone A du lun au ven. 6 €/adulte.

La fierté locale ! Inauguré en 2011, ce musée sur la préhistoire est à la pointe des technologies nouvelles. Explorez l'univers de nos ancêtres et jouez les scientifiques. Un vrai voyage dans le temps ! En plus de la classique salle d'exposition sur l'évolution de l'homme, apprenez de manière ludique grâce au PréhistoAtelier, à la PréhistoBalade. Le parcours en extérieur vous conduira jusqu'au site archéologique voisin du Martinet... Il y en a pour tous les âges et tous les goûts.

CAMPING MOULIN DU PÉRIÉ €€€

Lieu-dit Le Moulin du Périé ✆ 05 53 40 67 26
www.camping-moulin-perie.com

De mi-juin à mi-septembre. 125 emplacements dès 11 €. Chalets, mobil-homes, tentes-bungalows de 385 € à 735 €/sem.

A 3 km du village, le camping Moulin du Périé vous accueille au calme et en pleine nature dans le parc d'un ancien moulin rénové. L'endroit est idéal pour un séjour en famille et bien situé pour découvrir les nombreuses richesses des vallées du Lot et de la Dordogne, les vignobles de Bergerac et de Cahors ou les bastides aux alentours. Tente, caravane ou camping-car, mais aussi chalet, mobil-home ou tente-bungalow. Rafraîchissez-vous dans la piscine ou le grand plan d'eau alimenté par une source, et bordé d'une plage de sable. Restauration sur place.

LA FERME DU BUGUET

Lieu-dit Le Buguet-bas
✆ 05 53 40 62 44
https://www.bienvenue-a-la-ferme.com

Tous les jours dès 9h. Bienvenue à la ferme. Vente de conserves de canards et d'oies. Présent sur les marchés.

Bruno et Reine élèvent oies et canards et les transforment sur place, en suivant la tradition depuis 1991. Toutes les spécialités se retrouvent version oie ou canard : ici, pas de cru mais des délices en conserves ! Vous découvrirez des foies gras entiers de canard truffés, des blocs de foie gras avec morceaux, des cous de canard farcis, des pâtés et rillettes, du cassoulet, des gésiers... Oies et canards sont élevés en plein air et en liberté, nourris aux céréales, engraissés au maïs. Pour des recettes « garanties comme autrefois » ! Possibilité d'ateliers.

CUZORN

Dans ce village de la vallée de la Lémance, un château s'élevait au XIIIe siècle. De 1271 jusqu'à sa ruine, son histoire fut bien animée ! Attaché à l'Angleterre lors de la guerre de Cent Ans, ou au seigneur et baron Guillaume de Bellecombe, ce site reste empli d'une puissante aura et il est par ailleurs classé Monument historique. Cuzorn était également la terre des forges et des moulins. Les moulins servaient à la fabrication du papier dont étaient très friands les Hollandais du XVe siècle. La qualité de l'eau de la région était telle, que le papier obtenu par macération était idéal pour les cartes de navigations des explorateurs de l'époque.

LA TABLE DE SOPHIE €€

6, place de la Mairie
✆ 05 53 75 17 02

Du mar au ven midi et soir et sam soir. Menus du midi 15 €, le soir à la carte (30 € en moyenne). Terrasse avec vue.

La Table de Sophie mise sur une cuisine valorisant les produits fermiers, locaux et de saison. Petit Futé y a été accueilli et servi avec attention et bienveillance autour d'un menu en trois temps original dans ses associations de textures et de goûts. Tatin d'endives à l'orange, mousseline de volaille et betterave, frites maison, salade, et assiette de fromages locaux pour clôturer ces découvertes culinaires. La terrasse bordant la Lémance est un lieu enchanteur pour se délecter des recettes de Sophie. En bref, une cuisine de terroir maison et créative !

GAVAUDUN

Repaire d'hérétiques au XIe siècle, reconstruit au XIIIe siècle, le château de Gavaudun, planté sur son éperon rocheux, disposait d'un système défensif remarquablement adapté au site. De l'entrée en puits de jour au promontoire du donjon c'était une forteresse de conception audacieuse, à découvrir dans une vallée préservée (classée réserve naturelle depuis 1999). Reconstruit au XIVe siècle, il devait être impressionnant si on en juge par ce donjon de 70 mètres, ultime partie restante du monument. A voir également : l'église du XIIe siècle et l'ancien prieuré de Saint-Sardos de Laurenque. Belles randonnées pour découvrir le patrimoine.

© CDT47

Le donjon du château de Gavaudun.

CHÂTEAU FORT DE GAVAUDUN ★

✆ 05 53 40 04 16
www.chateaudegavaudun.com
Juillet/août ts les jours 10h-19h. Mai/juin/sept (10h-18h), oct (10h-17h), fermé le lun et mar 5,50 € (enfant 3,50 €).

Dans un cadre exceptionnel, le château fort de Gavaudun (XIe-XIIIe s.) domine le village avec son donjon massif haut de plusieurs étages. Surnommé « le verrou de la vallée », sa position sur un éperon rocheux, renforcée par la qualité défensive naturelle du site, en a fait un haut lieu de défense stratégique. Aujourd'hui, ce sont les touristes qui partent à l'assaut de cet édifice monumental ! Entrée par un puits vertical, passages étroits, escaliers escarpés… Quelle aventure vous allez vivre là ! En été, de nombreuses animations sont proposées.

LE MOULIN DE SAINT-AVIT €€€

Hameau de Saint-Avit
✆ 06 45 68 85 33
www.moulindesaintavit.com/
A l'année. Gîte de grande capacité 11 chambres (30 couchages) dont 5 avec salle de bain privée. 3 990 à 9 900 €/sem.

Candice et Bertrand vous accueillent à deux pas de Saint-Avit. Vous tomberez sous le charme de cet ensemble splendide qu'est le moulin, datant du XVIIe siècle, restauré et aménagé. 2 gîtes tout confort vous attendent au bord de la Lède, entourés d'un grand parc de 5 hectares. Les enfants pourront s'en donner à cœur joie en toute sécurité... sous l'œil amusé des ânes. De la grande piscine aux différents terrains de jeux de plein air, l'adresse est celle de vacances en groupe réussies. En option : service traiteur, escape game, dégustation de vins, murder party...

LACAPELLE-BIRON

Situé dans la vallée de la Lède, le village de Lacapelle-Biron ouvre ou ferme, c'est selon, la magnifique vallée de Gavaudun. C'est parce qu'il ne supportait plus les ennuis dus au marché jouxtant son château que le marquis de Biron a fait construire ce village au XVIIIe siècle. Erigé sur la place en souvenir de la rafle du 21 mai 1944, vous pourrez découvrir le monument départemental de la déportation. A cette date, 49 hommes furent déportés dans les camps de concentration. A voir : la fontaine du Curé, des pigeonniers et la maison de Bernard Palissy. Le musée consacré au céramiste est situé Saint-Avit, entre Lacapelle-Biron et Gavaudun.

LE HAMEAU DE SAINT-AVIT ★

Hameau avec ensemble architectural remarquable en accès libre toute l'année. Foire à la poterie le 2ème dimanche d'août.

Le hameau de Saint-Avit est surprenant : on se demande comment ce petit village, remarquable exemple architectural de la fin du Moyen Age et des débuts de la Renaissance, a pu traverser les siècles en prenant si peu de vilaines rides. Isolement et protection naturelle de la vallée ? La couleur ocre des pierres des maisons, autour de l'unique rue, doivent retenir votre attention, ainsi que sa charmante petite église. En août, une grande foire à la poterie s'y tient. La maison natale de Bernard Palissy, célèbre céramiste du XVIe siècle, serait dans ce hameau.

MUSÉE BERNARD PALISSY

Hameau de Saint-Avit © 05 53 40 98 22
www.museepalissy.net
Mai/juin dimanche 14h30-17h30. Juil/août 14h-18h30 sauf mardi. Septembre 14h-17h30 sauf mardi et samedi. Entrée 4 €.

Au cœur du magnifique hameau de Saint-Avit, le musée revient sur l'histoire de la céramique et sur la vie de Bernard Palissy, natif de la région et grand esprit de la Renaissance. Au-delà de l'exposition de céramiques contemporaines, le musée se veut un lieu d'échanges et d'interactions. Chaque année, une exposition est mise à l'honneur. Depuis 1985, une grande foire à la poterie est organisée dans le village le second dimanche d'août. Elle présente aux visiteurs un large panorama de la création céramique contemporaine, grâce aux œuvres de 40 artistes.

PARC-EN-CIEL

Moulin de Courrance
© 05 53 71 84 58
www.parc-en-ciel.com
Ouvert d'avril à octobre. Baignade juillet et août. Parcours aventure de 13,70 € à 21,80 € selon âge.

En plein cœur d'un parc boisé de 16 hectares, 20 tyroliennes, câbles funambules, murs d'escalade et autres sauts de Tarzan vous attendent pour des parcours d'accrobranche inoubliables et riches en sensations fortes. Adaptés selon les âges, le parcours « gamin » complète les 200 ateliers du site. En été, après avoir joué les acrobates dans les arbres et profité des différentes activités proposées, vous pourrez vous rafraîchir dans la piscine naturelle et biologique. Autres activités sur site : minigolf, disc-golf, course d'orientation...

MONSEMPRON-LIBOS

A la confluence du Lot et de la Lémance se dresse un village fortifié dans lequel on peut admirer l'imposante silhouette du prieuré bénédictin de Saint-Géraud. Le village est très beau avec ses ruelles pentues qui reliaient le bourg ancien (ville haute) et la ville basse avec son artère commerciale. L'église romane est accolée au château prieural. On lui a ajouté des chapelles extérieures et un clocher supporté par quatre piliers à chapiteaux et nombreuses sculptures romanes. Au Moyen Age, l'église attirait les « romieux », étrangers de passage, car elle recelait de reliques. Tous les jeudis se tient ici le plus grand marché de la région.

LE CANARD À BRETELLES €

1, Place centrale © 05 53 70 20 55
Lun 7h-13h. Mar 7h-13h/17h-21h. Mer, jeu, ven 7h-13h/17h-22h. Sam 8h-13h/17h-22h. Dim 8h-13h.

© LE CANARD À BRETELLES

En plein centre de Monsempron-Libos, face à l'église, Frédéric Lapouge, accompagné d'Emilie, a conçu « Le Canard à Bretelles » comme un lieu convivial tenant à la fois du café de tous les jours et du restaurant. On vient y boire un verre, manger une pizza garnie de produits de saison, assister à un repas concert ou encore suivre avec ferveur la retransmission d'un match de rugby autour d'une bonne planche paysanne à partager. Les producteurs locaux sont présents dans les assiettes et dans les verres. Aux beaux jours, installez-vous en terrasse et profitez !

CHÂTEAU PRIEURAL

Rue de la République
© 05 53 71 11 56
Visite libre 15h-18h juillet/août sauf dimanche. Le reste de l'année, infos auprès de la mairie et en ligne.

Ancien monastère bénédictin dont l'église a été élevée dès le XIe siècle, de nombreuses fois rénové, il devient le château prieural des archives modernes (fin XVIe- XVIIe). Il accueille désormais de nombreuses expositions d'art contemporain et concerts, privilégiant les artistes locaux. Programme 2022. Du 26 mai au 12 juin 2022 : Sofia Johannissen, aquarelliste, et Pierre Borie, sculpteur sur métal. Du 8 juillet au 30 septembre : le peintre Jean-Claude Bertrand. Du 8 au 23 octobre : les photographes Moti Goldman et Penelope Duns.

LES PIZZAS DU CANARD À BRETELLES €

1, place centrale
✆ 05 53 70 20 55

Du mar soir au sam soir : 18h-21h. Jeu midi et dim midi : 11h-13h. Pizzas de 9 € à 15 €. Sur place ou à emporter.

Le Canard à Bretelles duplique sa philosophie en pizzas à emporter. La méthode est simple : pâte maturée 2 à 3 jours en chambre de pousse, étalage manuel et confection à base des productions locales. Et ça donne l'eau à la bouche comme l'Espagnole avec base tomate merguez, oignons rouges, épices, olives puis chorizo local et tomates cerises post-cuisson. Une vingtaine de pizzas, des desserts maison et une carte évolutive selon la saison, *è molto buono* !

FUMEL

L'usine de Fumel, témoin d'une longue tradition métallurgique, porte une part de mémoire de la vie et du travail des Fumélois. Loin du Nord, l'esprit de corons vit ici. Créée en 1847, l'usine a fermé ses portes en juin 2018. Situés à la frontière du Quercy, les paysages autour de Fumel n'ont rien à voir avec la vallée du Lot voisine. Son bourg animé, garni de vieilles pierres lotoises saura vous séduire. De la terrasse de la mairie, château féodal reconstruit au XVIIIe siècle, la vue est spectaculaire. Descendez jusqu'à la rivière et embarquez sur une gabarre pour découvrir des moulins et maisons fortes médiévales, des écluses immergées ou actives.

TERRASSES DU CHÂTEAU DE FUMEL ★

Place Georges Escande
✆ 05 53 49 59 69

Toute l'année. Visite libre 8h-20h sauf 14/07. Juillet/août 8h-22h. Gratuit. Visite guidée (office de tourisme Fumel).

Au XVIIIe, Joseph de Fumel fit entreprendre des travaux qui modifièrent à jamais ce château du Moyen Âge. Les terrasses sont inscrites à l'inventaire supplémentaire des Monuments historiques. De là, admirez le jardin à la française avec ses massifs ceinturés d'une bordure de buis et sa pièce d'eau centrale, mais aussi la vue sur la plaine et le Lot. Descendez le chemin qui encercle le château et accède au théâtre de nature et empruntez le chemin du baladoir jusqu'au village de Condat.

OFFICE DE TOURISME DE FUMEL - VALLÉE DU LOT

1, Place Georges Escande ✆ 05 53 71 13 70
www.tourisme-fumel.com

En juillet-août, du lun au ven 9h30-12h30 et 14h-18h, dim 9h30 -12h30. Voir le site internet pour les autres horaires.

L'Office de Tourisme organise plusieurs visites, programmées pendant les vacances ou à la demande sur réservation, de Penne-d'Agenais, Tournon-d'Agenais, Monsempron-Libos mais aussi de la centrale hydroélectrique de Fumel. C'est ici également que vous pourrez réserver votre place sur la Gabarre Fuméloise et avoir des informations sur le château de Bonaguil et les autres sites à visiter dans la région. Sachez, enfin, que l'Office de Tourisme est labellisé « Tourisme et Handicap ».

Château de Fumel.

LA GABARRE FUMELOISE

Embarcadère du Pont et Office de tourisme
✆ 05 53 71 13 70
www.tourisme-fumel.com

Se renseigner auprès de l'Office de Tourisme Fumel-Vallée du Lot pour les horaires et tarifs. Privatisation possible.

Embarquez à bord de la Gabarre Fuméloise, bateau à passagers avec guide, pour une découverte insolite et fort agréable de la rivière Lot et de ses berges secrètes. Au loin, vous profiterez de magnifiques paysages au fil de l'eau. Vous allez aimer passer une écluse manuelle, croiser un moulin fortifié, des chaussées englouties, des maisons éclusières, côtoyer des cygnes et des martins-pêcheurs... Votre guide vous dévoilera la richesse de la biodiversité locale et détaillera les villages et les monuments que vous apercevrez le long d'une croisière de charme.

LES CATALPAS*** €€

Chemin de la Plaine de Condat ✆ 05 53 71 11 99
www.les-catalpas.com

D'avril à septembre. 40 emplacements 12,70 à 18,50 €/2 pers. 10 mobil-homes, 2 chalets, 2 bungalows, 1 gîte. Snack.

Les Catalpas, un camping au calme bienfaiteur qui ne manque pas d'atouts, avec d'abord une grande piscine en bord du Lot. Avec la cale de mise à l'eau, les pêcheurs assouviront ici leur passion. Les vastes emplacements ou le parc locatif sont des options de séjour tout confort. Côté animations, Jean-Philippe et Catherine, vous proposent soirées à thème, concours de pétanque... Vous trouverez aussi un terrain de home ball, de badminton, une table de ping-pong. Louez des canoës à proximité. Bel accueil qui a valu au site le label « sourire du Lot-et-Garonne ».

LA SALAMANDRE €

32, avenue Gambetta
✆ 05 53 01 91 09

A l'année. 48 € la nuit pour 2 ; 72 € pour 3 ; 80 € pour 4. petit déjeuner et taxe de séjour inclus. Repas : 17 €.

Il y a des adresses qui font office de bon plan, la Salamandre en fait partie. Très abordable, ces chambres d'hôtes offrent un bon rapport qualité-prix. Le calme est au programme, les chambres sont joliment aménagées et bien équipées. Le petit déjeuner est gourmand. Profitez d'une cuisine d'été où, de la friteuse au barbecue, rien ne manque. La table d'hôtes est l'autre option : Patricia aime surprendre et faire plaisir. Alain, son époux, assure le gibier et le poisson. Fruits et légumes proviennent du jardin dont vous pourrez profiter pour vous détendre.

LE 72 WATT €€

72, avenue Usine
✆ 07 87 08 96 92
www.le72watt.fr

2 chambres double, 3 suites junior. 67 € (1 pers.), 69 € (2 pers.), suite 73 €. Petit-déj inclus. Parking gratuit.

Le nom de l'hôtel fait référence à la machine de Watt qui était l'élément essentiel de l'usine de Fumel et qui est devenue une attraction du tourisme industriel. Rénové fin 2019, l'hôtel a gardé l'esprit qu'il a toujours eu et le passé industriel flamboyant de la commune se retrouve jusque sur les murs dans la décoration. Vous y trouverez deux chambres doubles et tout le confort inhérent à celles-ci et trois suites junior qui ont été pensées avec le même souci de bien-être apporté par les équipements présents. Le jardin arboré apporte une touche en plus au site.

HOPALE BRASSERIE

2, avenue de l'usine
✆ 06 75 72 61 89
www.hopalebrasserie.com

Boutique du mar au sam 15h-19h. Bar le ven 17h-21h (20h en basse saison) et le sam 11h-21h (20h en basse saison).

Coup de cœur pour cette brasserie indépendante qui, en misant exclusivement sur des produits naturels et au minimum transformés, porte la bière au sommet. Rémy est un vrai passionné. Dans la gamme des bières de style, citons en 4 : une blonde légère avec une fermentation basse, une blanche de style belge avec un peu de coriandre et des éclats d'écorces d'oranges, une American IPA aux saveurs d'agrumes et de fruits de la passion et une noire un peu tourbée aux arômes de café et cacao. La brasserie possède sa propre boutique et son bar.

PISCINE LE THÉÂTRE D'EAUX

Avenue de Bonaguil
✆ 05 53 75 10 05
www.tourisme-fumel.com/
Tous les jours en juillet/août 13h-19h. Leçon de natation de 10h à 11h. Entrée adulte 3 €. Enfant moins de 12 ans 2 €.

Le Théâtre d'Eaux, la piscine de Fumel, vous ouvre trois bassins, l'un, sportif, de 25 x 15 m, un autre plus petit (12 x 8 m) dédié aux activités ludiques, avec banquettes sur le côté pour profiter des bains bouillonnants, et une pataugeoire pour les plus petits. Très bel aménagement paysager, avec des espaces verts arborés, des clôtures en bois, et 120 m² de plages minérales et de multiples jeux d'eau : un solarium parfait pour une pause détente. Un incontournable de l'été !

CENTRE CULTUREL PAUL MAUVEZIN

160, Rue du Centre Culturel
✆ 05 53 49 59 69
www.mairiedefumel.fr
Salle de spectacles et de manifestations diverses (sportives, commerciales, etc).

Avec sa belle scène et ses 600 places assises, le centre culturel Paul Mauvezin a pour vocation première l'accueil de spectacles divers et variés, à commencer par ceux de l'école des Arts de la commune et des établissements scolaires. Il sert par exemple de salle de repli en cas de mauvaise météo au réputé festival de théâtre de Bonaguil-Fumel. Il est aussi le lieu privilégié pour l'organisation de différentes manifestations sportives, commerciales, tout au long de l'année.

CHOC Ô LOT

ZA Portes du Quercy
✆ 05 53 01 89 73
Du mardi au samedi de 9h à 19h. Les horaires peuvent changer en fonction des saisons. Salon de thé.

© CHOCO LOT

Les amoureux du chocolat sont gâtés. Avec Choc Ô Lot, Benoît Dannacher et son épouse Odile disposent d'une belle surface de vente de 100 m² et d'un atelier de fabrication tout aussi grand. Le laboratoire est un spectacle permanent auquel les clients peuvent assister depuis la boutique grâce à une baie vitrée séparant les deux espaces. Maître artisan et artisan gourmand, Benoît fabrique tout sur place : bonbons chocolatés, tablettes, pralinés, chocolats d'exception, de même qu'une large variété de biscuits, pâtisseries, viennoiseries. L'adresse fait salon de thé.

MONTAYRAL

Montayral a été construit en un lieu stratégique situé à la frontière du Quercy et de l'Agenais. Ici, le Lot se modifie, la rivière qui serpentait dans le Causse change radicalement de visage. Elle se transforme, calme ses ardeurs, et cela se voit : elle coule en réalisant de grands et larges méandres, encore quelques kilomètres et l'eau s'assagira complètement, avant d'aller rejoindre celles de Garonne. Conseil futé : allez admirer cette transformation depuis le ciel. Malgré un aménagement urbain moderne dans les années 60, Montayral garde l'image d'un village médiéval avec ses deux églises paroissiales et ses nombreuses demeures seigneuriales.

LA FERME DE MYRIAM*** €€

8Bis, avenue de Cézérac
✆ 05 53 70 49 83
www.lafermedemyriam.com
Toute l'année. 2 gîtes de 4 à 5 personnes. Location de longue durée uniquement à 690 € par mois.

Myriam et Jean-Michel vous accueillent chaleureusement sur leur propriété et se plient en quatre pour que vous passiez un agréable séjour. Leurs 2 gîtes, totalement indépendants et parfaitement équipés se situent dans un magnifique parc arboré de 2,5 hectares avec piscine sécurisée et terrasse sur laquelle bronzer en toute tranquillité. Profitez du jardin et admirez les potager et verger, grandes passions de Jean-Michel. Téléphonez ou envoyer un mail pour réserver, en sachant que les gîtes ne se louent que pour de longues périodes.

FROMAGERIE DE LA LEMANCE

759, Zone du Haut-Agenais
✆ 05 53 41 74 06
www.lalemance.bio
Boutique ouverte toute l'année du lundi au vendredi de 9h à 12h et de 14h à 17h.

L'histoire de la fromagerie a débuté voilà plus de 20 ans au cœur des plateaux du Quercy, sur les bords de la Lémance, rivière qui lui a donné son nom. Inscrite dans une démarche rigoureuse bio et solidaire, elle fabrique des produits laitiers sains et gourmands à la fois. Sa spécialité, le lait de chèvre bio, provient directement de chez des producteurs indépendants et sert à fabriquer des fromages (bûche, cabretin, etc.) et des yaourts, dont une gamme aussi originale que gourmande à l'hydrolat de basilic, de cassis, menthe poivrée ou verveine citronnée.

SAINT-AUBIN

Commune de la couronne villeneuvoise, Saint-Aubin est un immense verger de pruniers. Il y en a à perte de vue ! On y a instauré, il y a quelques années, une fête du pruneau d'Agen le 2e week-end de septembre. Cette manifestation draine de nombreux visiteurs venus de France et de l'étranger. Vous pourrez depuis Saint-Aubin faire de belles balades bucoliques dans les vergers. Ici, comme dans de nombreux villages du Lot-et-Garonne, vous pourrez observer le mur-clocher de l'église, cette particularité architecturale de certains monuments religieux qui offre un mur en façade portant les cloches. Une étape sereine dans votre découverte de la région.

MAISON ROUCADIL

ZA du Haut Agenais ✆ 05 53 71 22 15
www.laboutiquedespruneaux.fr
Lundi au vendredi 9h-12h30/14h-19h. Samedi 9h-12h/14h-18h. Visite guidée sur réservation en juillet/août le jeudi 10h30.

Depuis 1890, Roucadil c'est le savoir-faire artisanal et le respect des procédés de fabrication ancestraux ainsi que la recherche constante d'amélioration de la qualité. Dans la boutique, à côté de l'usine de fabrication, découvrez le pruneau d'Agen IGP sous toutes ses formes. Roucadil est la première à proposer un pruneau garanti « Zéro Résidu de Pesticides » et une démarche de producteurs engagés. On trouve aussi un choix de fruits secs, alcools, produits d'épicerie fine... Egalement artisan chocolatier, la Maison fabrique des chocolats fins de grande qualité.

FERME DE MONREDON

Lieu-dit Monredon ✆ 05 53 41 66 08
www.pruneaucampingmonredon.fr
Bienvenue à la Ferme. Lundi au samedi 9h-12h/14h-18h. Dim. 9h-12h/15h-17h. Boutique. Animations. Hébergement plein air.

Cette ferme, vouée à l'élevage des pruniers, se transmet par les femmes depuis 1771. Valorisant ainsi leur terroir, la ferme propose 6 emplacements pour campeurs et camping-caristes et une chambre insolite en bois perchée. Elle met à leur disposition un potager. Ils récoltent ce que les campeurs précédents ont semé et plantent pour les prochains ! Chaque été a lieu le Ripalhous : dégustation des saveurs locales puis apéritif et animation par Gilberte à l'accordéon. Présente sur les marchés de producteurs. Sa spécialité : l'Agenade, une sauce à base de pruneau.

LE TRUC EN PLUS

ZA Haut Agenais
✆ 06 25 71 35 39

Le Truc en Plus est une jeune microbrasserie du Fumélois. En à peine quatre années, la marque s'est forgé une identité (visuelle... et gustative !) forte. Sa production se décline en 4 segments : une blonde, la « Chistole », une blanche légère et fruitée, la « Chopla », une bière ambrée, la « Mornifle », et la petite dernière, la « Hophophop », délicieusement houblonnée. Sachez que vous trouverez ces bières dans les bars du Fumélois ou dans l'une des manifestations lot-et-garonnaises ou dans les marchés gourmands qui animent le territoire.

FERME DU PLESSIS

✆ 06 71 66 35 23
https://www.bienvenue-a-la-ferme.com
Boutique du lun au sam 10h-12h, 14h-18h. Juillet et août visite de la ferme à 11h et à 15h30. Hors saison sur rdv.

A la Ferme du Plessis, on est producteurs de pruneaux d'Agen depuis 3 générations. Ici, les arbres fruitiers sont taillés à la main, un savoir-faire qui garantit des fruits gorgés de soleil. Pascal et Alexandra Poueymidanette vous initient à la vie paysanne où production rime avec passion et tradition. Vous pourrez déguster et acheter leur production maison : pruneau nature, aigre doux, chutney de pruneau ou vinaigre de pruneau... Ils privilégient le contact direct avec le consommateur. Vente à la Ferme. N'oubliez pas la boutique au lieu-dit Paloque à Saint-Aubin.

TRENTELS

Le village de Trentels s'étire le long de la route et regroupe plusieurs petits hameaux dispersés, du Lot jusqu'aux coteaux recouverts de pruniers. N'hésitez pas à quitter la route principale pour aller faire un tour à Lustrac, charmant hameau bénéficiant d'un cadre exceptionnel. En face du château du même nom, un ancien moulin fortifié, érigé vers 1296, a été restauré et se dresse fièrement sur la rivière, assez tumultueuse à cet endroit. La remise en service de l'écluse a permis de prolonger de 7 kilomètres la voie d'eau navigable. Le contraste est saisissant entre les 2 rives, fertile à droite, sauvage et escarpée de falaises abruptes à gauche.

CAMPING HAMEAU DE LUSTRAC*** €

✆ 07 85 08 09 37

www.campingdelustrac.jimdo.com

Du 02/07 au 27/08. 10 emplacements dès 11 €/nuit/2 pers. Toute l'année 7 chalets (1 PMR) 4/6 pers de 250 à 450 €/sem.

Niveau rapport qualité-prix, difficile de faire mieux que le camping de Lustrac ! Tout confort, verdoyant et situé en bordure du Lot, cet hébergement de plein air est vraiment de ceux qu'on aime ! Coup de cœur Futé ! Les pêcheurs s'y régalent. Côté activités : château, balades, vélos, canoë-kayak. Du bonheur pour toute la famille ! Piscine et aire de jeux complètent le site. Les emplacements sont vastes et ombragés et les chalets forment un ensemble locatif de choix. A découvrir !

TOURNON-D'AGENAIS ★

Tournon est une ancienne bastide royale construite vers 1270. Elle domine la vallée du Boudouyssou depuis un superbe et impressionnant promontoire rocheux. Tournon-d'Agenais est toujours ceinturée de remparts. Cette petite citée de 800 habitants possède un joli patrimoine : l'ancienne résidence des évêques d'Agen, le beffroi (édifié en 1637 sur la place des cornières) avec sur son clocheton en bois, une horloge et un étonnant cadran lunaire. Dans l'église Saint-André-de-Carabaisse, vous pourrez admirer de très belles peintures murales et un intéressant clocher-château d'eau. Foire à la tourtière, spécialité culinaire du village tous les 15 août.

VIN DU TSAR

Plaisance - **THÉZAC**

✆ 05 53 40 72 76

www.vin-du-tsar.fr

Ouvert le lundi 14h-18h, mardi au samedi 9h15-12h15/14h-18h. Présent au marché de Thézac le samedi. Livraison possible.

En 1906, quelques producteurs regroupés derrière une petite appellation commençaient une belle aventure. Aujourd'hui, ils sont 7 à cultiver une cinquantaine d'hectares de vignes. La boutique vous propose le fruit du labeur de ces familles de vignerons. Pourquoi vin du tsar ? Le président de la République Armand Fallières offrait ce vin à ses invités d'honneur. Un des bénéficiaires de ces cadeaux diplomatiques fut le tsar Nicolas II de Russie qui en fit alors une importante commande. Venez déguster les rouges, rosés et blancs !

HÔTEL RESTAURANT LE BEFFROI €

Place de l'Hôtel de Ville ✆ 05 24 32 19 32

https://le-beffroi.jimdo.com

Hôtel toute l'année. Restaurant fermé oct. à mars. Avril/juin merc. à dim. midi et soir. Juil. à sept. tous les jours.

L'hôtel-restaurant Le Beffroi occupe une maison médiévale sur la place principale. Petit Futé aime ces lieux à l'accueil simple et chaleureux. Afrim propose 7 chambres spacieuses et calmes. Le restaurant offre une cuisine du Sud-Ouest, traditionnelle et familiale variant en fonction des arrivages de saison et de l'inspiration du chef. Des produits frais et locaux sont utilisés. Pizza sur place ou à emporter. La bonne adresse pour découvrir tous les charmes de cette bastide.

HÔTEL RESTAURANT LES VOYAGEURS** €

Le Bourg

✆ 05 53 40 70 28

www.les-voyageurs-47.com/

Toute l'année sauf 15 jours fin déc/début jan. 8 chambres de 55 à 70 €. Formule midi 12 €. Menus 15,50 € et 26,80 €.

Dans cet ancien relais de diligence, Valérie Péresse et son équipe vous accueillent dans des chambres simples et confortables, toutes différentes. La salle du restaurant et la terrasse ont été refaites. La cuisine maison est réalisée avec des produits locaux : profiteroles de fromage de chèvre chaud au miel, fricassée de poulet aux pruneaux, assiette tournonaise (salade, fromage de pays, foie gras, filet de canette confit, légumes). Une excellente pause gourmande.

Tournon-d'Agenais.

ANTHÉ

Petite commune rurale, Anthé semble presque se dissimuler au fond de la vallée de Ressegayre. Les habitations et l'église sont blotties à flanc de coteau et sont dominées par les ruines du château de Birou, situées 500 m plus loin sur un Pech. Le château aurait été bâti durant la seconde moitié du XIIIe siècle. Il ne reste aujourd'hui que quelques pans de mur. On ne sait pas grand-chose sur cet édifice médiéval, ce qui contribue à donner aux lieux une atmosphère étrange et à alimenter les légendes les plus folles qui courent dans le village ! Prenez les escaliers escarpés qui mènent à l'église pour découvrir l'église paroissiale Saint-Pierre.

CAMPING ULLULE €€

Pont Ramio ✆ 05 53 40 90 12
www.ullule.fr
Fin mai-début sept. Emplacement 34-64 €/2 pers la nuit, 91-224 €/sem. Mobil-home (3/10 pers) de 210-2 135 €/sem.

En bord de lac, tout près de la bastide de Tournon-d'Agenais, ce camping propose des mobil-homes neufs et customisés sur le thème du western. Il est fort à parier que les enfants apprécieront... les parents aussi ! De nombreuses animations sont organisées. Le club enfants accueille les 4-12 ans, le club ados les 13-17 ans. Les plus grands sont aussi de la partie : activités sportives conviviales et 3 soirées par semaine. Votre plus grande difficulté sera peut-être de sortir vos enfants de la grande piscine, des toboggans aquatiques et des structures gonflables.

LE PIGEONNIER ET LA BERGERIE €€

Lascassines ✆ 05 53 40 73 88
www.maisons-de-vacances-france.com
A l'année. 2 gîtes (4/6 pers.) 250 € à 900 €/sem selon saison. 1 chambre d'hôtes 65 €/nuit. Petit déjeuner inclus.

Deux gîtes et une chambre d'hôte, tout confort, ont été aménagés ici dans un ancien corps de ferme rénové dans le respect du patrimoine, le tout sur 15ha de terrain. Terrasse et entrée privées pour chaque gîte, piscine avec toboggan, ping-pong, terrains de jeux, randonnées, pêche,... Séjour actif ou placé sous le signe du farniente dans un cadre splendide avec vue panoramique sur la vallée du Lot. Le petit-déjeuner, assuré par Pascale, est un rendez-vous gastronomique ! Très bon accueil.

AUBERGE DU BRELAN €€

Laboissière
✆ 05 53 40 78 08
www.aubergedubrelan.com
Tte l'année du mardi au dimanche midi et soir. Traiteur à l'année. Menus de 32 à 38,50 €. Assiette du pays 25 €.

Nichée dans un petit bois de chênes, l'Auberge du Brelan propose une cuisine chaleureuse élaborée avec des produits frais. Les grillades au feu de bois sont à l'honneur (faux-filet, magret, aiguillettes de canard...), talonnées par les produits de la mer. Les entrées, elles, font la part belle au foie gras ! Les assiettes sont copieuses et joliment présentées. Les desserts revisitent la fraise, le fruit de la passion, les profiteroles... Menu végétarien, plats et pâtisseries sans gluten. Une salle supplémentaire de 60 couverts ouvre à l'été 2022. A découvrir.

ATELIER DE VANNERIE D'OSIER - CHRISTIAN BONCOUR

Au bourg
✆ 05 53 40 72 14
Stages de vannerie : 570 € la semaine.
Christian Boncour n'est pas uniquement un passionné de blues – lui qui dirige le Blues Station in Tournon – mais il manie également avec dextérité l'osier et vous ouvre son atelier de vannerie, lieu d'exposition, de vente, de stages et de formation. Chez lui, vous pouvez suivre un stage d'initiation d'une semaine ou une journée de découverte au cours de laquelle vous fabriquez une vannerie et repartez avec, et même une formation professionnalisante.

CIRCUIT DES EGLISES ROMANES

Relais d'informations touristiques de Penne-d'Agenais
✆ 05 53 71 13 70
www.tourisme-fumel.com
Visites guidées sur réservation. Circuit seul : pour vous guider petit livret «Territoire roman» (en vente à l'OT).
Entre les pruniers perchés sur les collines ou dans le creux d'une vallée, le canton de Penne regorge de bijoux d'art roman : 8 églises pour la plupart du XIIe s. sont à découvrir. A pied ou en voiture : un circuit insolite à ne pas manquer. En une journée ou demi-journée, plongez dans l'histoire de ces lieux de culte secrets : idéal pour la méditation ou la rêverie. Les églises sont fermées pour la plupart, mais vous pouvez toujours les admirer de l'extérieur.

PENNE-D'AGENAIS ★

Ancienne place forte sur un éperon dominant la vallée du Lot, Penne-d'Agenais est aujourd'hui une petite cité d'artisans d'art et un havre de paix aux ruelles étroites et grimpantes. Au pied de l'éperon se trouve Port-de-Penne, ancien port fluvial, aujourd'hui halte pour les plaisanciers naviguant entre Aiguillon et le barrage de Lustrac. On peut louer des bateaux pour une croisière sur le Lot ! Ne manquez pas le petit marché au bord de l'eau du dimanche matin.
A l'ombre du sanctuaire de style néobyzantin consacré à Notre-Dame de Peyragude, les ruelles du bourg médiéval de Penne ne se lassent pas d'être découvertes. Pour connaître ce village aux nombreux recoins, il faut d'abord franchir une des trois portes fortifiées de la Ville, de Ricard ou de Ferracap. Une fois à l'intérieur, le patrimoine historique, des maisons d'habitation en mélange de pierres et de briques, a conservé un charme propre à l'architecture lot-et-garonnaise. Après une déambulation dans les rues, on atteint le sanctuaire où une vue panoramique sur la vallée du Lot éblouira ceux qui auront eu le courage de remonter la rue Bombecul... Le Sanctuaire avec ses 47 vitraux leur sera ouvert, et pour ceux qui préfèrent déambuler dans la nature, le parc de Peyragude, les grottes et les ruines médiévales leur offriront un moment de fraîcheur et de quiétude, avant de redescendre dans le village se désaltérer dans un des nombreux bars et restaurants de la commune en hauteur ou au bord du Lot.

MUSÉE DÉCOUVERTE DE LA RIVIÈRE LOT

Ferme du Lacaÿ
✆ 05 53 41 24 23
www.fermedulacay.com
Uniquement pour les groupes de 20 personnes minimum. Téléphoner pour se renseigner.
Voici une visite atypique, comme on les aime en vacances ! Spécialistes de la culture des pruneaux d'Agen, Claire, Patrick et leurs deux enfants, rendent hommage à la rivière Lot, sans laquelle le département aurait un visage si différent. Mêlant découverte de la culture du pruneau, balade en bateau et repas fermier, une journée sur cette ferme, c'est l'assurance de cultiver ses connaissances, sa curiosité, sa gourmandise. Une belle journée à suivre le Lot, c'est presque le gros lot.

PORTES DE PENNE

En accès libre toute l'année.
Ancienne place forte, Penne « la sanglante », ne se laissait pas prendre facilement. En plus d'un accès difficile par des côtes escarpées, la ville était équipée de remparts et de portes. 3 des 6 originelles sont toujours visibles de nos jours. Au sud du village, la Porte de la Ville se situe place Gambetta. La Porte de Ferracap, au nord, était celle où l'on exposait les condamnés. Enfin, admirez la porte Ricard un peu plus bas dont le nom vient du fait que Richard Cœur de Lion a fait construire un château ici. C'est la mieux conservée des 3, la plus petite aussi.

SANCTUAIRE NOTRE-DAME-DE-PEYRAGUDE ★★

✆ 07 85 56 57 73

Ouvert toute l'année. Accès libre.

© JIMJAG - FOTOLIA

Dès l'an 1000, un oratoire rendait ici hommage à la Vierge. La première église fut détruite en 1562. La construction de la basilique s'est étalée de 1898 à 1948. Son architecture romano-byzantine est une vraie curiosité qui domine toute la vallée du Lot. « Peyragude » signifie « pierre aiguë » : les historiens suggèrent qu'ici se trouvait déjà un lieu de culte antérieur à la christianisation. C'est donc un lieu hautement symbolique qui a vu défiler chapelles, places fortes, châteaux…

SITE NATURE DES ÉTANGS DE FERRIÉ

D961 ✆ 05 53 40 46 70

www.tourisme-fumel.com

Juillet/août 11h-19h. Terrain multisports, jeux secs et d'eau. Stages et ateliers à la Maison de la pêche.

Une réalisation de la Communauté de communes de Penne-d'Agenais en partenariat avec la Fédération de pêche : 3 à 4 ha réaménagés pour accueillir un site dédié à la pêche, une zone classée Natura 2000, et un espace de détente et de jeux d'eau. La zone humide Natura 2000 offre un agréable parcours pédagogique aux abords du Boudouyssou, la rivière voisine, appréciés des joggeurs et promeneurs. Sur place : Maison de la pêche qui propose des stages et des ateliers de découverte.

OFFICE DE TOURISME

✆ 05 53 71 13 70

www.tourisme-fumel.com

A partir de mi-juin, ts les jours (sauf sam) 10h-12h/14h-17h30. Été : 7j/7 9h-18h. 01/09-19/09 7j/7 10h-12h/14h-17h30.

Le relais d'information touristique de Penne-d'Agenais dépend de l'Office de Tourisme Fumel - Vallée du Lot. Visite libre du village toute l'année, visite commentée ou accompagnée sur rendez-vous : à vous de choisir ! Au carrefour du Quercy et du pays de Serres, les conseillers sauront vous renseigner sur les visites à réaliser dans ce coin de la vallée du Lot avec notamment à Penne-d'Agenais la place Gambetta, les portes de Ferracap et de Ricard ou Notre-Dame de Peyragude. Le bourg médiéval n'aura plus de secrets pour vous.

LE LORIOT CÔTÉ JARDIN ET CÔTÉ COUR €

9, rue de l'Argentière

✆ 06 16 47 53 94

https://vacances-au-village.webnode.fr

Gîte Côté Cour jusqu'à 4 personnes. 270-385 €/sem. Gîte Côté Jardin 2 adultes et 2 enfants maximum 295-450 €/sem.

Côté jardin : une ruelle médiévale, puis une porte s'ouvrant sur un jardinet fleuri et ombragé d'où vous dominez les toits de Penne-d'Agenais. Côté cour : dissimulée derrière un grand portail rouge une jolie cour embaumant le jasmin et l'oranger quand ils sont en fleurs. M. et Mme Louyest ont rénové la vieille maison du XIIIe et en ont fait un cocon plein de charme. On est séduit par l'entrée atypique du gîte Côté Jardin, nichée dans la toiture, et par la superbe cheminée du XIVe.

CAMPING DU LAC DE FERRIÉ €€

276, Route de Ferrié ✆ 05 53 41 30 97

www.campingboudouyssou.com

Camping 64 emplacements de juin à fin août. Gîtes et chalets (5 pers) dès 350 €/sem. Animaux acceptés. Jeux.

Aux abords directs du lac de Ferrié, les activités nature sont le premier atout de ce camping où l'ambiance bucolique est un vrai bonheur. Idéal pour planter sa tente, il propose aussi gîtes et chalets pour ceux qui opteront pour des séjours tout confort. Ici, les animations rythment l'été, les enfants sont chouchoutés. Avec la piscine, la pétanque, le volley, le ping-pong, le temps passe d'une belle façon. Petit Futé aime cet hébergement de plein air niché dans une magnifique zone arborée. Des possibilités de randonnées pédestres à vélo s'offrent à vous.

Penne-d'Agenais, au bord du Lot.

CARLANE €€

16, rue de Carlane
✆ 06 11 59 33 90
http://carlanehouse.free.fr/

A l'année. 3 chambres dès 65 €/nuit. 2 gîtes (2/4 pers.) de 200 € à 380 €/semaine (location au mois possible).

A proximité du bourg médiéval, Carlane est une belle et spacieuse chartreuse du XVIIe s. donnant sur un parc arboré et une prairie qui descend en pente douce vers la vallée. Maria vous accueille avec générosité. Vous tomberez d'abord sous le charme du panorama, à contempler depuis la terrasse. 2 gîtes, 3 chambres d'hôtes, 2 salles de réception, 1 cuisine professionnelle, piscine, jardin… et un service traiteur. Parfait pour les réceptions et autres fêtes. Idéal aussi pour des vacances au calme. Conseil futé : c'est en mai et juin que le jardin est le plus beau.

LA PETITE MAISON DE FERRACAP €€

8, rue de Ferracap ✆ 06 16 47 53 94
https://vacances-au-village.webnode.fr

Toute l'année. Gîte 2 adultes et 2 enfants maximum de 270 à 385 €/sem. 2 nuits : 145 €. 3 nuits : 190 €.

Le Ferracap est une jolie petite maison de village à la façade colorée, agrémentée de plantes et de rosiers grimpants. Un véritable petit nid, parfaitement équipé et plein de charme ! M. et Mme Louyest rendront votre séjour des plus agréables. De l'étage, la vue est magnifique. Au rez-de-chaussée, entrée et cuisine donnent sur la rue de Ferracap. Porte ouverte, profitez de l'ambiance du village. Une petite terrasse extérieure permet d'apprécier la douceur de vivre de la vallée du Lot.

NORPECH €€

Lieu-dit Norpech ✆ 05 53 41 48 02
www.gite-norpech.com

Chambre simple 79 € ; chambre double de 100 € à 140 €. Petit déjeuner inclus. Lit supplémentaire : 20 €.

Claudine et Jean-Claude vous accueillent avec générosité dans cet ancien corps de ferme du XVIIe siècle aux murs en pierre et poutres apparentes, d'où vous avez une superbe vue sur Penne-d'Agenais. Ici, vous êtes vraiment à la campagne, sur une propriété de 20 hectares avec pour voisins canards, poules, chevaux, poneys… Les chambres sont toutes équipées d'un grand lit 2 places et d'une douche à l'italienne. Elles sont climatisées. Vous serez tout aussi bien reçus en choisissant l'un des trois gîtes très bien équipés qui sont proposés en complément.

LE RELAIS DE ROQUEFEREAU €€

Roquefereau
✆ 06 75 49 30 24
www.lerelaisderoquefereau.com

Chambre double 140 € ; suite 165 €. Lit supplémentaire (de 20 à 30 €). Yourte : 110 €/nuitée. Petit déjeuner inclus.

Ce relais de chasse du XIIIe siècle est un petit havre de paix niché dans un exceptionnel écrin de verdure. La propriété surplombe la vallée et s'ouvre sur une superbe vue panoramique à admirer même au bord de la piscine à flanc de colline. La maison a été restaurée et décorée avec grand goût. Nathalie Guigné a choisi un délicat camaïeu de teintes naturelles, les poutres sont apparentes et les murs en pierre. Les chambres sont très confortables. L'ensemble donne une belle impression de sereine élégance. Idéal pour se ressourcer !

LA MAISON SUR LA PLACE €€€

10, place Gambetta
✆ 06 83 49 21 28
www.lamaisonsurlaplace.com
Pour 1 personne : 110 € la nuitée. 2 personnes : 130 €. 3 personnes : 150 €. 4 personnes : 170 €. Petit déjeuner inclus.

Jadis célèbre pour sa table, la jolie Maison sur la Place de Geneviève Cazottes est désormais transformée en chambres d'hôtes de grande valeur ajoutée. Dans un univers à la fois sobre et raffiné, on y trouve un mélange d'inventivité et d'esthétisme, d'influences de terroir et d'élégants souvenirs de voyages... Les teintes adoptées invitent à la sérénité. Les espaces sont vastes et bien pensés, très fonctionnels. La déco soignée et originale fait de nombreux émules. Voici une adresse largement plébiscitée pour un séjour plein de charme.

LE BOMBECUL €

10, place Paul Froment
✆ 05 53 71 11 76
www.lebombecul.com
Ouvert tous les jours sauf le dimanche soir et le lundi. Formules midi 15 € et 20 € + à la carte.

Au cœur du village médiéval, Le Bombecul s'abrite derrière une jolie façade en pierres apparentes. Toujours à la recherche de nouvelles saveurs, Sacha et ses acolytes concoctent de savoureux mets à partir de produits essentiellement locaux, en circuits courts. Le frère de Sacha, Antoine, vous sert avec chaleur et sourire. En plats emblématiques, citons le tajine d'agneau aux fruits secs, le suprême de volaille sauce aux cèpes servi avec un risotto aux truffes. Un large choix de vins bio et nature est proposé. Une belle halte gourmande au nom digne de Rabelais !

L'AUTRE MAISON €€

8, boulevard de l'horizon
✆ 06 82 31 12 18
De juin à octobre : jeu et ven midi, du jeu au dim le soir. Téléphonez pour réserver. A la carte : 38 € environ.

Béatrice propose une hospitalité garante d'un moment agréable : quiétude du lieu, accueil chaleureux et réconfort d'une cuisine suave, souvent voyageuse, toujours savoureuse. Safran, curcuma, zaatar, tahin confèrent des saveurs lointaines aux entrées, aux plats et font décoller de plaisir votre palais. Un dessert comme le cheese-cake citron vert framboise joue bien son rôle de nuage sablé, doux et fruité. Un lieu comme nul autre aux alentours. Petit Futé vous invite à réserver pour découvrir ce restaurant atypique et vivre une autre expérience de restauration.

LE PATIO D'HAUTEVILLE €€

31, avenue de la Myre Mory
✆ 05 53 70 39 87
www.lepatiodhauteville.fr
Mar au dim midi et vend/sam soir. Juin-sept : mar au sam midi et soir, dim midi. Formule midi dès 18 €, le soir dès 35 €

A l'entrée de Penne-d'Agenais, ce restaurant est installé dans une ancienne demeure au charme sobre mais certain, à l'accueil et au service irréprochables. Côté carte, le Chef nous régale avec des inspirations puisées dans les trésors régionaux, dignes des plus grandes tables : foie gras aux pruneaux confits et framboises, ris de veau braisés à la noisette, noix de Saint-Jacques au chorizo ibérique... Original : le menu « Les Yeux Fermés » pour découvrir des accords mets/vins surprises dont vous ne saurez rien à l'avance. Réel instant de plaisir gustatif !

LE PEYRAGUDE €€

7, place Gambetta
✆ 05 53 41 22 17
Mai à sept. 7/7 midi & soir. Sinon du mar au dim pour le midi, du mer au sam le soir. Menus à 16 € (midi) et 29 €.

Le Peyragude est une adresse incontournable à Penne où Jean-François et Béatrice vous accueillent avec générosité autour d'une cuisine traditionnelle à base de produits frais d'une qualité constante. Le chef puise dans son expérience des univers culinaires d'ailleurs et propose des mets bien travaillés : salade romaine blanchie sauce aux huîtres et gambas en entrée, gravlax de canette crème d'avocat wasabi en plat. Confits de canard et suprême de pintade sont irrésistibles. Et les desserts ? A tomber ! Salades et desserts peuvent être servis l'après-midi.

ATELIER DE TISSAGE - SYLVIE BOYER

1, rue Bombecul ✆ 05 53 36 68 66
www.sylvieboyer-tissage.com
Juillet/août du lundi au samedi 11h-13h, 15h-18h. Hors saison, le mardi et mercredi 15h-18h sur rdv. Stages. Formations.

Spécialiste de l'art du tissage à bras, Sylvie Boyer crée des pièces uniques d'art mural et de sculptures textiles, pour lesquelles elle utilise des fils conventionnels (lin, coton, laine, etc.), mais aussi des matériaux plus insolites : métal, terre cuite, verre, végétal... Elle partage son talent au cours de formations et stages au tissage et à la création textile. Sylvie Boyer est l'une des seules en France à proposer une formation professionnelle agréée en tissage et tapisserie.

BRASSERIE ZEBULL'IN

1, boulevard de l'horizon
✆ 06 08 02 29 42
https://brasseriezebullin.fr/
Jours et horaires d'ouverture du bar à consulter sur le site https://brasseriezebullin.fr

Le monde de la bière dynamise la gastronomie française et le Lot-et-Garonne en bénéficie. La brasserie artisanale Zebull'in a été créée par Vanessa et Mathieu, zythologues affirmés et confirmés qui produisent leurs gammes sur place. Elles incluent l'ensemble des types de bières, certaines aux saveurs surprenantes sont éphémères. Vous pouvez retrouver leurs nectars houblonnés et leurs conseils dans leur bar ouvert depuis l'été 2020 ainsi que dans certains commerces de proximité. La visite de la brasserie peut se faire sur réservation. Ça va décaps'buller !

CLÉMENCE, HERBES ET SENS

Pied-Bas ✆ 06 87 56 40 13
www.clemenceherbesetsens.jimdo.com
Mai à sept. merc. 14h30-18h. Hors de ces horaire et période sur rdv. Ateliers et visites. Boutiques, foires et marchés.

Clémence Frégard produit des plantes aromatiques et médicinales en agriculture biologique sur sa ferme de Penne-d'Agenais. Elle plante, cultive, désherbe et récolte à la main avant de les transformer, mais elle cueille aussi des plantes sauvages parcourant la campagne au rythme des saisons. Un alambic lui permet d'obtenir par distillations hydrolats et huiles essentielles. Elle prépare aussi des tisanes, des sels aux herbes… Clémence se fera un plaisir de vous conseiller avec beaucoup de gentillesse et de vous expliquer son travail de paysanne herboriste.

LA FERME DU LACAY

2650, Route du Lacaÿ
✆ 05 53 41 24 23
www.fermedulacay.com
Tous les jours du 01/04 au 30/10 10h-19h. En basse saison, visite sur rdv. Vente de pruneaux d'Agen et produits liés.

Visiter la Ferme Du Lacaÿ, c'est voyager dans le temps en suivant l'histoire du pruneau d'Agen. La ferme produit du pruneau bio depuis plus de 10 ans. Claire et Patrick Pourcel cultivent l'histoire du fruit emblématique du département avec une ambition : la qualité. La famille réalise de nombreuses spécialités inspirées du carnet de recettes de leur grand-mère : chutney au pruneau, confitures de prunes d'ente, pruneaux au chocolat, eaux de vie, apéritifs... Claire a inventé un petit délice : le Pruno'choc, une pâte à tartiner au chocolat noir. Un délice !

LE SAFRAN DE JAGARENS

4 Rue Notre Dame
✆ 06 63 54 50 35
Boutique ouverte pendant les vacances scolaires 7j/7 de 14h à 19h, hors vacances scolaires sam et dim de 14h à 18h.

Au Domaine de Jagarens, Peggy Faivre produit son propre safran bio récolté sur place et transformé en produits safranés originaux et de qualité. Des délices comme ces confitures de fruits, de vins et de bière, mais aussi des vinaigres, de la moutarde. Le site de production se trouve à Frespech et le point de vente sur la commune de Penne-d'Agenais. Baptisée « L'Alchimiste », la boutique fait également office de brocante rurale et de lieu d'exposition pour les sculptures métalliques de l'artiste Dee-T, élaborées à partir d'outils anciens.

LES VERGERS D'ESCOUTE

✆ 05 53 41 41 24
www.vergers-escoute.com
Lun au vend 9h30-12h/14h30-18h30, sam 10h-12h. Spécialités à base de pruneaux et produits gourmands. Livraison possible.

Depuis 5 générations, la famille Vergnes cultive le prunier d'Ente dont les prunes deviennent après séchage les célèbres pruneaux d'Agen. Gilles et Sylvain ont repris le flambeau de leurs parents. Le procédé demeure celui qui a forgé la réputation de l'enseigne : pas de conservateurs et un attachement à la qualité. En boutique : de délicieux pruneaux, nature, fourrés à la crème de pruneaux ou enrobés de chocolat : un pur régal. Fabrication artisanale et une gamme bio. Produits locaux en vente : liqueurs, confits, fricassée de canard au monbazillac...

MASSELS

Cette petite commune possède deux églises romanes : Saint-Pierre et Sainte-Quitterie. Petit Futé vous conseille d'aller jeter un coup d'œil à cette dernière. Comme tous les trésors, Sainte-Quitterie sait se faire désirer. Un guide peut être nécessaire pour y aller. Sainte-Quitterie avait voué sa virginité au Christ et refusa de se marier. Elle fut décapitée par son père. Cette église romane surplombe la vallée. Vous pouvez y admirer ses peintures de la fin du XVe qui réapparaissent aujourd'hui après plusieurs années de restauration. Le procédé utilisé est celui de la peinture à la détrempe. Plusieurs scènes de la vie de Jésus y sont racontées.

SAINT-SYLVESTRE-SUR-LOT

En se baladant dans ce village charmant, on tombe sur des allées de pruniers absolument magnifiques ! Saint-Sylvestre-sur-Lot est à l'image de la vallée fertile dans laquelle il est niché. Le port est un des points qui l'ont rendu célèbre et la pêche, encore une fois, y trouve son royaume. Le château de Ferrassou a appartenu à Antoine 1er de Lustrac et sa tour carrée daterait de son époque, soit 1490. Elle est classée aux Monuments historiques et c'est vraiment un lieu que nous vous conseillons de visiter, ne serait-ce que pour sa douceur de vivre. La grande croix rue du Lot, du XVIIe, a été bâtie en reconnaissance de la fin d'une épidémie de peste.

CHÂTEAU LE STELSIA - RESORT**** €€€

Lieu-dit Lalande ✆ 05 53 01 14 86
www.lestelsia.com

Toute l'année. Chambre single 120 €, double à partir de 180 €, suite dès 340 €. Petit-déj. buffet 20 €. Restauration.

Un arc-en-ciel de couleurs plein de peps vous accueille et vous promet un séjour enchanté. L'hôtel**** Château Le Stelsia possède 4 types de chambres de 24 à 45 m². Certaines ont un salon dans la tour du château, et les Suites jouissent d'une terrasse et d'une piscine extérieure privée. Au design très contemporain, elles sont dotées de tout le confort et des équipements attendus dans un 4-étoiles. Le bar vous reçoit tous les jours de 11h à minuit. Détente assurée.

CAMPING LES BERGES DU LOT €

15, Place du Lot
✆ 05 53 41 22 23
www.saintsylvestresurlot.com

Du 15/05 au 30/09. 24 emplacements à 2,50 €/nuit + adulte 4 €, enfant 1,50 € + électricité 2,50 €.

La taille ne fait pas la qualité ! La preuve avec ce petit camping de plein air qui ne manque pas d'atouts doté, au cœur du village, d'un cadre exceptionnel au bord de l'eau. Amis pêcheurs, ne résistez pas ! Sur place : terrain de pétanque, aire de jeux pour enfants, ping-pong, animations... Mais c'est tout de même la piscine qui retient tous les suffrages ! Très agréable, accessible, d'un excellent rapport qualité-prix et proche de tout, le site est vraiment agréable.

CAMPING LE SABLON** €€

506, Chemin de Rabachou
✆ 05 53 41 37 74

A l'année. Emplacements 14,40-17,40 €/2 pers la nuit. Mobil-home 500 €/sem. Caravane 250 €/sem. Tithome 300 €/sem.

Proche du centre-ville, une oasis de bien-être vous attend, mais, pas de mirage, ici l'eau est une réalité. Un complexe aquatique avec 4 bassins et des toboggans fait le bonheur de chacun à tout âge et un magnifique lac de pêche est aussi au rendez-vous. Côté activités : aires de jeux et soirées à thème le jeudi rythment la saison estivale. Un snack et un bar signent les pauses détente. Sandrine vous accueille avec gentillesse et en été, un dépôt de pain est assuré chaque jour. Quel que soit l'hébergement choisi, ce camping est une mine de petits bonheurs.

LE BISTROT DU STELSIA €€

Lieu-dit Lalande
✆ 05 53 01 14 86
www.lestelsia.com

Tte l'année 7j/7 midi et soir 12h-14h30/19h-22h. Réservation recommandée. Menu unique 29 €. Formule midi en sem 19,50 €.

Le Bistrot : un nom de restaurant évoquant convivialité et décontraction pour une salle chaleureuse et moderne. L'accueil est sympathique, le service attentif et souriant. La carte et l'ardoise proposent des recettes traditionnelles ou plus originales, toujours sublimées d'un « truc en plus » par l'équipe du chef. La carte est modifiée chaque trimestre suivant les produits de saison. Aucun risque de se lasser, la qualité et le goût sont au rendez-vous. Le Bistrot coche toutes les bonnes cases pour combler les attentes de sa clientèle.

LE BRUIT QUI COURT

17, rue de la République
✆ 05 53 36 42 97
www.lebruitquicourt-laboutique.com

Toute l'année. Du mardi au samedi 10h-12h et 15h-19h. Boutique de prêt-à-porter et de décoration. Salon de thé.

Voilà une jolie boutique où il va être difficile de résister à la tentation ! Poussez la porte et laissez-vous entraîner par le plaisir de découvrir ce bruit qui court. La boutique de Carole Villegas est une vraie caverne d'Ali Baba : petit mobilier, vaisselle, bougies parfumées, bijoux artisanaux (créations uniques), déco, plaids... sans oublier le rayon prêt-à-porter. Au fond de la boutique, c'est le salon de thé. Carole propose un grand choix de thés quelques pâtisseries et surtout ses fameux chocolats chauds. Petit Futé s'en pourlèche encore les babines !

LE PARC DU STELSIA

Lieu-dit Lalande
✆ 05 53 01 14 86
Horaires variables selon activités Tennis 10 €/h gratuit pour les clients de l'hôtel ; Minigolf 9 €/ adulte, 7 €/-12ans.

Sur plus de 23 ha, le parc du Stelsia est ouvert à toutes et tous. On y pratique les sports les plus populaires (tennis, basket, handball, etc.), mais également des activités plus extravagantes avec le mini-golf de 18 trous le plus grand d'Europe, des jeux pour enfants, un carrousel, un escape game et d'autres activités variées sur demande. Une boutique est présente et des animations fêtent les grands événements annuels (Noël, Pâques). La bodega permet d'y partager des moments conviviaux et le soir, le château brille de mille couleurs reflétant la magie du lieu.

SPA SENS BY MESSÉGUÉ

Lieu-dit Lalande
✆ 05 53 01 14 86
Ouvert tous les jours de 10h à 20h. Horaires variables selon les soins

Le Stelsia abrite le très beau spa « Sens by Mességué » avec soins cosmétiques et esthétiques, massages, hammam, sauna, piscine avec nage à contre-courant, douches sensorielles – et leur sèche-personne automatique inédit en France ! – mais aussi fitness, tisanerie, ainsi qu'une boutique. Cette dernière propose une gamme de produits de luxe à base de cosmétique marine. Se ressourcer, se relaxer, se détendre prennent une tout autre dimension dans ce lieu où la personnalisation du soin demeure primordiale. Une parenthèse absolue de bien-être.

BIOCOOP CHAMP LIBRE

401, avenue de Bordeaux
✆ 05 53 01 95 76
https://biocoopchamplibre.biocoop.net
Ouverture du lundi au vendredi de 9h30 à 13h et de 15h à 19h, le samedi de 9h30 à 19h.

Dans un cadre clair et convivial, le magasin Biocoop Champ libre propose des produits issus de l'agriculture biologique, des produits locaux et de saison : large choix de fruits et légumes, fromage à la coupe, pain frais. Il dispose de rayons épicerie, boucherie, frais et surgelés, vrac, mais aussi d'une gamme de compléments alimentaires, huiles essentielles et cosmétiques, produits d'hygiène et d'entretien pour la maison. Emilienne et Laurent, les gérants, sont très impliqués dans la « consomm-action ». Animations régulières. Expositions d'artistes.

LOU PRUNEL

1001, Chemin de Femouillade
✆ 05 53 40 28 36
www.louprunel.com
Boutique ouverte du lundi au vendredi 9h-12h, 14h-18h.

Lou Prunel est l'entreprise familiale des Galant, qui ont converti leurs vergers en agriculture biologique dès 1969 ! Au lieu-dit Femouillade, sur la route de Bordeaux menant de Bias à Sainte-Livrade, le lecteur futé trouvera la boutique d'usine éponyme. Pruneaux natures ou enrobés, mais aussi fruits secs divers et variés, ici tout est issu de l'agriculture biologique. La boutique propose aussi des produits confectionnés à base de pruneaux. Petit Futé a craqué pour les pruneaux enrobés de chocolat et les fruits moelleux (myrtilles, cranberries) : un délice !

BIAS

En quittant ou en arrivant à Villeneuve-sur-Lot, sur la route, prenez le temps de faire un tour à Bias et découvrez la surprenante « maison aux assiettes » (château de Senelles) dont les façades extérieures sont décorées de faïences, porcelaines et céramiques. Passez aussi par le joli château de Favols, dont les parties les plus anciennes remontent au XIIIe siècle, et surtout par l'église Notre-Dame-de-Bias, restaurée en 2009, dont les couleurs rouge, vert et bleu illuminent l'intérieur. Le peintre villeneuvois François Peltier y a créé en 2010 un magnifique chemin de croix peint directement sur les murs, une œuvre superbe de renommée nationale.

CASSENEUIL

Casseneuil, bastion prospère du catharisme au XIIIe siècle, opposa une résistance farouche aux armées de Simon de Montfort avant de tomber en 1214. La destruction des murailles et de la presque totalité de la cité fut le prix de cette résistance. Le port annexe du Mayne et son bac voyaient transiter plus de 800 tonneaux de vin par an dès le XIVe siècle. Au XIXe siècle, le développement du réseau routier et l'obsolescence de son port laissent la ville sur le bas-côté. La prune sauvera le village ! Une balade dans le vieux bourg ou sur les bords de la Lède vaut le détour. Ne manquez pas l'église Saint-Pierre-et-Saint-Paul de Casseneuil. Un petit bijou !

CASTELNAUD-DE-GRATECAMBE

Arrosé par deux affluents de la Lède, la Mascarde et l'Aygue-Rousse, Castelnau-de-Gratecambe a été fondé en 1256 par Alphonse de Poitiers. Le village est situé sur un éperon qui domine les coteaux du haut Agenais. Profitez d'une halte pour découvrir ses anciens moulins à vent : moulins du Pech Redon et moulin du Rouzé. Ce dernier est perché tout en haut d'une colline et offre un panorama splendide sur la vallée. Tous deux ont été restaurés en gîtes. L'église Saint-Pierre aux Liens de Cailladelles, bâtie au XIIe siècle au milieu des champs, puis reconstruite au XVIIe vaut aussi le détour. Amateurs : profitez d'un beau parcours de golf.

LES RÉSIDENCES DU GOLF €€

La Menuisière
✆ 05 53 01 60 19
www.vslgolf.com

Tte l'année. 8 appart. T2 dès 350 € la semaine pour 2, type Birdy à partir de 500 € la semaine pour 2. Golf inclus.

Composées de 8 appartements avec vue sur le parcours du Country Club Golf de Villeneuve-sur-Lot, les Résidences du Golf de Castelnaud satisferont les amateurs de la petite balle blanche. Dignes d'une résidence hôtelière haut de gamme, les logements offrent de belles surfaces et sont parfaitement équipés. Ils disposent tous d'une agréable terrasse et d'une vue sur le fairway du trou n °1. Petit Futé apprécie le cadre et la connexion wifi. Il n'est pas nécessaire de pratiquer le golf pour réserver et profiter du complexe. Piscine. Restaurant.

VILLENEUVE-SUR-LOT COUNTRY GOLF CLUB

La Menuisière ✆ 05 53 01 60 19
www.vslgolf.com

Toute l'année sauf 31/12 et 01/01. Green fee 18 trous 30 € à 55 € selon saison. Boutique. Piscine. Résidences du Golf.

Ce golf aux alentours de Villeneuve vous ouvre ses portes toute l'année. Son parcours de championnat 18 trous qui épouse le paysage vallonné se révèle idéal pour les golfeurs confirmés comme pour les débutants. Très dynamique, le golf organise de nombreuses compétitions. Les plus : une piscine et un restaurant, La Suite, qui se distingue par sa cuisine du marché aux accents gastronomiques. Toute l'année, le golf de Villeneuve-sur-Lot propose des offres golf/séjour en résidence.

LÉDAT

Construit sur la rive gauche de la Lède, le village (nommé aussi non officiellement Le Lédat) est un ancien prieuré qui tire son nom de la rivière qui la traverse. Au centre du village, regroupé autour de son église, on peut admirer quelques très belles maisons à colombages datant du XVIe siècle. L'église paroissiale Saint-Géraud, construite au XIIe siècle sur un ancien sanctuaire romain, fut reconstruite au XIXe siècle. Près du Lot, l'église Saint-Martin de Tours, au lieu dit Campagnac, mérite le détour. Près du Parc naturel régional Périgord Limousin, de belles balades s'offrent à vous. S'adresser à l'office de tourisme du Grand Villeneuvois.

PAYS DE LA VALLÉE DU LOT

© CDT 47

Paysage Castelnaud.

SAINTE-COLOMBE-DE-VILLENEUVE

Petite commune rurale, Sainte-Colombe-de-Villeneuve se situe sur les coteaux de la vallée du Mail. La municipalité organise en périodes estivales de nombreuses fêtes et autres vide-greniers qui vous inciteront peut-être à découvrir l'église du Laurier avec son abside du XIe siècle éclairée par trois fenêtres qui ressemblent à des meurtrières. A noter également, deux clochers des XIIIe et XVIe siècles. A quelques pas du village, plongez au cœur de la grotte de Lastournelle : un havre de paix et de fraîcheur ! Vous pourrez aussi profiter d'une pause aux abords du lac de Baniérettes et même y pêcher ! Mais attention, l'activité y est réglementée.

ÉGLISES SAINT-NICOLAS ET SAINTE-FOY ✝ ★

Ouvertes tous les jours (horaires variables selon les saisons).

Les églises Saint-Nicolas et Sainte-Foy sont respectivement l'une inscrite et l'autre classée aux Monuments historiques. Avec un chemin de ronde, Saint-Nicolas était un élément de défense. Sainte-Foy, qui accueille des expositions, a été restaurée en 2018. Le travail restitue l'origine des œuvres. Les peintures en couleurs brun/rouge et jaune pâle ont repris de la clarté en gardant leur authenticité et la lumière embellit les murs de la chapelle et du chœur pentagonal. Eblouissant.

LA GROTTE DE LASTOURNELLE

✆ 05 53 40 08 09
www.grotte-de-lastournelle.fr
Juillet, août 7j/7 de 10h à 18h. Du 01/04 au 30/06 et du 01/09 au 30/09 visite à 14h et 15h30. 7,50 € (enfant 5 €).

Née il y a plus de 25 millions d'années, la grotte a été découverte en 1878 alors que le propriétaire voulait creuser un puits. Ouverte au public depuis 1957, la visite dure 45 min environ. Vous longez sur 300 mètres le lit d'une ancienne rivière souterraine. Sur votre chemin, 7 salles vous feront découvrir la magie de leurs multiples stalactites et stalagmites. La température de la grotte, hiver comme été, affiche 14 °C. Animations ludiques et familiales. Boutique et snack.

LA MAISON DU JOUET RUSTIQUE

Place Saint-Nicolas
www.maison-du-jouet-rustique.fr
Ouvert selon la disponibilité des bénévoles. Pour + d'infos voir la page Facebook https://www.facebook.com/mjrpujols

A l'origine du lieu : Daniel Descomps, « passeur de savoir » passionné ! Opinel à la main, il fabrique des jouets en bois issus de cultures et d'époques différentes. Les visiteurs les découvrent et entendent les anecdotes liées à leur fabrication. La Maison du Jouet Rustique, par le biais d'ateliers, promeut le plaisir de « faire », le geste de la main qui fabrique, invente, s'initie aux outils. Un parfum d'autrefois pour ce voyage au pays de l'enfance et de l'imaginaire Roi.

PUJOLS ★★

La citadelle de Pujols a favorisé par sa situation exceptionnelle une implantation humaine dès l'époque gauloise. On y construisit une puissante forteresse aux Ve et VIe siècles pour lutter contre les invasions. Jusqu'au XIIIe siècle, Pujols est considérée comme étant l'une des plus importantes places fortes de l'Agenais. Elle échappera à la croisade dite des Albigeois. La citadelle sera rasée après le traité de paix de Meaux en 1229. Une nouvelle forteresse sera construite la fin du XIIIe. Elle sera vendue pierre par pierre vers 1830 afin de transformer l'ancienne abbaye d'Eysses en prison. Le village est classé « les Plus Beaux Villages de France ».

POINT D'INFORMATION TOURISTIQUE

Place Saint-Nicolas ✆ 05 53 36 78 69
www.tourisme-villeneuvois.fr
Juin à sep : du lun au ven + dim 10h-12h30/14h-18h. Avril, mai, octobre : du mar au ven 13h30-17h30.

Des conseillers en séjour de l'Office de Tourisme du Grand Villeneuvois tiennent à Pujols un point d'information touristique. Ils peuvent vous proposer un livret-visite « Pujols en toute liberté » et des visites commentées du village médiéval pour les groupes sur réservation. Une maquette du village aux XIVe et XVe siècles est présentée sur place. Elle a été réalisée par un passionné de Pujols et des maquettes ! Une boutique de produits ainsi qu'un espace numérique sont aussi présents.

MAIRIE DE PUJOLS

BP 310
✆ 05 53 70 16 13
www.pujols47.fr/
Lundi, mercredi et jeudi 8h-12h/13h30-17h. Mardi 13h30-17h. Vendredi 8h-12h/14h-17h. Samedi 10h-12h

Pujols-le-Haut est un village labellisé « Plus beau village de France » avec deux édifices classés aux monuments historiques et sa vue magnifique sur la vallée du Lot. C'est un village paisible, au patrimoine riche, citons comme atouts culturels : les vestiges des remparts et du château, les églises du Mail, de Sainte-Foy et de Saint-Nicolas. Les maisons à façades blanches ou à colombages donnent tout son cachet à ce village où il fait bon vivre. En y flânant et en admirant la vallée, on l'apprécie d'autant plus. De quoi passer un séjour des plus agréables.

CAMPING LOT ET BASTIDES*** €

Allée de Malbentre ✆ 05 53 36 86 79
www.camping-lot-et-bastides.fr
Du 01.04 au 06.11. Emplacement 13-24 €/nuit. Mobil-home (4-6 pers) 210-640 €/sem. Chalet (4-6pers) 225-640 €/sem. Tente.

Situé au pied du village médiéval de Pujols, ce camping propose des emplacements spacieux et confortables. Vous pouvez également louer des chalets, mobile-homes, tentes meublées... Le site est vraiment complet : piscine, épicerie, snack-bar, boutique et bibliothèque. La voie verte et la véloroute de la Vallée du Lot passent devant l'entrée : nombreuses boucles de randonnées pédestres ou VTT jalonnent le territoire. Ophélie se fera un plaisir de vous indiquer les bons plans du coin.

HÔTEL RESTAURANT CAMPANILE*** €

route Agen
✆ 05 53 40 27 47
Toute l'année. 48 chambres de 59 € à 75 €. 2 adaptées PMR. Parking gratuit. Restauration.

Les 48 chambres du Campanile sont décorées dans des couleurs claires rehaussées d'un joli vert, la literie est récente. L'hôtel est idéalement situé sur l'axe principal de Villeneuve, mais ne craignez pas le bruit de la circulation, les chambres ont été parfaitement insonorisées. Côté restaurant, la salle d'une cinquantaine de couverts est lumineuse et agréable, l'accueil professionnel. Vous y dégusterez une cuisine française traditionnelle, ou revisitée à la façon du chef.

LE MAKA €

1, place saint nicolas
✆ 05 53 01 61 33
www.lemaka.fr
Été : du mar au sam midi et soir, dim midi. Basse saison : du mar au dim midi, ven et sam soir. Plat 13/14,50 €.

Le Maka s'identifie « healthy resto » : une cuisine saine à laquelle on peut ajouter « bonne, créative et goûteuse ». Si l'offre de restauration pujolaise est large, le Maka c'est l'opportunité de déguster une cuisine valorisant le végétal, le bio et le local. Mathias propose des tartines gourmandes, des bols copieux et des desserts savoureux comme le tiramisu pistache thé vert infusé ou les glaces artisanales et sorbets « Les délices de Mathilde ». Les thés sont bio et la terrasse est des plus agréables sur la magnifique place. Quand le bon fait du bien !

PEINTURES MURALES DE L'ÉGLISE SAINTE-FOY

L'église Sainte-Foy est classée au titre des Monuments historiques en 1903. Le lieu a vu différents décors se superposer au fil des siècles et c'est en 1880 que l'abbé Gerbeau décide de mettre au jour les illustrations les plus anciennes. En 2018, la commune de Pujols entreprend une vaste opération de restauration de l'intérieur avec des techniques spécifiques à tout travail de restauration d'œuvres anciennes en sachant que le temps avait fait son œuvre notamment à cause de l'humidité, principal élément de dégradation des peintures. Pré-consolidation de la couche picturale, nettoyage (époussetage, mécanique, chimique) jusqu'à la retouche faite à l'aquarelle, les étapes ont été minutieusement exécutées. Le résultat est magnifique, différentes scènes s'offrent au public à l'image de l'arbre de Jessé figurant la généalogie du Christ sur le mur ouest de la chapelle ou encore dans le Chœur où les décors sur les cinq pans coupés illustrent magnifiquement plusieurs scènes (la victoire de la foi sur le démon, différents saints...). Si l'on prend en compte l'état initial avant l'opération, on se rend compte alors que ce que l'on peut admirer aujourd'hui tient grâce aux décisions prises durant les travaux (étapes, matières...) et à la maîtrise des gestes. Le travail réalisé restitue l'origine des œuvres de façon exceptionnelle. Les peintures en couleurs brun/rouge et jaune pâle ont repris de la clarté en gardant leur authenticité et la lumière embellit les murs de la chapelle et du chœur pentagonal.

Le joli village de Pujols.
© DANIELE SCHNEIDER

VILLA SMERALDA €€

Passage des ponts du Castel
✆ 05 53 36 72 12
Basse saison : du mar soir au dim midi. Haute saison : du mar midi au dim soir. Menu 32 €. Formule midi 19 €.

Un petit coin de Sardaigne au cœur du Lot-et-Garonne. A la Villa Smeralda, découvrez une cuisine méditerranéenne généreuse et parfumée. Eric Haziza, le nouveau propriétaire depuis juillet 2021, a tenu à renforcer l'identité culinaire de l'établissement à travers la cuisine typiquement sarde du chef Jean-Pierre Chrusnik. Parmi les spécialités : le cochon de lait grillé, les ravioles aux orties ou aux pommes de terre accommodées de sauces italiennes, en dessert le tiramisu mais aussi un flan sarde au caramel, entre autres. Bon appétit... ou plutôt *buon appetito* !

FERME BIO DE NICOY SUD

Nicoy Sud
✆ 06 87 43 44 32
www.ferme-bio-de-nicoy.fr
Vente à la ferme uniquement le vendredi 17h-19h et sur le marché du mercredi à Villeneuve-sur-Lot. Visites sur rdv.

Depuis 1969, Cathy et Michel Artisié travaillent en agriculture biologique. Petit Futé a beaucoup apprécié sa visite à la ferme au beau milieu de la belle campagne lot-et-garonnaise. C'est un réel plaisir de les écouter présenter leurs produits de qualité et parler de leur travail. A la vente : farines de blé, sarrasin et petit épeautre, céréales, huiles de tournesol et de colza, légumes secs (lentilles, pois chiches, pois cassés), pâtes alimentaires... Une adresse 100 % bio pour découvrir l'authenticité du terroir de ce département majoritairement rural.

MAISON ROUCADIL

Place Saint-Nicolas
✆ 05 53 49 32 38
Ouvert de mai à fin août Du mardi au dimanche soir : 10h-13h et 14h-19h.

Situé à Montayral près de Fumel, Roucadil – maison ancestrale de fabrication du pruneau d'Agen I.G.P. – ouvre cette boutique durant la saison estivale dans l'un des plus beaux villages de France. Confiseries, chocolats fins et bien sûr des pruneaux d'Agen délicieux sont proposés. Vous y trouverez les pruneaux fourrés à la crème de pruneaux, mais aussi des créations comme les fruits secs enrobés de chocolat. Vous pourrez également vous procurer des alcools et des produits d'épicerie fine pour agrémenter vos emplettes saisonnières. Passage obligé.

CENTRE AQUATIQUE DE MALBENTRE

Rue André Grousset ✆ 05 53 70 97 26
www.grand-villeneuvois.fr
En été 7j/7 12h-20h. En période scolaire : lun 11h30-22h, du mar au ven 11h30-20h, sam 9h-12h30/14h-19, dim 9h-12h30.

Ici, les plus sportifs plongeront dans le bassin de 25 m avec ses 6 couloirs de nage et les familles dans le bassin d'apprentissage. Vous pourrez également profiter du bain de l'espace balnéo-détente avec douches hydromassantes et hammam. En été, place au bassin ludique extérieur avec station d'hydromassage et banquettes bouillonnantes, pataugeoire pour les petits. Les plus : pentaglisse de 6 pistes, plages minérales et espaces verts de détente, avec une superbe vue sur la bastide.

MONFLANQUIN ★

Monflanquin est l'une des plus belles bastides du département, classée « un des plus beaux villages de France ». Monflanquin doit sa création à Alphonse de Poitiers. La ville a connu la guerre de Cent Ans et fut aux premières loges des affrontements entre catholiques et protestants au XVIIe siècle. Vous serez conquis par le charme de cette cité : la place centrale est « magique ». Comme en 1256 se tient chaque jeudi matin le marché : marchands et chalands y sont nombreux. Faites un tour sur les murs de la cité : le panorama y est l'un des plus beaux de la région. Chaque été, Monflanquin offre à ses visiteurs des journées médiévales à ne pas rater !

MUSÉE DES BASTIDES ★

Place des Arcades
✆ 05 53 36 40 19
www.monflanquin-museedesbastides.com
Fermé du 01/11 au 31/03. En été mar-ven 9h-13h/14h-17h. Mai, juin, sept, oct. mer au ven 9h30-12h30/14h-17h.

Au Moyen Age, du temps où le Sud-Ouest était partagé entre Français et Anglais, sont nées 350 villes neuves : les bastides. Pour mieux les comprendre, un musée leur est dédié au sein même des locaux de l'Office de tourisme, sur 2 étages. La visite libre se fait à travers une scénographie incluant des panneaux explicatifs, maquettes (dont une, imposante, de Monflanquin au début de sa construction), des supports pour enfants. 2 espaces ludiques s'adressent aux familles autour de l'habillement médiéval et de l'échoppe. Une visite vraiment intéressante.

XIIIᴱ JEU, L'ESCAPE GAME MÉDIÉVAL

En plein cœur de Monflanquin, le musée a ouvert un escape game qui vous plongera dans une enquête historique immersive au temps des chevaliers. Basé sur des faits historiques, le scénario vous entraîne au XIIIe siècle à la recherche du célèbre professeur Archibald Astruc et du trésor de Monflanquin. En équipe de 4 à 10 joueurs, vous devez faire preuve de logique et de cohésion pour partir aux XIIIe et XIVe siècles à la découverte des bastides. Un bon moyen de tout savoir de leur création à leur rôle dans la société médiévale de l'époque, en passant par leur urbanisme et leur mode de fonctionnement. Casse-tête au rendez-vous. Sur réservation uniquement.

OFFICE DE TOURISME COEUR DE BASTIDES - BUREAU D'INFORMATION DE MONFLANQUIN

Place des Arcades ✆ 05 53 36 40 19
www.coeurdebastides.com
Eté 7j/7 9h30-13h, 14h-18h. D'avril à juin et sept. oct. du mer au sam 9h30-12h30, 14h-17h, hiver mer-jeu.

Voilà le lieu où se rendre en priorité pour bien visiter la bastide ! Clair et moderne, l'office de tourisme cœur de bastide abrite dans son hall d'accueil des expositions d'artistes et partenaires culturels locaux. L'équipe se fera un plaisir de vous conseiller et vous procurera toutes les informations utiles sur la bastide et ses alentours. Un circuit avec des panneaux explicatifs est à suivre dans le village. 18 points d'intérêt sont ainsi à découvrir.

LES BOURDEAUX €

✆ 05 53 49 16 57
www.lesbourdeaux.com
01/05 au 15/10. 3 chambres 110 € (annulation gratuite jusqu'à 5 jours avant l'arrivée), 100 € (non remboursable).

Restaurée avec beaucoup de goût par Jacqueline et Rob, la propriété des Bourdeaux est un havre de paix avec vue imprenable sur la bastide de Monflanquin. Les 3 chambres d'hôtes sont spacieuses, claires et décorées avec charme. *Sancerre*, au rez-de-chaussée, est accessible aux personnes à mobilité réduite. *Champagne* et *Fleurie* sont à l'étage. Le petit déjeuner est copieux. L'extérieur des Bourdeaux est agréable, avec sa piscine, sa cuisine d'été et, plus insolite, vous pourrez disputer une partie d'échecs sur l'échiquier géant implanté au sein du jardin.

HÔTEL RESTAURANT LA BASTIDE DES OLIVIERS*** €

1, Tour de ville
✆ 05 53 36 40 01
www.labastidedesoliviers.fr
A l'année. 9 chambres doubles 70-108 € selon chambre. Restaurant/service traiteur. Menus 16,90-32 €. Panier pique-nique.

Au pied de la bastide, en face d'un parking public, cet hôtel-restaurant de village tenu par Lætitia et Grégory possède un charme certain. Les 9 chambres (dont une familiale pour 4 personnes) sont aménagées avec goût : sobres, élégantes et confortables. Le restaurant propose une cuisine traditionnelle. Quand le temps est clément, profitez de la terrasse. Grâce au service traiteur, des paniers-repas peuvent être préparés. Belle étape sur le circuit des bastides.

Ruelle de Monflanquin.

HÔTEL RESTAURANT MONFORM €

Route de Cancon ✆ 05 53 49 85 85
www.hotel-monform.fr

Ouvert toute l'année. 30 chambres réparties dans 5 bungalows. De 49 € à 79 € la nuit.

L'hôtel Monform a été repris par Valérie Coufignal, originaire de Monflanquin, et son conjoint Johan Hellies. Bénéficiant d'un cadre naturel champêtre et agréable, les confortables chambres tout équipées sont disséminées dans le parc, formant de charmants petits pavillons de plain-pied, avec terrasse et salon de jardin. L'hôtel offre également des prestations pour les séminaires grâce à deux salles dédiées. Côté restaurant, vous pouvez déguster une cuisine où le local et la saisonnalité sont privilégiés et le lac se prête aussi à des soirées bodega.

BOULÈDE HOMES HEARTS HAPPINESS €€

192, Chemin de Boulède ✆ 05 53 36 86 25
www.boulede.com

A l'année. 5 cottages (dont 2 avec label Tourisme et Handicap). 975-2 575 €/sem. selon gîte et saison. 2 piscines.

Coup de cœur Petit Futé ! Ces 5 gîtes de charme sont le fruit d'un changement de vie d'une famille hollandaise tombée amoureuse de la région. Karen et Rolf ont marié la rusticité des demeures en pierre de la région avec le goût et la sobriété des intérieurs modernes hollandais. Les 5 gîtes sont indépendants. La propriété compte 2 piscines. Chacun possède une cheminée en pierre en état de marche. Une fois par semaine, Karen et Rolf réunissent leurs convives autour d'une table d'hôte.

CHÂTEAU LADAUSSE €€

Lieu dit Ladausse
✆ 05 53 36 71 63
www.ladausse.com

5 chambres. Tarifs chambre double entre 125 € et 145 € la nuit. Table d'hôtes à partir de 30 €.

Cet ensemble du XVIIe siècle, pour la partie la plus ancienne, est situé au sommet d'une colline, offrant tranquillité et vues spectaculaires sur les environs, y compris la bastide de Monflanquin. Le Château a été rénové avec grand soin afin de préserver son identité et son histoire tout en apportant confort et modernité. Le résultat est un lieu unique et luxueux, une propriété entourée de 5 ha de parc, bois et prairies. Les chambres sont tout simplement sublimes avec leurs boiseries et leur mobilier, on se croirait dans un conte de fées. Piscine extérieure.

LE BISTROT DU PRINCE NOIR €€

Place des Arcades ✆ 05 53 36 63 00
www.lebistrotduprincenoir.fr

Ouvert toute l'année. Le lundi, le mardi et du jeudi au samedi de 11h30 à 14h et de 19h à 21h. Menus de 17 € à 25 €.

© LE BISTROT DU PRINCE NOIR

Situé sous les cornières au niveau de la magnifique place centrale de la bastide, le Bistrot du Prince Noir vous propose une cuisine appétissante dans un cadre convivial. Elaborés avec des produits frais, les plats sont copieux. La carte met en valeur des valeurs sûres comme l'entrecôte, la brochette de magret de canard... Elle s'aventure aussi du côté de l'Italie avec des lasagnes d'aubergines, des tagliatelles, et revisite les burgers (classique, végétarien, magret de canard).

DOMAINE DU BOSSU €€

Route de Savignac ✆ 05 53 36 40 61
www.auberge-du-bossu.com

Toute l'année. 2 gîtes 2-6 pers, 2 gîtes 2-8 pers. 500 €-1 300 €/sem. selon gîte et saison. Possibilité à la nuitée.

A 3 minutes du cœur de Monflanquin et pourtant dans un calme absolu : sur 9 ha de verdure, 4 gîtes vous attendent. Ils portent des noms de pierres précieuses, mais ce sont les reflets du lac qu'ils surplombent qui vous enchanteront d'abord. Le décor de chaque gîte a pour fil conducteur la couleur de la pierre précieuse qu'ils représentent. Valérie, votre hôte, assure un accueil sympa et chaleureux. Pêche, table de ping-pong, baby-foot, boulodrome, piscine et jeux de plein air : des vacances actives ou placées sous le signe du farniente ! Une adresse splendide.

HÔTEL RESTAURANT MONFORM €€

Route de Cancon ✆ 05 53 49 85 85
www.hotel-monform.fr
7j/7 (sauf le dimanche soir en basse saison). Formule du midi entrée/plat/dessert 16,50 €. Tapas.

© MONFORM

Le restaurant de l'hôtel Monform a été repris par Valérie Coufignal, native de Monflanquin, et son conjoint Johan Hellies. Derrière les fourneaux, le chef privilégie les produits locaux et de saison. En hiver sont proposées des grillades au feu de bois et notamment un choix de belles côtes de bœuf maturées. En été, place à la cuisine au brasero réalisée devant les clients sur la grande terrasse avec vue sur le lac de Coulon. L'ambiance des soirées musicales de la bodega, donnant également sur le plan d'eau, se révèle tout aussi agréable.

L'EFFET MAISON €€

25, place des Arcades
✆ 09 52 13 07 73
https://leffetmaison.com
Toute l'année le soir du mardi au samedi et le dimanche midi. A la carte, de 29 € à 35 € environ.

C'est l'histoire d'un coup de foudre d'Estelle et Gilles pour Monflanquin et ses Arcades. En 2018, ils quittent Nantes pour ouvrir L'Effet Maison et proposer une cuisine française et d'ailleurs. Les produits sont de saison, sélectionnés chez des producteurs locaux comme les légumes, bio. Maître restaurateur et membre du Collège Culinaire de France, Gilles bouge la carte régulièrement tandis qu'Estelle assure un service souriant. L'évidence de ce que doit être l'évolution de la restauration de qualité est depuis longtemps à Monflanquin, profitez-en !

LE JARDIN €€

17, place des Arcades
✆ 05 53 36 54 15
www.restaurant-lejardin47.fr
Fin mai à fin sep. Tous les soirs + dimanche midi. Réservation recommandée. Ardoise et carte 30/35 € environ. Terrasse.

Depuis 1989, Stéphane et Françoise tiennent Le Jardin dans cette jolie maison à colombages du XIIIe siècle... sans jardin ! Le nom évoque les légumes que cuisine Stéphane et que Françoise vous apportera avec le sourire. De belles spécialités périgourdines et de poissons ont fait la réputation des lieux. Tout est fait maison avec des produits frais et de saison : foie gras, magret sauce aux cèpes, gravlax et assiette de poissons fumés... Pour finir ? Fondant au chocolat, sablé citron et framboise ou abricots rôtis au miel. Que du bon !

LA BASTIDE €€

29, place des Arcades ✆ 05 53 36 77 05
www.monflanquin-tourisme.com/
Toute l'année sauf 3 sem. en février. Juil/août tous les jours midi et soir. Hors saison fermé dim. soir et lun.

La crêperie vous accueille avec bonne humeur dans l'agréable salle décorée d'anciennes plaques publicitaires émaillées ou sur la terrasse lovée sous les arcades dans un coin de la place centrale de la bastide. A la carte, outre le plat du jour, vous trouverez un bon choix de galettes de sarrasin, salades, burgers, crêpes sucrées. Font partie des incontournables de la maison la soupe gratinée à l'oignon et les crevettes en entrée, le confit, le tajine et le sauté de poulet coco ananas en plat de résistance. Fabienne et son équipe vous souhaitent bon appétit !

CHEZ OLIVIER BUISINE - BOUILLEUR AMBULANT

6, rue Sainte Marie
✆ 06 89 29 79 71
www.alambic-ambulant.fr
Boutique ouverte de mai à septembre, tous les jours 10h-18h. D'octobre à fin avril le jeudi 9h-12h.

Olivier Buisine exerce un métier peu banal et peu connu ! Il est bouilleur ambulant... Il se déplace chez vous et distille vos macérations de fruits pour en extraire la meilleure eau-de-vie. En hiver, Olivier distille pour les particuliers mais aussi pour lui : c'est en été que les liqueurs, apéritifs et eaux-de-vie sont disponibles à la vente. Une fois l'alambic rangé, prunes, pruneaux d'Agen mais aussi poires, reines-claudes,... sont prêts à être dégustés. Une rencontre passionnante.

SAVONNERIE SAPONAIRE

47, place des Arcades
✆ 05 53 36 46 15
www.saponaire.com
Ouvert tous les jours de 9h à 13h et de 14h à 18h.

Une boutique, sous les arcades, au cœur de la bastide pour cette savonnerie bio et familiale. Les savons sont fabriqués à la main avec des ingrédients naturels à base d'huiles bio et le plus souvent locales, de chanvre, tournesol, colza ou même amandon de prune. Labellisés « Nature et Progrès », sans allergènes ni additifs artificiels, avec ou sans huiles essentielles, au lait d'ânesse, leur gamme est large... La savonnerie de Monflanquin fabrique également des savons pour le shampoing, des savons de ménage et de la lessive. A découvrir.

VITAMONT

✆ 05 53 36 50 63
www.vitamont.com
Produits à retrouver dans les magasins bio uniquement.

Du bio à 100 % et sans allergènes : voilà l'engagement pris depuis fort longtemps déjà par Vitamont pour l'élaboration de ses jus de fruits, de légumes et autres boissons. Aujourd'hui, elle propose près de 150 recettes à raison d'une trentaine de nouveautés mises sur le marché par an. Une dynamique privilégiant avant tout l'origine France et le recours à des matières premières équitables. Les goûts de ses jus et boissons se distinguent régulièrement au concours « Meilleur produits bio ». Sous la marque « Mamie Bio », elle vend des produits d'épicerie gourmande.

LA VÉLOROUTE

Document à demander auprès du Comité départemental du tourisme.

Document recensant pour les amoureux de la petite reine les circuits vélos de la vallée du Lot. Ce sont au total sur le Lot-et-Garonne près de 90 km entre Aiguillon et Fumel et une trentaine de boucles. Bien sûr ce document se trouve dans tous les offices de tourisme du Pays du Lot. A découvrir : grande boucle monflanquinoise (Monflanquin-Saint-Aubin), circuit du Prince Noir (Monflanquin-Paulhiac), circuit Bernard Palissy (Lacapelle-Biron-Montagnac-sur-Lède). A demander auprès du Comité départemental du tourisme ou servicedocumentation@tourisme-lotetgaronne.com.

CANCON

Cancon, illuminé en ses hauteurs d'un Christ sur la croix, est la capitale française de la noisette. Le gros de la production du pays est regroupé par la coopérative Unicoque de Cancon. Côté architecture, appréciez le mur d'enceinte médiéval et la halle du marché, de style Baltard. Voie de passage romaine, Cancon l'est restée. Mais ne vous laissez pas seulement happer par les échoppes le long de la rue Nationale : pénétrez le vieux bourg avec ses quelques maisons à colombages. La richesse du village se situe à 1,5 km du centre : le lac du Général-Fouché. L'été, cet endroit séduit tout le monde. Au programme : baignade, pêche, animations, concerts, bar.

KOKI LA BOUTIQUE

28, rue de la République
✆ 05 53 70 15 98
www.koki-laboutique.com
Juil/août : lun au sam 9h30-12h30/14h30-19h. Basse saison : lun au sam de 9h30-12h30/15h-18h30 Boutique en ligne.

La coopérative Unicoque réceptionne 98 % des noisettes produites en France. Ce dynamisme a fait de ce lieu la capitale de la noisette, commercialisée sous la marque « Koki ». La boutique vous accueille face à la halle de Cancon. Vous y trouverez les fruits de la coopérative, noisettes, noix et amandes, ainsi que les produits dérivés : huiles de noisette (dont une 100 % bio), pâtes à tartiner, farine, biscuits et huile de noix… ou encore les fameux « Kokichocos », des noisettes grillées enrobées de chocolat. Il existe aussi une gamme de cosmétiques à la noisette.

LA TABLE DES SENS €€

63, route de Villeneuve-sur-Lot - **LOUGRATTE**
✆ 05 53 36 97 04
www.latabledessens.com/
Tte l'année. Du mer au dim midi 12h-13h30/19h30-21h. Réservation impérative. Formule midi semaine 21 €, menu carte 39 €.

Voilà maintenant 4 ans que le chef étoilé Hervé Sauton a quitté Villeneuve-sur-Lot pour s'installer à Lougratte, toujours épaulé de son fidèle chef pâtissier Jean-Yves Tholly (avec qui il travaille depuis 25 ans). Le lieu offre un décor lumineux et champêtre avec vue sur le lac, les champs, vergers et élevages voisins. La cuisine vous paraîtra savoureuse et unique. La Table des Sens sait mettre en avant les nombreux produits locaux grâce au talent d'Hervé Sauton. Le restaurant a lancé une formule simple, accessible et bien sûr gourmande le midi. Belle cave à vins.

RESTAURANT AZUL €€

2, place de la Halle
✆ 05 53 70 04 21
Lun, mar, jeu 12h-14h, ven 12h-14h/19h-22h30, sam 19h-22h30, dim 12h-15h. Plats 18 €, formule complète 31 €.

© AZUL

A l'automne 2021, Claire et Tom de La Tête d'Ail ont passé le relais à Mariana et Nicolas. L'adresse en plein cœur de Cancon est alors devenue le restaurant Azul. Aussi délicieuse que belle à regarder dans les assiettes, la cuisine maison de Mariana se révèle inspirée et colorée. On y décèle une véritable personnalité. Les recettes prennent parfois des accents du monde, toujours animées d'une volonté de surprendre et d'enchanter. La carte des vins s'avère tout aussi intéressante avec ses références naturelles, bio. Goûtez le vin orange, il est fameux !

VISITE DE LA COOPERATIVE UNICOQUE

28, Rue de la République ✆ 05 53 70 15 98
www.koki-laboutique.com
Juillet : mer et jeu à 15h, ven à 9h30. Août : du mar au jeu à 15h, ven 9h30. 5 € à partir de 12 ans, 3 € (8-11 ans).

Grâce à cette visite guidée (comptez 2 heures environ), découvrez la culture de la noisette et la coopérative Unicoque depuis le verger jusqu'au sachet, en passant par les différentes unités de production de Cancon. A l'issue de votre tour, un film instructif sur le travail dans les vergers et les récoltes sera projeté. Vous terminerez sous la halle du village par la dégustation bienvenue d'un assortiment de produits de la boutique Koki. Départ de la visite au 28 rue de la République.

LE MOULIN DE LA VIERGE

MONBAHUS
Accessible toute l'année. Gratuit.

Si vous vous trouvez dans le secteur de Cancon, Petit Futé vous conseille de marquer l'arrêt à Monbahus. Au sommet de la colline du village se tient un moulin du XVIIe siècle. Il n'a plus ses ailes, mais il a été coiffé voilà plus d'un siècle d'une immense statue de la Vierge. Dans le moulin, un escalier d'époque en bois vous conduira en haut de la tour : le point d'observation parfait à 200 m de hauteur et à 360° pour détailler tout ce qui fait le charme de la douce campagne lot-et-garonnaise. Avec en prime une vue plongeante sur les toits de Monbahus.

© CDT47

Cancon.

PAYS DE LA VALLEE DU LOT

OFFICE DE TOURISME COEUR DE BASTIDES

✆ 05 53 36 40 19
www.coeurdebastides.com
Point d'information l'été chaque lundi matin sur le marché.
En période estivale, l'Office de Tourisme Cœur de Bastides tient un stand d'accueil chaque lundi matin sur le marché traditionnel de Cancon, sous la halle. Toutes les informations touristiques pouvant être utiles sont à la disposition des visiteurs en vadrouille. N'hésitez pas à prendre des brochures et à demander conseil pour connaître les animations, vous renseigner sur les hébergements et les restaurants, les points d'intérêts à découvrir dans le secteur...

SAINTE-LIVRADE-SUR-LOT ★

Cette bastide anglaise a été construite à la fin du XIIIe siècle sur l'emplacement d'un prieuré bénédictin. En vous baladant dans ces rues, vous découvrirez la tour du Roy, le cloître bénédictin, des vestiges du XIIe siècle, récemment rénovés. Sainte-Livrade est aussi une terre d'immigration. C'est là que l'Etat réquisitionna un terrain militaire pour en faire le Centre d'Accueil des Français d'Indochine (CAFI) suite aux accords de Genève en 1954. Le Centre existe toujours et des associations militent pour la revalorisation des logements et surtout pour préserver la mémoire de tous ces expatriés qui vécurent souvent dans des conditions difficiles.

LE PRÉ JOLI €

✆ 05 53 01 78 62
www.chambresleprejoli.fr
3 chambres (de 40 € à 90 € la nuit), forfait 1 sem. pour 2 pers. 360 €, pdj inclus, table d'hôte, wifi gratuit.
La simplicité et la convivialité résument cette adresse où les chambres d'hôtes sont à l'image de Sandrine et Laurent. Ce qui compte c'est d'être aussi bien que chez soi avec une maison entourée de verdure où trônent une grande terrasse et une piscine irrésistible ! Les chambres sont de jolis cocons meublés avec goût. Le petit déjeuner ne déroge pas à la règle, vous demandez ce qui vous fait plaisir et que vous aimez : fromage, œufs, jambon, confitures maison, Sandrine s'adapte à vos goûts. La table d'hôte est dans le même esprit. Le Pré Joli porte bien son nom.

ESPLANADE SAINT-MARTIN

Site urbain en accès libre toute l'année.
La magie d'un lieu posé au bord du Lot ! Jadis, à la place de cet espace municipal, il y avait l'établissement gallo-romain le plus important du Livradais. Paul Belmondo (le père de Jean-Paul) a réalisé la sculpture de la déesse Prune qui y est exposée. L'esplanade a été entièrement refaite, l'inauguration ayant eu lieu à l'été 2019. Des tables de pique-nique, jeux pour enfants et autres ont été installés. Le site bénéficie du label « Accueil vélo ». L'été, profitez juste à côté de l'agréable piscine aménagée sur le Lot et de la cafétéria.

LE RESTAURANT DU LAC €

Lieu-dit «Jeanmetge»
✆ 05 53 41 11 39
www.lacdecancon.fr
De mai à fin sept. tous les jours (sauf mercredi soir et dimanche midi) 9h-minuit. A la carte et menu du midi 13,50 €.
Convivial grâce à ses concerts organisés tous les vendredis, et doté d'un très bon rapport qualité-prix, l'endroit est une véritable pépite à conseiller. Afin d'offrir une cuisine de qualité, l'établissement travaille au plus près des producteurs locaux et au plus proche des saisons. Même des boissons artisanales servies au bar sont faites avec des ingrédients du territoire ! Petit Futé recommande aussi les pizzas : excellentes et peu chères. La terrasse couverte est complétée par une autre sur l'eau, qui se privatise : le spot idéal pour profiter de son repas.

MICRO-FOLIE

✆ 06 24 65 91 56
Jours et horaires de visite variables selon le calendrier des animations. Téléphoner avant de passer. Accès gratuit.
Lancé par le ministère de la Culture et coordonné par le centre parisien de la Villette, ce réseau de musées numériques favorise l'accès à la culture dans les territoires. Ouverte en 2019, la Micro-Folie de Sainte-Livrade-sur-Lot fut la première à voir le jour en Lot-et-Garonne. Près de 2 000 contenus (peintures, sculptures, arts vivants) enrichis en permanence sont à découvrir en images dans une salle de projection. Sont parallèlement organisés des stages gratuits de conception de jeux vidéo, initiation à la robotique... Instructif tout en restant ludique.

LA TOUR DU ROY

Monument urbain en accès libre toute l'année.

Construit fin du XIIIe, début XIVe siècle sur le rempart de la ville, ce monument classé depuis 1925 représente tout ce qu'il reste d'une maison forte défensive. La tour fut transformée en prison communale pendant la Révolution. Elle est imposante et austère, l'escalier extérieur mène au 1er étage où la pièce est voûtée d'ogives en brique. Aujourd'hui sur trois niveaux, on y accueille des expositions. On peut y admirer la maquette représentant la bastide. La Tour du Roy constitue l'une des haltes patrimoniales à faire à Sainte-Livrade-sur-Lot.

AU BORD DE LA SOURCE €€

Avenue de Bordeaux

✆ 05 53 01 36 84

www.auborddelasource.com

Été du mer au dim midi/soir. Basse saison le midi du jeu au dim et ven/sam soir. Le midi 18-35 €, le soir 42-52 €.

La Source fut une évidence pour Véronique Melloul et son associée, Sophie Robin. La vue y est époustouflante, Petit Futé ne s'est pas lassé de regarder couler le Lot. Véronique travaille des produits de saison et se fournit auprès de producteurs et d'éleveurs locaux. La carte bistronomique du midi est recherchée et raffinée à l'image de la souris d'agneau cuite 36h en basse température ou de la trilogie de maquereaux en tempera, laqués et rôtis. Le soir, c'est carte blanche à la cheffe pour un menu gastronomique changeant, en 3, 4 ou 5 plats.

COUFIDOU SAS

80, Impasse Peyremail

✆ 05 53 01 01 90

Boutique d'usine ouverte du lun. au vend. 8h30-12h/14h-17h30. Livraison possible boutique en ligne sur le site internet.

Une institution en Lot-et-Garonne ! Depuis 1964, Coufidou est une coopérative de 42 producteurs (dont 9 en bio) qui transforme et commercialise les fameux pruneaux d'Agen. Coufidou développe des produits dérivés à partir du pruneau. Du pruneau séché aux confiseries comme le Pruno Cacao (pruneau enrobé de chocolat), les pruneaux fourrés saveur orange, rhum ou Armagnac ou les Caprices de Coufidou, délicieuse coupelle de nougatine à la crème de pruneau, cerneaux de noix et enrobé de chocolat noir. Une déclinaison du fruit star, de l'entrée au dessert !

FONGRAVE

Fongrave est un adorable petit village construit sur la rive droite du Lot. Au Moyen Âge, il est le siège d'un monastère de fondation royale : l'abbaye de Fontevrault, à laquelle appartient l'ancienne chapelle d'un couvent de jeunes filles nobles. Victime des combats liés à la guerre de Cent Ans puis en partie détruit par les protestants au milieu du XVIe siècle. L'église paroissiale Saint-Léger est restaurée et le culte y a toujours lieu. Inscrite aux Monuments historiques depuis 1996, elle abrite semble-t-il le plus beau retable sculpté du XVIIe siècle de l'Agenais. Contacter l'office de tourisme du grand Villeneuvois pour plus d'informations.

MONCLAR

Surplombant la vallée du Lot, Monclar, né autour d'une bastide au milieu du XIIIe siècle, offre çà et là de vastes panoramas sur le Lot et le Tolzac. En déambulant dans les ruelles, on découvre de jolies maisons à encorbellement du XIIIe siècle, l'église Saint-Clair et son porche classé. C'est le village de Roger et Guy Louret, le village où le théâtre est roi. De magnifiques soirées se partagent avec d'excellents comédiens dans ce village. Ne soyez pas surpris de découvrir que c'est un lieu où Bedos, Semoun, Malavoy ou Robin viennent souvent : leurs racines théâtrales sont ici ! En vous promenant, allez vers le Tolzac et admirez la chapelle des Prélats.

LE CHAUDRON MAGIQUE ★

Les Perrets - **BRUGNAC**

✆ 05 53 88 80 77

www.chaudronmagique.fr

Ouverture durant les vacances scolaires. Adulte : 8,50 € (pour visite la plus simple). Enfant : 6,50 €.

Dans cette ferme pédagogique sont produites des céréales et sont élevées des chèvres laitières et des chèvres angoras pour leur laine. Lors de votre visite, vous serez bien plus qu'un simple spectateur. Vous participerez à différentes activités comme la traite, donner le biberon aux petits, fabriquer des fromages et du pain que vous emporterez... Installé dans un ancien fenil où était jadis stocké le foin, le point de vente a un cachet rural authentique. Il se révèle copieusement achalandé en produits du terroir et vêtements en mohair.

LES FOLIES DE SOPHIE €€

20070, Route de Monclar
COULX
✆ 06 08 91 50 05
www.lesfoliesdesophie.com
3 cabanes et 1 bulle dans les arbres de 130 € à 160 €/nuit avec petit déjeuner compris.

Sophie est-elle folle ? Certainement pas ! Son audace permet aux petits et aux grands enfants de réaliser un rêve : dormir dans une cabane en haut d'un arbre. Elle vous propose 3 jolies cabanes en bois et 1 bulle perchées dans une forêt de chênes et de châtaigniers, à proximité de la ferme familiale. Pas d'électricité, des sanitaires dans le corps de ferme, mais un charme fou et des prestations diverses et variées pour ravir chacun d'entre vous. Pour un séjour romantique ou en famille, voici le moyen de profiter d'un salvateur retour aux sources.

LE MOULIN DE BRUGNAC €

1079, Route de la Mairie
BRUGNAC
✆ 06 75 03 77 39
Ouvert toute l'année. 2 chambres (jusqu'à 4 personnes). De 330 € à 600 € la semaine selon les périodes.

Si les espaces exigus ne vous mettent pas mal à l'aise, vous apprécierez sûrement le caractère intime de ce gîte peu ordinaire, aménagé dans la tour d'un moulin à vent du XIXe siècle. À chaque niveau de 10 m^2 correspond une pièce toute en rondeur : buanderie au sous-sol, entrée, cuisine et coin repas, 2 chambres. Le tout parfaitement optimisé. La pierre, le bois, le verre et le métal forment un ensemble des plus harmonieux. Situé sur un promontoire, le moulin offre une vue splendide sur la campagne. Rien ne devrait venir perturber votre tranquillité.

CASTELMORON-SUR-LOT

Castelmoron… « Château du Marais » ou « Château des Maures » ? Le Petit Futé pencherait bien vers la deuxième option en observant l'hôtel de ville. La tour de ce dernier semble inspirée de l'Alhambra de Grenade ou de la mosquée de Cordoue. Mais que l'on ne s'y trompe pas : la municipalité a acheté en 1902 l'édifice que l'on appelle aussi château Solar du nom de son père-bâtisseur, Félix Solar qui a aménagé de la sorte le vieux château de Castelmoron à la fin du XIXe siècle. Cette cité est bâtie sur une zone humide et marécageuse d'un méandre du Lot… Le mystère reste donc entier quant à l'origine du nom de cette cité au bord du Lot.

CROISIÈRES DU LOT

✆ 07 78 11 16 50
www.lescroisieresdulot.fr
Lieux et horaires de départs : voir site internet ou 07 78 11 16 50. Balade 1h30 : 10 €, 8 € de 3 à 10 ans.

Les Croisières du Lot proposent des balades sur le Lot d'1h30 ou des croisières-déjeuners de 3h ou 4h30 avec embarquement à Castelmoron-sur-Lot ou Villeneuve-sur-Lot (seulement l'été). Les trajets diffèrent selon la formule. Quelle que soit celle que vous aurez choisie, vous aurez tout loisir d'admirer la beauté des paysages et des villages au bord de l'eau. Vous découvrirez un patrimoine plein de richesses. Les repas à bord constituent d'excellentes occasions de découvrir la cuisine locale, notamment la « Croisière Terroir » du soir et son assiette gasconne.

© CDT47

Monclar.

DOMAINE DE RAMBEAU €€

Rambeau
✆ 05 53 79 38 43
domainederambeau.com

4 chambres d'hôtes 120-130 €/nuit petit-déj. inclus. 1 gîte (minimum 3 nuits, à la semaine en été).

Le domaine de Rambeau est un corps de ferme du XVIIIe s. doté de 4 chambres et 1 gîte. Pour le petit déjeuner, Kim offre le choix entre « le français » et « l'anglais ». Les gourmands ou curieux opteront pour ce dernier ! La grande piscine séduira petits et grands. Le domaine propose un bel espace bien-être à ses hôtes qui goûteront aux plaisirs d'un bain bouillonnant ou découvriront le sauna après avoir fourni quelques efforts sur les appareils sportifs. Petit Futé aime la quiétude du lieu et l'espace du domaine. Rapport qualité-prix plutôt sincère.

BASE DE LOISIRS NAUTILIUS-BKS

Gazaille ✆ 06 17 17 61 60
www.nautilius-bks.fr

Juil/août 9h30-18h. Juin/sept/oct sur réservation. Location pédalo, canoës, paddle, hydroplane... Tarifs site internet.

A Castelmoron-sur-Lot, cette base de loisirs est le lieu idéal pour apprécier le Lot et ses rives. Louez un canoë, paddle, kayak... et profitez dans l'effort de ce paysage naturel. Ou laissez-vous glisser en bateau à moteur ou hydroplane, une machine insolite qui se conduit à l'aide d'un joystick. Une activité à découvrir en famille lors des beaux jours. Possibilité randonnées, spéléo ou séances de vélo encadrées. Parfait aussi pour la pêche. BKS est un vrai petit paradis aquatique.

LE TEMPLE-SUR-LOT ★

Le village doit son nom à la commanderie des Templiers présente au XIIe siècle, devenue aujourd'hui restaurant du même nom. Le village a su se développer grâce à sa base de plein air sur le Lot, centre multisports qui héberge tous sports nautiques (aviron, kayak, aussi à l'occasion le ski nautique). La salle omnisport de la base accueille aussi bien des équipes professionnelles que des vedettes en tournée ! A voir : ses nombreuses églises et Latour Marliac : pépinière de nénuphars fondée en 1875 par le botaniste J. Bory Latour-Marliac. Il présenta ses fleurs à l'exposition universelle de Paris où elles furent remarquées par un certain... Claude Monet !

LE JARDIN DES NÉNUPHARS ★

Le Bourg ✆ 05 53 01 08 05
www.latour-marliac.com

Mi-avril à mi-oct. mar. au dim. 10h-18h. Jardin remarquable. Adulte 7 €. Enfant 3,50 €. Visite guidée. Café restaurant.

Berceau historique des nénuphars, fondé en 1875, ces établissements botaniques ont marqué l'histoire de l'horticulture par le travail novateur de son fondateur Joseph Bory Latour-Marliac. Un musée dévoile comment il a inventé les nénuphars colorés mais aussi sa vie à travers documents et archives. Il fut le premier à créer des hybrides de nénuphars rustiques aux couleurs multiples. Ils firent l'admiration du célèbre peintre Claude Monet. Ce site enchanteur présente plus de 250 espèces. Faites aussi une pause au café Marliacéa et profitez d'une vue de toute beauté.

LE ROUSSEL €

Le Roussel
LAUGNAC
✆ 05 53 68 75 50
www.leroussel.com

2 hébergements de 95 € à 125 € la nuit. Petit déjeuner inclus. Lit supplémentaire : 30 €.

Au cœur de la campagne agenaise, dans un décor bucolique, vous attendent deux lieux magiques. D'une part l'adorable Petite Maison d'hôtes, pour 3, décorée avec grand goût dans un style « campagne chic ». D'autre part, une singulière et irrésistible chapelle restaurée, dans laquelle la cuisine est aménagée sous le porche tandis que dans la tribune, la chambre domine le chœur. La décoration est très raffinée, le bois est associé à la pierre dans un esprit épuré, mais chaleureux. Dans ce lieu mythique, on trouve beaucoup de sérénité.

CAMPING DE GAZAILLE & SOLAR CAFÉ €

Rue du Lot-plage
✆ 06 10 34 16 08
www.camping-de-gazailles.com

Camping du 01/07 au 31/08. Restauration tous les week-ends jusqu'au 1er juillet et 7J/7 l'été (sauf lundi midi).

Le camping de Gazaille, en bord du Lot, vous plonge dans un cadre bucolique. Avec ses 10 emplacements ombragés, il bénéficie d'un accès direct à une plage de sable blanc, surveillée. Alexandra et Olivier ont doté le lieu d'une paillote à la mode, le Solar Café : midi et soir en période estivale, dégustez-y des produits locaux comme des planches du terroir et tapas, burgers... Des soirées à thèmes accentuent le côté dynamique du lieu. Ambiance conviviale et branchée !

LA FERME DE DOUZON €€

Douzon

✆ 06 47 06 75 76

Mai à oct. Gîte modulable 2 à 6 pers. Juil./ août uniquement 6 pers. à la sem. Dès 260 €/ sem/2pers. selon saison.

La Ferme de Douzon vous accueille près d'un très beau lac de 10 hectares. Le gîte de pêche, aménagé dans une ancienne grange, est modulable en plusieurs gîtes de 2 personnes ou en un seul gîte de 6 personnes. Tout de pierres apparentes et de bois, vous pourrez profiter des terrasses et de la piscine privée. Votre hôte met à votre disposition canoës, VTT et table de ping-pong. L'endroit est propice au farniente ou aux activités nature. L'accueil est charmant et les hébergements propres et confortables dans un cadre reposant. Idéal pour les amateurs de pêche !

LES RIVES DU PLANTIE**** €€

Route de Castelmoron

✆ 05 53 70 22 26

www.lesrivesduplantie.com

Ouvert toute l'année, sauf entre Noël et le jour de l'An. Chambre double 109€. Petit déjeuner 11 €. Parking inclus.

Ce corps de ferme du XIXe siècle protégé dans un écrin arboré de 3 hectares est un très bel établissement primé. Avec 10 vastes chambres finement décorées, les Rives du Plantié vous accueillent admirablement bien. 4 étoiles depuis 2020, le standing est donc élevé et le confort des chambres est naturellement haut niveau. Lit en 160, télévision écran plat, wifi gratuit... on trouve tout ce que l'on désire en matière d'équipements et la piscine magnifique met la touche finale dans ce havre de paix. Le restaurant de l'hôtel est du même niveau d'exigence.

ROULOTTE ET SÉCHOIR À TABAC DE LA VALLÉE €€

672, Route de Boussereille ✆ 05 53 01 29 90

www.roulotte-valleelot.com

Ouvert d'avril à octobre. Roulotte dès 95 €/nuit, 570 €/semaine. Séchoir dès 105 € et 630 €. Petit-déj : 7 €/personne.

Sylvie Benedetti propose deux hébergements de charme. Avec 60 m² sur 2 niveaux, Le Séchoir dispose d'une belle chambre et d'une cuisine équipée. Séjour plus atypique avec la roulotte d'antan, cosy et confortable, de 21 m², elle dispose d'un lit en alcôve en 140 et de 2 lits en 90 en banquette avec salle d'eau et kitchenette équipée. Vous résiderez face aux jardins des nénuphars de Latour-Marliac. En option (payante), Sylvie peut vous initier à la culture de plantes aquatiques.

FROMAGERIE BAECHLER

Lieu-dit Broc

✆ 05 53 84 90 24

www.fromagerie-baechler.com/

Ouvert du lundi au vendredi de 8h à 12h et de 14h à 18h, le samedi de 8h à 12h.

La fromagerie Baechler, depuis 5 générations, met à l'honneur un savoir-faire fromager en Lot-et-Garonne. Bénéficiant du lait des exploitations agricoles environnantes, les gammes de fromages proposées sont diverses et comblent les tables familiales comme les restaurants. Est aussi fabriqué un beurre de baratte extra-fin doux ou aux cristaux de sel de Noirmoutier. De la tomme des croquants à celle de brebis en passant par les nombreuses raclettes parfumées, c'est toute une palette de saveurs qui en font un spécialiste de la production de produits laitiers.

© BAECHLER

© BAECHLER

© LATOUR-MARLIAC, LE JARDIN DES NÉNUPHARS

Le jardin des nénuphars Latour-Marliac.

LES RIVES DU PLANTIE €€

Route de Castelmoron ✆ 05 53 70 22 26
www.lesrivesduplantie.com
Toute l'année. Hôtel 4. 10 chambres dès 109 €. Petit-déj. 11 €. Soir et week-end menus à partir de 29,50 €.*

Ce corps de ferme du XIXe s. est un très bel établissement niché dans un écrin arboré,. Avec 10 vastes chambres, les Rives du Plantié sont aussi un restaurant bien connu des Lot-et-Garonnais qui fait la part belle aux produits bio et locaux. Vincent Barbier, Maître Restaurateur, propose une cuisine de terroir avec, en création phare un œuf bio en cocotte dans une brioche avec tranche de foie gras poêlée : un incontournable résumant tout le talent du chef. Côté viandes comme côté poissons : de belles propositions qui courent jusqu'aux fromages, desserts et vins.

LE CHÊNE DE TOMBEBOEUF

La petite commune de Tombeboeuf abrite le plus ancien chêne lot-et-garonnais, mais aussi le plus beau de France. Comme quoi c'est dans la force de l'âge que la beauté apparaît. Il aura fallu en effet 350 ans au compteur de ce chêne pour qu'il attire d'autres regards que ceux qui le connaissent. En sacrant cet arbre en 2019, le magazine *Terre Sauvage* a mis à l'honneur ses 25 mètres de hauteur et ses 38 mètres d'envergure qui en font un élément naturel remarquable. Une fissure apparue sur son tronc, causant quelque inquiétude, est surveillée de près.

TOMBEBOEUF

Ce village, au sommet d'une colline, doit (peut-être) son nom à un seigneur de la région qui avait, dit-on, la force d'un « bœuf ». Lors d'un combat, il fut désarçonné par un adversaire et tomba à terre. Voilà comment on baptise une ville ! L'autre version dit que c'est le pape Clément V d'Avignon qui nomma le village : Tumba, monticule de terre en grec et bove, le bœuf. Tombeboeuf est un ancien oppidum où on a trouvé un atelier de taille de silex. A voir : la fontaine Louis XIV, les ruines du château, le portail de l'église et son clocher et… son fameux chêne remarquable qui obtient en 2020 le prix du jury du concours du plus bel arbre de France.

GRANGES-SUR-LOT

Granges-sur-Lot est une bastide fondée en 1291 sur les rives du Lot. Elle fut longtemps un centre de bateliers important. Aujourd'hui, le développement du village se tourne essentiellement vers le tourisme fluvial et le tourisme vert. L'ancien café Le Sébastopol est inscrit au titre des Monuments historiques depuis 1998. Venez visiter le Musée du pruneau et amenez vos enfants dans le labyrinthe « Dédal'Prunes ». Apprendre sur le fleuron de la gastronomie locale et s'amuser ! A voir : l'église Saint-Côme et Saint-Damien. Ce bourg a abrité François Tosquelles, psychiatre catalan et qui fut l'un des inventeurs de la psychothérapie institutionnelle.

LACÉPÈDE

En latin, *cepium* signifie verger, mais en saison c'est du chasselas que vous dégusterez ici. Ce village est aussi une histoire d'églises. L'église primitive de la commune, église Sainte-Foy, est mentionnée en 1153 et entièrement reconstruite au XVIIIe siècle. La façade présente un de ces fameux clocher-mur, ici triangulaire. L'église Saint-Pierre au centre du Bourg a été reconstruite dans la première moitié du XVIe siècle. En 1847, un charpentier réalise des travaux de restauration sur la toiture, les lambris et le chœur. L'autre église paroissiale, Saint-Pierre-de-Quittimont est construite à la même époque que cette ville médiévale, au XIIe siècle.

LA MAISON DE LA NOISETTE

Ferme La Campelière
✆ 05 53 95 98 29
www.lamaisondelanoisette.com
Tte l'année sauf 15-31/01. Horaires détaillés sur le site ou par tél. 5 € la visite accompagnée (gratuit -12 ans).

En descendant de Lacépède, vous trouverez La Maison de la Noisette et ses noisetiers à flanc de colline. Une ferme où le sourire est roi ! Amalia, Augustin et leur famille cultivent et transforment le fruit à coque et vous font découvrir cet univers au travers d'une visite commentée dans une nouvelle scénographie, dynamique, originale, interactive et ludique. Cabane à malice, enquête avec l'inspecteur Rouxy… les secrets de la noisette en s'amusant ! En boutique : large gamme de spécialités transformées à la ferme : chocolats, huile de noisette, crème à tartiner…

FERME ET MUSÉE DU PRUNEAU ★

1231, Route de Granges Lieu-dit le Gabach.
✆ 05 53 84 00 69
www.musee-du-pruneau.com
Fermé 15/01-31/01, 25/12, 01/01. Juil/août 7j/7 9h-19h. Horaires détaillés sur internet. Adulte 5 € sans labyrinthe.

© FERME ET MUSÉE DU PRUNEAU

Pour tout connaître du fruit star, un musée, vous attend sur place. Divers supports ludiques et pédagogiques dévoilent l'épopée du pruneau. Mettez-vous dans la peau d'un pruniculteur du XIXe siècle et partez à la découverte des secrets de ce fruit. Saviez-vous qu'il est venu d'Orient ? A votre avis, comment a-t-il traversé le monde pour venir s'installer à Agen ? Et comment le faire sécher ? Toutes les réponses à ces questions et bien plus encore vous attendent ici !

LAFITTE-SUR-LOT

Lafitte sur Lot, comme son nom l'indique, se trouve dans cette belle vallée du Lot et est traversé par le ruisseau de Saint-Philip et le ruisseau de Cabanes en plus du Lot. Le village ne possède pas un patrimoine riche en particulier, mais une bâtisse historique y est située à savoir le château Saint Sauveur qui se démarque tout de même par son histoire marquée par l'influence de la religion protestante. Ce logis Renaissance avec sa tour d'escalier a été inscrit au titre des monuments historiques depuis le 13 janvier 2000. De fait, Lafitte sur Lot se distingue des autres villages par sa forte identité protestante célébrée dans l'église dédiée.

LAPARADE

Perchée sur un plateau dominant la vallée du Lot à plus de 190 m d'altitude, la bastide offre un point de vue imprenable. Sur les remparts, depuis la table d'orientation, on a une vue panoramique à 180 degrés. Découvrez la place centrale carrée et ses deux puits aux ferronneries remarquables, une halle à la charpente élaborée, des maisons à colombages, un temple néoclassique, des vestiges de rempart et une partie des anciennes douves. 1er dimanche d'août : foire aux produits bio. Mardis d'été : marché nocturne. Producteurs et artisans d'art s'installent sur l'esplanade. Produits locaux à emporter ou à consommer sur place. Ambiance conviviale et animée !

MONTPEZAT

Montpezat et sa voisine Saint-Sardos, ont connu les préludes de la guerre de Cent Ans. Ce village castral, construit sur un promontoire dominant la vallée du Lot, a été la dernière place huguenote de l'Agenais à se rendre. Le moulin à vent du Capet offre un panorama exceptionnel, vous devez vous y rendre absolument ! Construit en 1870, longtemps laissé à l'abandon, il n'a retrouvé ses ailes qu'en 2003. Les églises Saint-Jean-de-la-Balerme (peintures murales du XIIIe s.), Saint-Vincent-de-Pérignac, Saint-Médard-et-Floirac sont situées sur un parcours de randonnée fort agréable et qui promet des points de vue remarquables sur les collines environnantes.

BASE ULM SAINT-EXUPERY

Fourcaud
✆ 05 53 95 08 81
www.ulmstex.com

Tte l'année sauf entre Noël et Nouvel An. Du lundi au samedi 9h12h/14h-18h, dim 10h-12h/14h-18h. Baptême (20 min) 60 €.

Le Lot-et-Garonne abrite la plus grande base d'ULM d'Europe. Elle jouit d'une réputation internationale pour son école de pilotage et vous attend à Montpezat. Philippe, président du club, et l'équipe vous y accueillent. Depuis 35 ans, cette adresse est celle de l'excellence. Une façon originale de découvrir les vallons et les bastides du département et particulièrement ceux de la vallée du Lot et de la Dordogne. La base propose un baptême pour se familiariser avec l'activité mais aussi différents circuits touristiques accompagnés jusqu'à 1h et plus sur demande.

MAMOUNET HAUT €

Mamounet Haut - **MADAILLAN**
✆ 06 21 41 18 14
www.gites-de-france-47.com

Une chambre pour deux personnes à partir de 70 € la nuit ; suite à partir de 90 €. Petit déjeuner inclus.

Cette chambre d'hôtes, on pourrait même dire petite maison d'hôtes, se situe sur un terrain de 3 ha, entouré de bois et de prairies. Cette ancienne ferme du XVIIIe siècle a été rénovée avec goût, alliant modernité et authenticité. Camille et Arnaud vous y accueillent simplement avec bienveillance, chaleur et discrétion. Les petits déjeuners, aux allures de terroir, sont bons et copieux. Nombreuses activités aux alentours. Camille est passionnée de chevaux. Ces derniers accompagneront votre séjour, ajoutant de la quiétude à ce lieu déjà empreint de calme.

PRAYSSAS

Contrairement aux apparences, Prayssas n'est pas une bastide. Il n'en reste pas moins un charmant village de caractère qui mérite que l'on y fasse un détour, ne serait-ce que pour la beauté des paysages que vous apercevrez sur votre route. La place de l'Hôtel de Ville et ses petites ruelles sont dignes d'un petit village de Provence et ses maisons sont toutes bâties d'une pierre massive et blanche. Pays du chasselas, raisin doré au grain transparent, et des églises. Ici 4 au total : l'église Saint-Jean de Prayssas, l'église de Lesterne, l'église d'Arepns et l'église de Castillou. Tantôt gothiques, tantôt romanes, elles valent un coup d'œil !

BISTROT LA RÉGALADE €

✆ 05 40 40 48 97
www.bistrot-laregalade.fr

Le dim et le lun midi ; du mer au sam midi et soir. En été : 7j/7. Formule du midi : 15,50 €. A la carte le soir.

Au bistrot La Régalade situé sur la base ULM Saint-Exupéry, le voyage gourmand se fait en première classe. Que vous soyez en salle ou idéalement placé en terrasse à côté des pistes pour voir décoller les avions, le restaurant a imaginé une carte constituée de recettes maison à partir de produits locaux qui varient entre des inspirations régionales et d'autres plus exotiques : côte de bœuf d'un kilo, rougail saucisses, crème brûlée au combava... Un bar est aussi à votre service toute la journée. L'accueil charmant constitue un plus appréciable.

DOMAINE DE NÉGUENOU*** €€

2980, Route de Négueunou ✆ 05 24 29 70 96
www.lacdeneguenou.fr

01/04 au 31/10. 28 emplacements 24 €/nuit pour 2 avec électricité. 32 mobil-homes 228-777 €/sem selon saison et modèle.

Un domaine de 19 ha avec un beau lac interdit à la baignade mais apprécié des pêcheurs. Dans ce cadre naturel, propice à la détente, le camping propose des emplacements pour tentes, caravanes, camping-cars ainsi que des mobil-homes. Côté restauration, un snack est ouvert en juillet et août. A disposition : barbecue pour les grillades, 2 bassins chauffés dont le plus grand peut être couvert, court de tennis, terrain multisports, trampoline, appareils de musculation, billard, baby-foot et ping-pong en salle, aire de jeux pour les petits. Location de canoës, paddle...

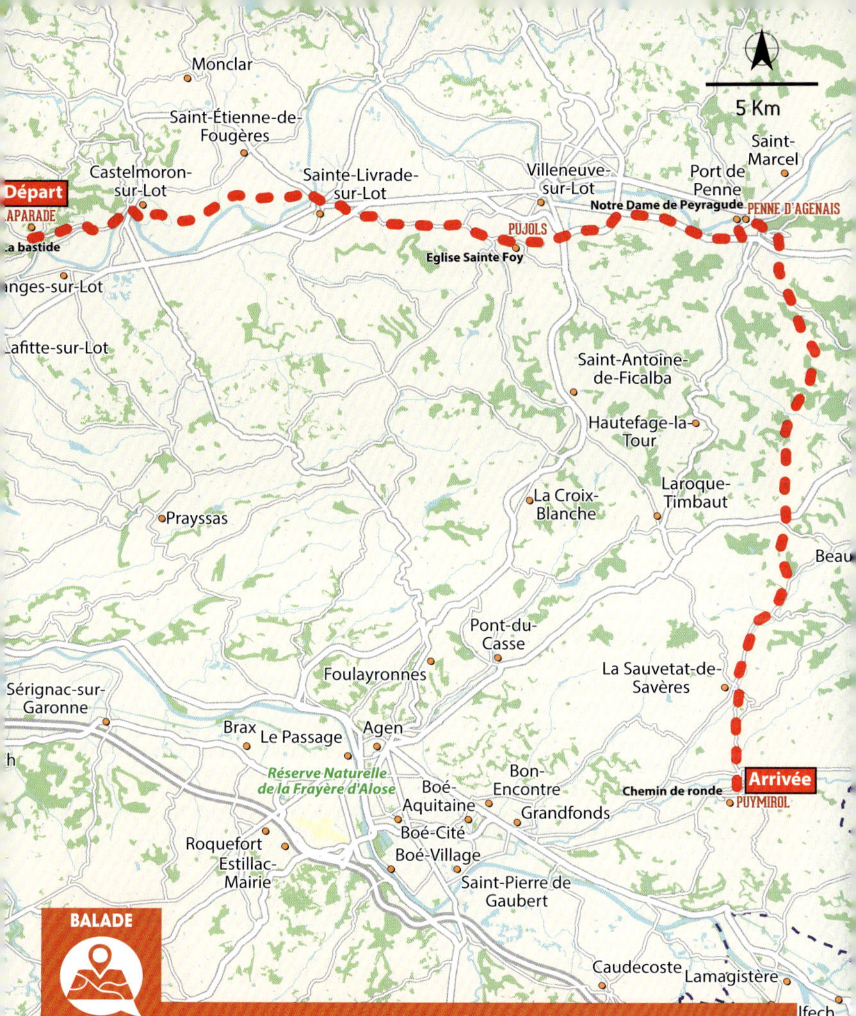

BALADE

BALADE « POINTS DE VUE »

Certains villages du Lot-et-Garonne offrent un intérêt certain du fait de leur positionnement vis-à-vis des plaines et vallées qu'ils surplombent, présentant ainsi une vue en tout point admirable. A Laparade, après la visite de la bastide, on s'arrête sur les remparts pour contempler le panorama sur la vallée du Lot et parfois voir se dessiner, lors des saisons propices au temps clair, la chaîne des Pyrénées. On prend la direction de Pujols classé parmi « Les plus Beaux villages de France », notamment grâce à sa vue magnifique sur la vallée du Lot. En flânant dans les rues, on rejoint l'Eglise Sainte Foy dont les peintures ont été récemment restaurées. Depuis Pujols, la pause de midi est appréciable au vu des nombreux restaurants de qualité. A Penne d'Agenais, posé sur un éperon rocheux, la visite passe par les portes de Penne, jadis marquant l'entrée de la ville et qui en illustrent l'histoire « sanglante » mais aussi par le sanctuaire Notre Dame de Peyragude dont le style néo roman byzantin tranche avec le reste du décor environnant. On rejoint enfin Puymirol par le pays de Serre pour s'extasier devant cette cité perchée sur un roc avec son chemin de ronde de 2,4 kilomètres et ses remparts du XIIIe siècle.

Prayssas.

SAINT-SARDOS

Sur les coups de midi, Saint-Sardos prend des airs de village corse. Un village que l'Histoire a lessivé et a soudainement abandonné. Théâtre d'affrontement pendant la guerre de Cent Ans, la bastide sera très endommagée. De l'église du XIIe siècle, objet de toutes les convoitises, il reste aujourd'hui un magnifique portail roman et des chapiteaux exposés à l'intérieur. Dans les ruelles du village, vous sentirez quelques regards lancés derrière les volets et les innombrables fleurs qui ornent les balcons. Les bruits des couverts de la table animent une courte balade : le parc de cèdres centenaires qui entoure l'église, propice à une sieste salutaire !

CHATEAU LACAZE €€

Route de Lacaze
✆ 05 53 64 71 57
https://www.chateau-lacaze.fr/
Sur réservation au 05 53 64 71 57.

Le restaurant du Château Lacaze donne à Aiguillon une dimension gastronomique opportune. Il faut venir dans cet établissement goûter les plats élaborés à partir de produits de la région et de saison. La carte est fréquemment renouvelée pour le plus grand plaisir des papilles. Les classiques prennent toute leur envergure, magnifiés par le lieu et le décor qui s'offrent à vous. Petit Futé aime voir rejaillir l'histoire de ce lieu dont la table honore une gastronomie étudiée pour. L'adresse est aussi celle d'un hôtel de haut standing.

AIGUILLON

Charmante bourgade, Aiguillon témoigne d'un passé riche. L'actuel lycée, ancien château, autrefois propriété de la famille Richelieu, l'église Saint-Félix, l'ancienne église des Carmes ou le château de Lunac, mais aussi et surtout, ses belles granges, séchoirs à tabac ou reproductions cocasses de châteaux… tout ici s'explique par le limon de la Garonne et de la Baïse et un microclimat exceptionnel qui en ont fait une zone de production agricole exceptionnelle. Stendhal ne disait-il pas, dans Le Rouge et le Noir : « Nous irons nous retirer au château d'Aiguillon, entre Agen et Marmande. On dit que c'est un pays aussi beau que l'Italie » ?

ÉGLISES ✝

PORT-SAINTE-MARIE

L'église paroissiale Notre-Dame de Port-Sainte-Marie est comme son nom l'indique dédié à la Vierge. Elle date du XVe siècle. A l'intérieur, vous pourrez admirer le bateau des processions puisque la ville était autrefois un port. D'autre part, il existaient dans la ville deux confréries des Pénitents (les blancs et les gris), leurs anciens bâtons de procession sont exposés dans l'église Notre-Dame. ainsi que les bâtons de procession des anciennes confréries de Pénitents. A voir aussi à Port-Sainte-Marie, les églises des Templiers et de Saint-Julien.

LARROQUINIÈRE €

Lieu-dit Larroque - **PORT-SAINTE-MARIE**
✆ 05 53 47 63 42
www.larroquiniere.fr

Tte l'année. Chambres de 79 € à 89 €/nuit. Loft 6 pers. 232 €/nuit, 800 €/sem. Table d'hôtes le soir sur réservation.

Dominant la vallée du Lot et de la Garonne, la vue de cette ferme du XVIe siècle est exceptionnelle. Les chambres confortables et de plain-pied bénéficient d'un accès direct. A l'étage, vos hôtes proposent un loft pouvant accueillir jusqu'à 6 personnes. Les petits déjeuners sont copieux et les repas du soir se prennent dans une salle haute de plafond avec de magnifiques poutres. La demeure est entourée d'un parc de 1,4 hectare où vous trouverez de quoi vous occuper (ping-pong, volley, pétanque…) et vous pourrez vous reposer sur les transats au bord de la piscine.

LE BARAILLOT €€

1562, Route du Baraillot ✆ 05 53 93 15 68
www.le-baraillot.fr

Nuitée : chambre simple 75/78 €, double et familiale 78/120 €. Petit-déj inclus. Gîte : 550/790 €. Table d'hôtes 22 €.

Dans cet établissement singulier, vous pourrez loger dans les chambres d'hôtes de la jolie demeure principale, un manoir du XVIIe, parfaites pour les familles, mais aussi dans un gîte aménagé dans une dépendance (jusqu'à 6 personnes). Le séchoir de cette ancienne propriété agricole a été transformé en salle de réception qui fait cabaret avec dîner spectacle. Le grand parc assure un cadre verdoyant, dépaysant à souhait. Les nouveaux propriétaires, Tahany, Patricia et Mathieu, vous réserveront un accueil charmant. L'établissement a obtenu le label « Accueil Vélo ».

CHATEAU LACAZE €€

Route de Lacaze
✆ 05 53 64 71 57
https://www.chateau-lacaze.fr/

Chambre double à partir de 99 € la nuit en basse saison, dès 126 € la nuit en haute saison. Chambres triples également.

Uniques, magnifiques et spacieuses : trois adjectifs qui caractérisent les chambres que propose le Château Lacaze, et cette liste n'est pas exhaustive ! Il faut voir avec quel goût ces espaces ont été décorés et équipés, des grandes salles de bains aux chambres colorées qui séduisent au premier coup d'œil et dont le mobilier rajoute un plus au charme déjà sublime des lits confortables. Les espaces extérieurs et la piscine complètent admirablement l'attrait du lieu et éblouiront autant les familles que l'hôte de passage. Un trésor en 47 en pleine expansion.

LE BASILIC €

11, allées Charles de Gaulle
✆ 05 53 79 77 16

Toute l'année sauf 3 dernières sem. d'août. Du lun au ven 8h-18h. Sur place ou à emporter. Menu du jour 13,50 €.

Le Basilic est un vrai bon plan futé : difficile de faire mieux niveau rapport qualité-prix, et dans un cadre agréable. Des spécialités efficaces, joliment exécutées par Jean-Marie tandis que Claudine s'occupe de la salle. En semaine, la formule-midi est simple : 4 choix d'entrées, 4 choix de plats et 4 choix de desserts. Il y en a pour tous les goûts : œuf cocotte et son accompagnement du jour (légumes, chorizo, etc.), rognon de veau, steak de thon, encornets à la plancha, tiramisu, mousse au chocolat… Une étape sympa et gourmande. Très bon accueil.

INTERMARCHÉ

Rue Anatole France ✆ 05 53 88 14 21
www.intermarche.com

Ouvert du lundi au samedi à partir de 9h et jusqu´à 19h30. Ouvert le dimanche (de 9h à 12h30).

© INTERMARCHE AIGUILLON

En 2022, l'Intermarché d'Aiguillon se refait une beauté complète. Les rayons ont été repensés. Une place des saveurs pour les fruits et légumes a été aménagée avec tout autour la poissonnerie, la boucherie, la fromagerie, comme un marché de village. Un fumoir pour le saumon et les crevettes a été installé. L'offre de vrac a été élargie tout comme les gammes de produits régionaux. Pour les cosmétiques, essayez le rayon « Do It Yourself » ! Caisses automatiques, parking avec bornes de recharge électrique : vous trouverez toujours plus de services et d'offres.

DAMAZAN

Alphonse de Poitiers a fait ériger cette bastide forteresse, ceinte de murailles, en 1259. 4 portes en protégeaient l'accès. La place centrale est entourée de cornières, au centre une halle où à l'étage se trouve la mairie, tout comme au Moyen Age ! Les maisons sont très colorées. On a respecté la façon de peindre les façades qui avait cours à l'époque médiévale. Damazan possède une halte nautique surplombée par un jardin. Le site du lac du Moulineau renferme un lieu de baignade délimité et surveillé en juillet et en août, mais aussi le seul téléski nautique du Lot-et-Garonne. C'est également un lac de pêche. Jolie bourgade qui mérite une halte.

LES MARCHÉS

Place Armand-Fallières

Juil/août marché nocturne de Producteurs de Pays mardis 18h-23h. Marché traditionnel le jeudi matin toute l'année.

En juillet et août, la place Armand-Fallières de Damazan s'anime autour des marchés de Producteurs de Pays. Sur ces marchés : que des producteurs du Lot-et-Garonne et le fruit de leur travail. Organisés sous la tutelle de la chambre d'agriculture du département, ils sont des lieux d'échange de convivialité et rendent ces soirées estivales, festives. Des tables sont installées pour pouvoir déguster sur place vos emplettes. Animations musicales au rendez-vous avec un groupe différent chaque semaine. Ces marchés nocturnes complètent celui traditionnel du jeudi matin.

CASCADE WATERPARK

Lac du Moulineau
✆ 05 53 83 16 99
https://cascadewaterpark.com

D'avril à octobre. Hors saison du mercredi au dimanche 14h-19h. Haute saison : 7j/7. Voir tarifs sur le site.

© TELESKI

Nouvel élan pour la saison 2022 avec l'arrivée de Christophe Journaud et Ariane Meunier à la tête de la base de loisirs du lac de Damazan. Cascade Waterpark – le nouveau nom de la structure – propose toujours le seul téléski nautique du département avec un parcours à 2 poulies pour l'initiation des débutants et un autre plus complet avec modules pour réaliser des figures. En plus de cette activité stimulante, des structures gonflables (toboggans, trampolines, etc.) sont installées l'été sur le lac. La location de paddles est aussi proposée. Restauration sur place.

CASCADE WATERPARK - LE RESTAURANT €

Lac du Moulineau ✆ 05 53 83 16 99
www.cascadewaterpark.com

Juin à août : 7j/7 12h-14h30, 19h-21h30. Autres périodes voir sur le site. Burgers 9 €/14 €. Menu du jour 12 €/18 €.

Du cuisiné et de la qualité. Ariane et Christophe y tiennent pour leur restaurant à côté du téléski nautique qu'ils gèrent aussi. Les propositions s'articulent autour de bons plats du jour et de burgers qui se renouvellent. Une alternative végétarienne est toujours proposée. En semaine, vous trouverez une formule rapide mais qualitative pour un prix très attractif. Le dimanche midi, place à un concept de repas à partager en famille avec des recettes traditionnelles. Recommandé !

LAC DU MOULINEAU

Lieu-dit du Moulineau

Baignade surveillée en juillet et août de 14h à 18h. En accès libre et gratuit toute l'année.

Entouré de verdure, le lac du Moulineau est très complet : un incontournable de votre été. La bande de sable fin accueille les adeptes de la bronzette et l'eau les baigneurs. Entre le ponton et la digue, ce sont les pêcheurs (munis d'une carte) qui sont au rendez-vous. Nombreuses activités sur place : mini-golf, terrains de tennis et de volley, aires de jeux. La grande attraction reste le téléski nautique proposé par Cascade Waterpark. Débutants ou vrais pros du free-style, toutes les options sont là : skis, wakeboard, kneeboard mais aussi location de paddles.

VILLERÉAL ★

Villeréal représente à merveille ce qu'est une bastide, ces villes fortifiées aux plans réguliers construites au Moyen Age. Fondée par Alphonse de Poitiers, elle respecte les critères communs à l'édification d'une bastide. Au centre de la place des Cornières, la halle où s'exerce le pouvoir économique. Le pouvoir consulaire siégeait à l'étage de la halle (aujourd'hui les locaux abritent la radio locale, Radio 4). Le pouvoir spirituel est un peu excentré, dans l'église fortifiée du XIIIe siècle en rupture avec le plan rectiligne de la bastide. Certainement une des plus jolies bastides du département, classée comme l'un des plus beaux villages de France.

GÎTE DU ROUCAL - PARRANQUET*** €€

97, Chemin du Roucal - **PARRANQUET**
✆ 06 88 27 10 73
www.gite-roucal-parranquet.fr
Gîte 160 m²/12 pers, 5 chambres dont 1 PMR. 850 € à 2 080 €/sem selon saison. Possibilité de louer 2 nuits minimum.

Ce gîte est l'endroit idéal pour passer de vraies vacances vertes, à 2 pas de la ferme de la famille Gouyou qui vous accueille avec simplicité et gentillesse. Ici, vous allez profiter du calme de la campagne dans une jolie maison en pierre, avec jardin privatif, piscine chauffée, spa et agréable terrasse couverte, d'où vous aurez une belle vue dégagée sur les environs et le château de Biron. Balades, découverte des bastides locales et farniente. Que demandez de plus ?

LA DAMICHE €€

RIVES
✆ 06 30 36 28 83
Chambre double 85 € ; chambre triple 145 € ; suite 130 € (à partir de 2 nuits). Petit déjeuner inclus.

Michel vous accueille à La Damiche, agréable maison du XVIIIe siècle au cœur de la campagne. Ses deux chambres d'hôtes avec entrée et terrasse privées, et une salle de bain avec une belle et grande douche italienne peuvent accueillir 4 personnes, mais si vous arrivez seul ou à 2, il ne prendra pas d'autre réservation. Michel se mettra en quatre pour rendre votre séjour des plus agréables. Entre le prêt de vélos (au nombre de 2), la piscine, le jardin, les multiples petites attentions et le petit déjeuner maison et copieux, on passe ici des jours heureux.

LA HALLE

Place de la Halle
En accès libre toute l'année.

La halle centrale de Villeréal est magistrale. Très bien conservée, c'est une splendeur ! Ses dimensions sont imposantes avec un carré de 30 m de côté et sa charpente aux poutres de chênes qui dépassent les 15 mètres. Chose rare : un premier étage. Il fut utilisé par les plus hauts responsables représentants du royaume, puis servit de mairie, de baillage et de jurade. Au-dessus des cornières, se trouvent des habitations dont les colombages, les génoises et les encorbellements méritent toute votre attention. Elle abrite le marché et sert aux animations estivales.

L'ÉGLISE ✝ ★

Visite libre toute l'année, en dehors des offices.

Quand on s'approche de Villeréal, de loin, on aperçoit ses deux tourelles reliées par un chemin de ronde crénelé. Cette église-forteresse construite comme la bastide, en 1269, était un lieu de culte, bien sûr, mais aussi un lieu de refuge en cas d'attaque. Entourée d'un fossé profond, on ne pouvait le franchir qu'avec un pont-levis. L'une des tours comporte en son sommet deux chambres, dont l'une servait de prison. L'autre héberge les mécanismes de l'horloge. Une véritable curiosité de style gothique à contreforts, aujourd'hui classée aux Monuments historiques !

OFFICE DE TOURISME CŒUR DE BASTIDES - BUREAU D'INFORMATION DE VILLERÉAL

Place de la Halle ✆ 05 53 36 40 19
www.coeurdebastides.com
Eté du lun au sam 9h30-13h/14h-18h. D'avril à juin, sep et oct du mer au sam 9h30-12h, 14h-17h. Nov à mars ven, sam.

L'Office de tourisme Cœur de Bastides de Villeréal se situe au cœur du village sous les arcades face à la superbe halle classée aux Monuments historiques. L'âme des lieux a été conservée, le contemporain a su se marier avec élégance aux pierres anciennes ce qui fait tout son charme. Un écran vous informe sur l'ensemble des informations utiles. N'hésitez pas à interroger l'équipe dynamique qui vous conseillera sur le village et le territoire autour.

CAMPING FONTAINE DU ROC*** €

Les Moulaties Devillac
✆ 05 53 36 08 16
www.fontaineduroc.com
01/04 au 15/10. 45 emplacements de 17 à 21 €/nuit/2 personnes. Locatif varié, tarifs selon hébergement et saison.

Au cœur d'une nature protégée, calme, beauté et bien-être sont ici les maîtres-mots. La vue sur le château de Biron est magnifique. Avec son ambiance familiale, ce cocon de 3 ha offre un agréable sentiment de sérénité. Sous la tente ou en location tout confort, vous avez le choix. Nombreuses activités (piscine, bain bouillonnant, etc.) et animations (soirées musicales). Carole assure un accueil placé sous la bonne humeur. Une adresse très complète.

NORD SUD RESTAURANT €€

5, Place de la Libération ✆ 05 53 01 35 40
restaurant-nordsud.fr
Du mardi soir au dimanche midi. Résa conseillée. Carte 25 € env. Pizzas.

© LE NORD SUD

« La chaleur du nord dans le sud », telle est la devise de Pascal et Fanny Vermughen dont le nom indique leur origine belge. De cette chaleur humaine découlent générosité et convivialité. Plats du Nord l'hiver, poke bowl, buddha bowl et bibimpad coréen l'été, en passant par le T-bone de veau, picanha de bœuf Black Angus, mi-cuit de thon sauce teriyaki et sorbet citron basilic, l'inspiration du Chef est sans frontière. L'accent est mis sur le choix des produits qui subliment les pizzas cuites au feu de bois. Nord Sud trace la bonne direction gastronomique.

LYS DE VERGNE €

Chemin de Vergne
✆ 05 53 36 61 54
www.lysdevergne.com
Chambre double de 60 € à 67 €. Petit déjeuner inclus. En juillet et août, réservation à partir de 3 nuitées.

Marie-Ange et Pierre Rumeau, nuciculteurs, vous accueillent à la campagne, dans cette ferme périgourdine qui a gardé son charme d'antan. La propriété est nichée au cœur d'un jardin fleuri et arboré où il fait bon flâner. Marie-Ange est raconteuse de pays et vous guidera donc à la perfection même si l'été, au bord de la piscine, on n'en bougerait plus. Entre la chambre douillette, les espaces communs prêtés fonctionnels pour la détente et la table d'hôtes qui rend hommage à la gastronomie locale, on est assuré de passer ici un agréable séjour.

HÔTEL RESTAURANT LA TABLE DE L'EUROPE €€

1, Place Jean Moulin
✆ 05 53 36 00 35
https://europe-Villeréal.com/
6 chambres simples ou doubles de 68 € à 120 €. Petit déjeuner (servi à table) 12 €. Wifi gratuit.

Situé en plein cœur de la bastide, l'hôtel La Table de l'Europe dispose de 6 chambres rénovées. 3 gammes sont disponibles avec le même souci du bien-être et du confort pour un repos salvateur. La chambre « Deluxe » fait dans l'hospitalité exceptionnelle, quand les chambres « Standard » et « Supérieure » conjuguent praticité et confort. Une magnifique terrasse intérieure permet de se reposer ou bien de se restaurer et le restaurant offre le même niveau d'hospitalité raffinée de l'hôtel.

LE JEANQUET €€

1269, Route d'Estrade
✆ 05 53 36 09 33
www.gites-jeanquet.com
La Bergerie 10 pers, 1 890-2 290 € en juil/août. 5 gîtes 2-5 pers, 555-990 € juil/août. Hors saison dès 2 nuits.

Amateurs de grands espaces et de tranquillité, le Jeanquet est fait pour vous ! Cet ancien corps de ferme du XVIIIe avec piscine offre une vue exceptionnelle sur la vallée et le château de Biron. Marie-Claude et Olivier l'ont transformé en 5 gîtes de charme et une maison, la Bergerie. Difficile de faire son choix ! Les enfants seront ravis d'aller caresser Pépita la jument et Cerise la ponette. Un cadre reposant, sans parler de l'accueil charmant de vos hôtes ! Le point de chute parfait pour découvrir Villeréal, classé parmi les plus beaux villages de France.

LA MAISON BLEUE €€

6, Rue Saint James
✆ 05 53 70 34 20
www.maisonbleueVilleréal.com

Tte l'année. 5 chambres dont une 3 pers et une 4 pers. 90-140 €. Petit-déj inclus. Chambre PMR. Table d'hôte. Gîte.

La Maison Bleue offre une parenthèse idéale pour se ressourcer. Installée dans un ancien cloître, la bâtisse a été restaurée. L'accès aux somptueuses chambres se fait par la loggia joliment fleurie. Le jardin, écrin de verdure, permet de se reposer, au calme, ou au bord de la piscine. Concept original : Frédérique, la propriétaire, tient sur place un magasin de brocante qui fait office de salon de thé : Papilles et Pampilles. En 2022, un gîte attenant a été ouvert. Ses 3 chambres peuvent accueillir jusqu'à 8 personnes. Ses hôtes ont accès à la piscine.

MAGGIE'S

1, Place de la Libération
✆ 05 53 01 21 27

Mardi, mercredi, vendredi 10h-17h, samedi 9h-14h. Menu du jour 13,50 €. Pâtisseries 1 €/3,95 €. Boissons 2,20 €/4,50 €.

Une charmante adresse dont la terrasse fait face à la belle église de Villeréal. A l'intérieur, vous serez comme un coq en pâte dans le salon cosy. Dedans comme dehors, on vous servira avec l'accent. Corinne est hollandaise et son mari anglais. On retrouve d'ailleurs quelques spécialités d'outre-Manche comme les scones. Certains gâteaux sont sans gluten. Une petite restauration végétarienne, avec option végane, est disponible le midi. Les recettes maison sont faites avec des ingrédients pour la plupart bio et locaux. En bref, tout pour se régaler !

FROMAGES ET PLUS - RESTAURANT €

Place de la Halle
✆ 05 53 49 25 39

En terrasse. Ouvert à la belle saison du lundi soir au dimanche midi. Planches entre 9 € et 16 €.

Quelle excellente idée de la part de Marie d'offrir l'opportunité de consommer sur place les produits de qualité de sa boutique Fromages Et Plus, d'autant que la dégustation se fait en terrasse face à la remarquable halle en bois ! Choisissez une planche de charcuterie fine, de fromages d'exception, ou mixte, accompagnée d'une bière artisanale, un verre de vin local, un jus de fruits bio... et pourquoi pas élargir votre horizon avec un spritz italien ou un gin tonic japonais ? Fameux !

LES MARRONNIERS €€

Boulevard de plaisance
✆ 05 53 36 03 33

Lun 8h-15h, mar et jeu 8h-17h, mer et sam 8h-21h, ven 8h-23h. Formule 13,50 €. Viandes 12,50/17,90 €. Pizzas 9/13 €.

© LES MARRONNIERS

Changement de cap en mars 2022 pour cette bonne adresse de Villeréal : nouvelle équipe, nouvelle cuisine, avec la volonté de travailler les produits locaux bruts et si possible bio comme la farine. Le résultat se retrouve dans la qualité de la carte des viandes (bœuf, porc, veau, canard), des pizzas mais aussi des desserts avec notamment cette assiette de la réputée fromagerie Baechler. L'adresse se prête bien à un apéritif afterwork sympa autour d'une planche à partager et d'un bon verre de vin ou de spiritueux à choisir parmi de belles gammes.

L'HIPPOCAMPE €€

32, rue Saint-Roch
✆ 05 47 99 05 36
www.hippocampe-Villeréal.fr/

Ven, sam, dim midi-soir (jeu soir à emporter). Été le soir du mar au sam, dim midi-soir. Menus 18/31 €. Climatisation.

L'Hippocampe, à Villeréal, est spécialisé dans la gastronomie de la mer. Fruits de mer, poissons, huîtres : toutes les richesses maritimes vous sont proposées. La carte varie selon les arrivages. Le chef ne manque jamais d'imagination. La soupe de poissons en entrée et la choucroute de la mer en plat comptent parmi les incontournables. Plateaux de sushis pour combler les aficionados du poisson cru. Aussi, de belles pâtisseries faites maison. Pour les glaces, l'Hippocampe a fait appel au spécialiste en la personne de Benoît de la Lune.

FROMAGES ET PLUS

Place de la Halle
✆ 05 53 49 25 39
Du mardi au vendredi 9h30-12h, 15h30-19h, samedi 9h-14h30, 16h-18h. Fromagerie, épicerie fine, cave à vins.

© @EMMANUEL MANDERLIER

Voilà une boutique qui fait partie des trésors gastronomiques de la bastide. Cette fromagerie offre un large choix avec le top du top : comté 36 mois, Ol Sciur italien (persillé de chèvre enrobé de pétales de rose et fruits rouges), figuetine (chèvre frais et figue confite)... Marie ne travaille qu'avec des producteurs fermiers pour proposer du haut de gamme, complété par de la charcuterie fine italienne et du jambon bellota espagnol. Vous trouverez aussi une large gamme de spiritueux (gins et rhums japonais, whiskies du monde) et de vins de la France entière.

MARCHÉ DE PRODUCTEURS DE PAYS

www.marches-producteurs.com
Sous la halle, tous les lundis de l'été de début juillet à mi-septembre, à partir de 18h.

Que de raisons de découvrir l'été ce beau marché nocturne de producteurs ! Pour le lieu, sous la magnifique halle, pour la qualité et la variété des produits à emporter ou consommer place, pour l'ambiance formidable régnant au milieu des tables et des étals, et pour le jour choisi, habituellement plutôt creux côté animations. Eleveurs, fromagers, viticulteurs et même des producteurs d'escargots vous attendent aux côtés du miel et des tourtes. Petit Futé vous recommande fortement !

PAMPA

5, Place de la Halle
✆ 09 51 87 51 65
www.pampaVilleréal.com
Du mer au ven 9h-12h30, 14h45-18h, sam 8h-13h, 15h-18h, dim 9h-13h (toute la journée lors des brocantes).

La gentillesse de Delphine Bodier n'a d'égale que la douceur de ses gâteaux. Elle a quitté Paris pour Villeréal où elle a ouvert en février 2022 sa pâtisserie qui fait aussi salon de thé et épicerie fine sucrée. La carte change fréquemment selon les fruits de saison et la créativité du moment. La maison a ses spécialités : le chou paris-brest aux noisettes de Castillonnès et la tarte citron kalamansi avec une meringue nuage italienne. Le brookie (mélange de cookie et brownie) a trouvé ses adeptes également. Le tout sans colorants ni conservateurs !

LES PUCES DES HALLES

Place de la halle
Tous les seconds dimanche du mois et le 1er mai. Entrée gratuite. Sous et autour de la halle.

Depuis quelques années maintenant, Villeréal a son marché mensuel aux puces et à la brocante. Tous les seconds dimanches du mois et le 1er mai, dès 8h du matin, des professionnels triés sur le volet s'installent sous la halle de la bastide pour le plus grand plaisir des chineurs. On y trouve de tout, des objets rares ou familiers et qui donnent le même sentiment de joie et de nostalgie mêlées. La manifestation est à chaque fois un franc succès, il faut dire que régularité et qualité sont au rendez-vous. Si vous voulez chiner de bonnes affaires, arrivez tôt !

SAINT-FRONT-SUR-LÉMANCE

Ce charmant village à un côté champêtre, accentué par le moulin, le pont, la rivière Lède... L'église aussi avec une construction primitive datant de l'époque romane. Et bien évidemment, le château fort Bonaguil ; classé aux Monuments historiques, le château de la Bonne Aiguille, situé sur la commune de Saint-Front-sur-Lémance et propriété de la commune de Fumel. Surplombant la vallée et le village, ce château est parfaitement conservé et constitue une invitation à plonger dans une autre époque. Bonaguil, c'est aussi une histoire vivante. Animations diverses, soirées théâtralisées, chasses aux trésors font en effet vivre ce site imposant.

Le village de Saint-Front-sur-Lémance.

CHÂTEAU DE BONAGUIL ★★★

A 7 km au sud-est de Saint-Front-sur-Lémance.
✆ 05 53 41 90 71 - www.chateau-bonaguil.com
Ouvert 7j/7. Mars et octobre 14h-17h30. Avril, mai, juin, septembre 10h-18h. Été : 10h-19h. Adulte 9,50 €, 6-12 ans 5 €.

Bonaguil, c'est le château fort tel qu'on se l'imagine dans les histoires de chevaliers et de princesses. C'est aussi le château de tous les superlatifs : « le plus beau », le plus grand (son enceinte extérieure court sur 350 mètres) et certainement le dernier château fort construit dans le royaume ! Dès 1271, l'existence de Bonaguil est mentionnée dans un document. Ce n'est alors qu'une simple tour de pierre, base du donjon actuel. Il faut attendre autour de 1490 pour que le puissant Bérenger de Roquefeuil, seigneur de la région, débute une quinzaine d'années de travaux et fasse de Bonaguil le château d'exception qu'il est aujourd'hui. Bâtie dans une période de transition, entre le Moyen Age et la Renaissance, la forteresse n'a jamais subi d'assauts, d'où son état de conservation remarquable. Elle évolue au cours du temps, se radoucit dans la seconde moitié du XVIIIe siècle lorsque Marguerite de Fumel la transforme en résidence et l'aménage au goût du jour, avant de finir par succomber à la Révolution française qui se révélera fatale. Démantelé par la Convention qui ne laissera que l'ossature de pierre, le château est finalement racheté par la commune de Fumel en 1860 et classé au titre des Monuments historiques dès 1862.

Le temps passe et il rajeunit ! Bonaguil se prête avec grâce aux campagnes de restauration qui se chargent de lui redonner de sa superbe. Dans le cadre d'une rénovation, la forteresse a accueilli un nouveau pont-levis, élément tout à fait indispensable à son statut de château fort (il y en a 6 du temps de Bérenger de Roquefeuil). C'est le pont de la cour des Loges, qui desservait autrefois la cour basse et les parties domestiques, qui a bénéficié des travaux. En 2016, les travaux de restauration ont concerné d'une part la Tour du Fournil et le four à pain, d'autre part l'escalier sud, derrière le puits. Cet escalier, jadis le plus utilisé, reliait les deux niveaux principaux d'occupation. Il a été entièrement restitué et permet d'accéder directement de la cour d'honneur à l'entrée de la grotte. Le château s'est vu équiper de nouvelles armes d'époque comme par exemple des arbalètes, des lances et des arquebuses que l'on peut voir en exposition. Le sentier qui mène le public du bas du village jusqu'à l'entrée du château a été refait et illumine la montée.

Aujourd'hui, Bonaguil est le monument le plus visité du Lot-et-Garonne. Il prête son cadre exceptionnel à de nombreuses animations comme la fête médiévale début juillet et le festival de théâtre début août.

VITRAUX DE L'ÉGLISE SAINT MICHEL

✆ 05 53 71 90 33

Paroisse du village, l'église Saint-Michel de Bonaguil a été construite au XIIIe siècle comme le donjon du château. Ne subsistent de cette période que trois mètres de hauteur de mur à la base de la nef. Et tout comme le château de Bonaguil, la majeure partie de l'édifice religieux, de style gothique tardif, remonte à l'époque de Bérenger de Roquefeuille (1448-1530), dont la chapelle Sainte-Barbe (à gauche en rentrant) abrite la sépulture. Classée Monument historique en 1963, cette église Saint-Michel a fait l'objet d'importantes rénovations menées entre 2010 et 2014.

Mais ce qui va d'abord vous enchanter lorsque vous entrerez dans l'église, ce sont ses vitraux récemment installés (2014) à la singularité contemporaine assumée. Ces derniers diffusent une somptueuse lumière de couleur rose, douce et envoûtante. Ils sont l'œuvre de François Rouan, plasticien de renommée internationale – il a notamment réalisé les esquisses des vitraux de la cathédrale de Nevers –, et ont été confectionnés dans les célèbres ateliers Simon-Marq, maîtres-verriers à Reims depuis 1640, connus pour avoir créé des vitraux de Chagall, Braque et Miró. L'enveloppante couleur rosée est le résultat d'une projection sur le verre soufflé d'oxyde d'or. Sur ces vitraux monochromes courent des dessins intrigants, mais apaisants : on y voit des courbes, des volutes ou des feuillages. Une très belle œuvre, au parti pris contemporain, qui se marie à merveille avec le mysticisme des lieux.

LA TABLE DE MARLYSE

Sentier du Château

✆ 05 53 75 07 37

Atelier de poterie et salon de thé. Ouvert d'avril à fin octobre du mardi au dimanche de 11h à 19h. Terrasse.

Marlyse et son époux vous réservent un accueil tout à fait charmant. Installez-vous pour une pause gourmande avec vue sur le château. Café, thé, tisane, jus de fruits ou smoothie bio s'accompagneront d'une douceur comme le fondant au chocolat ou le cake au gingembre. Ici, on aime vous faire découvrir des parfums originaux comme le sureau pour la limonade, l'hibiscus ou la châtaigne grillée pour les glaces. Mais la passion première de Marlyse, c'est la poterie ! Les boissons et pâtisseries sont d'ailleurs servies dans des céramiques qu'elle a réalisées.

SAINT-ETIENNE-DE-VILLERÉAL

Petit Futé ne vous le cachera pas, Saint-Etienne-de-Villeréal n'est pas un village charismatique qui se distingue par un particularisme culturel, géographique ou événementiel. Pour autant, en plus d'une douceur de vivre digne d'intérêt à l'image de celle qui fait l'identité du territoire lot-et-garonnais, ce petit village de 300 habitants possède une église romane tout à fait charmante avec notamment une abside ronde et un clocher-flèche du XIXe siècle. Cette église porte logiquement le nom d'église Saint-Etienne. Quant à Saint-Etienne-de-Villeréal en tant que commune, les terres agricoles présentes constituent la majorité de la zone communale.

BASSIVIÈRE €€

Lieu-dit Bassivière

✆ 06 80 76 36 63

www.bassiviere.com

Ouvert du 1er avril au 31 octobre. De 1 050 € à 2 750 € la semaine selon saison. Animaux acceptés dans appart 4 et 5.

Bassivière redéfinit l'art de vivre et vous invite à une aventure hors du commun. Dans une ferme du XVIIe s., entièrement rénovée, 6 appartements, aux vieilles pierres finement restaurées et à la décoration à couper le souffle vous attendent. Dormez dans l'ancienne étable ou dans l'ancienne grange et profitez de la campagne alentour. Isle, la propriétaire, propose également des repas *healthy et* des paniers pique-nique à base de produits locaux. Ici, il est possible d'acheter et de commander les objets qui vous entourent. Charme, design et détente : à vivre !

LA PARENTHÈSE CAMPING LES ORMES**** €€

207, Chemin des Ormes

✆ 05 53 36 60 26

Du 27.06 au 02.09. Emplacement 18-36 €/nuit. Chalet 67-195 €/nuit. Cabane 63-126 €/nuit. Lodge 111-214 €/nuit.

Coup de cœur pour ce camping sur 10 hectares, au bord d'un lac, idéal pour la pêche ou les soirées pizzas/moules frites de la paillote. L'accueil de Clémentine et Thibaud est du genre que l'on aime. De la tente avec formule « prêt-à-camper » aux hébergements plus originaux comme les cabanes en bois sur pilotis ou sur l'eau, vous trouverez votre bonheur. Le confort des logements et la multitude d'activités en font un vrai paradis pour tous. Le restaurant La Parenthèse complète le site.

VIVRE + €€

SAVIGNAC-SUR-LEYZE
✆ 06 80 76 36 63

2 maisons de vacances aménagées dans des granges. Tarifs à demander par mail à l'adresse suivante : info@bassiviere.com

Le domaine de Bassivière réserve décidément bien des surprises. Vivre + représente une expérience de vacances qui vous fera goûter au charme authentique de la riante campagne du Lot-et-Garonne. Imaginez-vous loger dans une grange rustique, aux murs en pierre, à la charpente en bois sous un haut plafond, confortablement meublée. Tout autour, un paysage enchanteur. Dans le secteur, les deux magnifiques bastides de Monflanquin et Villeréal à visiter. Et pour vous détendre sur place, une belle piscine. Vivre +, c'est la belle vie !

LA VILLA DU FAUQUIÉ**** €€

122, Chemin des Ormes
✆ 05 53 36 60 26
www.villadufauquie.com

5 chambres (dont 1 suite parentale). Jusqu'à 10 personnes. De 1 340 € à 2 940 € la semaine selon saison.

Cette spacieuse maison de 240 m² a été construite tout en bois, au cœur d'un environnement tranquille. Mais attention, rien à voir avec un chalet en rondins ! C'est une villa de standing qui offre de très belles prestations et a tout pour séduire avec ses grands volumes, son ameublement confortable et sa décoration contemporaine, à la fois chic et sobre. Ses grandes pièces lumineuses sont très ouvertes sur l'extérieur, avec 200 m² de terrasse, une belle piscine chauffée et sécurisée avec plage en bois, et une jolie vue dégagée sur la campagne.

BAZENS

Au XVIe siècle, la cour épiscopale d'Agen y résidait. Aujourd'hui dans l'ancien palais se trouve une galerie d'art qui offre aux amateurs la possibilité d'admirer de très jolies peintures et sculptures. Un de ces évêques d'Agen, Matteo Bandello est l'auteur d'un recueil de nouvelles qui connut un petit succès, traduit en France et en Angleterre. L'une d'elles, dont les personnages se nomment Romeo et Giulietta, aurait largement inspiré Shakespeare pour écrire sa célèbre pièce des amants de Vérone. L'original de ce recueil se trouve aux archives départementales à Agen. La Grande Foire Bio a lieu en juin, organisée par la ferme des Trésors des Coteaux.

BASSIVIÈRE €€

Lieu-dit Bassivière ✆ 06 80 76 36 63
www.bassiviere.com

Basse saison : du mer au dim midi et soir. Juillet/août : du mar au dim midi et soir. A la carte : 32,50 € environ.

© BASSIVIERE

Un cadre idyllique pour une parenthèse gourmande et chic. Burrata, poulet sauce saté, spanakopita (tourte grecque aux épinards, feta), gâteau noisettes confits orange et estragon : voici quelques belles suggestions du Chef. Cette carte est tout sauf figée, évoluant au gré des inspirations et des trouvailles sur le marché. Le domaine de Bassivière mêle plaisir de la bouche et plaisir des yeux, quiétude, charme et gourmandise. Notez que les enfants peuvent s'amuser dans le parc avec jeux pendant que les parents profitent de leur repas. Pique-nique à emporter aussi.

DOMAINE DE QUISSAT

911, Chemin de Quissat
✆ 06 82 06 56 88
www.domainedequissat.fr

Du lundi au samedi sur rendez-vous.

Cette ferme de 50 ha produit du vin bio grâce à 5 ha de vignes perdus au milieu de bois, de céréales, de figuiers et de truffières bio. Agathe et Romaric travaillent leurs vins de la façon la plus naturelle possible et une partie d'entre eux est sans sulfite. Ils produisent des vins rouges, rosés, blancs, de l'apéritif, du jus de raisin mais aussi de la confiture de figues. Ce domaine a eu plusieurs cuvées sélectionnées dans des guides. Vous pouvez visiter leur chai, acheter leurs gammes ou encore les retrouver sur les différentes foires bio du département.

PAYS DU VAL DE GARONNE GUYENNE GASCOGNE

Le pays du Val de Garonne-Guyenne-Gascogne s'entend du Duraquois qui déborde sur le Périgord jusqu'à la région de Casteljaloux qui fait le lien avec la forêt des Landes et ses grandes lignes droites. C'est un terrain de jeu pour des produits marqueurs à l'image de la tomate de Marmande ou de la fraise qui se plaisent à rougir ici. Cette région est une terre à l'identité historique prégnante où Duras joue son rôle d'ambassadrice avec son célèbre château. Culturellement, le pays du Val de Garonne est vif, dynamique et en perpétuel renouvellement. On y trouvera pléthore de festival à succès et de rendez-vous saisonniers illustres eux aussi. Marmande la jolie d'un côté et Casteljaloux « la thermale » de l'autre qui possède nombre d'atouts pour attirer à la fois les touristes et ceux en quête d'un rythme de vie empreint de nature et d'espace. Le canal des Deux Mers est un moyen de découvrir ce pays où l'altérité est identité.

5 KM
D708
LOUBÈS-BERNAC
D244
SAINT-JEAN-DE-DURAS
SOUMENSAC
DURAS
D13
D668
GIRONDE
LA SAUVETAT-DU-DROPT
ALLEMANS-DU-DROPT
Lévignac-de-Guyenne
MONTETON
ROUMAGNE
D1
D708
MIRAMONT-DE-GUYENNE
D227
D667
MAUVEZIN-SUR-GUPIE
Seyches
SAINTE-BAZEILLE
D933
SAINT-BARTHÉLEMY-D'AGENAIS
MEILHAN-SUR-GARONNE
D116
COUTHURES-SUR-GARONNE
D124
MARMANDE
D265
D116
D641
Saint-Pardoux-du-Breuil
D3
GONTAUD-DE-NOGARET
COCUMONT
Pont des Sables
FOURQUES-SUR-GARONNE
Fauguerolles
D301
Caumont-sur-Garonne
Fauillet
LE MAS-D'AGENAIS
BOUGLON
D234
TONNEINS
LAGRUÈRE
D126
Réserve Naturelle de l'Étang de la Mazière
D260
D933
CLAIRAC
D6
A62
D655
LEYRITZ-MONCASSIN
D666
CASTELJALOUX
VILLEFRANCHE-DU-QUEYRAN
Aiguillon
D8
D11
Pays du Val de Garonne Guyenne Gascogne
D8
D642
Saint-Laurent
FARGUES-SUR-OURBISE
D119
HOUEILLÈS
D8
Vianne
Bruch
D655
188

PAGES

La ville de Marmande.

© IAKOV FILIMONOV - SHUTTERSTOCK.COM

MARMANDE ★

3ème ville du département et sous-préfecture depuis 1804, Marmande s'est construite au fil des siècles depuis l'époque romaine. Ce passé se dévoile à travers l'église gothique Notre-Dame du XIIIe siècle et son cloître Renaissance. Les vestiges de remparts, les vieilles rues et les petites chapelles constituent le patrimoine de cette ville sur la Garonne. On vous conseille de flâner dans la rue piétonne et d'aller voir sa belle Maison de Pierre, aujourd'hui siège de l'Office de Tourisme.
Connue pour sa tomate, l'appellation tomate de Marmande date du XIXe siècle.
Entre Bordeaux et Toulouse, Marmande se situe au centre d'un réseau de communications.

CHAPELLE SAINT-BENOIT ✞

91, rue de la Libération
✆ 05 53 93 47 07
www.mairie-marmande.fr
Juillet et août : visite libre du mercredi au dimanche de 14h30 à 18h. Visite guidée sur rendez-vous.
Cet édifice illustre deux grands courants artistiques du XVIIe siècle : classicisme et baroque. Ancienne partie du couvent des religieuses de l'ordre de saint Benoît fondé en 1645, les religieuses en sont expulsées en 1792, et la chapelle est transformée en prison révolutionnaire. La sous-préfecture s'installe dans le couvent en 1806 et la chapelle devient lieu de spectacle pour militaires. Elle n'est rendue au culte qu'en 1839. Chapelle classée au titre des Monuments historiques depuis 2005. Admirez les sept tableaux de l'école toulousaine du XVIIIe siècle.

ÉGLISE NOTRE-DAME ✞ ★

11, allée de l'Eglise
✆ 05 53 93 09 50
www.mairie-marmande.fr
Classé monument historique. Ouvert toute l'année. Visite libre. Visite guidée uniquement sur rendez-vous.
Seul édifice religieux gothique du département, elle est située dans la partie la plus ancienne de la ville. Edifiée au cours du XIIIe siècle, il reste de cette époque la première travée des deux bas-côtés. Malgré de nombreuses restaurations, elle présente une grande unité qui fait penser à un édifice du XVe siècle. Elle a été classée Monument historique en 1862. A l'intérieur, voir le retable baroque, la mise au tombeau, l'allégorie du tiers ordre de saint François, et ne manquez pas d'admirer l'immense et belle rosace qui orne la façade principale.

LA FILHOLE & MARMANDE PLAGE

Accès libre tte l'année. Plage ouverte à la baignade l'été. Aire camping-cars. Skatepark. Piste BMX. Parking gratuit.
La plaine de la Filhole n'est pas seulement le théâtre naturel où se tient une fois l'an la grande messe musicale du Garorock, elle offre surtout toute l'année de formidables opportunités d'activités de plein air : promenades à pied ou à vélo, parcours de marche nordique, skatepark, piste de BMX, mini-golf... L'été, elle devient un lieu de baignade avec plage en bord de Garonne – attention au courant ! Les camping-caristes disposent d'une aire payante, ombragée et très appréciée.

© CDT 47

Cloître de l'église Notre-Dame.

LA GALERIE D'ART SACRÉ

Parvis Jean XXIII
✆ 05 53 93 47 07
www.mairie-marmande.fr
Ouvert en juillet et août. Gratuit. Visite libre ou guidée.

Curiosité à ne pas manquer car il est rare de trouver un lieu où sont exposés des objets liturgiques tels que calices, ostensoirs, reliquaires, croix de procession... Ces merveilles de l'art sacré, presque toutes datées du XIXe ou du XXe siècle, proviennent des églises locales de Notre-Dame de Marmande, Saint-Vincent de Coussan, Notre-Dame de Beyssac et de la chapelle Saint-Benoît. Installée dans un bâtiment qui prolonge l'église et qui servait de bibliothèque paroissiale, la salle d'exposition s'ouvre sur le cloître par une grande paroi vitrée barricadée de bois.

LES JARDINS DU CLOÎTRE

Notre-Dame
✆ 05 53 20 98 42
www.mairie-marmande.fr
Tous les jours toute l'année de 8h à 19h et jusqu'à 20h en été. Visite libre. Possibilité visite guidée.

Adossé au flanc de l'église Notre-Dame, décoré et sculpté dans un style Renaissance française, le cloître dont il ne reste aujourd'hui qu'une galerie a été construit en 1540. La visite est rendue très agréable par la présence d'un jardin classique à la française. La taille des buis et des ifs plantés symétriquement autour du bassin donne à l'ensemble une belle impression d'harmonie et de sérénité. C'est un endroit idéal pour faire une petite pause entre deux visites. La beauté du lieu a été reconnue en 2007 avec l'obtention du label Jardin Remarquable.

LES JARDINS DE BEAUCHAMP

Rue des Isserts
✆ 05 53 64 30 12
Toute l'année. Lundi 14h-18h. Mardi au dimanche, jours fériés 9h-12h/14h-18h. Fermé dimanche juillet, août et sept.

Alain Jay et son fils Sébastien, deux passionnés, ont ouvert ce lieu en 2004. Cet espace, labellisé Jardin Remarquable en 2009, change d'aspect selon les saisons et raconte le monde à travers des jardins à thème, où l'eau très présente, anime la balade. Palmeraie, jardin japonais, bassin de nénuphars, labyrinthe… ici se mêlent végétal et art. Véritable source d'inspiration, venez y puiser des astuces pour transformer votre jardin ! Notez que sur le même site, se trouve la jardinerie des Jay, pépiniéristes professionnels depuis trois générations.

MOULIN DU TÉLÉGRAPHE

2062, Route du Moulin à Vent
✆ 05 53 64 33 71
www.lesruchersdumoulinavent.com
Ouvert le samedi matin et le reste de la semaine sur rendez-vous uniquement. Téléphonez avant de passer.

Cette bâtisse du XVIe siècle tire son nom d'un ancien relais de télégraphe installé à proximité et aujourd'hui disparu. S'il ne produit plus de farine depuis bien longtemps, le moulin a été joliment restauré et appartient à la famille Saint-Marc, qui compte plusieurs générations d'apiculteurs. Transformé en échoppe, il abrite les productions des « Ruchers du Moulin ». On vous conseille d'y découvrir le meilleur des produits apicoles : miels, pollen, gelée royale, hydromel, cire, propolis, vinaigre de miel, liqueur au miel. A déguster et rapporter chez soi !

Le Jardin de Beauchamp.

+ d'info | **www.mairie-marmande.fr**
www.facebook.com/villedemarmande @ComMarmande
courriel : mairie@mairie-marmande.fr // Tél. 05 53 93 09 50

Marmande
TERRE DE GARONNE

MUSÉE ALBERT MARZELLES

15, rue Abel-Boyé
✆ 05 53 64 42 04
www.mairie-marmande.fr
Ouvert toute l'année. Mercredi au vendredi 15h-18h. Samedi 10h-12h, 15h-18h. Gratuit. Fermé les jours fériés.

C'est Albert Marzelles (1859-1938), notaire, qui a légué son hôtel particulier à la ville, tout près de la mairie et de la place centrale. Maître Marzelles tenait ainsi à prouver son attachement à sa ville natale et ce, malgré sa carrière parisienne. Cette maison a été restaurée, aménagée en musée et ouverte au public en 1984. Il propose une riche programmation annuelle d'expositions de peintres, sculpteurs, photographes... de grande renommée, ainsi qu'une collection de peintures du XIXe siècle de l'artiste marmandais Abel Boyé (1864-1933).

OFFICE DE TOURISME DU VAL DE GARONNE

11, rue Toupinerie ✆ 05 53 64 44 44
www.valdegaronne.com
Nov/mars : mar-sam 10-13h/14-17h30. Avr/juin, sep/oct : lun 14-18h, mar-sam 10-13h/14-18h. Été lun-sam 10-13h/14-18h30.

Installé dans la belle maison du « Prince Noir », l'Office de tourisme du Val de Garonne labellisé « Qualité tourisme » et « Tourisme et handicap » est un lieu de visite à lui tout seul. Les trois pièces le constituant et son magnifique patio s'organisent autour des spécificités locales comme la fameuse tomate de Marmande. La boutique de l'Office vous propose des objets souvenirs et des produits du terroir. Le Pass Tourisme délivre des offres privilèges sur les sites incontournables.

BALADES FLUVIALES

✆ 06 82 19 89 28
www.valdegaronne.com
Juil-août : départs de Couthures-sur-Garonne, Marmande, Tonneins, le Mas-d'Agenais. Voir site internet ou téléphonez.

Prendre le temps de vivre au fil de l'eau et comprendre la Garonne. L'Office de Tourisme Val de Garonne propose des départs depuis Couthures-sur-Garonne, Marmande, Tonneins, le Mas-d'Agenais selon plusieurs thématiques : balade découverte, balade pique-nique sur une île, balade suivie d'un petit déjeuner gascon. Des balades couplées avec une visite de la corderie à Couthures-sur-Garonne ou de la collégiale du Mas-d'Agenais et son Rembrandt sont aussi proposées. Ces douces aventures se déroulent en juillet-août. Plus d'informations sur le site ou par téléphone.

MAIRIE DE MARMANDE

Place Clemenceau ✆ 05 53 93 09 50
www.mairie-marmande.fr
Du lundi au vendredi 8h30-12h30/13h30-17h30.

Joël Hocquelet médecin généraliste, est maire de Marmande depuis le 4 juillet 2020, conseiller communautaire au sein de Val de Garonne Agglomération et conseiller départemental du Lot-et-Garonne. Il est membre du parti socialiste. Il s'inscrit dans une démarche de démocratie participative avec notamment la mise en place de conseil participatif pour les grands dossiers de la ville, un pacte écologique et alimentaire, une réflexion sur la mobilité et la restructuration des boulevards de la ville. La mairie de Marmande se situe sur la place Clemenceau.

PASS TOURISME VAL DE GARONNE GUYENNE GASCOGNE

✆ 05 53 64 44 44
www.valdegaronne.com/?Ils-sont-ouverts
Validité : 1/06-30/09/2022. 2 €. Pass à acquérir dans les Offices de Tourisme du Pays Val de Garonne Guyenne Gascogne.

Alerte bon plan ! Les Offices de Tourisme du Pays Val de Garonne Guyenne Gascogne reconduisent l'offre du Pass Tourisme pour les habitants et les visiteurs du Pays Val de Garonne Guyenne Gascogne (Val de Garonne Agglomération, Communauté de Communes des Coteaux et Landes de Gascogne, Communauté de Communes du Pays de Duras, Communauté de Communes du Pays de Lauzun). Kézaco ? Du 1er juin au 30 septembre, procurez-vous le pass dans les Offices de Tourisme et bénéficiez de 49 offres de réductions. Prix réduits sur les entrées de sites touristiques et de loisirs, 10 % dans les boutiques partenaires (producteurs, vignerons...), c'est l'occasion de se balader (vélo, calèche, bateau...), de jouer, de visiter et de goûter les produits locaux (pruneaux, vins...) à moindre coût. Nouveauté : les restaurants partenaires offrent un verre de vin ou un jus de fruit local à partir de 2 menus achetés. Profitez des spectacles d'été entre autres. Véritable sésame pour découvrir et apprécier ce territoire qui offre tant de richesses pour les yeux et pour le palais.
A saisir !

Office de Tourisme du Val de Garonne 05 53 64 44 44 - www.valdegaronne.com

Office de Tourisme du Pays de Duras 05 53 93 71 18 - tourismeduras.com

Office de Tourisme du Pays de Lauzun 05 53 94 13 09 - www.paysdelauzun.com

Office de Tourisme des Coteaux et Landes de Gascogne 05 53 93 00 00 - www.tourisme-coteauxetlandesdegascogne.fr

HOTEL LE CAPRICORNE*** €€

26, avenue Hubert-Ruffe
✆ 05 53 64 16 14
www.lecapricorne-hotel.com
Toute l'année sauf vacances de Noël. 34 chambres. Chambre simple à partir de 80 € ; chambre triple à partir de 105 €.

Le Capricorne est une adresse incontournable à Marmande, à 20 minutes à vélo de la voie verte. L'hôtel vous reçoit dans une décoration résolument moderne, de l'accueil au bar en passant par la salle de petit déjeuner et bien sûr les 34 chambres, climatisées. L'accueil y est des plus agréables et la première impression de ce contact humain vous assure un séjour qui se passera à merveille. L'équipe est très professionnelle et à l'écoute de sa clientèle. En été, vous pourrez également disposer de sa superbe piscine. L'été est chaud en Lot-et-Garonne !

© HOTEL LE CAPRICORNE

© LE CAPRICORNE

DOMAINE QUIESCIS €

1080, route de l'Ecole - **MARCELLUS**
✆ 06 09 05 28 74
www.domainequiescis.fr
Chambre 70 à 95 €/nuit. Mobil-home 250 à 480 €/sem. Bulle 165 €/nuit. Tipi 90 à 120 €/nuit. Cabane 14 à 22 €/nuit.

Ici, les possibilités d'hébergement ne manquent pas, à commencer par 2 chambres d'hôte à la belle personnalité, sous charpente. Vous appréciez l'insolite ? Vous vous plairez dans la bulle offrant une vue sur le ciel. Peut-être préférez-vous tester le tipi cosy ? Le mobil-home avec ses 2 chambres est idéal en famille. Les cabanes représentent une solution pratique et peu onéreuse pour une nuit de passage, par exemple si vous arpentez la région à vélo. Le Domaine Quiescis est en effet situé au bord du canal de Garonne et sa longue voie verte cyclable.

AUBERGE DU LION D'OR*** €€

1, rue de la République
✆ 05 53 64 21 30
http://hotelmarmande.fr/
Toute l'année. Accueil 24/24. 28 chambres. Chambre standard 69 €. Chambre Famille 98 €. Chambre Spa 187 €. Restauration.

L'auberge du Lion d'Or est idéalement située dans le centre historique de Marmande. Très confortables et bien entretenues, les chambres offrent une déco sobre et contemporaine. Le personnel, aimable et accueillant rendra votre séjour des plus agréables. Coté restaurant, Bernard Lacour officie en cuisine pour vous faire découvrir des spécialités savoureuses. Bon rapport qualité-prix. Aux beaux jours, profitez du patio, endroit charmant et tranquille. Le Lion d'Or propose également des formules hôtel/spa avec l'institut de beauté voisin Mille et Un Soins.

CHÂTEAU MATHIAS €€

Lieu-dit Mathias - **VIRAZEIL**
✆ 06 64 95 44 03
www.chateaumathias.com
Chambre double de 130 € à 170 €. Petit déjeuner inclus. Réceptions et mariages. Lit enfant à disposition.

Cette élégante bâtisse de la fin du XIXe siècle est très calme, avec son immense parc et ses beaux jardins dans lesquels on pourrait se promener toute la journée. Robert et Thomas proposent trois chambres d'hôtes de prestige, très bien équipées. Magnolia, de style anglais, possède une agréable terrasse d'où vous pourrez admirer le jardin des roses et de superbes couchers de soleil. Les lève-tôt choisiront plutôt Indigo, la plus grande, située face au soleil levant, tandis que Bleue vous offrira une vue spectaculaire sur la plaine de Val-de-Garonne.

LE GÎTE DU MEUNIER**** €€

Moulin de Jolit
CASTELNAU-SUR-GUPIE
✆ 05 53 94 23 89
De 1 100 € à 2 000 € la semaine selon les périodes. Jusqu'à 11 personnes. Piscine extérieure chauffée.

Cet hébergement de 212 m² fait sensation. Catherine et Jacques ont tenu à préserver le caractère authentique du moulin bâti au début du XIXe siècle au-dessus d'un cours d'eau. Une impression qui se retrouve dans l'ameublement rustique ou dans plusieurs détails comme la vieille vasque en pierre de la cuisine. Toutefois, rien ne traduit mieux l'âme des lieux que l'imposante meule à grains trônant majestueusement dans l'une des salles. La piscine extérieure chauffée, coiffée d'une charpente en bois, produit aussi son petit effet. Un gîte bucolique et confortable.

LE MOULIN ! €€

301, Chemin du Gué - **SAINTE-MARTHE**
✆ 06 08 69 93 20
www.lemoulindetarresdebas.fr
Tte l'année. 5 chambres de 90 € à 120 €/nuit. 3 chalets de 120 € à 140 €/nuit. Réduction de 10 % à la semaine.

Le Moulin se situe à moins de 2 km de la sortie n° 5 de l'autoroute A62 Bordeaux/Toulouse. Nichée dans un domaine boisé de 5 ha avec animaux et étang poissonneux, cette superbe propriété de 600 m² enjambe la rivière Avance. Les chambres donnent toutes sur l'eau vive. La suite Hélène se démarque par ses 2 pièces à coucher et son salon avec balcon. La chambre Capucine est appréciée pour sa baignoire devant la fenêtre. Les 3 chalets dans le parc sont tout équipés. La piscine couverte chauffée apporte un vrai plus en toute saison.

LE MOULIN DU PONT €€

Moulin du Pont - **GAUJAC**
✆ 06 89 30 86 45
Jusqu'à 10 personnes. A partir de 600 €/2 nuits, de 1 100 € à 1 950 €/semaine. Réservation par Gîtes de France.

Près de Marmande, à l'entrée du village de Gaujac, Danielle a transformé en gîte la maison attenante à l'ancienne minoterie de sa famille. Sobre et agréable, l'hébergement aligne au rez-de-chaussée une grande cuisine et deux salons, dont un surélevé. Les cinq chambres se trouvent à l'étage. Trois disposent d'une salle de bains commune, les deux autres de leur propre douche. A l'extérieur, vous aurez accès à un immense jardin, une piscine et une terrasse avec le bruit de la rivière en fond. Signalons enfin que le Moulin du Pont fait partie du réseau Accueil Vélo.

BATTISTON BOULANGERIE - PÂTISSERIE - CHOCOLATIER

30, avenue Pierre Buffin
✆ 05 53 64 02 56
Ouvert lundi, mardi, mercredi, vendredi et samedi de 6h à 20h ; le dimanche de 6h à 13h30 et de 16h à 19h30.

Si vous croisez l'enseigne Battiston, alors franchissez la porte pour acheter votre pain. Il sera en revanche difficile de ne pas craquer sur les pâtisseries, les gâteaux, les cakes, les chocolats et autres panettones, tout est délicieux. Sans oublier les glaces maison qui en été font le bonheur des gourmands. Pour un anniversaire ou un autre événement de la vie, la talentueuse équipe personnalise vos gâteaux. Autre adresse : 1200, route de Miramont de Guyenne à Virazeil.

LA FERME DE LACLAVETTE

Chemin de Laclavette
✆ 05 53 64 22 19
www.lafermedelaclavette.com
Vente directe toute l'année du lundi au vendredi de 9h à 12h et de 14h à 18h.

Depuis plusieurs générations, la famille de Thierry Roy exploite des vergers sur les coteaux ensoleillés de Marmande, à Beyssac. Ce petit producteur travaille en culture raisonnée. Cueillis à maturité pour une meilleure qualité gustative, les fruits de saison (abricots, cerises, prunes, pommes, poires, kiwis) sont récoltés à la main et vendus directement à la ferme. Ils servent aussi à la fabrication sur place de délicieux jus naturels à 100 %, sans ajout d'eau, sucre, colorant, conservateur. Vous retrouverez intact le plaisir du fruit, tout simplement !

LE FOURNIL GASCON

77, Avenue Jean Jaurès
✆ 05 53 20 23 15
7j/7. Du lundi au samedi de 6h à 20h et le dimanche de 6h à 13h30.

La boulangerie de la famille Réglat a vu le jour en 1890. 5 générations plus tard, Le Fournil Gascon perpétue les traditions en proposant des spécialités comme les tourtières et gâteaux des Rois briochés. L'endroit peut s'enorgueillir de compter dans ses rangs le chef pâtissier Nabil Moudni, lequel a fini 3e en équipe lors de la coupe du monde de pâtisserie en 2021. Outre les pains et les gâteaux en variété, le magasin de Marmande propose une restauration rapide faite maison à consommer sur place ou à emporter. Des formules petit déjeuner existent également.

CRÊPERIE L'ATLANTIDE €

36, rue Léopold-Faye
✆ 05 53 20 29 77
Ouvert du mardi au samedi le midi et le soir. Sur Réservation.

© L'ATLANTIDE

Cette petite enclave bretonne au cœur de Marmande vaut le détour. En cuisine, Denys ne travaille que des produits frais. Il perpétue l'usage de la farine de sarrasin française. Bien décidé à vous surprendre, il vous propose des compositions atypiques comme des glaces salées pour accompagner vos galettes. En salle, Anthinéa vous accueille avec un joli sourire. Choix cornélien devant la carte appétissante : Petit Futé a finalement opté pour la Broc'h à l'œuf, boulettes de viande hachée et chorizo du boucher, oignons. La recette fonctionne du tonnerre !

SAMA-SAMA €

5, Avenue des Martyrs de la Résistance
✆ 06 14 33 98 14
7j/7 : 12h-14h/19h-23h. Plat : 8 € ou 9 €. Menu : 11 € ou 12 €. Menu étudiant 9 €, enfant 8 €. Sur place, à emporter.

Une adresse sympathique au cœur du pôle commercial du quartier de Lolya. Grâce à elle, Marmande s'ouvre à la cuisine indonésienne de rue comme le nasi goreng (plat de riz frit surmonté d'un œuf), l'asimani à la sauce sucrée-salée maison, le dadar gulung (crêpe verte à base de noix de coco). Une formule permet de choisir parmi divers ingrédients pour composer sa propre assiette. La plupart des préparations peuvent être douces ou épicées sur demande. La petite salle de quelques tables est fréquentée par une clientèle jeune. A emporter ou en livraison également.

LA GRANGE €

13, rue des Hirondelles
✆ 05 53 20 81 88
Maître Restaurateur. Ouvert du mardi au samedi midi et soir. Réservation impérative. Carte : 25 € environ. Terrasse.

En plein cœur de Marmande, beaucoup de charme pour cette ancienne grange transformée en restaurant de qualité avec une agréable terrasse. L'établissement est reconnu par le Collège Culinaire de France. Florent Saint-Marc (Maître-Restaurateur aussi à la tête de l'Ô à la Bouche) sublime la cuisine traditionnelle. Les produits frais et de saison sont travaillés avec brio. La simple évocation du foie gras, du magret ou de l'imposante côte de bœuf, laisse rêveur. De savoureux desserts termineront en beauté votre délicieux repas. Une référence en ville et aux alentours.

CHEZ OSCAR €

pont canal
VILLETON
✆ 05 53 83 22 30
Du mardi au dimanche toute l'année. Menu du jour 14,90 €. Bar.

Agréablement situé le long du canal latéral à la Garonne, Chez Oscar a les accents de Lisbonne et de Porto qui séduisent le conducteur de passage ou les marcheurs qui empruntent la voie verte. La cuisine a les marqueurs de son identité portugaise. Entre la morue à Lagareiro où toute la simplicité gourmande du Portugal se goûte et la Feijoada, vous aurez de quoi vous satisfaire. Des pizzas au four à bois sont disponibles. Le cochon de lait figure à la carte tous les dimanches. L'été, on peut déguster de belles salades et des grillades sur la terrasse.

LA TAMBOUILLETTE €

15, rue de la République
✆ 05 53 93 41 17
A l'année du mardi au samedi 12h-14h. Plat 11,50 €. Entrée/plat ou plat/dessert 13,50 €. Entrée/plat/dessert 15,50 €.

La fondatrice de La Tambouillette, Aline Richard, a laissé son tablier à Céline Taffarel qui a su conserver l'esprit convivial de ce petit restaurant d'une vingtaine de couverts, très apprécié en pays marmandais. La cuisine maison dévoile des saveurs équilibrées au gré des produits de saison et de l'inspiration de Céline, puisée dans des recettes régionales au fumet toujours appétissant. Articulé autour de quatre propositions d'entrées, de plats et de desserts, le menu change toutes les semaines pour ne jamais lasser. La vente à emporter est proposée.

BOAT AUX SAVEURS €€

36-38, avenue Jean Jaurès ✆ 05 53 64 20 35
www.restaurantboatauxsaveurs.fr

Ouvert mercredi et jeudi midi, vendredi midi et soir, samedi soir, dimanche midi. Menus 26/45/56 €, enfant 15 €.

Facile d'accès sur l'une des avenues passantes de Marmande (tout en restant imperméable au bruit du trafic), l'établissement vous assure depuis 2011 une expérience gastronomique de qualité dans un cadre à l'élégance subtile. La cuisine inventive de la cheffe Annabelle Boat privilégie les produits locaux et de saison, revisités avec une touche d'audace. Le fait maison prend ici tout son sens, quand on sait que le restaurant dispose de ses propres potager et jardin aromatique. Le plaisir de revenir est d'autant plus grand que la carte est fréquemment changée.

LE DOLCE CUBANA €€

45, place du 14-Juillet
✆ 05 24 30 02 87
dolce-cubana.edan.io

Mardi 12h-15h. Merc au vend 12h-2h. Week-end 18h-2h. Résa. recommandée. Formule midi 13,90 €. Carte 16 € env.

Lieu incontournable des soirées marmandaises, le Dolce Cubana, tenu par Cédric, est aussi un restaurant. Dans une ambiance très sympathique et dynamique, vous pourrez déguster tapas, bien sûr, salades comme la thaïe crevettes, fruits de mer quelquefois, burgers, pizzas mais aussi un choix intéressant de plats de viandes ou de poissons, appétissants et bien travaillés. Il y en a pour tous les goûts. Côté desserts aussi le choix est vaste. Service agréable et souriant. Assiettes bien garnies. Des soirées mets et vins sont aussi organisées.

LE MAQUIS €€

10, Rue Charles de Gaulle
✆ 05 53 88 12 32
www.lemaquismarmande.com

Sur réservation. Du mardi au samedi, midi et soir. Plat : 18 €, entrée/plat 22 €, plat/dessert 24 €, menu complet 28 €.

Le Maquis n'est pas seulement une boutique recommandée spécialisée dans les produits corses, c'est aussi un lieu de restauration dans l'une des principales rues commerçantes du centre-ville. Le menu, changé chaque semaine, fait comme il se doit la part belle aux charcuteries et fromages de l'île de Beauté, mais pas seulement : les amateurs de cuisine française traditionnelle auront leur content. Des producteurs locaux fournissent viandes et poissons. A la belle saison, on apprécie tout particulièrement de manger dans le patio à l'arrière.

Ô PLAISIRS DU GOÛT €€

105, avenue Jean-Jaurès
✆ 05 53 64 36 08
http://oplaisirsdugout.fr/

Brasserie : du mar au ven 12h-15h. La Cave à Pizzas : du mer au ven midi 11h30-13h30, du mar au dim 18h-21h.

Cette cave à vins sur la grande avenue Jean Jaurès se transforme en brasserie les midis de la semaine (à l'exception du lundi). On s'installe à l'intérieur au milieu de jolies bouteilles. Vous pouvez aussi préférer la terrasse. Tapas et plats à la carte, dont certains ont des accents du Sud, accompagnent des vins bien choisis. Tout est réalisé à base de produits frais et de qualité. La carte bouge régulièrement en gardant les classiques de la maison. L'adresse fait également des pizzas à emporter avec plus d'une vingtaine de variétés au choix.

L'Ô À LA BOUCHE €€

8, rue Clavetière
✆ 05 53 84 75 20

Le dimanche et le lundi le midi ; du mardi au samedi le midi et le soir. Réservation recommandée. Menus de 15 € à 28 €.

Florent Saint-Marc, maître restaurateur, vous reçoit dans un petit havre de paix bordé de verdure et de vieilles briques. Le service est à l'écoute et réactif. Mi-brasserie, mi-gastro, ce restaurant se place dans la droite lignée de la cuisine française protocolaire décomplexée. Créative et exigeante, les recettes du chef emportent l'adhésion : les tartines aux grattons de canard et copeaux de foie gras ainsi que les pruneaux à l'Armagnac en digestif constituent de savoureuses illustrations de ce terroir dont l'Ô à la Bouche est le parfait représentant.

CAFÉ DIVAN RESTAURANT €€

55, Boulevard Gambetta ✆ 05 53 64 37 88
Du lun au ven 12h-14h, 19h30-22h. Formule midi 19 €, plat 13,50 €, entrée plat/plat dessert 16,50 €. Carte : 40 € env.

© CAFE DIVAN

En face de la gare de Marmande, Sophie a ouvert en juin 2021 son établissement à l'endroit même où son père tenait jadis un restaurant lui aussi. Petit Futé a d'emblée été séduit par l'élégance rétro des lieux. Dans un décor vintage de brocante, avec de la belle vaisselle décorée sur les tables, sont servies des recettes fleurant bon la tradition française comme ces cuisses de grenouilles persillées en entrée, le pot-au-feu de foie gras ou les ris de veau en plat, la crème brûlée qui arrive flambée en dessert... Le personnel se montre très accommodant. Bravo !

LA ROSE DES SABLES €€

20, boulevard Ulysse-Casse
✆ 05 53 20 81 63
Mer, jeu 12h-14h30/19h-21h30. Ven, sam 12h-14h30/19h-22h30. Dim 12h-14h. Couscous 10 € à 20 €, tajines 12 € à 19 €.

Le restaurant d'Amal Charki est la référence de la cuisine méditerranéenne sur Marmande : décoration typique, couleurs chaudes et surtout saveurs riches et subtiles de plats dont la simple évocation vous met l'eau à la bouche... La maman d'Amal, Aïcha, est derrière les fourneaux au côté de son fils et cette cuisine à quatre mains nous régale. L'hiver, la harira, soupe typique marocaine, est la bienvenue avant d'attaquer un délicieux tajine (avec option végétarienne) ou l'un des nombreux couscous proposés. Pour finir, thé à la menthe et douceurs maison.

LE TRIANON BY AUTHENTIK BISTROT €€

26, Avenue Hubert Ruffe ✆ 05 53 88 35 50
www.lecapricorne-hotel.com
Ouvert 7j/7 (fermé le dim soir en basse saison). Formules midi 14,50 € et 16,50 €. A la carte : 35 €/40 € environ.

Le restaurant attenant à l'hôtel Le Capricorne a connu un nouveau départ en mars 2022. L'équipe de l'Authentik Bistrot d'Aubeterre-sur-Dronne a décidé de reproduire à Marmande la formule qui a fonctionné en Charente : combiner en un même lieu bistrot à viande, bistrot à vin et bistrot à bières. Le résultat se traduit par une cuisine bistronomique appliquée autour de l'entrecôte, la bavette maturée, la brochette de bœuf, mais aussi quelques échappées vers la mer. Efficace !

LUCIEN GEORGELIN

47, La Prairie de Londres - **VIRAZEIL**
✆ 05 53 20 15 20
www.boutique-lucien-georgelin.com
Boutique ouverte du lundi au vendredi de 9h à 12h et de 14h à 18h.

Depuis maintenant 40 ans, Lucien Georgelin partage ses recettes traditionnelles inspirées de celles de sa mère Elyse, au bon goût du terroir, cuites au chaudron en cuivre comme autrefois. Une vaste gamme de produits sucrés et salés est à découvrir à la boutique de l'usine : confitures, pâtes à tartiner, sauces tomates, tartinables,... Les dernières nouveautés comptent la confiture Mi Figue Mi Raisin et une onctueuse compote de pommes rosées préparée à partir de vieilles variétés de fruits. Lucien Georgelin, c'est finalement tout le bon goût du Lot-et-Garonne !

PLANET COFFEE SHOP

7, rue Abel Boyé
✆ 05 53 83 77 20
Lundi 11h30-18h et du mardi au samedi 7h-18h30. Boissons chaudes et fraîches. Formules salées de 6,50 € à 12,30 €.

C'est le rendez-vous convivial incontournable dans le centre-ville de Marmande pour le petit déjeuner, le déjeuner, le goûter. Ses cafés et chocolats aromatisés (vanille, noisette, cookie, pain d'épice, caramel, etc.) chauds ou frappés ont fait son succès. A savourer avec une crêpe, gaufre, glace, pâtisserie... Le midi sont proposées des formules paninis, sandwichs, salades (en plus : l'hiver croque-monsieur et pâtes, l'été bowls). Pensez à consulter le panneau « suggestions du moment » au-dessus du comptoir. La terrasse est souvent prise d'assaut aux beaux jours.

BIOCOOP GAIA

Le Ponchut RD 813 - **PORT-SAINTE-MARIE**
✆ 05 53 66 77 47
www.biocoop-gaia.fr
Lundi 14h30-19h. Du mardi au jeudi 9h-13h, 14h30-19h. Vendredi et samedi 9h-19h.

Le magasin est géré, depuis sa création, sous forme de coopérative par une équipe rassemblée par des valeurs communes. Membre du réseau Biocoop, le magasin s'engage dans le respect d'une charte commune en soutenant le développement de l'agriculture biologique et équitable, en partenariat avec les groupements de producteurs. Les produits sont rigoureusement sélectionnés par le réseau : agriculture biologique, commerce équitable, écoproduits et achats auprès de producteurs locaux sont les maîtres mots. En plus de vos achats, bénéficiez de conseils nutritionnels.

BIOCOOP LE MARMANDAIS

8, rue Einstein
✆ 05 53 20 84 43
marmande.biocoop.net
Du lundi au vendredi de 9h30 à 12h30 et de 14h à 19h, le samedi de 9h30 à 19h.

Le magasin Biocoop du Marmandais vous accueille dans un bel espace moderne, et vous propose des produits labellisés bio ainsi qu'un vaste choix d'éco-produits. Vous y trouverez des fromages, fruits et légumes, céréales, compléments alimentaires, produits cosmétiques et bien d'autres encore. Il y a même un espace réservé aux produits d'entretien certifiés. Membre du réseau Biocoop, le magasin est un commerce responsable, engagé dans la défense d'une agriculture biologique, paysanne et de proximité et travaille pour cela avec des producteurs locaux.

LA BRULERIE

17, rue Charles-de-Gaulle
✆ 05 53 64 09 53
Ouverture du mardi au samedi de 9h à 12h et de 14h30 à 19h.

Un lieu comme Petit Futé les aime où vous attend un large choix de produits de qualité. L'accueil à la fois professionnel et chaleureux de Jean-Luc Escos règne sur ce petit royaume du bon goût. Après quelques stages formateurs chez Hédiard et Fauchon, il propose aujourd'hui toute une variété de cafés torréfiés sur place qui viennent du Mexique, de Colombie, du Rwanda... Un café bio éphémère différent chaque mois est aussi à découvrir. Sans oublier plus de 170 sortes de thés, rooibos et infusions. Dégustation possible accompagnée de douceurs vendues sur place.

CHÊVRERIE DE LANAUZE

Lanauze
VIRAZEIL
✆ 05 53 20 15 31
Vente à la ferme du lundi au vendredi de 10h à 12h30.

Monique Valenti fabrique d'excellents fromages avec le lait de son troupeau de chèvres de race alpine : du chèvre frais ou affiné, du cabécou, et de la tomme, ainsi que des yaourts et des caillés doux. Ici, tout est garanti sans OGM et sans pesticides. Monique vous accueille et vous fait découvrir son domaine avec gentillesse. Vous pouvez retrouver sa production le samedi matin sur le marché de Marmande, ainsi que le miel fabriqué par son fils sur la propriété (miel d'acacia, de châtaignier, miels d'été et de printemps toutes fleurs).

LA DONA €

Les Echars - **VIRAZEIL**
✆ 05 47 85 95 00
Le midi du lun au ven, le soir sur réservation. Le week-end midi et soir sur réservation. Sur place ou à emporter.

La Dona ou plutôt la Bella Dona devrait-on dire, puisque c'est une affaire de femmes. Le restaurant de Sylviane et sa fille Marion propose une formule imbattable : un repas complet le midi avec une cuisine familiale du marché, simple et efficace, autour de 15 euros ! C'est toujours un régal. Le soir ou à la carte, la maison propose également des plats de terroir plus travaillés avec desserts maison. Une belle adresse de campagne qui fait mouche pour l'heureux chanceux qui s'y arrête. Plats à emporter ou livraison gratuite en semaine. Activité traiteur le week-end.

INSTANTS FROMAGES €

79, avenue Jean Jaures
✆ 05 53 64 53 86
www.instantsfromages.com
Du mar au sam midi. Plat du jour 10 €. Ardoise découverte 15 €. Salades de 12 € à 14 €. Option végétarienne le jeudi.

© INSTANTS FROMAGES

Instants Fromages est aussi un espace de restauration le midi où déguster de belles recettes à base de produits de la boutique. Risotto crémeux au parmesan et petits légumes, Tatin courgettes/tomates confites/pistou/coppa : voilà quelques-unes des suggestions salées que vous retrouverez dans ce temple fromager. Le plaisir gustatif sucré n'est pas en reste : mousse au chocolat ou au citron, crumble fraise rhubarbe aux flocons d'avoine... Tout est fait maison et excellent. Consultez la page Facebook mise à jour quotidiennement pour connaître les plats à emporter.

LE COMIC BOOK STORE

24, place du Marché
✆ 05 53 89 06 20
www.lecomicbookstore.com
Ouvert du mardi au vendredi de 11h à 19h, le samedi de 10h à 19h.

Les fans de super-héros ne manqueront pas de visiter cette boutique sous les arcades, spécialisée dans les bandes dessinées américaines appelées « comics ». Batman, Spider-Man, les X-Men et tant d'autres : les tomes de leurs aventures remplissent allègrement les étagères. Des vitrines abritent des figurines de collection à leur effigie. Quant aux « Funko Pop » très recherchés, ils garnissent tout un pan de mur. En véritable passionné, Mickaël Royer – souvent vêtu d'un tee-shirt de Superman, son personnage préféré – saura vous éclairer dans vos choix de lecture.

DOMAINE AMBLARD

142, Impasse Chez Amblard - **SAINT-SERNIN**
✆ 05 53 94 77 92
https://domaineamblard.com
Toute l'année. Du lundi au vendredi de 8h à 12h et de 14h à 18h. Le samedi du 1er juin au 30 septembre de 14h à 18h.

Ce magnifique vignoble de 90 ha est conduit depuis 1974 par Guy Pauvert. La spécificité de chaque vin est respectée dans les règles de l'art, preuve en est : les nombreuses récompenses obtenues, en associant les derniers progrès technologiques. Depuis 2006, une ligne d'encapsulage garantit une protection maximale contre l'oxydation et un taux zéro du tristement célèbre goût de bouchon. Les rouges bénéficient encore du bouchon traditionnel en liège. Le domaine est connu aussi pour son blanc sec 100 % Sauvignon. Visite des chais gratuite sur rendez-vous.

FAKTO MANO

1, Rue Léopold Faye
✆ 06 17 43 25 15
Ouverture du mardi au vendredi de 10h à 12h et de 14h à 18h, le samedi de 9h30 à 12h30.

Quand 4 créatrices décident de s'unir ! Françoise, fileuse de verre, Marion, céramiste, Morgane, maroquinière et Valérie, peintre en mobilier, montent en juin 2020 une association destinée à promouvoir l'artisanat d'art local. Cette heureuse initiative débouche quelques mois plus tard sur l'ouverture de leur boutique-atelier partagée. La clientèle peut les admirer au travail dans ce lieu vibrant d'énergie, qui regorge de fort jolis objets et d'idées cadeaux aussi originales que sympathiques. Et en plus, il y en a vraiment pour toutes les bourses !

FERMES DE GARONNE

www.fermesdegaronne.fr
Toutes les informations sur le site internet www.fermesdegaronne.fr

Le territoire du Val de Garonne est émaillé de petits panneaux roses indiquant les Fermes de Garonne®, tel un jeu de piste. A l'arrivée, un petit trésor du terroir ! En effet, des producteurs se sont regroupés en réseau de vente directe sous cette marque. En tout, pas moins de 24 exploitations qui vous proposent le meilleur de leur terroir (fruits, légumes, viandes, produits laitiers, céréales, vins, fleurs et escargots) à venir chercher à la ferme ou en commandant en ligne pour récupération sur place. Consommer local n'a jamais été aussi simple.

FOIES GRAS SERGE POLETTO

1664, route de Miramont
VIRAZEIL
✆ 05 53 84 90 57
Ouvert du mardi au samedi de 9h30 à 19h.

Fondée en 1995, cette conserverie est dirigée par Nathalie Poletto qui l'a reprise il y a plusieurs années déjà. Elle cuisine le canard à sa façon, son foie gras mi-cuit au torchon vaut le détour, tout comme la terrine de canard aux échalotes et que dire du suprême de magret fourré au foie gras et cuit à basse température ! Sans oublier magrets et autres saucisses de canard qui sublimeront vos grillades en famille ou entre amis. En 2020, l'atelier a déménagé sur l'axe principal de Virazeil avec 380 m² de surface, dont 80 m² alloués à une magnifique boutique.

LE GANG DE LA CLEF À MOLETTE

6, place du Marché
✆ 05 53 64 76 85
Ouvert du lundi au samedi de 9h30 à 19h.

Espace de découverte et de partage, où sont régulièrement organisées des rencontres avec les écrivains, la librairie d'Anne et Xavier a su gagner le cœur des amoureux des livres. Nos deux passionnés sont toujours de bon conseil, notamment en matière de littérature américaine qu'ils affectionnent. Tous les courants sont bien représentés dans ce lieu chaleureux, doté d'une vraie personnalité. Notez enfin que le rayon destiné aux enfants se révèle bien garni.

INSTANTS FROMAGES

79, avenue Jean Jaures
✆ 05 53 64 53 86
www.instantsfromages.com
Fermé dim et lun. Merc 9h-14h. Mardi, jeudi, vend. et samedi : 9h-19h. Vente à emporter. Boutique. Terrasse.

Chez Instants Fromages, Sandrine Belloc allie sélection de qualité et service souriant. Avec une grande partie des AOP présentes en version fermière, artisanale et au lait cru (camembert bio de la ferme du Champ Secret, époisses de la maison Gaugry, comté Marcel Petite...), on se laisse facilement embarquer dans un choix cornélien pour savoir quoi acheter. Sandrine a pris l'heureuse initiative « d'ouvrir les frontières de votre plateau de fromages » comme elle le dit si bien, en organisant des événements pour faire découvrir des fromages d'autres pays.

LES MARMANDAIS

Lieu-dit Dupuy - **BEAUPUY** ✆ 05 53 76 05 11
www.cave-du-marmandais.fr
Basse saison : mardi au samedi de 9h à 12h et de 14h à 18h Haute saison : mardi au samedi de 9h à 12h et de 14h à 18h30.

Ce site est le second de la cave « Les Marmandais » avec une boutique pour déguster et acheter les vins rouges, rosés et blancs. A découvrir notamment la gamme emblématique Quezaco, « Nos cinq sens » avec les 5 cépages de l'appellation à savoir l'Abouriou, le Merlot, le Malbec, le Cabernet Franc et le Cabernet Sauvignon, « Confidentiel », la cuvée élevée en fûts de chêne, et la toute dernière nouveauté : la gamme « Notre Tribu » en zéro résidu de pesticides. Des animations sont proposées : visite du vignoble en Combi, randonnées vigneronnes, escape game.

LOU PANEY

lieu-dit Petit Piis - **MARCELLUS**
✆ 05 53 76 37 53
https://lou-paney.business.site/
Ouvert du lundi au vendredi de 9h30 à 12h30 et de 15h à 18h30, le samedi de 9h30 à 17h.

© LOU PANEY

Etabli dans un corps de ferme en pleine campagne, à quelques kilomètres seulement de Marmande, ce joli petit magasin a pour devise « du local dans votre assiette ». Thomas Frecchiami et sa sœur Adeline y écoulent les agrumes de leur exploitation mais aussi la viande de bœuf provenant de leur élevage de blondes d'Aquitaine. Ils travaillent avec des producteurs de confiance pour que se retrouvent sur votre table des produits du cru : volailles, charcuterie, fromages, yaourts, miel, vins, bières artisanales, etc. C'est le Sud-Ouest et c'est bon !

LE MAQUIS

10, rue charles de gaulle
✆ 05 53 88 12 32
https://lemaquismarmande.com/
Ouvert du mardi au jeudi de 9h30 à 21h30 ; le vendredi et le samedi de 9h30 à 22h30.

© LE MAQUIS

Charcuteries, fromages, huiles d'olive, confitures, mais aussi canistrelli, vins, bières... il y a toute la Corse gastronomique dans ce maquis marmandais. La boutique est un large couloir avec des présentoirs des plus beaux produits provenant de petits producteurs artisans de l'île. Quelle chance d'avoir par ici une enseigne dédiée à une région culinaire aussi riche ! Une terrasse est aussi disponible pour se régaler de spécialités accompagnées de nectars corses. Un rayon fruits et légumes a même été ajouté. Prendre le maquis est le meilleur conseil de Petit Futé !

Ô BANC DE SARDINES

79, Avenue Jean Jaurès
✆ 05 53 89 07 37
https://obancdesardines.fr
Ouvert du mardi au samedi de 8h30 à 13h et de 15h30 à 19h, le dimanche de 9h30 à 12h.

Une poissonnerie qui remporte tous les suffrages en Marmandais ! Chez Christophe Reversat, les étals donnent faim. L'engagement flotte sur le mât de la poissonnerie Ô Banc de Sardines pour faire savoir au client que la pêche durable est celle du présent et de l'avenir ! En militant pour cette pêche, il assure à la fois des produits de qualité aux consommateurs et la préservation des océans grâce à des produits issus d'une filière halieutique militant contre la surpêche et la destruction des fonds. Du bon dans l'assiette et du bon pour les générations futures !

Ô PLAISIRS DU GOÛT

105, avenue Jean-Jaurès
✆ 05 53 64 36 08
http://oplaisirsdugout.fr/
Cave et bar à vins du mardi au vendredi 10h-19h15, le samedi 10h-12h15, 15h-19h15.

Ô Plaisirs du Goût est une cave-bar à vins. Sur les étagères des vins de toutes les régions de France soigneusement sélectionnés par Pascal de Marco, mais aussi des vins étrangers, des champagnes, des armagnacs, des cognacs, des vieux rhums, et des whiskies. Ce caviste est toujours à la recherche de nouveautés pour ses clients. Jeudi, vendredi et samedi à partir de 19h le bar à vins s'ouvre à la dégustation en présence de viticulteurs et accompagnée de produits frais tels que tapas et pintxos. Programme sur la page Facebook et réservation recommandée.

ÔDESSERTUNGÂTO

16, Rue Toupinerie ✆ 06 19 74 60 47
www.au-dessert-un-gateau.fr
Le mer 12h30-19h, le jeu et le ven 10h-19h, le sam 10h-18h. A partir de 4 € les 100 g, assortiments de 6 € à 12 €.

A deux pas de l'Office de Tourisme, Françoise Sorbié a ouvert en avril 2022 sa biscuiterie. Artisane pâtissière, elle déploie son talent en confectionnant des petits délices : croquants à l'amande, rustiques aux noix, sablés au miel de bruyère ou rhum citron. Les fruits à coque utilisés sont d'origine lot-et-garonnaise, tout comme les œufs bio. Elle fait aussi des biscuits salés pour l'apéritif. Par ailleurs, elle vend des chocolats provenant exclusivement de chez Patrick Brossard à La Réole en Gironde, connu entre autres pour ses bouchées en forme de cannelés.

LA SOURCE ORIGIN'ELLES

Centre commercial de Lolya
✆ 09 83 71 71 48
Ouvert du lundi au vendredi de 9h à 12h et de 14h30 à 19h ; le samedi de 9h à 12h.

Tenue par Carole et sa sœur Béatrice, cette épicerie de produits bio et locaux vendus sans emballages est devenue une véritable adresse de cœur dans le quartier marmandais de Lolya. L'accueil est tout doux et l'échoppe ô combien charmante propose aussi bien des fruits et légumes que des tisanes et décoctions variées, des huiles, des vinaigres, des petits gâteaux, du chocolat... Le rayon cosmétique est fort bien garni. Un espace dédié aux produits bien-être a été aménagé à l'étage. On y trouve notamment de plaisants coffrets cadeaux.

LE GRASS TRACK DE MARMANDE

✆ 05 53 64 47 23
www.grasstrack-marmande.com
Entrée : 25 €. 12 € de 12 à 15 ans, gratuit en dessous de 12 ans. Grande course annuelle le 13 juillet.

Le Grass Track est un sport de moto spectaculaire, basé sur la maîtrise de la glisse et de la vitesse. Avec ses 500 m de long et 15 m de large, la piste de Marmande est considérée comme la meilleure d'Europe. Chaque 13 juillet depuis de nombreuses années le circuit accueille une grande course : en 2022, des pilotes de différentes nationalités disputeront ce jour-là une épreuve de qualification pour le Championnat du Monde 2023. Les moteurs vont rugir !

VERGER DE PEYRETON

BEAUPUY
✆ 05 53 20 19 03
Point de vente ouvert de novembre à avril du lun au ven 14h-18h30, de mai à octobre du lun au jeu 16h-19h, ven 14h-19h.

En octobre, ce verger écoresponsable de 8,5 hectares sur les hauteurs de Beaupuy organise des journées très appréciées dans le Marmandais, au cours desquelles les visiteurs achètent les pommes qu'ils ont eux-mêmes cueillies. Le reste du temps, les fruits sont disponibles dans le point de vente sur l'exploitation : pommes toute l'année (Chanteclerc, Gala, Fuji, Canada... 10 variétés en tout) mais aussi pêches et nectarines de juin à août. Sont également produits des jus de pommes artisanaux, des compotes, ainsi qu'un délicieux sirop de fraises. Local et bon.

LES MARMANDAIS - ESCAPE WINE

Cave du marmandais - **BEAUPUY** ✆ 05 53 76 05 11
https://cave-du-marmandais.fr/visitez/
Tte l'année du mar au sam à 10h ou 15h. Tarifs : 20 € par personne jusqu'à 3 joueurs, 15 € par personne (4 à 6 joueurs).

Percez le mystère des Côtes du Marmandais. Dans cet escape game original, les amateurs d'aventure et de bon vin prennent leur pied (de vigne) ! Tentez de trouver le secret œnologique de la vigneronne Elvire Horouge dans ce jeu où les 60 minutes qui vous seront imparties ne seront pas de trop. Éveillez vos sens et découvrez les secrets œnologiques afin d'ouvrir le coffre final. A la fin, vous pourrez assister à une dégustation (en toute modération) qui allie plaisir et découverte.

GOLF DE MARMANDE

Levant de Carpète
✆ 05 53 20 87 60
www.golfdemarmande.fr
Tte l'année. 9h-18h basse saison. 8h30-18h30 haute saison. 18 trous de 24 € à 30 €. 9 trous de 15 € à 20 €.

Le Golf de Marmande propose un parcours 10 trous par 72, un parcours d'initiation ainsi qu'un practice de 20 places dont 10 couvertes. Le parcours, relativement plat, a été dessiné dans un très beau parc, bordé d'arbres, autour d'un plan d'eau central. Découverte, enseignement, perfectionnement pratique du golf et compétitions, l'offre du club est complète. Il y a également un club house où il est possible de boire un verre au bar. Vous pourrez trouver quelques goodies avec le logo du club à la boutique. Le Golf de Marmande fait partie du réseau Golfy.

MILLE ET UN SOINS

2, rue de la République
✆ 05 53 83 33 74
www.mille-et-un-soins.com
Lundi 10h-19h. Mardi, mercredi 9h30-19h. Jeudi, vendredi 9h30-20h. Samedi 9h30-18h. Uniquement sur rdv de 12h30 à 14h.

Evadez-vous au pays des Mille et Une Nuits sans quitter Marmande... Le nom de ce bel institut évoque tout un univers de soins et de bien-être où les senteurs de musc et de fleurs d'oranger prédominent. Outre l'institut de beauté classique ce que Petit Futé apprécie, c'est le voyage en Orient imaginé par l'institut. Équipé d'un véritable hammam, il vous propose plusieurs rituels où après un bain de vapeur, vous serez tenté par un gommage au savon noir et, pourquoi pas, continuer ensuite le dépaysement par un massage oriental à l'huile d'argan parfumé...

AQUAVAL - COMPLEXE AQUATIQUE DU VAL DE GARONNE

Rue Portogruaro ✆ 05 53 20 40 53
www.vg-agglo.com
Toute l'année. Piscine à vagues extérieure en été seulement. Tarifs, périodes d'ouverture et horaires voir le site web.

Sports, détente... vous trouverez tout à Aquaval ! Les plus motivés tenteront l'aquagym ou l'aquabike... Vous pouvez aussi prendre des cours d'aquamaternité ou d'aquaphobie. En été, l'espace extérieur est accessible avec la seule piscine à vagues de 70 mètres de longueur dans le Sud-Ouest, près de 7 000 m² d'espaces verts et 3 000 m² de plage minérale. Dévalez le pentagliss à 4 pistes. Pour les petits : pataugeoire sèche et autres jeux d'eau.

FOURQUES-SUR-GARONNE

L'histoire de Fourques date du temps où, entre âges du bronze et du fer, des tribus gauloises semi-nomades s'installèrent dans cette plaine de la Garonne. Les invasions barbares et celles des Maures dévastèrent la contrée. Après un calme relatif, vient la guerre de Cent Ans qui prit fin en 1453... puis les croisades, la Révolution. Que de péripéties ! Aujourd'hui, dans ce petit village de 1 210 habitants, à cheval entre canal latéral et Garonne, règnent l'ordre le calme et la sérénité. C'est naturellement une halte nautique propice aux promenades et à la rêverie... Côté patrimoine : l'église paroissiale Notre-Dame construite entre 1847 et 1850.

GAROZARTS

2, Place du Marché ✆ 06 52 46 50 43
www.garozarts.com
Ouverture du mercredi au vendredi de 10h à 12h et de 15h à 19h, le samedi de 10h à 12h. Entrée libre.

Les arcades de la Place du Marché à Marmande abritent un bijou : la galerie associative GaroZarts, fondée en mars 2020 par la peintre Dominique Rambeau. Une exposition différente se tient chaque mois, permettant de découvrir les talents locaux. Toutes les formes artistiques (peinture, sculpture, photographie, collage, etc.) trouvent à s'exprimer dans cet espace clair et lumineux, où les œuvres sont élégamment mises en valeur. Divers événements culturels sont organisés au long de l'année ainsi que des ateliers (payants) consacrés à la peinture énergétique.

LE MUSÉE DES MYSTÈRES

17bis, rue du Fougard ✆ 07 83 13 69 30
www.mysteum.fr
7j/7 sur réservation, 10h-22h. 29 € chacun pour 2 joueurs, 26 € (3 joueurs), 23 € (4 joueurs), 21 € (5 joueurs).

Olivier Clercy, l'inventeur des lieux, ne manque pas d'imagination pour élaborer les scénarios de son escape game autour du fantastique (« La conférence du Pr. Van Helsing ») et de la science-fiction (« Dans l'antre du collectionneur »). « Le Point Nemo » se déroule en extérieur. « Les fabuleux coffres des enfants Darling » se joue en famille. « Si le Musée m'était conté » est destiné aux enfants dès 6 ans. La règle est la même : vous avez une heure pour résoudre en équipe les énigmes en faisant appel à votre logique, en fouillant et en manipulant des objets.

EMERAUDE LOCATION

213, Pont des Sables
✆ 06 23 89 19 33
https://www.emeraudelocabateaux.fr
Location de bateaux et vélos. Ouvert 7j/7 l'été. Mai, juin, septembre : du mardi au samedi, le dimanche sur réservation.

Emeraude Location se situe en bordure du canal latéral à la Garonne, à la halte nautique de Pont des Sables. Vous pourrez y louer des bateaux électriques sans permis pour apprécier la douceur du vivre du canal, des canoës, des kayaks... Vous préférez pédaler le long de l'eau sur la voie verte ? Pas de souci, Emeraude Location dispose d'une vaste sélection de vélos adultes ou enfants, vélos suiveurs, tandems, draisiennes, tricycles adultes/enfants remorques pour enfant ou chien : vous trouverez sans difficulté la location qu'il vous faut.

LES TERRASSES DES MIMOSAS €€

1430, Route de Sainte-Marthe
CAUMONT-SUR-GARONNE ✆ 06 89 56 61 52
www.lesterrassesdesmimosas.fr
Chambre d'hôte : 69 à 129 €/nuit. Gite Hortensia : 400 à 600 €/semaine, Dahlia : 1 770 € à 2 360 €, Mimosas 2 650 €.

Cette vaste propriété au milieu des champs offre des possibilités modulables de logement. 2 chambres d'hôte à l'étage avec chacune sa salle de bain sont disponibles toute l'année pour 1 nuit le week-end uniquement. Le duplex Hortensia de 52 m² peut accueillir jusqu'à 6 personnes. Le gîte Dahlia de 305 m² comporte 13 couchages. Durant les semaines d'été, les 2 gîtes se louent ensemble pour ne former qu'un seul et même hébergement baptisé Mimosas. Là, vous ne manquerez pas d'espace !

L'ATELIER DU VITRAIL

32, Rue des Artisans
✆ 05 53 93 60 35
www.catherinedubon.com

Visite de l'atelier sur rendez-vous. Consultez leurs sites web pour découvrir certaines de leurs œuvres.

Depuis plus de 25 ans, Michel Labardin et Catherine Dubon partagent leur atelier d'artisanat d'art où ils restaurent et créent des merveilles de verre et de couleur, des tableaux vivants, classiques ou contemporains, qui se métamorphosent à la lumière du jour. Une activité passionnante qui a été récompensée par le prix départemental et régional des métiers d'art pour leur superbe mandala « Jardin suspendu ». Ils font des réalisations en vitrail et en verre sur-mesure. L'accueil de visiteurs à l'atelier se fait sur rendez-vous.

MUSÉE ARCHÉOLOGIQUE ANDRÉ-LARRODERIE ★

Place René-Sanson ✆ 06 85 23 60 52
www.archeo-marmandais.fr/

Toute l'année sur rendez-vous. Juillet/août : tous les jours (sauf mardi) 14h30-18h. Mai, juin, sep le dim 14h30-18h.

Préhistoire, âge de fer, époque gallo-romaine, mérovingienne... le lieu raconte l'Histoire de recherche du Marmandais. 700 objets sont présentés de manière thématique et chronologique : poteries, sculptures, monnaies... En plus d'expositions temporaires, l'exposition permanente, « 50 ans de recherche dans le Marmandais », est le fruit d'un travail de découverte par des archéologues bénévoles et de dépôt par des particuliers. Le projet d'un nouveau musée est en préparation.

SAINTE-BAZEILLE

En quittant Marmande pour rejoindre La Réole, passez le rond-point de la Porte du Temps, où trône la sculpture de Jean-Pierre Dall'anèse, vous arrivez à Sainte-Bazeille, qui dans la bouche des gens d'ici n'est plus très sainte. On a trouvé des traces de l'installation de l'Homme datant de l'âge de fer. Le nom de Bazeille vient de Bazella. Cette jeune vierge chrétienne fut décapitée à Neuffons, aujourd'hui petite commune qui se trouve en Gironde. Sa tête aurait rebondi neuf fois et neuf fontaines auraient jailli... charmant n'est-ce pas ? Au mois de mai, la ville accueille la Foire à la fraise, aux fleurs et au vin, avec une traditionnelle escargolade.

CHÂTEAU ROUGE 47 €€

1687, Porte de Gironde
✆ 06 28 33 54 10
www.chateaurouge47.fr

4 chambres de 75 à 89 € la nuit pour 1 personne, de 90 à 125 € la nuit pour 2. Petit déjeuner inclus.

Sandrine et Eric Ginhac organisent chaque mois des concerts à l'Espace 180, une salle jouxtant leur jolie maison de maître du XIXe siècle. On retrouve dans le mobilier et la décoration des chambres (toutes situées à l'étage) l'esprit vintage pop qu'ils affectionnent. Le couple connaît les bonnes adresses du territoire. Il peut vous aider à élaborer votre programme de visites. Cet hébergement se révèle un point de chute idéal pour rayonner en Lot-et-Garonne et dans le Sud Gironde tout proche. La piscine extérieure (non chauffée) est accessible de mai à septembre.

FOIRE A LA FRAISE

Une fois par an, durant un week-end de mai.

C'est une manifestation locale très populaire dans la région de Marmande. Au mois de mai, la fête annuelle de la fraise à Sainte-Bazeille attire les foules. Les stands des producteurs locaux envahissent la départementale 813 traversant la commune. Un grand vide-grenier est également organisé sur cette route coupée à la circulation pour l'occasion. Randonnées et courses pédestres, escargolades, concerts : les animations ne manquent pas. L'une des plus attendues demeure la traditionnelle tarte aux fraises géantes, dont les parts se vendent en moins de deux.

LE COTEAU DE BAZEILLE €€

1029, route du Caillou
✆ 06 27 63 78 41
www.lecoteaudebazeille.fr

2 gites de 90 m² chacun. 1 200 €/semaine (haute saison), 700 € (basse saison). 4 chambres d'hôte (160 €/nuit pour 2).

Les 2 gîtes jumeaux, aménagés par Valérie et Joaquim De Freitas dans leur ferme restaurée, allient un grand confort et un calme relaxant avec 1 belle pièce de vie, 1 terrasse fermée et 2 chambres à l'étage. Leur point fort demeure l'espace bien-être commun à l'extérieur qui saura séduire les visiteur en quête de relaxation. Sur une immense terrasse sont regroupés piscine au sel chauffée d'avril à octobre, solarium, cabane bar, table de ping-pong, transats. Sans oublier un petit bâtiment abritant bain bouillonnant et sauna sec. Un vrai petit paradis !

SCAMPI GRILL €€

17, avenue du Général-de-Gaulle
✆ 05 53 94 40 03
Du lundi au samedi 7h-15h. A la carte et menu à 15,50 € le midi du lundi au vendredi.

Sur l'axe principal de Sainte-Bazeille, commune voisine de Marmande, voilà une étape comme on les aime, gourmande et simple, qui affiche ses spécialités : recettes de bistrot, grillades à la cheminée, cuisine d'abats, côte à l'os... Côté mer, on retient la fricassée de calamars et les gambas en persillade. C'est bon, c'est frais et fait maison. En dessert, on vous recommande les profiteroles ou le café gourmand très sympa. La salle bistrot est complétée l'été par la terrasse où profiter du soleil. Le service est efficace et souriant. On valide !

LA FERME DE LA BERGERIE

D813 La Bergerie
✆ 05 53 64 19 40
Du lundi au jeudi de 9h à 13h et de 14h à 19h. Vendredi et samedi de 9h à 19h.

Ouvert sur la départementale entre Marmande et Sainte-Bazeille pour vendre à l'origine les productions de fruits et légumes de la famille Tillos, le magasin a depuis diversifié ses rayons. On y trouve toujours au gré des saisons de nombreuses variétés de pommes, fraises, cerises, pêches, tomates et autres, mais aussi des viandes et fromages issus de producteurs locaux. L'épicerie fine a pris de l'ampleur. Huiles, farines, condiments côtoie les bocaux de confitures, miel, tartinables salés... Si vous avez le goût des bonnes choses, marquez l'arrêt !

ESPACE 180

1687, Porte de Gironde ✆ 06 28 33 54 10
www.chateaurouge47.fr
Concert 10/14 € (gratuit -12 ans). Bar et restauration : entrée 5,50 €, entrée/plat/dessert 19,50 €, dessert 4,50 €.

Bien plus qu'une salle de spectacles, l'Espace 180 a été pensé par Sandrine et Eric Ginhac comme un lieu d'expression, de partage et de vie autour de concerts, mais aussi d'événements culturels en tout genre. Cette longère, dont la superbe charpente en bois vient rehausser le caractère rustique, forme un cocon chaleureux où l'on aime se retrouver le temps d'une soirée amicale. Thé, bière, vin, champagne sont servis au bar, en complément d'une restauration de qualité. En période estivale, prendre un verre sur la terrasse extérieure ne fait qu'ajouter au plaisir.

MEILHAN-SUR-GARONNE

En aval de Marmande et sur la rive droite du canal latéral, Meilhan est un bourg agréable et verdoyant qui domine la Garonne et son canal, soudain très proche. Depuis l'esplanade du Tertre, le panorama est superbe sur toute la vallée. Ce site est d'ailleurs classé au patrimoine de l'humanité. A voir, l'église du XIXe siècle, le château Jarrousse de Sillac, les vestiges d'une ancienne citadelle et l'aqueduc du canal. Sur le canal latéral à la Garonne, une belle halte nautique est aménagée. Marché de producteurs de pays chaque mercredi soir en été sur la place d'Armes : grande variété de produits locaux de qualité, dans une ambiance festive !

Meilhan.

L'AUBERGE MEILHANNAISE €

1, rue des Anciens Combattants
✆ 06 71 67 88 68
www.aubergemeilhannaise.com
Tte l'année. 4 chambres double dès 75 €, 1 familiale (125 €). Petit-déj inclus. Restauration sur réservation la veille.

A deux pas du canal de la Garonne dans le vieux Meilhan, Rachel et François, couple franco-britannique, ont fait de cette demeure traditionnelle du XVIIIe siècle une auberge musée d'art contemporain. Elle compte 4 chambres doubles et 1 suite familiale (jusqu'à 4 personnes). La décoration a été confiée à des graffeurs célèbres : le résultat est détonnant. La table d'hôte, à réserver la veille, vous comblera avec sa cuisine maison et du potager. Le petit jardin donne sur le boulodrome du village et des entrées pour la piscine d'été toute proche sont offertes.

CAMPING MUNICIPAL AU JARDIN €

Lieu-dit Au Jardin ✆ 05 53 88 84 80
www.camping-au-jardin.com
Avril/octobre. Tente, caravane, camping-car 3 €/nuit, tente équipée 20 €/nuit + 5 € par adulte et par nuit.

Le camping « Au Jardin » est un camping familial, calme et ombragé idéalement situé en bord de canal de Garonne. Vous trouverez sur place des conseils avisés, une ambiance conviviale et décontractée à la buvette, le long des péniches du canal, confortablement installés sur les meubles en palette ! Vous y dégusterez des produits locaux, écouterez de la bonne musique et pourrez pratiquer de nombreuses activités de plein air : canoës, stand up paddle, VTT, tir à l'arc, etc.

LES GÎTES BOIS-BEAULIEU €€

lieu-dit Francville ✆ 06 25 70 43 51
www.bois-beaulieu.com
«Les Jouailles» (jusqu'à 6 pers) de 700 € à 1 200 €/semaine. «Les Noisetiers» (jusqu'à 8 pers) de 900 € à 1 500 €.

Propriétaire du domaine viticole Château Bois-Beaulieu, Fabien Tarascon loue juste à côté 2 gîtes installés dans un corps de ferme rénové. Tous deux proposent au rez-de-chaussée un beau volume de vie, assorti d'une cuisine fonctionnelle et de 2 chambres pour le gîte « Les Jouailles », 3 pour le gîte « Les Noisetiers ». L'un comme l'autre comporte une dernière chambre en mezzanine. « Les Noisetiers » compte en plus une grande terrasse couverte. Une piscine commune (non chauffée) est à disposition. Une visite du chai et du vignoble avec dégustation est comprise.

MAISON D'HÔTES DU FONT D'UZAS €€

1, Avenue du Font d'Uzas ✆ 06 64 95 67 97
www.lefontduzas.fr
D'avril à fin octobre. Chambre 75 € la nuit, suite 101 € la nuit. Petit-déj inclus. Table d'hôtes de 15 € à 30 €.

Martine et Philippe vous invitent à profiter de l'ambiance classique de leur imposante maison du début du XIXe siècle, au cœur du village, face à une supérette. A l'étage se trouvent 2 belles chambres sobres de 25 m² et 35 m² avec salle d'eau et toilettes indépendantes. 2 autres pièces forment une suite de 60 m². La table d'hôtes bénéficie du savoir-faire de Philippe, qui fut chef de cuisine pour les grands de ce monde. Le petit déjeuner comprend produits maison et locaux.

CHÂTEAU BOIS-BEAULIEU / FABIEN TARASCON

lieu-dit Beaulieu ✆ 05 53 94 18 58
www.bois-beaulieu.com
Ouvert le samedi 9h-12h et 14h-18h. Lundi au vendredi 14h-18h. Visites possibles sur rdv en dehors de ces créneaux.

Le Château Bois-Beaulieu est une histoire de famille débutée en 1929 quand l'arrière-grand-père de Fabien Tarascon créa le domaine. Depuis, la propriété de 9 ha a gagné un nom et une réputation. Fabien mène son affaire avec dynamisme suivant une démarche qualitative, dans le respect de l'environnement. L'ensemble des vins est en agriculture bio. Leur goût se révèle authentique. Arrêtez-vous pour une dégustation. 2 hébergements en gîte sont également proposés pour une halte plus longue.

LES FABULEUX DELICES

757, Route de Beaulieu
✆ 06 08 45 03 37
www.lesfabuleuxdelices.com
Ouvert le mercredi et le vendredi de 16h à 19h. Sur rendez-vous en dehors de ces horaires.

Philippe Miozzo est à la tête de cette entreprise agricole qui fait partie du réseau des Fermes de Garonne, bien connu localement. Venez y découvrir des produits naturels issus d'une agriculture raisonnée. Le top : ses huiles artisanales issues de graines qui après leurs récoltes sont nettoyées et ventilées afin de garantir une huile pure. Pressées à froid, ses huiles de colza et de tournesol méritent d'être découvertes. Philippe élève aussi des bazadaises (pour la vente de viande) nourries avec de l'aliment de l'exploitation et des protéines végétales sans OGM.

COUTHURES-SUR-GARONNE

Cette petite commune, qui domine la rive droite de Garonne, fut un port de pêche important qui comptait plus de 1 400 habitants au XVIème siècle. Aujourd'hui, n'y vivent plus que 400 personnes, dont 2 pêcheurs professionnels qui succombent au « mal blanc » : l'alose. L'esplanade près de l'église, construite dans un style néo-roman entre 1851 et 1863, donne presque directement sur la Garonne, ce qui est finalement assez rare dans la région. Une étape pleine de charme et atypique qui lui vaut d'accueillir, au mois de juillet, le Festival international de Journalisme, rendez-vous devenu incontournable pour la profession. 3 jours de conférences, débats,…

LES MARMANDAIS !

Vieille Eglise ✆ 05 53 94 19 01
www.cave-du-marmandais.fr

01/10 au 31/03 lundi au vendredi 9h-12h/14h30-18h. 01/04 au 30/09 lundi au vendredi 9h-12h/14h-18h30. Été samedi 9h-12h.

La Cave du Marmandais se fait désormais appeler Les Marmandais ! Comme pour rappeler que, derrière les vins, se tiennent avant tout des vignerons engagés. Des femmes et des hommes du cru, attachés à leurs terroirs pour produire des rouges, rosés, blancs de caractère, bio ou le plus naturel possible. La visite des installations vous fera découvrir toutes les étapes de fabrication. La pittoresque virée dans les vignobles en Combi Volkswagen est recommandée (réservation 48h à l'avance), avant de profiter d'une dégustation. Sans oublier un passage par la boutique.

FOUS DE GARONNE ★

14, Rue Lacave ✆ 05 53 76 35 48
www.fous-de-garonne.com

Avril, mai, juin, septembre du mardi au dimanche 10h-18h. Juillet, août 7j/7 10h-19h. 10 €, 6 € pour les - de 18 ans.

La Garonne, cours d'eau capricieux, a englouti pas mal d'hommes autant qu'elle en a fait vivre. La Maison des Fous de Garonne présente différentes animations liées à la vie des habitants de Couthures. Vivez l'action des sauveteurs en réalité virtuelle, assistez à un mapping vidéo sur écran géant, visitez la cabane Nature sur l'écosystème du fleuve, attardez-vous devant la grande maquette du village inondé... Profitez aussi de la vue exceptionnelle sur la Garonne depuis la terrasse, où vous pourrez déjeuner. Boutique de produits régionaux, livres, souvenirs...

LA HOUEYTE €€

✆ 06 16 87 86 86
www.chambres-lahoueyte.com

De mai à septembre. De 480 € à 650 € la semaine selon saison. Nuit à partir de 70 € hors juillet/août. Wifi gratuit.

La Houeyte est une adresse utile pour les usagers de la voie verte, mais pas seulement ! Cette propriété de 6 hectares en pleine campagne, abritant des animaux de ferme et des chevaux, constitue un véritable havre de paix. Chacun peut profiter de l'accueil de Vanessa qui tient le gîte l'Atelier avec jardin privatif et accès direct à la piscine extérieure. Il a une capacité d'accueil de 2 personnes, voire 4 avec un canapé dépliant. Un accueil attentionné avec un panier de fruits et légumes frais et locaux vous sera offert en guise de bienvenue.

FESTIVAL INTERNATIONAL DE JOURNALISME

COUTHURES-SUR-GARONNE

Les 15, 16 et 17 juillet 2022. Programme et informations complètes sur le site Internet.

C'est un petit village de 350 habitants en bord de Garonne qui accueille un festival vivant, où se rencontrent les personnalités médiatiques et politiques pour discuter du métier de journaliste et aborder des questions de société. Ce qui fait l'actualité (la guerre, la transition écologique...) est traité en 7 thématiques et des moments festifs sont organisés. Avec la participation annoncée d'Edwy Plenel (Mediapart), Jean-Michel Aphatie (LCI), l'ex-ministre Cécile Duflot...

DOMAINE ELIAN DA ROS

Laclotte

✆ 05 53 20 75 22

www.eliandaros.fr

Sur rendez-vous uniquement. Livraison possible.

Elian Da Ros a révolutionné la perception qu'ont les professionnels du Marmandais. Reconnu dans le monde viticole pour l'excellence de ses vins, il propose une gamme au large spectre qualitatif : « Le vin est une fête » réjouit par son fruité immédiat, quand le « Clos Bacquey » évoque la profondeur et la complexité, et que dire du « Chante Coucou » à la fois structuré, complexe et frais ? Cette philosophie marquée du sceau de l'excellence bio se voit décuplée avec les cuvées de Sandrine Farrugia, son épouse, à la tête de son propre domaine. Un délice.

COCUMONT

Cocumont, c'est mille ans d'histoire. Le village possède une église romane du XIe siècle, à laquelle on attribue la fondation même de la bourgade. Entourée comme cela se faisait au Moyen Âge par son cimetière, cette église est la chapelle de l'ancien prieuré. Cocumont est célèbre pour sa cave qui a vu le jour en 1957 et élève des vins sous l'appellation côtes-du-marmandais. Faites-y un détour, ne serait-ce que pour profiter, aux alentours, des paysages de vignes splendides à flanc de colline, et pour ceux qui ont un peu de temps, de nombreux sentiers de randonnée pédestre de longueur et difficulté variables sillonnent le territoire.

BOUGLON

A l'origine, ce charmant village, chef-lieu de canton, était bâti sur un coteau, à flanc de colline, dominant les vallées de l'Avance et de l'Argenton. Au cœur du village actuel, vous verrez l'église gothique Notre-Dame de l'Assomption bâtie entre les XIVe et XVe siècles. L'Eglise Saint-Pierre de Bouglon-Vieux est de style roman et date du XIIe siècle. Bouglon-Vieux était l'ancien village. Au centre de Bouglon, subsiste le manoir Saint-Louis, construit sur les bases d'une ancienne maison templière et hôpital templier du XIe siècle. Depuis 2008, il accueille hôtes et expositions d'artistes. A noter : le four à pain adossé à la Mairie.

BALADE EN COMBI

✆ 05 53 94 19 01

https://cave-du-marmandais.fr/visitez/

De juin à octobre le lun, le mer, le ven. Réservation obligatoire 48h avant. Gratuit jusqu'à 16 ans. Adulte : 7 €.

Les vignerons de la cave « Les Marmandais » organisent à la belle saison des visites originales à bord d'un Combi Volkswagen. Le véhicule est plutôt folklorique et participe pleinement au charme de la balade. Après une visite de la cave, ils vous emmènent en voyage à travers les plus beaux vignobles de la région. La virée est agrémentée d'anecdotes et d'histoires secrètes du terroir. La visite se termine bien sûr par une dégustation des vins. Attention, pensez à réserver obligatoirement 48h à l'avance par téléphone ou par le biais du site internet.

AU JARDIN DE MONTFLEURI

✆ 05 53 20 61 30

Visite sur rendez-vous uniquement.

Passionnée de botanique et impliquée dans la préservation de la biodiversité, Dominique Barron sera heureuse de vous faire découvrir le jardin champêtre qu'elle a créé autour d'une belle demeure de charme du XVIIIe siècle : un espace de partage entre rosiers, fleurs sauvages et autres trésors de la Nature. La sérénité règne en ces lieux colorés et parfumés, habités par les papillons, abeilles, coccinelles... La vue panoramique ne manque pas de charme non plus. L'endroit fait partie des désormais incontournables Rendez-vous aux jardins le premier week-end de juin.

© CDT 47

Vignes de Cocumont.

CASTELJALOUX ★

Connue et appréciée par Edmond de Rostand, la cité doit son nom au château construit par les seigneurs d'Albret, le château du Jaloux. Un de ses seigneurs était apparemment animé par de vils sentiments ! En visitant la vieille ville, vous passerez devant chez Jeanne d'Albret. Les maisons à encorbellement vous raconteront ce temps pas si lointain où les chevaux régnaient en maître dans les rues et où les capucins et autres cordeliers avaient pignon sur rue. Aujourd'hui, Casteljaloux est surtout connu pour son lac, lieu de baignade et de pique-nique très agréable, et surtout sa station thermale ouverte à tous pour votre plus grand plaisir.

ÉGLISE NOTRE-DAME

2, Place de l'Eglise

✆ 05 53 93 01 33

En visite libre toute l'année.

Notre-Dame se dresse à l'emplacement de l'ancienne collégiale primitive des Albret. Après sa destruction en 1568, il faudra plus d'un siècle pour la rebâtir. Levez les yeux dans la nef : les dates des restaurations successives sont visibles sur les clés de voûte. Autre curiosité, l'inscription peu courante pour un édifice religieux portée sur le fronton : « Liberté, égalité, fraternité ». Cette signature a été demandée par l'Etat républicain qui avait payé les réparations. De magnifiques vitraux sont à admirer. Ils sont l'œuvre du maître verrier Joseph Villiet.

CLOÎTRE DES CORDELIERS

Place du Roy

✆ 05 53 93 00 00

Visite guidée en période estivale avec l'association Les Amis de Casteljaloux. Se renseigner à l'Office de Tourisme.

Situé en face de l'Office de Tourisme, le couvent franciscain a connu plusieurs vies. Saccagé lors des guerres de religion, il fut rebâti au XVIIe siècle avant de devenir un hospice et un hôpital. Cette partie des bâtiments est aujourd'hui à l'abandon. Quant à la chapelle, elle mérite la visite à plus d'un titre, ne serait-ce que pour ses têtes sculptées des seigneurs d'Albret encadrant les vitraux et ses statues de figures religieuses, dont celles de Saint Vincent de Paul et la sœur Catherine Labourée à qui l'on doit la médaille miraculeuse de la Vierge Marie.

MAISON DU ROY

18, Place du Roy

Basse saison : du lun au ven de 9h-12h/14h-17h, le sam 9h-12h Été : du lundi au samedi 9h-12h/14h-18h. Gratuit.

Cette belle maison abrite l'Office de Tourisme, une salle d'exposition et le local de l'association « Les Amis de Casteljaloux » dédiée à l'histoire de la ville. Construite au XVIe siècle, elle a appartenu aux Albret, la famille d'Henri de Navarre, futur roi de France Henri IV, d'où le nom qui lui a été donné. Louis III et Louis XIV y séjournèrent mais aussi le poète Agrippa d'Aubigné. L'accueil des hôtesses est d'une grande gentillesse. Elles se mettront en quatre pour vous offrir tous les renseignements utiles permettant de profiter du meilleur de la Gascogne.

PARC MUNICIPAL DE CASTELJALOUX

Boulevard Victor Hugo
✆ 05 53 93 48 00
Ouvert toute l'année. Gratuit.
Très apprécié des habitants de la cité thermale, ce lieu de promenade en bordure de la rivière Avance a été joliment aménagé. Il est parsemé d'arbres majestueux et de massifs de fleurs dont un reproduisant le blason de la ville. Le château des seigneurs d'Albret qui trônait jadis dans le parc a été détruit au XVIIe siècle. L'actuelle demeure n'a conservé qu'une fenêtre gothique transformée en porte. Prêtez attention aux deux têtes sculptées sur lesquelles repose l'arc en ogive.

CHÂTEAU DE MALVIRADE

Chateau de Malvirade
GRÉZET-CAVAGNAN
✆ 05 53 20 61 31
L'été, mar au dim, tour guidé parc 11h (10 €), château 14h30 ou 16h (12 €). Nocturne le jeu du 21/07 au 11/08 (15/18 €).
L'été est propice dans la région à la découverte de propriétés privées fermées au public le reste de l'année. C'est le cas de ce château, où plusieurs siècles d'histoire vous seront contés par le maître des lieux en personne, Joël Cuvillier. La visite (sur réservation) vous conduira dans une salle des gardes au remarquable plafond peint mais aussi dans une aile Renaissance dotée d'un petit théâtre. Depuis les jardins à la française aux buissons taillés au cordeau, la vue sur la campagne environnante se révèle plaisante. Malvirade a décidément bien des charmes !

OFFICE DE TOURISME DES COTEAUX ET LANDES DE GASCOGNE

Place du Roy ✆ 05 53 93 00 00
Basse saison : du lun au ven de 9h-12h et de 14h-17h, le sam 9h-12h Été : du lundi au samedi 9h-12h et 14h à 18h.
Vous ne manquerez pas de vous rendre à l'Office de Tourisme des Coteaux et Landes de Gascogne, tout d'abord pour admirer l'historique Maison du Roy qui abrite ses locaux. Son territoire est composé de 27 communes parmi lesquelles Bouglon, Houillès, Leyritz-Moncassin et évidemment Casteljaloux ! Visites commentées de la cité thermale, Raconteurs de Pays, fiches randoland pour les enfants... il y a tout ! C'est aussi un lieu d'expositions tout au long de l'année en accès libre.

CONSERVATOIRE RURAL DE GASCOGNE

30, Boulevard Victor Hugo
✆ 06 07 85 20 25
Tte l'année. Samedi (15h-18h). Dimanche (9h-12h). Dans la semaine sur rdv pour les groupes. 5 € (gratuit -12 ans).
Voilà un musée qui sort de l'ordinaire ! En véritables passionnés, Christian et Joëlle Castagnet ont rassemblé dans d'immenses hangars une collection de plus de 350 tracteurs et engins forestiers. Des modèles d'antan étonnants. Dans la salle d'accueil, ne passez pas à côté de l'impressionnante collection d'appareils photo anciens, certains ayant plus d'un siècle. Début 2022, le Conservatoire a également inauguré un nouvel espace consacré à l'activité traditionnelle du gemmage.

© CONSERVATOIRE RURAL

© CONSERVATOIRE RURAL

PAYS DU VAL DE GARONNE GUYENNE GASCOGNE

CAMPING MUNICIPAL LA PISCINE €

Rue du Souvenir-Français
✆ 05 53 93 54 68
Du 01/04 au 15/11. Accueil. 48 emplacements. Emplacement 5 €, +4 €/adulte, 2 € par enfant -12 ans.

Un camping municipal bien pratique en centre-ville. La piscine municipale est attenante et le terrain de pétanque se trouve juste en face. Le site propose toutes les commodités pour les camping-caristes. Ombragé et relativement confortable, c'est le lieu idéal pour celles et ceux qui voudront se rendre à pied dans les commerces, profiter des marchés du mardi et du samedi mati, tout en restant à cinq minutes en voiture du lac de Clarens et de ses deux plages.

CLOS CASTEL**** €€€

13, avenue du 8 mai 1945
✆ 05 64 13 76 00
www.clos-castel.fr
10 chambres doubles de 140 € à 240 €/nuit. 12 villas de 2 à 6 pers. de 142 € à 240 €/nuit. 1 accès Spa offert par séjour

Luxe et raffinement ! Voilà ce qui pourrait résumer le Clos Castel qui abrite 10 chambres, dont 1 suite, et 12 villas avec toutes différentes ambiances mais un même confort optimum. On sent le soin qu'ont voulu apporter Guy et Marie-Pierre Beloussoff à la décoration. Pour compléter l'offre d'hébergement, le restaurant La Vieille Auberge délivre un accueil et des plats répondant au même raffinement du lieu. L'autre atout : l'espace bien-être avec sauna, hammam, grotte à sel, massages, qui valorise cette idée de confort voulue par les créateurs.

CENTER PARC LES LANDES DE GASCOGNE €€

Route de St Michel de Castelnau - **PINDÈRES**
✆ 08 91 70 16 00 - www.centerparcs.fr
Cottage dès 489 €/3 nuits, dès 639 €/sem. Maison à la Ferme dès 649 €/4 nuits, dans les Arbres dès 829 €/3 nuits.

Implanté au milieu des pins dans le secteur de Casteljaloux, le premier Center Parc de la Nouvelle-Aquitaine réunit 401 cottages en bois, dont 10 maisons dans les arbres étonnantes, en forme de nid, et 11 maisons à la ferme avec pour originalité un accès à un potager participatif. Les séchoirs à tabac typiques de la région ont inspiré l'architecture, notamment celle du complexe aqualudique. Le site compte 2 restaurants, 1 spa, plusieurs aires de jeux et activités sportives variées.

CHALETS DE CLARENS €

680, Allée des Cigales
✆ 05 53 93 07 45
www.castel-chalets.com
Toute l'année. Hors saison chalet 2/8 pers. 2 nuits de 95 € à 200 €. Location haute saison semaine de 520 € à 820 €.

Ici, tout a été mis en œuvre pour que non seulement vous soyez hébergés dans un des 25 chalets ultra-confortables, mais aussi pour que l'environnement vous permette de goûter au repos le plus complet. Les chalets ont été édifiés dans la forêt landaise et ils se trouvent à proximité immédiate d'une des plages du lac de Clarens. Ils peuvent accueillir de 2 à 8 personnes. Un des chalets est accessible aux personnes à mobilité réduite. Camping-cars et caravanes ne sont pas en reste puisqu'ils disposent d'une aire. Tarifs curistes toute l'année (hors juillet/août).

L'HÔTEL DU LAC*** €€

Route de Mont-de-Marsan
✆ 05 24 30 51 87
www.lhoteldulac.com
Chambre double dès 75 €. Suite 3 personnes dès 95 €. Petit déjeuner : 10 €. Restaurant. Salle de séminaire.

Avec une forêt de pins en toile de fond, l'Hôtel du Lac vous accueille dans un cadre magnifique à proximité immédiate du lac de Clarens. Equipée d'une douche à l'italienne et d'un mini-réfrigérateur, chaque chambre à la décoration épurée se révèle spacieuse, dotée d'une literie confortable. L'endroit est parfait pour savourer calme et repos à la lisière de la forêt des Landes. Tout est présent pour satisfaire n'importe quel type de clientèle. Le restaurant, où plusieurs formules sont proposées, et la salle de séminaire achèvent d'en faire un lieu complet.

L'AROMATIQUE €€

33, avenue de la libération
✆ 05 53 79 52 74
www.laromatique.fr
Basse saison : jeu au sam midi/soir et dim midi. Haute saison : tous les soirs (sauf mer) et sam, dim midi. Menu : 34 €.

C'est un véritable coup de cœur du guide pour cet établissement ouvert en 2019 dans la ville thermale. Petit Futé a dégusté le menu complet et a pu apprécier la richesse des assiettes valorisant à la fois les produits et celui qui les travaille. En effet, Maxime fait ressortir le meilleur de toutes les saveurs par des assemblages osés et réussis : une table de grande valeur qui enrichit encore le patrimoine gastronomique de la ville ! Preuve que circuit court et carte courte savent conjuguer finesse, contraste et ravissement culinaire.

LA VIEILLE AUBERGE €€

13, avenue du 8 mai 1945
✆ 05 53 93 01 36
www.clos-castel.fr/le-restaurant/
Ouvert du lund. au sam. midi et soir, le dimanche midi. Réservation recommandée. Menus de 25 € à 50 €. Carte : 60 € env.

Lorsqu'il a quitté la vieille ville en 2019 pour rejoindre le complexe hôtelier du Clos Castel, ce restaurant historique de Casteljaloux a conservé le même niveau de goût et de raffinement. Petit Futé s'y est régalé ! Foie gras en entrée et ris de veau en plat font partie des incontournables de la maison. La carte change quatre fois par an avec les saisons. Un raffinement véritable et sincère ! Eric Menaspa et Etienne Denaules ont cette exigence de l'authenticité qui confère à ce restaurant sa richesse culinaire et son identité particulière.

LES TONTONS PAPAS

80, grand rue ✆ 05 53 93 55 55
www.lestontonspapas.fr/?lang=fr
Basse saison : lundi, mercredi, jeudi, vendredi 13h30-19h ; mardi, samedi, dimanche 10h-18h. Été : 7j/7 14h-22h.

Casteljaloux et l'artisanat gourmand, c'est une affaire qui marche et Les Tontons Papas le prouvent ! Michel et Pierre ont monté cette adresse en faisant rimer glacé et qualité, raisonné et proximité. Goûtez les glaces aux différents parfums, confectionnées dans leur atelier local. Mentions à l'incroyable glace chocolat, la mangue d'Inde savoureuse et l'originale cacahouète caramel. Côté gâteaux, la boutique propose des trésors d'entremets glacés, mais aussi cakes et cookies, pépites gourmandes à déguster. Retrouvez-les l'été dans leur container au Lac de Clarens.

LA BRULERIE

42, Grand-Rue
✆ 05 53 64 09 53
Fermé dimanche et lundi. Mardi 9h-12h30/14h30-19h. Du mercredi au samedi 9h-12h/14h30-19h.

La petite sœur de La Brûlerie à Marmande jouit d'une décoration pétillante pour mettre en valeur les spécialités de Jean-Luc Escos. Après avoir fait un tour chez Hédiard et chez Fauchon à Paris pour former son palais, il propose aujourd'hui un grand choix de thés et de cafés du monde entier torréfiés sur place. Le salon de dégustation très cosy et son patio vous permettront d'apprécier l'accueil et les conseils de Christelle, qui officie sur place. Sont également vendues des gourmandises du terroir, dont les fameuses Coucougnettes de Pau.

MARIUS €

30, boulevard Victor Hugo
✆ 06 83 05 31 37
B. saison : mar, jeu 8h-15h, mer, ven, sam 8h-18h. H. saison : du lun au jeu 8h-19h30, ven sam 8h-22h30, dim 10h-19h30.

© MARIUS

Marius est une charmante petite adresse, le genre d'endroit où l'on aime s'arrêter à n'importe quel moment de la journée pour une pause gourmande. Ce peut être par exemple le midi, où une petite restauration est proposée : croques variés et salade, tarte ou quiche du jour, plateaux soupe en hiver, bowls en été. En mode salon de thé, glaces et pâtisseries maison se dégustent autour d'une bonne boisson chaude ou froide. On peut y aller les yeux fermés, l'endroit est agréable, avec une terrasse, l'accueil appréciable et les produits savoureux. On adore !

M.A.S - MAISON DES ARTS SENSORIELS

41, Avenue Carcin ✆ 06 60 77 29 86
www.mas-casteljaloux.com
Du lun au sam, de 8h à 21h. Sur réservation. Massage bien-être 30 min/45 €, 1h/60 €, 1h30/80 €, 2h/110 €.

Le Petit Futé a été conquis par le concept du bien-être en immersion totale développé par Julhian. Attendez-vous à vivre une expérience surprenante du massage conçu comme un voyage des sens (aucun n'est oublié) à travers une scénographie élaborée. Tout contribue à créer une ambiance harmonieuse et dépaysante qui va vous transporter ailleurs. Les contrées évoquées changent en fonction des saisons. Julhian est la douceur même. Il fera de votre visite un parfait moment de relaxation.

L'ATELIER GOURMAND €

30, Boulevard Victor Hugo
✆ 05 53 64 27 64
Haute saison : 7j/7 de 9h à 23h. Basse saison : du mar au jeu 9h-14h, ven/sam 9h-14h/16h30-21h, dim 9h-14h.

© CREPERIE DE L'ATLANTIDE

Dès le premier abord, la crêperie de Marie-Jo séduit par sa cuisine ouverte sur la salle et ses grandes verrières industrielles tendance. Sur l'ardoise, évoluant selon les saisons, toutes les galettes font envie. Dans les assiettes, les promesses sont tenues. Les délicieuses dentelles de sarrasin se révèlent garnies avec générosité. Et les crêpes sucrées, leur pâte légère fond en bouche. La tourtière landaise à l'armagnac fabriquée sur place par Marie-Jo vaut aussi le détour. Vous pouvez même en acheter à emporter, ainsi que du pastis landais.

AU RELAIS DU TERROIR

86, Grand Rue ✆ 05 53 88 13 67
www.aurelaisduterroir.fr
Mardi et samedi 8h30-12h30 / 14h30-19h. Du mercredi au vendredi 9h30-12h30 / 14h30-19h. Dimanche 9h30-12h30. Fermé lundi

En plein cœur de Casteljaloux, Le Relais du Terroir est une belle épicerie fine où Marilyne sélectionne des produits du terroir d'exception. Les charcuteries de la ferme de Baruteau à Brugnac, les miels du Rucher de Lauzun, les tomates séchées ou confites de Marc Peyrey, les truites de la Ferme du Ciron, des vins locaux, de l'armagnac... De quoi composer un succulent panier gourmand ! Les amateurs de caviars Petrossian trouveront leur bonheur. Des pâtes fraîches maison sont également proposées. Marilyne saura être de bon conseil pour vous guider dans vos achats.

AQUAFUN PARK CLARENS

Route de Mont de Marsan - Base de loisirs du lac de Clarens ✆ 06 20 80 83 32
http://aquafunparkclarens.com
Ouvert tous les jours en juillet et août, 11h 20h30. 9,90 €/1h30, 17,90 €/journée. Tarifs complets sur le site.

Situé à 1h de Bordeaux, l'Aquafun Park est un parc aquatique sur le lac de Clarens qui rassemble tous les membres de la famille ! Composé de jeux aquatiques, toboggans, blob jump, tour de saut,... deux zones de Water Sport sont également à votre disposition avec notamment du water-basket, du water-polo, et du water-volley. Plus de 3 000 m² pour des heures de frissons et de fous rires. Accessible pour 90 minutes ou bien encore pour toute une journée. Vous pourrez aussi bénéficier tous les soirs d'une session musicale, à tarif réduit, organisé de 19h à 20h30.

LES BAINS DE CASTELJALOUX

La Bartère
✆ 05 53 20 59 00
www.bains-casteljaloux.com
Du lundi au jeudi 10h-19h. Vendredi et samedi 10h-21h. Dimanche 10h-20h. Entrée dès 17,50 € pour 2h, 19 € le week-end.

Au XIXe siècle, on connaissait les vertus curatives des eaux de Casteljaloux et un complexe thermal existait déjà. Aujourd'hui, vous y trouvez un établissement thermal moderne agréé en rhumatologie, un centre de bien-être en eau thermale avec les bains, hammam, saunas... et un institut de beauté et de bien-être, mais aussi une résidence qui comprend studios et appartements équipés pour un séjour tout confort. Le plus : l'Eau à la bouche pour vos petits déjeuners et déjeuners.

CASTELADVENTURE

Route Mont-de-Marsan
✆ 05 53 84 94 72
www.casteladventure.com
H.S : ouvert tlj et les jrs fériés de 11h à 19h. Ts les WE en mai, juin et sep. Tarifs sur le site internet.

Casteladventure, ce sont 7 parcours dans les arbres, 140 ateliers, la possibilité de louer des bateaux à pédales, canoës et kayaks, des paddles, mais aussi 2 terrains de paintball, archery tag et disc golf, pour s'amuser encore plus. Il y en a pour tous, dès 3 ans. Les parcours dans les arbres sont adaptés en fonction du niveau et de la taille. Grand frisson en tyrolienne : 500 m aller-retour au-dessus du lac ! Côté paintball, « la prise du château fort » pour jouer à la guerre en forêt comme si vous y étiez. Et plein d'autres sensations ludiques...

CENTRE EQUESTRE DE CASTELJALOUX

Avenue du Lac
✆ 05 53 93 74 75
Tous les jours toute l'année. Poney : 20 €/h. Location poney : 10 €/30 minutes (tenu en main). Chevaux 23 €/h.

A côté du lac de Clarens, une bien sympathique structure composée d'une jolie cavalerie de quelques 10 chevaux et 15 poneys. Vous avez la chance d'être pris en charge par un moniteur diplômé d'Etat et cavalier de compétition, Manuel Vanlaere. Promenades, stages, découverte de circuits forestiers mais aussi initiation, perfectionnement et formation (stage de préparation aux tests BPJEP). Vous pourrez également monter en compétition en CSO et CCE. Pension pour chevaux possible.

GOLF DE CASTELJALOUX

Route de Mont-de-Marsan ✆ 05 53 93 51 60
www.golfdecasteljaloux.com
Abonnements annuels 875 €/personne. Green fee Mars à oct. 52 €. Nov. à février 42 €. Restaurant. Boutique.

Très beau golf au cœur de la forêt landaise, qui offre de superbes vues sur le lac de Clarens. Arboré et très bien entretenu, le parcours est idéal pour les golfeurs de tous les niveaux. Techniquement, c'est un parcours de plus de 6 000 mètres, constitué de 18 trous pour un par 72. Il est plutôt vallonné, en partie en forêt, les fairways sont assez ondulés et les greens surélevés. Petit Futé aime particulièrement le club-house et son restaurant où est servie une cuisine simple et raisonnable de type brasserie. A noter que le parcours débutant a été remis en place.

LAC DE CLARENS

Route de Mont-de-Marsan
Du 18 juin au 31 août 2022 : 2,50 € par personne (gratuit jusqu'à 12 ans). Accès gratuit le reste de l'année.

Ici, il y a tout ce que vous souhaitez pour passer un bon moment : 2 grandes plages de sable fin, location d'embarcations, beach-volley, pêche… Le site abrite Casteladventure avec ses parcours d'accrobranche et sa tyrolienne survolant le lac mais aussi l'Aquafun Park et ses structures gonflables sur l'eau. Profitez des glaces artisanales des Tontons Papas ou du bar du casino sur pilotis avec terrasse. Vous aimez marcher ? Faites le tour des berges sous les pins ! Le 14 juillet 2022, le feu d'artifice sera tiré du centre du lac. Féerique !

VOIE VERTE CASTELJALOUX - MARMANDE

C'est un projet qui suscitait beaucoup d'attente dans la région et qui est en train de voir le jour : la transformation d'une ancienne ligne de chemin de fer en voie verte longue de 24 km entre Casteljaloux et Marmande. En 2022, l'intégralité du parcours n'est pas encore finalisée, mais 11 km sont déjà praticables à pied ou à vélo depuis le centre-ville de Casteljaloux (au niveau du Gamm Vert à la jonction de l'Avenue Carcin et de la Route de Bordeaux) jusqu'à la commune de Bouglon.

LES TONTONS PAPAS - LA BOUTIQUE DU LAC

Lac de Clarens ✆ 05 53 93 55 55
www.lestontonspapas.fr
Les week-ends de juin 14h-19h. Juillet, août : 7j/7 14h-23h. Location de transats et parasols.

© LES TONTONS PAPAS

Au lac de Clarens, il existe bien des façons de se rafraîchir. Piquer une tête dans l'eau en est une, mais vous pouvez aussi profiter des spécialités du glacier Les Tontons Papas. Pourquoi pas une boisson désaltérante à l'hibiscus, une des irrésistibles infusions glacées aux sorbets de fruits ou un milk-shake onctueux ? A moins que vous ne préfériez une gaufre au caramel maison ! Situé sur la seconde plage derrière le casino, le point de vente possède une agréable terrasse où se poser.

CASINO DE CASTELJALOUX

Lac de Clarens

✆ 05 53 64 87 00

www.casino-casteljaloux.com

Ouvert tous les jours. Du lundi au jeudi 11h-2h30. Vendredi au samedi 11h-3h. Dimanche 11h-2h30.

Le Casino est situé sur les rives du lac de Clarens. Evidemment, Casteljaloux, ville thermale, constitue un endroit de prédilection pour l'implantation d'un tel lieu de jeux de hasard et d'argent. L'établissement compte 75 machines à sous, deux tables de Black-Jack, 7 postes de Black-Jack électronique et 18 postes de roulette anglaise électronique. Le bar lounge est ouvert 7j/7 ainsi qu'un service snacking et un grill pizzeria. On peut s'installer pour grignoter ou boire un verre sur la terrasse montée sur pilotis avec vue panoramique sur le lac.

CONSERVATOIRE RURAL DE GASCOGNE

30, Boulevard Victor Hugo

✆ 06 07 85 20 25

Tte l'année. Samedi (15h-18h). Dimanche (9h-12h). Dans la semaine sur rdv pour les groupes. 5 € (gratuit -12 ans).

Voilà un musée qui sort de l'ordinaire ! En véritables passionnés, Christian et Joëlle Castagnet ont rassemblé dans d'immenses hangars une collection de plus de 350 tracteurs et engins forestiers. Des modèles d'antan étonnants. Dans la salle d'accueil, ne passez pas à côté de l'impressionnante collection d'appareils photo anciens, certains ayant plus d'un siècle. Début 2022, le Conservatoire a également inauguré un nouvel espace consacré à l'activité traditionnelle du gemmage.

LE SENTIER NATURE

En accès libre toute l'année. Gratuit.

Au départ du quartier des thermes, une promenade de 2,5 km se fait à pied ou à vélo jusqu'au lac de Clarens. Un premier tronçon longe la rivière Avance dans un environnement verdoyant, où se trouvent les potagers des Jardins partagés de Casteljaloux. Chemin faisant, vous pourrez utiliser l'application mobile « Smart'Flore » pour identifier les différentes espèces végétales. Une passerelle en bois au-dessus du cours d'eau marque le commencement de la seconde partie du sentier, qui vous conduira en forêt. Au bout vous attendent le lac et ses nombreuses activités.

HOUEILLÈS

Houeillès, petite commune du canton « Les Forêts de Gascogne », est parsemée de ruisseaux et compte de nombreux lacs et étangs, mais elle est avant tout au cœur d'un pays de sable et de forêts de pins. Ici, les maisons sont enveloppées par la pinède qui représente un danger : les pompiers forestiers guettent du haut de leur observatoire la plus petite suspicion de fumée… Si vous prenez le temps d'arpenter les rues de cette cité médiévale, ne manquez pas son église du XIIIe siècle, classée aux Monuments historiques et construite de nombreux éléments défensifs propres aux châteaux forts. Particularité : sa nef recouverte d'une voûte étoilée ouverte.

FARGUES-SUR-OURBISE

Fargues-sur-Ourbise est une petite commune rurale sans prétention mais qui a le mérite d'être la capitale d'un grand légume : l'asperge ! A l'époque de la récolte : tout le monde en vend ! Et chaque année, le troisième dimanche d'avril, ce charmant petit village célèbre le légume comme il se doit et devient la capitale de l'asperge ! Côté gastronomie, découvrez également sa poule au pot. Côté histoire, il faut admirer la superbe église Saint-Cyr, église fortifiée du XVe siècle, la tour de l'Avance qui fut le rendez-vous de chasse du futur Henri IV et Saint-Julien et son église du XVIe siècle et son lavoir. La commune est aussi un territoire de chasse.

VILLEFRANCHE-DU-QUEYRAN

En 1271, Edouard Ier fonde la bastide de Villefrance-du-Queyran. De ce passé demeurent quelques vestiges : l'église romane Saint-Savin, les restes des remparts et les maisons à colombages. Chaque 2e samedi de juillet sont organisées les Gargantuades. Des confréries de toute la France viennent déguster les spécialités régionales. Vous pouvez vous joindre aux festivités (participation de 35 € env.). Peut-être gagnerez-vous votre poids en produits du terroir ? Fin février, on tue le cochon ! On n'assiste plus à la mise à mort de la bête, mais on peut profiter de ses morceaux confits, copas et autres boudins préparés par les membres de l'amicale laïque.

LEYRITZ-MONCASSIN

Situé sur l'un des points les plus hauts du département, le bourg offre une vue imprenable ! Impossible de passer à Leyritz-Moncassin sans aller voir son château qui se dresse à l'entrée du village. C'est une magnifique bâtisse construite sur cinq plans différents avec une remarquable décoration intérieure grâce aux propriétaires, les Delmotte qui sont vignerons indépendants. Outre le château et le domaine viticole, admirez aussi l'église Notre-Dame-des-Prés et Lussac. Au détour de vos déambulations, vous croiserez peut-être de drôles de personnages de sarment, dignes d'un film de Tim Burton : ce sont les sculptures végétales de L. Deymier.

CHÂTEAU DE LEYRITZ-MONCASSIN €€

✆ 05 53 93 11 93

www.chateau-moncassin.fr

Chambre double 95 €/nuit, suites à 142,50 € à 172,50 €. Petit déjeuner : 8 €. Gîtes à partir de 130 € et 150 € la nuit.

Ce château féodal fortifié fut reconstruit dans un style Renaissance. Vincent Delmotte et son fils Etienne proposent 7 chambres d'hôtes très différentes dans leur décoration et 2 gîtes. On aime la chambre Moana qui peut se combiner avec la chambre Poé pour former une suite, de même que les chambres Mahana et Mata'i peuvent composer une autre suite. Les gîtes sont bien équipés et permettent de passer un séjour en toute indépendance et de se relaxer grâce à un grand spa privatif.

CHÂTEAU DE MONCASSIN

✆ 05 53 93 93 41

www.chateau-moncassin.fr

Ouvert vendredi et samedi 14h-18h30. Haute saison samedi 9h-12h /14h-18h30. Pour les autres jours, prendre rendez-vous.

Dans le cadre d'une agriculture raisonnée, Etienne Delmotte, vigneron indépendant, sait marier tradition et modernité. Son chai fonctionne à l'écoulage naturel et tout le travail se fait à la cuverie : le produit n'est pas fait en fonction de la parcelle mais il est le fruit d'assemblages réalisés à l'aide d'un œnologue bordelais, Jean-Marie Maurer. Résultat ? Des vins complexes et raffinés. On adore le rouge élevé en fût de chêne (Impérial, Diplomate) et le blanc, frais et fruité (Le m de Moncassin). Un chai original pour des vins tout aussi exceptionnels.

LAGRUÈRE

Cette commune existait à l'époque gallo-romaine, on pouvait trouver de nombreuses villas et même des thermes. En 1289, Edouard Ier d'Angleterre voulait y édifier une bastide, mais elle ne fut, hélas, jamais construite. Au hameau de Lamarque, dans les environs a été retrouvée une borne qui jalonnait à l'époque le chemin de halage sur la rive gauche de la Garonne. Ces bornes portent un numéro. On pense qu'il s'agit de sortes de bornes kilométriques. Celle de Lamarque porte le numéro 69. La situation du numéro 0 ? Un mystère non éclairci.

La proximité de la ville avec la Garonne permet de belles balades pour découvrir faune et flore des zones humides.

LE MAS-D'AGENAIS ★

Le Mas-d'Agenais est un charmant village à l'histoire magnétique. Cette ville romaine, fut un bastion catholique de saint Vincent qui, non loin de là, à Vernemetis (l'actuel Caumont-sur-Garonne) exerçait ses miracles, dont celui de la roue enflammée sortant de l'eau pleine de vigueur... Miracle moderne s'il en est, la découverte au Mas-d'Agenais de deux réels chefs-d'œuvre de l'art ! Une Vénus que l'on peut admirer au musée des Beaux-Arts d'Agen et un tableau de Rembrandt du XVIIe siècle visible dans l'église. Le Mas-d'Agenais est aussi une très agréable halte nautique. Marché le jeudi matin sous la très belle halle du village. A ne pas manquer !

WAKAI CRUISE

44, L'Ecluse

✆ 06 84 48 76 79

www.wakaicruise.com

Croisière à la journée avec repas inclus : 100 € par personne. Croisière sur plusieurs jours à la demande.

Embarquez avec Jean-Michel, le capitaine, et sa compagne Véronique, pour un voyage au fil de l'eau sur le canal de Garonne à bord d'une magnifique péniche hollandaise, modèle Luxe Motor de 1925. Superbement rénovée, elle offre un confort sans pareil avec son poêle dans la pièce à vivre et son bain nordique à l'avant du bateau. Vos hôtes vous donnent la possibilité de repas afin d'allier nature et saveurs. Pour ajouter à cette aventure unique, vous pouvez y séjourner dans 3 cabines doubles thématisées. Exceptionnellement fermé en 2022 jusqu'en août.

BÉA RÉG'HALLE €€

3, Place du Marché
✆ 07 61 78 31 49
D'avril à octobre du mar au dim 8h30-22h. Hors saison : le midi du mar au dim + sam soir. Menus 18 € et 28 €.

© BÉA RÉG'HALLE

Juste à côté de la Collégiale Saint-Vincent (que l'on retrouve dessinée sur les sets de table) se tient un charmant petit restaurant. Béa ne prend pas toujours les recettes au pied de la lettre mais elle respecte aussi les traditions gasconnes et d'ailleurs (espagnoles, portugaises, marocaines, chinoises). Il en ressort une cuisine intuitive aux belles couleurs et gorgée de saveurs. L'adresse permet aussi de faire une pause le temps d'un thé à la menthe maison par exemple, à déguster sous la vieille halle. Des produits du terroir sont en vente dans le restaurant.

LE BOAT

44, l'Ecluse
✆ 05 53 89 50 80
www.leboat.fr
Locations du 01/04 au 31/10. Lun, mer, ven, sam, de 9h à 17h. Mar, jeu de 10h à 16h. De 2 100 € à 4 700 €/sem.

Depuis Le Mas-d'Agenais, vous pourrez rejoindre en bateau Meilhan-sur-Garonne, naviguer sur le canal de Garonne jusqu'à Buzet-sur-Baïse et Agen, sur la Baïse jusqu'à Nérac et Condom. Des balades insolites au fil de l'eau où défilent bastides, châteaux et un terroir verdoyant. Les locations se font le temps d'un week-end ou pour une semaine et plus. Les tarifs varient en fonction du nombre de personnes, de la saison et du standing du bateau. Location de bateaux sans permis avec formation le jour de votre départ pour apprendre à piloter et passer une écluse.

DOMAINE DE MÉROC €€

Chez Véronique et Thomas
✆ 05 53 84 06 02
Chambre simple (1 personne) dès 80 € la nuitée ; chambre double dès 90 € la nuitée. Petit déjeuner inclus.

Cette ancienne ferme familiale du XIXe siècle sur 2 hectares de terrain possède un petit étang qui vous invite à la pêche ou à une promenade en barque. Thomas et Véronique vous accueillent dans 4 jolies chambres d'hôtes décorées avec charme dans l'ancien séchoir à tabac, entièrement indépendantes équipées chacune d'une salle de bain et de toilettes privatives. Sur place, vous profiterez des conseils artistiques de Thomas, artiste peintre, et découvrirez les traditions locales avec Véronique. L'hébergement est référencé Accueil Vélo.

LA COLLÉGIALE SAINT-VINCENT ET LE REMBRANDT ★★★

Du 01/11 au 31/03 de 9h à 17h. Du 01/04 au 31/10 de 9h à 19h. Accès libre sauf pendant les offices.

© CDT 47

Cette toile de 1631, mondialement connue, ferait partie d'une série de sept tableaux représentant le chemin de croix du Christ. La Collégiale possède l'aboutissement puisqu'il s'agit du Christ en croix. Parti en restauration en 2016 suite à une fissure de la vitrine qui l'abritait, son retour au Mas-d'Agenais a été minutieusement préparé. Un nouveau coffre d'exposition blindé et équipé de capteurs d'humidité a été installé début 2022. La commune chérit son trésor inestimable.

CHEZ PATAGILES €€

2, rue des capucins
✆ 06 27 44 75 52
www.chez-patagiles-55.webself.net/
A l'année. 2 chambres de 2 à 4 personnes. De 70 € à 140 €. Petit déjeuner inclus. Panier-repas midi à la demande 15 €.

Aménagées dans une maison du XVIe siècle, ancienne poste, Patricia et Gilles proposent 2 chambres, très bon confort, au cœur du Mas-d'Agenais. Etape idéale sur la voie verte le long du canal latéral à la Garonne, entre Bordeaux et Toulouse, ce village est riche de 2 000 ans d'histoire. Une fois calés du petit déjeuner copieux servi par vos hôtes, vous pourrez partir à la découverte du patrimoine culturel et naturel qui entoure le Mas-d'Agenais. Randonnées bucoliques le long du canal, visites des châteaux alentour, de l'église du village et son Rembrandt.

CONSERVERIE TORRES

Sur le Couvent
✆ 05 53 89 50 13
www.maison-torres.fr
Boutique ouverte du lundi au vendredi de 9h à 12h et de 13h30 à 16h30. Livraison possible.

Cette conserverie artisanale a été créée en 1956. Elle a pour vocation de mettre en conserve des produits régionaux élaborés dans le respect des traditions. Depuis 1991, elle possède un laboratoire agréé CEE. Plus de 50 références vous sont présentées sans colorant ni conservateur et tous les produits sont fabriqués sur le site de production du Mas-d'Agenais : rillettes, pâtés, terrines, jambonneau... et un classique revisité : le jambon de Tonneins. La marque Belle Garonne, exclusivement bio, propose des recettes végétariennes et véganes. Boutique sur place.

LA VOIE VERTE CANAL DE GARONNE

Cette voie verte à effectuer à pied, à vélo ou en roller, suit le Canal de Garonne et ses berges depuis Toulouse jusqu'à Castets-en-Dorthe en Gironde. Celle-ci emprunte, selon les tronçons, sur l'une ou l'autre des deux rives. Le passage des écluses, la navigation et les bateaux rendent ce parcours unique. Un itinéraire charmant et insolite sous sa voûte de platanes qui permet d'apprécier les petits villages du Garonnais et la gastronomie de ce petit pays.

CLAIRAC

Clairac est une charmante petite ville située sur les bords du Lot. Ancien bastion du protestantisme, la devise inscrite sur la place Viçoze était « Ville sans Roy, Soldats sans peur ». Les bénédictins, installés dans l'abbaye, initièrent les deux principales cultures du Lot-et-Garonne : la prune d'ente et le tabac. Visitez Clairac et vous pourrez admirer cette belle abbaye. Des visites guidées gratuites de la cité sont organisées en été par le Club Rencontres de Clairac. Réservation conseillée. Profitez aussi des aménagements des bords du Lot avec la halte nautique et sa capitainerie ainsi que de la plage de sable où il fait bon prendre le soleil.

MOULIN DE ROCQUEBERT €€

Route de Verteuil - **GRATELOUP-SAINT-GAYRAND**
✆ 05 53 93 78 22
www.moulinderocquebert.fr
Chambre double 85 €. Petit déjeuner inclus. Lit supplémentaire : 20 €. Parking ouvert inclus. Animaux acceptés.

Le moulin de Roquebert offre une belle occasion de dormir dans un moulin à eau. Dans une belle bâtisse en pierre, quatre chambres d'hôtes ont été aménagées avec infiniment de goût. La chambre Diane, romantique, et la chambre Baroque, noire et bleu gris, donnent toutes les deux sur le Tolzac. Pour des groupes plus nombreux, la chambre Violette permet d'accueillir jusqu'à 5 personnes. Cheminée, terrasse, piscine, bruit de l'eau et éléments historiques : on ne s'ennuie jamais dans cet endroit où tout fait instantanément oublier le quotidien.

CHÂTEAU DE CAUSSINAT €

✆ 05 53 84 22 11
Ouvert de mai à mi-septembre. 3 chambres et 1 suite familiale. De 60 € à 110 € selon le nombre de personnes.

Propriété agricole qui appartient à la famille depuis trois générations, Aimé et Gisèle Massias cultivent leur bonheur dans la vallée du Lot. Rustique, le château de Caussinat vous accueille en toute simplicité au cœur d'une ferme céréalière et maraîchère où les enfants seront ravis de voir les moutons de Gisèle. Votre hôtesse vous propose des plats traditionnels : blanquette de poule, canette rôtie aux pruneaux, tartes feuilletées aux fruits... De vraies vacances revigorantes à la campagne ! Sur place, ping-pong, pique-nique, piscine...

DOMAINE PECH ET LAFON €€€

Lieu-dit Pech et Lafon ✆ 05 53 64 93 10
www.cabane-et-spa-dans-les-arbres.com
De 295 € à 370 €/nuit selon la saison et la cabane. Petit déjeuner inclus. Restauration. Sauna. Prestations soins.

Ce domaine dans les bois abrite 7 cabanes dans les arbres ou accrochées à la colline, aux ambiances bien différentes. Toutes sont spacieuses, confortables, bien équipées et disposent d'une terrasse avec spa privatif. Pour votre petit déjeuner, hissez le panier préparé par vos hôtes. Corinne et Philippe vous proposent aussi des prestations dans votre cabane : soins esthétiques, modelages, shiatsu, réflexologie… Vous pourrez aussi profiter de la piscine à débordement avec une vue panoramique. Intimité, charme et standing pour un séjour d'exception… pour adultes !

L'ÉCUELLE D'OR €€

22, rue Porte-Pinte
✆ 05 53 88 19 78
Toute l'année. Du mar au vend midi & soir, sam soir et dim midi. Réservation impérative. Menus 30 € et 37 €.

La réputation de ce restaurant va bien au-delà des alentours de Clairac. L'accueil de Nicole et Jérôme y est charmant et chaleureux, la cuisine authentique. Le chef travaille le produit et le met en valeur grâce à des associations pertinentes comme en témoigne ce tajine de lotte sur une fondue de poivrons crème mascarpone à la truffe et coulis de tomates épicé ou cette poitrine de canette rôtie et laquée aux échaillons. Des intitulés qui promettent et une assiette qui confirme ces promesses. Les desserts sur l'ardoise sont pareillement savoureux.

WILLERIC €€

29, rue gambetta
✆ 06 01 14 87 13
https://willeric.fr/
Ouvert vendredi au lundi midi & soir. Menus de 16 € à 30 €. Menu midi 16 €, menu soir 25 €, menu dimanche midi 30 €.

Tenu par William et Eric, ce restaurant propose une carte au penchant locavore et bio avec un menu unique qui change toutes les deux semaines. Il illustre parfaitement la créativité du Chef. Les recettes traditionnelles françaises sont associées à un remarquable travail sur les épices (pas forcément pimentées). Une viande et un poisson sont servis à chaque fois. Tout est fait maison, même le pain ! Côté décor, Jules Verne aurait adoré son esprit « steampunk ». Petit Futé adhère à ce militantisme du bien choisi, du bien fait pour du bien mangé !

LA CHEVAUCHÉE DE VIGNEAUX

Les Vigneaux de Secrétary ✆ 05 53 79 74 03
www.lachevauchee47.com
Toute l'année 7j/7. Appeler de préférence. Forfait non adhérent séance d'1h : 19 € pour adultes et enfants + de 6 ans.

Nathalie, Jean-Claude et leur équipe vous accueillent dans leur école d'équitation, lieu convivial qui propose cours, stages, séjours vacances, randonnées... Les cours sont encadrés par une monitrice diplômée d'Etat. La Chevauchée de Vigneaux accueille toute l'année des férus d'équitation et l'été, des jeunes de 8 à 14 ans en stage d'équitation avec hébergement. Petit Futé conseille aux amateurs de découvrir la campagne clairacaise grâce aux randonnées organisées par La Chevauchée.

SALON DU LIVRE DE JEUNESSE MANGE-LIVRES

2369, Route de la Torgue
GRATELOUP-SAINT-GAYRAND
✆ 07 86 51 19 20
https://www.mange-livres.com/
Chaque premier week-end de juin. Gratuit.

Ce tout petit village au nom évocateur accueille depuis 2002 un salon du livre jeunesse bien connu des amateurs et des auteurs. Chaque année, 10 auteurs sont invités pour échanger avec leurs jeunes lecteurs et leurs familles. Rencontres, expositions, théâtre, défilé hautelecture et balades littéraires à travers le village rythment la vie le temps d'un long week-end. Site approprié pour ce type d'événement culturel, les culottes courtes trouvent là un moyen de s'évader.

TONNEINS

Du XIIe siècle jusqu'en 1790, la ville fut partagée en deux seigneuries : Tonneins-Dessus et Tonneins-Dessous, chacune avec son seigneur, son château, son église, ses fortifications et sa propre monnaie. En 1791 : elles s'unissent. Naissent alors Tonneins-la-Montagne puis Tonneins. Le port sur la Garonne a été un moteur pour son activité économique, concurrencé ensuite par le canal latéral à la Garonne puis par le chemin de fer. Tonneins reste le lieu d'activités industrielles et rurales importantes, véritable verger avec la culture des fraises, des tomates, des kiwis, des pommes... Tonneins deviendra un centre important de l'écotourisme national.

RESERVE NATURELLE DE L'ETANG DE LA MAZIERE ★

Petite Mazière - **VILLETON**

✆ 05 53 88 02 57

Sur réservation. 7 € (enfant 5 €). Visite libre interdite. Se renseigner sur le planning d'animations grand public.

Cette réserve de 102 hectares constitue un espace naturel protégé qui abrite une faune et une flore remarquables ainsi qu'une mosaïque de milieux (étang, gravières réaménagées, roselière). Ce site est une oasis de biodiversité au beau milieu d'une agriculture intensive et représente une escale privilégiée sur la route des oiseaux migrateurs. Afin de préserver les espèces qui y vivent, les visites se font uniquement encadrées d'un agent de la Réserve. Renseignez-vous.

OFFICE DE TOURISME DU VAL DE GARONNE - TONNEINS

3, boulevard Charles-de-Gaulle

✆ 05 53 79 22 79

www.valdegaronne.com

Basse saison : du mar au ven 10-13h/14-18h (17h30 de nov à mars), sam 10-13h. Été : du lun au sam 10-13h/14-18h30.

En plus du bureau d'information de Marmande, il en fallait bien un deuxième pour mieux couvrir l'ensemble du territoire du Val de Garonne, qui s'étend sur 43 communes. C'est chose faite avec celui de Tonneins, ouvert toute l'année. Face à un petit jardin à la française, on vous y réserve un accueil des plus souriants. L'Office de Tourisme de Tonneins est labellisé accueil vélo vous garantissant des équipements et des renseignements adaptés (abris, itinéraires, etc.).

LE CORNER €

1, place de la Manufacture

✆ 06 42 51 16 39

Lun au jeudi 7h30-14h. Ven 7h30-14h/18h30-22h. Menus 9 € à 15 €. Plat du jour 9 €. Sur place et à emporter.

La restauration rapide c'est souvent tout bon ou tout mauvais. Au Corner, c'est tout bon. D'abord un grand choix de délicieux burgers qui évoluent tous les deux mois : classiques, au confit de canard, au poisson ou végétarien, mais aussi des assiettes mexicaines, des tacos, des fajitas bien travaillés, des plats du jour en fonction de l'humeur du chef – toujours de bonne humeur – et des desserts (brownie, gâteau pomme-chocolat ou noix de coco...). Sur place dans une petite salle à la déco industrielle et sport de glisse, en terrasse ou à emporter.

GROIN €

rue André Thevet

✆ 07 80 64 11 85

Mar en alternance : ZAC de la Confluence Damazan / Bourran. Jeu, ven : rue André Thevet à Tonneins.

« Manger sain, manger groin ». L'adage est alléchant et l'offre confirme le propos. Des burgers ultra-gourmands, des menus hebdomadaires attrayants et des desserts maison succulents : voilà ce que proposent Yamiley et Romain. Ils sillonnent régulièrement le Marmandais avec Tonneins en point de chute et vous accueillent pour vous offrir le meilleur du terroir dans leurs recettes, le tout avec un sourire communicatif. Petit Futé ne s'y est pas trompé et a fondu devant l'échine de porc et sa sauce à l'échalote maison. En résumé, ayez du nez et mangez groin !

© RNN MAZIÈRE

Vue aérienne de la Réserve Naturelle Nationale de l'étang de la Mazière.

LE CHATÔ €

2, boulevard Charles de Gaulle
✆ 05 53 83 05 29
Le midi mar/sam et le dim midi + ven, sam soir. Entrée/plat/dessert 17,50 €, entrée/plat 16 €, plat/dessert 15,50 €.

© LE CHATO

Après avoir fait vivre ce petit restaurant de quartier en plein centre de Tonneins, Philippe Poirier et Paul Lafuge ont passé la main à Valérie Coffin en octobre 2021. Celle-ci a souhaité conserver l'identité culinaire traditionnelle de l'établissement. Pas de grande révolution donc. Le menu est réduit à 2 suggestions d'entrées, de plats, de desserts, mais le goût y est et les portions se révèlent plutôt généreuses alors on ressort satisfait ! Valérie prendra plaisir à échanger avec vous. Son coup de cœur viticole : l'AOP Côtes de Duras « La Grange aux Filles ».

CHEZ OSCAR €

pont canal
VILLETON
✆ 05 53 83 22 30
Du mardi au dimanche toute l'année. Menu du jour 14,90 €. Bar.

Agréablement situé le long du canal latéral à la Garonne, Chez Oscar a les accents de Lisbonne et de Porto qui séduisent le conducteur de passage ou les marcheurs qui empruntent la voie verte. La cuisine a les marqueurs de son identité portugaise. Entre la morue à Lagareiro où toute la simplicité gourmande du Portugal se goûte et la Feijoada, vous aurez de quoi vous satisfaire. Des pizzas au four à bois sont disponibles. Le cochon de lait figure à la carte tous les dimanches. L'été, on peut déguster de belles salades et des grillades sur la terrasse.

LE CHANVRE DE MON PÈRE

1218, route de Bernadin - **FAUILLET**
✆ 07 68 81 19 74
www.lechanvredemonpere.fr
Point de vente ouvert le mercredi de 14h à 19h, le samedi de 9h à 12h30. Sur RDV les autres jours.

Les vertus du chanvre, Nicolas Roumat les connaît bien ! Son père, Jean-Pierre, en cultive depuis 1999 à Fauillet, près de Tonneins. D'où le nom de l'entreprise. Semées, récoltées et pressées à froid sur l'exploitation familiale, les graines de chanvre – ainsi que les fleurs – donnent une huile de CBD biologique de haute qualité, respectant les réglementations en vigueur. Elle peut être utilisée pour aider à lutter contre certaines douleurs, réduire l'anxiété, améliorer la qualité du sommeil. Vous pouvez vous la procurer directement au point de vente à la ferme.

HUILERIE D'OCCITANIE

1218, route de Bernadin
FAUILLET
✆ 06 03 68 81 61
www.huilerie-occitanie.com
Point de vente ouvert le mercredi de 14h à 19h et le samedi de 9h à 12h30. Sur RDV les autres jours.

Derrière cette marque se tient un couple d'exploitants agricoles, Jean-Pierre et Martine Roumat, spécialisé dans les productions bio. Depuis une dizaine d'années déjà, leurs huiles de tournesol, colza et cameline remportent un joli succès auprès des consommateurs. Leurs qualités nutritionnelles sont préservées par la technique de première pression à froid. Essayez par exemple celles aromatisées au basilic, au citron, au piment d'Espelette, à la truffe ou bien le mélange spécial pizza. En vente dans les magasins bio de la région et directement sur l'exploitation.

PISCINES D'ÉTÉ EN VAL DE GARONNE

Avenue du Docteur Vautrain
✆ 05 53 79 04 19
Ouvert en juillet-août ; jours d'ouverture, horaires et tarifs sur www.piscinevaldegaronne.fr

L'été, en plus d'Aquaval à Marmande, Tonneins, Meilhan-sur-Garonne et Le Mas-d'Agenais vous proposent 3 bassins extérieurs de 25 m chacun (avec en plus un toboggan de 50 m à Tonneins) avec pataugeoires, jeux d'eau, espaces de jeu et de détente et des aires de pique-nique. Plus d'infos sur www.piscinevaldegaronne.fr

Le Mas d'Agenais - le bourg - ✆ 05 53 89 51 29

Meilhan-sur-Garonne - chemin de ronde de Sillac - ✆ 05 53 20 85 67

Tonneins - Avenue du docteur Vautrain - ✆ 05 53 79 04 19

LA MANOQUE

Cours de Verdun
✆ 05 53 79 83 15
www.mairie-tonneins.fr

La Manoque est un complexe culturel qui comprend deux salles spacieuses, ultra modernes, et un théâtre de verdure ouverts à la location pour des spectacles, concerts, mariages, congrès, séminaires, rencontres associatives, rendez-vous régionaux… La programmation culturelle y est riche !

Possibilité de visite sur rendez-vous (✆ 05 53 79 83 12) pour les associations, les entreprises, les particuliers, les professionnels du spectacle, les collectivités locales, les comités d'entreprises… Location des salles au 05 53 79 83 12 et billetterie au 05 53 84 50 88.

GONTAUD-DE-NOGARET

Gontaud de Nogaret est une charmante bourgade construite sur le modèle des bastides. Ville protestante, la ville est assiégée en 1580 par l'armée royale conduite par le maréchal de Gontaud. Elle est alors pillée et la population massacrée. Seule la Maison Cancon construite entre 1473 et 1495 en réchappe. Actuel château privé Le Cloître, la bâtisse connaîtra de nombreux propriétaires et différentes phases de travaux.

La Halle date du XIe siècle et accueille le marché du mercredi matin.

Si vous quittez Gontaud vers Tonneins, faites une halte au moulin de Gibra, restauré dans les années 80, inscrit à l'inventaire des Monuments historiques.

DOMAINE LAMARTINE**** €€€

Route de Ladeveze
✆ 06 11 56 10 23

Le week-end en basse saison (2 nuitées 900 €), en juillet et août à la semaine uniquement (2 500 €). Animaux acceptés.

En pleine campagne, au calme, cet ancien corps de ferme du XVIIIe siècle a été aménagé avec goût. Il émane de la propriété une belle authenticité conjuguée à un confort moderne. Les chambres (au nombre de 5, dont 1 dortoir de 5 lits) présentent une déco épurée qui met en valeur les murs en briquettes typiques de la région et les poutres en bois. Pour la convivialité, profitez de la cuisine extérieure, du bain à remous 6 places, de la piscine au sel chauffée de mai à septembre ou du terrain de pétanque éclairé la nuit. Netflix, Amazon Prime, PS4 sont à disposition.

GÎTE DE LAGUIONIE €€€

Route de Cardinaou
BIRAC-SUR-TREC
✆ 06 73 00 16 30
www.gite-de-laguionie.fr

Location à la semaine uniquement. De 1 700 € à 2 500 € selon la saison.

Ancienne métairie de caractère, cette demeure de 250 m² possède plus d'un atout pour plaire, à commencer par le grand volume de sa pièce de vie, sous une haute charpente en bois. À l'étage, on apprécie le côté intime de la mezzanine aménagée en coin lecture ou repos. Les chambres sont spacieuses, décorées selon une simplicité raffinée. 4 sont dotées d'une douche à l'italienne et 1 d'une baignoire. On compte aussi un coin bureau avec ordinateur, une salle de jeu (tables de billard, ping-pong). L'extérieur permet de profiter d'une piscine et d'une cuisine d'été.

FERME DES 3 SOLEILS

Lantrou
✆ 07 88 45 70 02

Ouvert du jeu au sam de 10h à 19h, dim de 10h à 12h. Visite de l'exploitation sur réservation (07 88 45 70 02).

Vous aimez les fruits secs ? Pour goûter à la qualité des amandes, noix, noix de pécan, noisettes, pipas produites localement en conversion bio, rendez-vous à la sortie de Gontaud-de-Nogaret sur la départementale 641. Là vous attend la boutique de la famille Tesson, dont les dizaines d'hectares de vergers (à visiter sur réservation) s'étendent sur la commune voisine de Labretonie. Vous aurez la possibilité de composer votre propre panier gourmand. N'hésitez pas à y ajouter des pruneaux, du miel, des bières artisanales ou bien du jus de pomme du Lot-et-Garonne.

SAINT-BARTHÉLEMY-D'AGENAIS

Saint-Barthélemy-d'Agenais est un petit village, situé sur le canton des coteaux de Guyenne non loin de Marmande, qui compte aujourd'hui quelques 500 habitants Il ne gagne son suffixe d'Agenais qu'en 1919. Son histoire est ancienne et des travaux de voirie en 1840 ont mis à jour 70 tombes de l'époque carolingienne ainsi qu'un bronze de Vespasien. Entouré de nombreuses cultures agricoles, ce village possède aussi un certain dynamisme culturel avec une médiathèque et un centre culturel. Le bourg abrite également une association à vocation multiculturelle nommée « Quartier des arts » destinée à développer et pérenniser la culture en milieu rural.

LE PLAISANCE €

1, rue de la charbonniere
✆ 05 53 20 06 23
Du mar au ven le midi et dim midi. Samedi le soir (l'été). Menus soir 22 €/28 €. Formule du midi 14,50 €. Menu dim 23 €.

« Il faut remettre le restaurant au centre du village », tel est le credo du Plaisance qui renoue avec une tradition ancienne. Aux manettes : Ricardo et Julie. Lui en cuisine et elle au service. Le sourire et l'attention de Julie sont sans fausse note, la cuisine sans chichis. Petit Futé a aimé les croquettes d'escargots et la purée d'épinards, le magret sauce au vin rouge et ses accompagnements et la poire et abricot rôtis au caramel et son sorbet citron. Les soirées à thème comme les pizzas au feu de bois le vendredi soir aux beaux jours sont sympas.

FOIE GRAS REGAUD

Lieu-dit Jean-Malau
✆ 05 53 94 20 48
www.foie-gras-regaud.fr
Lundi 14h-18h. Du mardi au jeudi 8h-12h/14h à 18h. Vendredi 8h-12h/14h-17h. Livraison possible. Boutique en ligne.

40 ans que la maison Regaud travaille le canard de façon artisanale. On y trouve le traditionnel foie gras de canard mais aussi l'excellent foie gras d'oie. La conserverie propose des salaisons, des recettes sucrées et salées comme les terrines de foie gras aux figues ou aux poires, des plats cuisinés comme le cassoulet au confit d'oie, l'exotique rougail à la saucisse de canard. Petit Futé apprécie le fait que l'on puisse trouver, ici, du foie gras d'oie. Amusez-vous ainsi à faire une dégustation à l'aveugle, vous serez surpris par leurs différences.

MAUVEZIN-SUR-GUPIE

Cette charmante commune domine Marmande et se trouve sur la route qui vous mènera à Duras. Allez visiter l'église, vous y découvrirez une charpente magnifique. D'ailleurs Viollet-le-Duc, fasciné, l'a dessinée et s'en est servi pour illustrer sa page consacrée à la charpente dans son dictionnaire raisonné de l'architecture française. Datée du XIIème siècle, c'est le monument le plus ancien de la commune. Son histoire est liée à celle du château seigneurial qui a été démoli dans les années 1930, sous l'indifférence générale et dont il ne reste quasiment pas traces. L'église est inscrite à l'inventaire supplémentaire des monuments historiques depuis 1958.

MIRAMONT-DE-GUYENNE ★

C'est la seule bastide en pays de Lauzun. Elle possède deux actes de naissance, l'un anglais conservé à la Tour de Londres, l'autre français dressé après la guerre de Cent Ans, consultable aux archives départementales d'Agen. De ce passé, Miramont conserve ses cornières, l'église désaxée par rapport à la mairie. Ne manquez pas d'aller découvrir l'église de Beffery du XIIIe siècle. Sur la route de Lavergne se trouve le lac du Saut du Loup, grand complexe à la fois sportif et touristique. Longtemps cité de la chaussure, Miramont est aussi héritière d'une tradition du cirque perpétuée par le populaire festival des arts de la rue, Bastid'art.

GÎTE COMMUNAL €

Le Bourg
✆ 05 53 94 20 11
www.gites-de-france-47.com
Toute l'année. 2 gîtes 2-4 personnes et 2 gîtes 4-6 personnes. Week-end de 95 € à 120 €, semaine de 145 € à 275 €.

Loger dans un ancien presbytère du XVIIe siècle à proximité de Marmande et non loin de la route qui mène à Duras, c'est possible ! Il y a deux petits logements pour 2 à 4 personnes, deux autres pour 4 à 6 locataires. C'est sûr, la déco n'est pas le point fort de ces gîtes communaux mais l'avantage, c'est que vous aurez tous les commerces de Marmande à quelques minutes en voiture et que vous disposerez d'un toit pour les vacances à petit prix. Notez qu'il y a un lave-linge et un séchoir commun aux quatre gîtes. Location au week-end, à la semaine ou au mois.

L'OISONNIERE

Moulin de Saint-Laurent
BOURGOUGNAGUE
✆ 05 53 94 17 58
Ouvert tous les jours de 9h à 13h sauf en février et les dimanches de juillet et août.

Olivier Demaret a vécu 20 ans en Afrique avant de venir s'installer dans une petite exploitation du Lot-et-Garonne. Un changement radical de vie ! Aujourd'hui membre du réseau Bienvenue à la Ferme, il élève et gave des canards de façon traditionnelle, il les transforme ensuite et les commercialise lui-même. On vous conseille fortement de venir découvrir son exploitation à taille humaine et son produit phare, l'original foie gras de canard à la vanille des Comores. Vous trouverez également des foies mi-cuits pasteurisés et d'autres produits comme des terrines...

INTERMARCHÉ

Lieu-dit Rébéquet
SAINT-PARDOUX-ISAAC
✆ 05 53 93 89 02
www.intermarché.com
Du lundi au samedi 8h30-19h30. DAB, laverie, gaz 24h/24, station-service, drive.

L'Intermarché de Saint-Pardoux-Isaac est pourvu de nombreux produits et services et promeut le développement durable par la proximité de ses produits avec les circuits courts et la vente directe. Vous trouverez les confitures Georgelin (Virazeil),, les vins des Caves Berticot (Duras), les chocolats Guinguet (Duras), un espace de produits bio en vrac, mais aussi côté sushi et wok une fabrication sur place tout comme le pain (spéciaux, complets...) façonné avec la farine du moulin de Bidou à Penne d'Agenais. Transparence et bon sens.

CABANE DU BOIS DES NAUZES €€€

Lieu dit Penau - **SEYCHES**
✆ 06 37 64 42 60
www.boisdesnauzes-cabane.com
Ouvert toute l'année. De 305 € (du lundi au jeudi) à 335 € (le week-end à partir du vendredi) la nuit.

A vous le grand luxe dans les arbres, perchés à 4 m de haut ! Une cabane, avec un sauna bulle unique en France, un bain bouillonnant privatif, et une vaste terrasse ensoleillée, quelle que soit la saison avec vue panoramique sur la vallée. De nombreuses prestations (payantes) sont à votre disposition : apéritif romantique avec champagne et pétales de roses, déjeuner pique-nique, brunch, dégustation du terroir aux chandelles, dîner gourmand, massage... A tester en couple !

BUREAU D'INFORMATION TOURISTIQUE DE MIRAMONT-DE-GUYENNE

1, rue Pasteur ✆ 05 53 93 38 94
www.paysdelauzun.com/
Basse saison lun 9h-12h. Mar/jeu/ven 9h-12h, 14h-17h. Été lun/mar/jeu/ven 9h-12h30, 14h-18h, mer 9h-12h30, sam 14h-18h.

Ici, on se plie en quatre pour vous fournir toutes les informations concernant les visites et découvertes que vous souhaitiez des activités culturelles, sportives ou festives. Ne manquez pas de demander la documentation sur Miramont-de-Guyenne et ses environs. Découvrez par exemple le patrimoine de la bastide en suivant le circuit des ruelles (en français et en anglais). Des tours guidés sont également organisés l'été, pensez à vous renseigner en amont.

INTERMARCHÉ

Lieu-dit Rébéquet - **SAINT-PARDOUX-ISAAC**
✆ 05 53 93 89 02 - www.intermarché.com
Du lundi au samedi 8h30-19h30. DAB, laverie, gaz 24h/24, station-service, drive.

L'Intermarché de Saint-Pardoux-Isaac est pourvu de nombreux produits et services et promeut le développement durable par la proximité de ses produits avec les circuits courts et la vente directe. Vous trouverez les confitures Georgelin (Virazeil),, les vins des Caves Berticot (Duras), les chocolats Guinguet (Duras), un espace de produits bio en vrac, mais aussi côté sushi et wok une fabrication sur place tout comme le pain (spéciaux, complets...) façonné avec la farine du moulin de Bidou à Penne d'Agenais. Transparence et bon sens.

CIRCUIT DES RUELLES

1, rue Pasteur
✆ 05 53 93 38 94
Visite libre tte l'année. Livret à prendre au Bureau d'Information Touristique ou à télécharger sur www.paysdelauzun.com

Il existe une façon agréable et enrichissante de découvrir la bastide, en suivant l'itinéraire mis au point par l'Office de Tourisme du Pays de Lauzun. Ce parcours de 2 km environ vous dévoile tout ce qui fait la spécificité du Miramont-de-Guyenne d'autrefois et d'aujourd'hui. Au détour des ruelles entrelacées, vous apprécierez le charme pittoresque des anciennes maisons, les cornières typiques de la place centrale, l'église Sainte-Marie et ses vitraux… Vous vous rendrez compte que la petite histoire locale va souvent de pair avec la grande Histoire.

L'EGLISE SAINT-PIERRE

31, Place Angéline Beausoleil
PEYRIÈRE
✆ 05 53 93 32 44
Clefs à retirer à la mairie juste à côté le lundi de 14h à 18h, le mercredi et le vendredi de 9h à 14h. Gratuit.

Peyrière est une petite commune située près de Miramont-de-Guyenne. La place de l'église porte le nom d'Angéline Beausoleil, la bienfaitrice qui finança à la fin du XIXe siècle l'édification d'un fort joli clocher élancé. Une centaine de marches vous conduira jusqu'à la terrasse d'où vous jouirez d'un point de vue sur la campagne tout autour. Deux jumelles panoramiques gratuites ainsi qu'une table d'orientation sont à disposition. A voir également l'intérieur restauré de l'église et le bassin du vieux lavoir au bout d'un chemin sur le côté du cimetière.

LA DEMEURE D'ARCHITECTE €€

78, chemin des Tuques ✆ 05 53 94 58 23
Chambre simple de 70 € à 80 € ; chambre double de 80 € à 90 €. Petit déjeuner inclus. Lit supplémentaire : 20 €.

A deux pas du cœur de la bastide, Michèle et Roger vous accueillent à La demeure d'Architecte, une agréable maison entourée d'un beau parc de 3 500 m² dans lequel il fait bon flâner. La maison principale abrite deux chambres à la décoration soignée, chacune avec salle de bains ou salle d'eau et toilettes privées. Vos hôtes vous réserveront un accueil chaleureux et très attentionné, et se feront un plaisir de vous faire découvrir les alentours. Un petit-déjeuner continental est servi chaque matin. Un bon point de chute pour découvrir Miramont-de-Guyenne.

LES GÎTES BARDOT €€

Le Bourg - **PUYSSERAMPION**
✆ 06 82 30 43 00
www.gites-les-bardots.com/
2 gîtes de 5 personnes à louer séparément ou ensemble. Tarifs semaine : 1 gîte de 490 à 990 €, 2 gîtes de 970 à 1 380 €.

Bienvenue en pleine campagne ! Laure et Daniel vous accueillent dans une maison de maître joliment restaurée, qui propose deux gîtes de 120 m² chacun pouvant accueillir jusqu'à 5 personnes : le gîte Les Tilleuls et le gîte Les Peupliers, avec une piscine extérieure commune aux deux. Vous pouvez très bien louer un seul gîte ou les deux ensemble. Ici, vous vous trouvez au point parfait d'équilibre entre bois, champs, vallons et bourgs. À vous les balades dans la nature, la découverte des villages et de leur patrimoine, les dégustations de produits locaux !

LE BISTROT DU COMMERCE €

22, place de l'Hôtel de Ville
✆ 05 53 84 76 48
Lundi 7h-19h30. Du mardi au samedi 7h-23h. Dimanche midi l'été. Formule du midi 14 €. A la carte 20 € en moyenne.

Un très bon rapport qualité-prix et un service impeccable pour cet établissement en plein centre de la bastide, face à la mairie. La cuisine est traditionnelle et bonne. Les produits sont frais, les plats bien présentés. En entrée, partagez une planche de fromage, de charcuterie ou de foie gras. A la carte : omelette aux cèpes, salades, burgers… Le Chef travaille beaucoup selon les opportunités que lui offrent les arrivages du jour. Ses suggestions sont variées. Le cadre est contemporain, les tables sont bien espacées afin que chacun garde son intimité.

BON APP' PIZZ' €

256, avenue de Gramont
✆ 05 53 64 98 93
www.bonapp-pizz.com
Du mardi au samedi 18h-21h. Vente à emporter uniquement. De 10 € à 14 €.

Chez Bon App' Pizz', les pizzas sont à emporter uniquement. Elles sont toutes à base de farine bio, cuites au feu de bois et garnies de produits de qualité. Certaines sont disponibles sans gluten. Parmi nos préférées figurent la « Raclette » (patates, bacon, coppa, raclette) et la « Diparma » (coppa de Parme et scamorza fumé). Et pour la couleur locale Sud-Ouest, on opte pour la « Gasconne » (pruneaux, magret séché, persillades), la « Périgourdine » (figues et bloc de foie gras) ou la « Sarladaise » (patates, champignons, magret, persillade).

JO'L CUISINE €

29, rue Philippeaux

✆ 06 28 59 23 93

Lun 12h-15h, mer au sam 12h-15h, 19h-23h. L'été : 12h-17h, 19h-23h (fermé le mardi). Formule 13€, 16€. Plat du jour 10€.

La cuisine de Joelle Hibrant va faire voyager vos papilles en première classe. Direction l'Afrique, avec des plats typiques comme le mafé ou des recettes d'ici agrémentées de fruits et d'épices exotiques. Les desserts nous transportent également, que ce soit l'ananas et sa glace coco ou gingembre, la poire pochée hibiscus et sa glace menthe. Les box salées, avec leurs mini brochettes et autres pièces à partager, on se les arrache ! Vous avez la possibilité de manger sur place dans la petite salle conviviale d'une vingtaine de couverts ou d'emporter votre repas.

LE CHEVALIER DE PARDAILLAN

7, rue de Martignac

✆ 05 53 93 22 85

www.boutique-chevalierdepardaillan.fr

Du lundi au samedi 9h-12h et 14h-19h (18h en basse saison), le dimanche 9h-12h l'été et pendant les fêtes.

Foie gras, pruneaux, vins de producteurs locaux, spiritueux (dont les fameux gins de la Distillerie du Grand Nez à Nérac) : toutes les saveurs du Sud-Ouest garnissent généreusement les rayons de l'épicerie fine implantée à Miramont depuis une trentaine d'années. La boutique a été reprise en novembre 2021 par une ancienne employée, Karolyne Bernini. La jeune femme vous assurera un accueil tout en douceur. Des coffrets cadeaux déjà préparés ou à composer à la demande feront des heureux.

INTERMARCHÉ

Lieu-dit Rébéquet

SAINT-PARDOUX-ISAAC

✆ 05 53 93 89 02

www.intermarché.com

Du lundi au samedi 8h30-19h30. DAB, laverie, gaz 24h/24, station-service, drive.

L'Intermarché de Saint-Pardoux-Isaac est pourvu de nombreux produits et services et promeut le développement durable par la proximité de ses produits avec les circuits courts et la vente directe. Vous trouverez les confitures Georgelin (Virazeil),, les vins des Caves Berticot (Duras), les chocolats Guinguet (Duras), un espace de produits bio en vrac, mais aussi côté sushi et wok une fabrication sur place tout comme le pain (spéciaux, complets...) façonné avec la farine du moulin de Bidou à Penne d'Agenais. Transparence et bon sens.

SITE DU LAC DU SAUT DU LOUP

✆ 05 53 93 22 35

En accès libre toute l'année.

Le site du Lac du Saut du Loup est un espace nature qui s'étire sur 40 hectares. Il accueille en son sein un lac de 12 hectares (interdit à la baignade), des installations sportives, des aires de pique-nique et de jeux, un restaurant, un village de cottages, un centre de vacances, un ranch équestre... C'est le paradis des pêcheurs (détenteurs d'une carte), mais aussi des marcheurs qui pourront suivre les berges ou s'aventurer plus loin en forêt. Parfait pour s'oxygéner.

LAUZUN

Lauzun est une petite ville où, en flânant, vous découvrirez l'harmonieuse restauration des rues, l'église essentiellement gothique et son riche mobilier, les maisons anciennes ou de style – dont une à cariatides – et le charme des venelles héritées d'un passé médiéval. Lauzun est dotée d'un remarquable château ducal construit au XVIe siècle. Le duc de Lauzun faisait scandale au temps de Louis XIV. Favori puis disgracié à la cour du Roi-Soleil, il fera un séjour à la Bastille puis à la forteresse de Pignerol où il aura comme voisins, Fouquet et le masque de fer... Il finira par épouser Anne d'Orléans, cousine du roi, appelée la grande Mademoiselle.

CHÂTEAU DE LAUZUN

23, rue du Château

✆ 06 74 25 16 65

Du 3 juillet au 4 septembre 2022. Visite guidée à partir de 10h et 14h. Adulte 6 € ; enfant 4 €. Groupe 5 €.

Le château de Lauzun (XIIIe s.) bénéficie d'une position stratégique entre Périgord et Agenais. Ce magnifique édifice est composé de deux parties, l'une médiévale, l'autre datant de la Renaissance. C'est cette dernière aile qui est ouverte à la visite. Vous y verrez entre autres deux cheminées monumentales, situées dans la salle des Gardes et dans la chambre du Roi. La visite peut être couplée avec celle du village. Ne manquez pas le très beau parc, aux arbres centenaires et au ravissant petit lac. Vous y découvrirez un hôtel gothique romain, la Tutelle.

GOSTAR L'ARTISAN CULINAIRE €€

6, Rue Eugene Mazelie
✆ 05 53 94 10 15
www.gostarlauzun.fr
Du mercredi midi au dimanche soir de 12h à 14h, 19h à 21h30. Menu à 34 €. Formules le midi à 19 et 24 €.

© GOSTAR

L'adresse était jusqu'à l'été 2021 celle du restaurant Le Lion d'Or. La bonne table de Lauzun a été reprise par Magali et Clément. Ils ont su apporter leur touche personnelle d'élégance moderne aussi bien au décor qu'à la carte. Les recettes du terroir s'ouvrent à de nouvelles perspectives gastronomiques raffinées. Assiettes parfaitement présentées. Service ponctué de délicates attentions. Un sans-faute y compris dans les vins et le délicieux pain maison. Pour le plaisir d'y revenir !

LA MAISON DES CARIATIDES

Rue Eugène Mazelié
Maison privée. Ne se visite pas.

Cette maison de style, d'exécution néo-classique est datée de 1830. Elle est une curiosité certaine de Lauzun. Sa façade, avec ses quatre cariatides, est classée aux Monuments historiques depuis 1972. Mais une cariatide, qu'est-ce que c'est ? Les cariatides ce sont ces statues de femmes, vêtues de tuniques, qui font office de piliers et qui, ici, sans bras, soutiennent la corniche avec leur tête. La maison est privée, vous ne pourrez donc admirer ce bel édifice que de l'extérieur, car elle n'est pas ouverte aux visites. Plaisir des yeux !

BOULANGERIE DANNÉ

1, Avenue de Paris
✆ 05 53 94 29 75
Ouvert du mardi au dimanche de 6h30 à 13h.

Si le Petit Futé vous recommande la boulangerie-pâtisserie de Gilles et Annick Danné, c'est pour le gâteau qu'ils ont créé en hommage à Lauzun. Biscuit noisette, croustillant chocolat blanc et crème brûlée au citron donnent à ce dessert un côté léger et croquant à la fois. Une merveille de douceur délicatement acidulée ! Disponible en part individuelle ou au format familial, il fait désormais partie des traditions du village. Faites-vous plaisir également avec une autre spécialité : l'amusante tête de cochon toute rose, parfumée à la vanille et au chocolat.

© CDT47

Lauzun.

© OT DE TOURISME DU PAYS DE LAUZUN

© OT DE TOURISME DU PAYS DE LAUZUN

© OT DE TOURISME DU PAYS DE LAUZUN

BUREAU D'INFORMATION TOURISTIQUE DE LAUZUN

5, rue Marcel Hervé ✆ 05 53 20 10 07
www.paysdelauzun.com
Été : lun 13h30-17h, du mar au ven 8h30-12h et 13h30-17h, sam 8h30-12h. Hors saison : du mer au ven 9h-12h, 14h-17h.

Le Bureau d'Information Touristique de Lauzun met tout en œuvre pour vous accueillir. Au fil des chemins, de places de villages en monuments témoins de l'histoire, de bastides en châteaux, d'activités sportives en rencontres culturelles ou festives, chaque étape est une découverte unique. L'équipe centralise les informations sur les grands sites touristiques du territoire. Le site internet de l'Office de Tourisme est une mine d'informations sans oublier sa page Facebook.

© OT DE TOURISME DU PAYS DE LAUZUN

© OT DE TOURISME DU PAYS DE LAUZUN

LE GRAND DUCK €

17, Rue Eugène Mazelie
✆ 09 88 51 82 29
Du mardi au samedi de 11h30 à 13h30 et de 18h à 21h. Burgers de 7 € à 14 €. Viandes de 13 € à 18 €. Salades 13 €.

Inauguré en mars 2021, ce petit restaurant accueillant est vite devenu le rendez-vous incontournable à Lauzun pour déguster une bonne pièce de viande (entrecôte, magret et confit de canard) ou un burger et ses frites maison. Le steak peut être remplacé par une galette de pommes de terre. La recette au foie gras et magret séché fait saliver, tout comme celle au roquefort. Des salades figurent à la carte avec gésiers en persillade et magret séché pour la Périgourdine, saumon fumé et crevettes persillées pour la Terre et Mer. A l'apéro, prenez une planche à partager.

LAC DES GRAOUSSETTES

SAINT-COLOMB-DE-LAUZUN

Le lac des Graoussettes est situé sur 3 communes : Saint-Colomb-de-Lauzun, Ségalas et Sérignac-Pédoubou. C'est un site de 32,8 hectares classé en 2e catégorie et cette étendue d'eau est logiquement une zone prisée des amateurs de pêche à la ligne. On y attrape sandres, brochets, black-bass et carpes de nuit, mais attention il faut avoir sa carte de pêche bien entendu. A part cela, l'autre activité « reposante » elle aussi, c'est la randonnée de 6,4 kilomètres qui longe et entoure le lac et qui permet de profiter d'un air pur et des nombreux arbres aux alentours.

LE CHAI DE LA FAURIE €€

la faurie ✆ 06 23 46 89 29
https://gitelechaidelafaurie.fr/
Pour 8 personnes (220 m², 4 chambres). De 1 000 € à 2 200 € la semaine selon saison. Gîtes de France 4 épis.

Les chais réhabilités peuvent devenir de superbes gîtes. C'est exactement ce qu'a réussi Sylvie Farbos avec Le Chai de la Faurie situé à Roumagne, près de Miramont-de-Guyenne. La belle cuisine équipée, le grand salon avec cheminée et les 4 chambres joliment décorées participent grandement au plaisir de séjourner ici. Il en va de même pour la piscine extérieure chauffée et le jardin clôturés. De nombreux loisirs sont disponibles (pétanque, trampoline, etc.). Labellisé tourisme et handicap, ce chai affiche un charme bucolique auquel on ne reste pas insensible.

LE SÉCHOIR DE BRAGUÈZE**** €€

Route de Braguèze
✆ 06 09 16 67 22
www.sechoirdebragueze.fr
De mai à septembre : de 1 600 € à 2 800 € la semaine. 1 200 € la semaine en basse saison.

Réhabilité, cet ancien séchoir à tabac en bois a conservé son authenticité. Des planches de bardage ont même été récupérées pour habiller la cuisine et plusieurs portes. Les 5 chambres, dans des tons pastel, se révèlent spacieuses et lumineuses. D'une fenêtre à l'autre, la vue sur la campagne est reposante. Sylvie et François peuvent vous faire découvrir la truffière familiale : une activité originale ! Piscine extérieure et coin barbecue complètent l'offre de ce superbe hébergement.

ROUMAGNE

Roumagne est un petit village rural qui doit sa réputation à la fertilité de sa terre et à la culture de la pensée, fleur du souvenir. Des vestiges préhistoriques et gallo-romains y ont été trouvés, mais le principal de son patrimoine culturel et historique se retrouve dans les églises de Roumagne. Vous pourrez y voir l'église romane Saint-Romain, datant du XIIe siècle et l'église Saint-Martin de Cadillac (XIIIe) au pur style roman, dont le portail est classé aux Monuments historiques depuis 1926. Dans le bourg, prenez cinq minutes pour admirer aussi l'église gothique Saint-Saturnin. Même s'il ne se visite pas, jetez un œil au château de Frémauret.

ALLEMANS-DU-DROPT

C'est au VIe siècle que ce lieu aurait été envahi par les Alamans, tribu germanique qui a donné son nom à ce charmant petit village au bord du Dropt. L'église Saint-Eutrope a été reconstruite au XIXe siècle en style néogothique. Pénétrez dans l'édifice et admirez ses peintures murales remarquables du XVe siècle. A voir également la halle en bois du XVIe siècle et celle dite « aux prunes » reconstruite après avoir brûlé en 1855. En cherchant bien dans le village, vous découvrirez un pigeonnier au pied d'un arbre majestueux. Il se trouve dans un parc privé mais il est si beau qu'on voit sa photo sur bien des cartes postales du département.

GITES DOMAINE DE FERRANT €€

1202, route de Galice - **ESCLOTTES**
✆ 05 53 84 45 02 - www.domainedeferrant.com
Toute l'année. 1 gîte 4 pers (une chambre PMR). 1 gîte 6 pers. De 600 € à 1 350 €/semaine selon gîte et saison. Piscine.

Sur le domaine viticole de Ferrant, Marie-Thérèse et Denis, passionnés de vigne et de vins, vous accueillent dans leurs deux gîtes : le gîte Rouge (6 personnes) et le gîte Blanc (4 personnes). Alliance de modernité et de standing, ils sont parfaitement équipés, en intérieur comme en extérieur. Le jardin offre une piscine au sel chauffée et un bel équipement pour vous détendre et vous amuser : barbecue, baby-foot, vélos, salle de fitness, boulodrome. Dans un cadre exceptionnel, profitez de la pêche et des sentiers qui s'offrent à vous tout autour du domaine.

BUREAU D'INFORMATION TOURISTIQUE D'ALLEMANS-DU-DROPT

13, place de la Liberté ✆ 05 53 20 25 59
www.paysdelauzun.com
Ouvert du 5 juillet au 3 septembre 2022, du mardi au samedi, 10h-12h/14h30-17h30.

Durant la période estivale, la dynamique équipe de l'Office de Tourisme du Pays de Lauzun tient ouvert un point d'information au cœur même de ce charmant village bordé par le Dropt. Profitez de la mine de renseignements compilés ici pour organiser votre séjour : savoir ce qu'il faut absolument voir sur place et aux alentours, les bons plans pour se loger, se restaurer, acheter des produits du terroir... Vous repartirez avec le plein d'idées de visites à faire !

LE MOULIN DE COCUSSOTTE €€

SAINT-PIERRE-SUR-DROPT
✆ 05 53 83 83 44
www.moulin-de-cocussotte.fr/
Chambre double de mai à sep : 85 €/nuit. Petit-déj inclus. Lit en + : 15 €. Gîtes à l'année de 250 € à 385 €/semaine.

Le Moulin de Cocussotte met à votre disposition une suite de 90 m² avec chambre, salle de bains privée (douche et baignoire), w.c. séparés et séjour/salon. Située au premier étage de cet édifice du XIIIe siècle doté d'une grande et belle roue en bois, elle comprend une loggia qui offre une vue sur la rivière et le parc idyllique, lieu d'expositions de sculptures en été. Jacques, l'un des propriétaires, est Raconteur de Pays. Faites-lui confiance pour transmettre avec passion l'histoire du moulin et de ses environs. Deux gîtes se trouvent aussi sur la propriété.

LE JARDIN DE MIREILLE

lieu-dit Fenouil
AURIAC-SUR-DROPT
✆ 06 43 94 50 23
Du 15 avril au 15 septembre. Visite libre 10h-12h/14h30-19h (téléphonez avant d'y aller). 4,50 €. Gratuit -12 ans.

Labellisé « Jardin remarquable » en 2021, cet espace botanique foisonnant de 10 000 m² a des allures de petit paradis. Sa propriétaire, Mireille Roussille, l'a aménagé avec beaucoup de soin et d'amour. Elle y a regroupé des centaines de rosiers anciens, plantes et arbustes rares. Ponctuées de pergolas, vasques, nichoirs à insectes, les allées colorées et parfumées invitent à la flânerie. L'endroit dispose aussi d'une volière, d'un bassin et d'un potager aromatique. La visite est libre, mais Mireille se tient à votre disposition pour répondre à vos questions.

LA P'TITE CONFIOTE

Fontmorin
BALEYSSAGUES
✆ 05 53 83 77 51
http://confitures-gelees.com
Ouvert du mardi au samedi de 10h à 18h30.

Ici vous attendent des confitures artisanales exceptionnelles, créées par Vincent Beylard, Maître Confiturier de France et champion du monde 2020 aux Confituriades de Beaupuy. Elles ont des saveurs bien à elles : framboise au géranium, kaki à la cannelle, banane au rhum, tomate verte, courgette fleur d'hibiscus... Le *nec plus ultra* : le confit de sauvignon, de muscat ou de thé aux paillettes d'or. Ces merveilles en petits pots sont cuites au chaudron en cuivre. Des sirops, des miels aux huiles essentielles et divers produits régionaux sont en outre en vente.

HÔTEL RESTAURANT L'ETAPE GASCONNE** €

Place de la Mairie
✆ 05 53 20 23 55
www.letapegasconne-hotel.com
Chambre standard dès 58 €. Demi-pension dès 105 € pour 2 pers. Petit déjeuner : 8,90 €. Restauration. Séminaires.

Situé au cœur d'un charmant village de caractère, cet hôtel-restaurant est une véritable étape pour se reposer et se régaler de produits du terroir. Les chambres sont grandes, agréablement décorées et confortables. La cuisine est traditionnelle : foie gras, salade de gésiers confits, magret, pavé de bœuf, côtes d'agneau... On aime s'installer dans la grande salle ou en terrasse avec une vue sur la piscine éclairée le soir. Le point de chute idéal pour visiter la région.

BISCUITS B

5, Rue du Château
✆ 07 50 26 81 12
https://www.biscuitsb.com/
Toutes les gammes de biscuits sont à découvrir sur le site www.biscuitsb.com

Biscuits B résume bien le dynamisme gourmand et vertueux de la région. Dans la biscuiterie d'Elsa et François, qualité locale rime avec bio et de saison. Les gammes de biscuits sucrés ou salés se nomment Les P'tits Lot-et-Garonnais ou Les P'tits Corréziens entre autres et chacun est au goût de ce que lui offre sa terre. Goûtez aux biscotti noisettes, ce sera votre madeleine de Proust. 2 nouveautés à signaler dans la gamme des P'tits Girondins : les palets au miel et les croustilles au vinaigre de vin pour l'apéritif. Découvrez tous ces produits sur le site web.

Ô XIII CLOCHERS €

1, Place de l'Epicerie
✆ 05 53 94 93 53
www.treizeclochers.fr
Fermé nov-mars. Basse saison mar-sam midi & soir et dim midi. Haute saison : tous les jours midi et soir. Réservation.

Une terrasse, une vue imprenable sur la vallée du Dropt et un panorama sur 13 clochers ! Ce restaurant est une institution au cœur de Monteton. Tenu par Nathalie, son fils Valentin officie en cuisine. Le résultat est détonnant : une cuisine alliant simplicité et créativité et une carte qui joue côté terre et côté mer. Débutez, au choix, votre menu par un avocat, chair de crabe, et crème citronnée suivi d'une saucisse de Toulouse et lentilles ou filet de merlu sauce aux fruits de mer. Pour finir : fraises au sucre ou une délicieuse tarte aux prunes... Un régal !

FRUIT GOURMET

Le Pregay
✆ 05 53 20 22 20
www.fruitgourmet.com
Lundi, mardi, vendredi 9h-12h, 14h-17h. Mercredi, jeudi 9h-12h. Fermé les 3 premières semaines d'août.

« Je ne suis pas le fruit du hasard » : telle est la devise de cette entreprise familiale, spécialiste du fruit moelleux depuis 1992, née grâce à une alchimie particulière entre un chef d'entreprise créateur de talent, Jean-Yves Cadalen et les fruits du monde entier. Aujourd'hui, son fils, Emeric, et son gendre Michael Besse sont aux commandes. Le résultat de ce savoir-faire ? Des produits originaux et de qualité utilisés en pause gourmande ou en aide culinaire par les pâtissiers, cuisiniers, chocolatiers et autres glaciers. Point de vente sur place.

VERONIQUE ET PASCAL PREVOT

Mau-Michau
✆ 05 53 20 24 51
Ouvert du lundi au samedi de 9h à 12h et de 14h à 19h, le dimanche sur rendez-vous.

La naissance du vignoble, du chai et de la cave remonte à 1953, et depuis 2002, ce sont Véronique et Pascal Prévot qui sont à la tête de cette entreprise familiale. L'exploitation compte 10 hectares de vignes. Les Côtes de Duras se déclinent ici en blancs secs et moelleux (magnifique vendange tardive), rouge et rosé. Véronique et Pascal vous invitent à venir sur place pour déguster leurs productions que vous pourrez vous procurer dans leur point de vente.

MONTETON

Cet adorable village bâti sur un pech domine la plaine et jouit d'un point de vue exceptionnel englobant les treize clochers des communes qui bordent la vallée du Dropt. Depuis la halle, le visiteur découvre des collines tapissées de pruniers. Au printemps, la floraison blanche donne l'impression de naviguer sur une mer odorante. Michel Serres soutient qu'il n'y a que deux endroits au monde où l'on peut assister à un tel spectacle : le Japon et le Lot-et-Garonne ! Apollinaire, lui, voyait en la vallée du Dropt « l'image du paradis »... Et que dire de la richesse de son patrimoine historique ! Bref, ce pittoresque village perché vaut le détour.

LA SAUVETAT-DU-DROPT

Au XIe siècle, des abbés prieurs viennent s'installer dans la vallée du Dropt et y créent un lieu de refuge intitulé Salvetat, ce qui signifie Sauveté. Il n'en subsiste aujourd'hui que la grande église et son superbe chœur du XIIe siècle, le vieux pont médiéval de style roman sur le chemin et, prolongé par un pont du XIIIe de douze arches de style gothique, une tour carrée militaire du XIIe, ancienne commanderie des chevaliers du temple, les vestiges de l'enceinte fortifiée du XVe et XVIe et de très jolies maisons à colombages. 1er week-end d'août : fête locale. Juillet à août tous les vendredis : soirées gourmandes sur la Prairie des Croquants.

DURAS ★★

C'est le dernier bastion du Lot-et-Garonne avant la Dordogne et la Gironde. Le père de Marguerite Donnadieu est un enfant du pays. Cette dernière signera d'ailleurs ses romans du nom de Duras, en 1943. La maison paternelle se trouve à Pardaillan. Aujourd'hui, il n'en reste hélas que des ruines. Un hommage est rendu chaque année à l'auteure durant tout un week-end de rencontres. Le Pays de Duras rime aussi avec authenticité et convivialité. Les Côtes-de-Duras doivent bénéficier de toute votre curiosité. Profitez des nombreuses manifestations organisées toute l'année pour vous régaler des produits locaux. Ne manquez pas la visite du château de Duras !

CHÂTEAU LA GRAVE BÉCHADE

BALEYSSAGUES
✆ 05 53 83 70 06
www.lagravebechade.fr

Depuis 2015, c'est la famille Burrus, négociant chocolat et détentrice de la chocolaterie alsacienne Schaal, mais aussi propriétaire des marques Marquise de Sévigné et Yves Thuries qui possède le domaine. Le vignoble s'étend sur 23 ha en AOC Côtes-de-duras, merlot, cabernet-sauvignon et sauvignon s'y côtoient pour permettre l'élaboration des cuvées en blanc et en rouge. Le château propose de l'œnotourisme permettant aux amateurs de vin et de chocolats d'apprécier ces saveurs nouvelles. La localisation permet après dégustation de profiter des atouts du Duraquois.

CHÂTEAU HAUT LAVIGNE - NADIA LUSSEAU

3334 Route de Sainte-Foy
SAINT-ASTIER
✆ 05 53 20 01 94
www.hautlavigne.fr

Boutique ouverte du lundi au vendredi 10h-12h, 14h-18h.

Diplômée d'œnologie, Nadia Lusseau, forte d'une envie de créer ses propres vins, a acheté le domaine de Haut Lavigne il y a une vingtaine d'années. Convaincue et motivée par ses rencontres avec le milieu « bio », elle a converti le vignoble dès 2006 et propose aujourd'hui trois cuvées : N Comme pour des vins jeunes et frais, G Comme pour des vins jeunes mais plus complexes et enfin m Comme, des vins riches et puissants avec un bon potentiel de garde.

CHÂTEAU LA GRAVE BÉCHADE €€€

BALEYSSAGUES ✆ 05 53 83 70 06
www.lagravebechade.fr

Le château se loue dans son intégralité. 10 personnes (5 chambres, 5 salles de bain). Piscine chauffée, tennis, sauna.

Le château La Grave Béchade est une maison de maître entourée par un parc et ses vignes. Les 5 chambres dont une double, la salle de réception et la superbe piscine chauffée forment un idéal lieu de réception (mariage, séminaire...) ou de vacances en famille ou amis. Le salon, la salle à manger reflètent avec goût la magnificence du lieu où trône un billard français pour s'adonner à quelques parties. Le sauna vous relaxera après vous être dépensé sur le court de tennis. La terrasse offre une vue splendide sur le parc. Location pour l'ensemble du château.

Vue depuis le Château de Duras.

DOMAINE DE DAME BERTRANDE

Les Guignards - **SAINT-ASTIER** ✆ 06 88 18 36 79
www.dame-bertrande.com

2 gîtes toute l'année. Gîte 8 personnes 800 € à 1 155 €/sem. selon saison. Gîte 6 personnes 550 à 875 €/sem.

Brice vous accueille sur cette propriété familiale. Il a repris les rênes de ce domaine viticole très ancien acheté par son père en 1995 et l'a converti en agriculture biologique. Adossés au chai, dans un cadre calme et tranquille, les 2 gîtes aux chambres thématisées, décorés avec goût, possèdent beaucoup de charme. Votre hôte se fera un plaisir de vous faire partager ses passions lors d'une visite du chai, du domaine et d'une dégustation de ses vins. Jeux de société à disposition.

DOMAINE DE FERRANT

ESCLOTTES
✆ 05 53 84 45 02
www.domainedeferrant.com

Du lundi au samedi de 9h à 18h. Téléphonez avant de passer.

En 2003, Denis Vuillien et son épouse ont acquis le Domaine de Ferrant. De ce terroir naissent de jolis vins : Côtes de Duras blanc moelleux, blanc pétillant, blanc sec, rouge et rosé. Après des années d'un travail acharné et passionné, les productions du domaine ont obtenu en 2018 la certification Bio pour les vignes, le vin et les pruniers. C'est l'aboutissement d'une démarche responsable. Le Domaine loue également deux gîtes haut de gamme, baptisés comme il se doit le « Rouge » et le « Blanc », au cœur du vignoble pour 4 et 6 personnes.

DOMAINE LES BERTINS

406, Route des Bertins - **SAINT-ASTIER**
✆ 05 53 94 76 26
www.lesbertins.fr

Ouvert lundi au samedi 9h-12h/14h-19h. Dimanche sur rdv. Soirées dégustation en été lundi et jeudi dès 17h30.

Ce vignoble de 15 hectares est situé aux confins du Lot-et-Garonne, au pied des ruines du château de Puychagut. On y travaille en famille dans le respect de la tradition pour produire des vins fins de qualité, régulièrement distingués. Les équipements sont sans cesse améliorés afin d'affiner la qualité des crus. La production est tournée vers l'élaboration de vins aromatiques et fins pour le blanc sec et le rosé, des vins fruités et puissants pour les rouges et plus onctueux et plus concentrés pour le blanc moelleux. Possibilité de louer un gîte sur la propriété.

ESCAPE GAME AU CHÂTEAU DE DURAS

2, Le Château ✆ 05 33 14 00 38
www.chateau-de-duras.com

Ts les jours l'été. 23 € à 39 € par personne en fonction du nombre. Réservation sur www.billetterie.chateau-de-duras.com

Nouveauté 2022 ! Deux salles du château en dehors du parcours de visite ont été aménagées pour proposer un escape game historique. Au XVIIe siècle, le soir du mariage de Jacques-Henri de Dufort, premier duc de Duras, avec Marguerite, un collier de grande valeur disparaît. Un valet de chambre, Florentin, est accusé à tort. Saurez-vous lui éviter l'échafaud en récoltant des indices et en résolvant des énigmes ? Vous disposerez de 60 minutes pour mener à bien l'enquête. Top chrono !

LE JARDIN DE BOISSONNA

Lieu-dit Boissonna - **BALEYSSAGUES**
✆ 05 53 83 81 43
www.jardindeboissonna.com

Du 1er mai à début septembre du vendredi au lundi de 10h à 18h. Le reste du temps sur rendez-vous. Adulte : 6 €.

Classé Jardin remarquable depuis 2009, ce lieu est un véritable enchantement. Près de 500 variétés de roses s'épanouissent dans un écrin de verdure, mêlant leurs délicats parfums aux senteurs de plantes méditerranéennes et leurs superbes fleurs colorées. Au milieu d'arbres remarquables, l'espace a été structuré en six petits jardins à l'atmosphère intimiste et sereine. Prenez tout votre temps pour les découvrir. Vous pourrez ensuite prolonger le plaisir en allant déguster un thé (à la rose bien sûr) accompagné de scones maison ou autres pâtisseries.

OFFICE DU TOURISME DU PAYS DE DURAS

14, boulevard Jean-Brisseau ✆ 05 53 93 71 18
www.tourismeduras.com

Basse Saison : lun au ven 9h-12h30/14h-17h30. Haute Saison : lun au sam 9h-12h30/14h-18h ; dim et jours fériés 10h-13h.

L'Office de Tourisme remplit très bien son rôle de promotion de ce beau territoire. Toute l'année, des visites sont organisées pour les groupes avec possibilité de se rendre dans une cave des coteaux de Duras ou de découvrir le château et déjeuner dans un restaurant des alentours. Le marché traditionnel a lieu le lundi matin et l'été Duras organise également son marché nocturne, tous les jeudis soir de fin juin à début septembre. Le 15 août a lieu la grande foire aux antiquités.

CHÂTEAU DE DURAS ★★

Château ✆ 05 33 14 00 38
www.chateau-de-duras.com

Toute l'année sauf 24/25 décembre et mois de janvier. Horaires selon saison. Adulte 10 €, 14 € (été). Spectacle 4D 8 €.

Devenu un attrait touristique incontournable dans la région, le château des Ducs de Duras a connu plusieurs vies. Simple castrum au XIIe siècle, forteresse au XIVe siècle, il a été transformé ensuite en demeure de plaisance à la Renaissance. Après avoir subi les assauts de la Révolution et la dégradation du temps, il est racheté par la commune en 1969 puis restauré. Classé Monument historique, il offre un parcours scénographie vivant, à travers une trentaine de salles. Des sous-sols au sommet de la tour (où la vue sur le village de Duras et ses environs est sublime), vous passerez par les cuisines du Moyen Âge taillées dans la roche, la salle dite « aux secrets » dotée d'une surprenante particularité acoustique (on entend dans un coin ce qui est murmuré à l'autre bout). Vous verrez la magnifique charpente en bois, les appartements du Duc et de la Duchesse meublés en partenariat avec le Mobilier national... Le château ne se résume pas qu'aux visites. Il est le théâtre de nombreuses animations, notamment durant la période estivale avec des spectacles de fauconnerie, des tournois de chevalerie, des combats à l'épée entre mousquetaires et malandrins. Le mapping nocturne sur la façade remporte chaque été un franc succès. Chasse aux œufs à Pâques, exploration horrifique au moment d'Halloween : l'édifice vit au rythme des saisons. Depuis 2021, ses extérieurs accueillent également le festival Durassic de musiques électroniques. Promenez-vous aussi dans les ruelles pittoresques du village, vous ne le regretterez pas !

GITES DOMAINE DE FERRANT €€

1202, Route de Galice - **ESCLOTTES**
✆ 05 53 84 45 02 - www.domainedeferrant.com/

Toute l'année. 1 gîte 4 pers (une chambre PMR). 1 gîte 6 pers. De 600 € à 1 350 €/semaine selon gîte et saison. Piscine.

Sur le domaine viticole de Ferrant, Marie-Thérèse et Denis, passionnés de vigne et de vins, vous accueillent dans leurs deux gîtes : le gîte Rouge (6 personnes) et le gîte Blanc (4 personnes). Alliance de modernité et de standing, ils sont parfaitement équipés, en intérieur comme en extérieur. Le jardin offre une piscine au sel chauffée et un bel équipement pour vous détendre et vous amuser : barbecue, baby-foot, vélos, salle de fitness, boulodrome. Dans un cadre exceptionnel, profitez de la pêche et des sentiers qui s'offrent à vous tout autour du domaine.

L'HOSTELLERIE DES DUCS €€

Boulevard Jean Brisseau
✆ 05 53 83 74 58
www.hostellerieducs-duras.com

Haute saison tous les jours sauf lun et sam midi. Oct. à juin, fermé sam midi, dim soir et lun. Menus 39,50 à 54 €.

A l'Hostellerie des Ducs, la cuisine est une histoire de famille où le talent suit les générations. Entre Jean-François Blanchet, le père et Vincent le fils, l'empreinte est similaire, le titre de Maître Restaurateur obtenu à 4 mains le prouve. Fait maison, produits frais et locaux, ces fondements font de beaux plats : clafoutis tomates confites, émincé de canard au vin de Duras, diplomate pruneaux crème anglaise. Divers menus sont proposés. En 2020, la salle a été rénovée en gardant l'esprit Famille et la terrasse donnant sur le jardin est d'une grande capacité.

© HOSTELLERIE DES DUCS

© HOSTELLERIE DES DUCS

L'HOSTELLERIE DES DUCS*** €€

Boulevard Jean-Brisseau ✆ 05 53 83 74 58
www.hostellerieducs-duras.com

Toute l'année. 20 chambres (3 adaptées PMR). Chambre simple dès 63 €. Chambre double dès 93 €. Triple dès 190 €.

Ancien couvent devenu hôtel à l'accueil chaleureux, l'Hostellerie des Ducs est un lieu chargé d'histoire. La famille Blanchet a donné son empreinte à cette belle maison où trois générations travaillent ensemble. Trois chambres sont situées dans une dépendance où se trouvaient les remparts et possèdent chacune une terrasse. Elles sont aménagées selon la charte de l'écolabel, le frais vient des murs en pierre. Spa, piscine, jardin fleuri et restaurant viennent compléter ce lieu.

KARL €

3, Place du 11 Novembre

Basse saison : lun, mar 9h-14h30, mer au sam 9h-14h, 18h-21h. Haute saison : lun au sam 9h-21h. Burgers de 6 € à 14 €.

Eléonore, Matthias et Jonathan tiennent ce snack orienté street food et *healthy food* au cœur même du village. La cuisine bien-être est l'un des gouvernails de la carte qui propose des plats siglés « world food » balayant l'ensemble de la planète : burgers, mais aussi woks, curry, pâtes, salades, sushis, sans oublier de délicieux sandwiches et des pâtisseries à tomber – la tartelette aux pommes est une tuerie ! L'offre de produits sains se retrouve dans l'ambiance colorée et le décor qui renvoient un sentiment naturel allant de pair avec la dégustation. On aime !

KARL €

3, Place du 11 Novembre

Basse saison : lun, mar 9h-14h30, mer au sam 9h-14h, 18h-21h. Haute saison : lun au sam 9h-21h. Burgers de 6 € à 14 €.

Eléonore, Matthias et Jonathan tiennent ce snack orienté street food et *healthy food* au cœur même du village. La cuisine bien-être est l'un des gouvernails de la carte qui propose des plats siglés « world food » balayant l'ensemble de la planète : burgers, mais aussi woks, curry, pâtes, salades, sushis, sans oublier de délicieux sandwiches et des pâtisseries à tomber – la tartelette aux pommes est une tuerie ! L'offre de produits sains se retrouve dans l'ambiance colorée et le décor qui renvoient un sentiment naturel allant de pair avec la dégustation. On aime !

THE OLD BOOKSHOP

17, rue Paul Persil
✆ 06 47 02 70 67
Du lundi au vendredi 10h-16h (17h l'été). Plats de 7 € à 9 €, desserts 3 € environ.

Ce lieu est une ode à la gourmandise et au réconfort fait maison. Lydie Macé vous accueille avec ce sourire sincère d'une femme qui sait que ses pâtisseries vous feront chavirer. La salle invite à s'installer et prendre le temps de savourer des yeux les gâteaux avant de les déguster. Petit Futé a succombé au salé et au sucré : salade thaï ou de falafels par exemple, buddha bowl, tarte au boudin ou à la patate douce et un café gourmand à choisir selon les pâtisseries du jour. The Old Bookshop est un petit trésor gourmand où riment confection, maison et passion.

CHAI ET RASADE

8, place du Marché
✆ 05 53 93 20 20
Basse saison : 8h-12h30, 15h-19h, fermé le mercredi et le dimanche après-midi. L'été : 8h-19h (fermé le mercredi).

Christine Menard et Thierry Hoff, pâtissier chocolatier de formation, sont à la tête de ce lieu hybride qui est à la fois un bar à vins et à tapas, une épicerie fine, une crèmerie, bref une vraie caverne d'Ali Baba pour les gourmets. Chaleureusement accueilli, vous dégusterez les vins des Côtes-de-Duras accompagnés de tapas élaborées à partir de produits régionaux et des meilleures spécialités d'Espagne et d'Italie. La boutique offre aussi une palette d'alcools remarquables : whiskies, armagnac, et même un fameux calvados de la Maison Lemorton. Un coup de cœur.

CHÂTEAU MOLHIÈRE

1816, Route de Sainte-Foy-la-Grande
✆ 05 53 83 70 19
https://molhiere.com
Accueil du lundi au vendredi de 10h à 19h, le dimanche de 10h à 12h sur rendez-vous.

Au cœur même du pays de l'AOC Côtes de Duras, le Château Molhière fait partie des adresses recommandées en particulier pour le large panel de caractéristiques offert par ses rouges « Cuvée Pierrot », « Les Maréchaux » et « Terroir des Ducs ». En tant que vignerons indépendants, Patrick et Elisabeth Blancheton associent traditions et modernité dans l'élaboration de leurs gammes, toujours dans le respect de la vigne. Découvrez leurs cuvées emblématiques lors des dégustations gratuites et commentées qui ont lieu dans le chai à barriques au cachet authentique.

CHOCOLATERIE GUINGUET

163, rue des Cavales ✆ 05 53 83 72 47
www.maisonguinguet.com
Boutique lun-sam 9h-12h30/14h-18h30. Visites des ateliers l'été du mardi au jeudi (sauf jours fériés) à 10h et 11h.

© CHOCOLATERIE GUINGUET

A l'origine entreprise de transformation de prunes d'Ente en pruneaux, cette maison familiale et artisanale ajoute en 1991 la production de chocolats à son savoir-faire. On vient parfois de loin jusqu'à Duras pour faire le plein de gourmandises dans sa spacieuse boutique, entièrement refaite en 2020. Petit Futé vous confie que son péché mignon s'appelle Muscatine, une bouchée aux noisettes, amandes et crêpe dentelle. Goûtez aussi les Cokinettes aux noisettes ou les pruneaux au chocolat. Profitez de votre passage pour visiter les ateliers. Une référence sucrée !

BERTICOT

Route de Sainte-Foy la grande
✆ 05 53 83 75 47
www.berticot.com
Du lundi au samedi de 9h à 12h30 et de 14h à 17h30. En juillet et août de 9h à 18h.

© BERTICOT DURAS

Entre Bordeaux et Bergerac, à proximité du village de Duras, la boutique Berticot, magasin de vignerons coopérateurs des Côtes de Duras, vous propose une vingtaine de cuvées sélectionnées en blanc, rouge, rosé ou moelleux en AOP Côtes de Duras ou en AOP Bordeaux. Retrouvez en boutique de nombreuses idées cadeaux et produits régionaux. Découvrez le mardi le parcours bio en juillet et août (sur réservation). Visites libres à l'aide d'une carte dans le vignoble de Berticot toute l'année. Pour les groupes, visites de la cave, minimum 15 personnes sur réservation.

LE COMPTOIR DE MARGUERITE

13, rue Paul Persil
✆ 05 53 84 43 87
Ouvert du lundi au samedi 9h-12h30, 15h-19h (sauf le mercredi après-midi) et le dimanche matin en été.

Cette épicerie fine anime le cœur de Duras. Elle propose les grands classiques comme du thé en vrac Dammann, des épices, des caramels, guimauves et nougats artisanaux, des biscuits bio, des cafés locaux… En été, Laurent Mora propose une dégustation du pastis béarnais de la maison « Le pastis d'Amélie » à la vanille Bourbon. Produits locaux, vendus en circuit court et surtout connus du patron ! A l'étage : le salon de thé permet de profiter de la tranquillité.

DOMAINE DE LAULAN

Petit-Sainte-Foy
✆ 05 53 83 73 69
www.domainelaulan.com
Du lundi au vendredi 8h-12h, 13h30-18h30.

En 1974, la famille Geoffroy fait l'acquisition du domaine. Depuis, le vignoble a été totalement rénové et restructuré. L'incontestable vedette est le Côtes-de-Duras sauvignon 2014 loué pour sa précision diabolique, sa spectaculaire livrée aromatique et sa capacité de garde. Depuis des années, le sauvignon du domaine de Laulan obtient la reconnaissance de ses pairs en gagnant les meilleurs prix au concours général agricole et au concours national des Vignerons indépendants entre autres. A découvrir en plus le rouge Duc de Laulan aux notes fruitées et épicées.

MAISON DES VIGNERONS

Fonratière
✆ 05 53 94 13 48
www.vins-bergeracduras.fr
Basse saison : du mercredi au samedi 10h-13h, 14h30-18h30. Juillet/août : du lundi au samedi 10h-13h, 14h30-18h30.

Au pied du village de Duras, lorsque vous vous dirigez vers Marmande, ne manquez pas de faire une halte gourmande à la Maison des Vins, concentré des crus de l'appellation AOC Côtes de Duras. Avec d'abord la possibilité de déguster et découvrir des vins gratuitement, guidé par une équipe de passionnés. Ensuite, suivez à l'extérieur le « Parcours du jardin des vignes de Duras » où des panneaux explicatifs vous apprendront comment se cultivent les vignes. Les tables ombragées sous les tonnelles sont recommandées pour un pique-nique réussi.

RANDONNÉES PÉDESTRES

Renseignez-vous sur les circuits auprès de l'Office de Tourisme du Pays de Duras.

Parcourir le Pays de Duras à pied et découvrir les nombreux éléments de son terroir local : c'est possible ! Plusieurs circuits sont proposés à l'Office de Tourisme ayant chacun leur thème : pruniers, vergers, vignobles, petit et grand patrimoine. L'Office de Tourisme vous proposera d'éditer les circuits que vous souhaitez faire. Vous avez plusieurs choix entre 6 km et 19 km, suivant votre forme et vos envies ! Adresse futée : www.lotetgaronne.fr. C'est l'adresse où vous pourrez télécharger toutes les fiches de randonnées possibles en Lot-et-Garonne.

ANIMATIONS AU CHÂTEAU DE DURAS

Adulte : 10 € ; étudiant : 7 € ; enfant : 5 €. Hiver : 14h-18h. Printemps/automne : 10h-13h et 14h-18h. Été : 10h-19h.

Durant l'été, le château s'anime :

- Spectacle de cape et d'épée avec les mousquetaires du Roy. Du 9 au 27 juillet tous les jours à 14h30 et 16h30.

- Spectacle de fauconnerie où les rapaces volent au-dessus du public. Du 28 juillet au 28 août tous les jours à 14h30.

- Les Chevaliers de Duras : venez revivre le monde de la chevalerie et de la bravoure tous les jours du 28 juillet au 28 août à 17h.

Pour plus d'informations sur les animations, consultez le site.

DURASSIC FESTIVAL

www.durassic-festival.com

Du 15 au 17 juillet 2022 dans le parc du château de Duras. 43,70 € / soirée ; 49,70 € avec camping. Pass 3 jours 110 €.

C'est l'un des derniers nés des festivals musicaux en Lot-et-Garonne. Lancée courageusement en juillet 2021 pendant la crise sanitaire, cette manifestation dédiée aux musiques électroniques s'empare à nouveau cet été durant 3 jours du formidable cadre du château de Duras. L'édition 2022 compte parmi ses têtes d'affiche les DJ français Etienne de Crécy et Trym, l'Américain Jeff Mills, le duo israélien Infected Mushroom, entourés d'une dizaine d'autres artistes. Camping, buvettes et food trucks sont prévus. Du bon son en perspective au pied du château !

SPECTACLE 4D AU CHÂTEAU DE DURAS

Du 3 juillet au 30 août 2022. 8 € à partir de 15 ans, 3 € pour les 7-14 ans, gratuit pour les - de 7 ans.

Il rencontre toujours un vif succès : ce magnifique spectacle en 4D est éblouissant. Les séances ont lieu du 3 juillet au 30 août tous les mardis, jeudis et dimanches à 22h30 et durent 40 minutes. Le mapping, réactualisé cette année, est projeté sur les 2 façades et revient sur l'histoire des lieux. Le spectateur est littéralement happé par ces fresques lumineuses. Elles redonnent vie aux pierres dans un ballet de couleurs, de reliefs et de sons. Magique.

SAINT-JEAN-DE-DURAS

Saint-Jean-de-Duras est une petite commune dont vous aurez rapidement fait le tour… Cependant, vous seriez bien inspirés d'y accéder par la D309 depuis Alemans-du-Dropt après La Croix-de-Moustier. Petit Futé vous garantit une belle balade au milieu des collines des vignobles du Duraquois. Lors de cette promenade, prenez le temps de vous arrêter cinq minutes devant l'église paroissiale Saint-Jean et de faire une pause bucolique près du joli puits de la mairie… voilà ce qu'offre ce village : calme et simplicité de la campagne. Une halte reposante, dans un cadre verdoyant, au milieu des vignes. Alors, posez-vous et profitez de cette douceur de vivre.

SIMPLY CANVAS €

Bonac ✆ 06 81 76 85 94

www.simplycanvas.eu

6 tentes Safari et 3 gîtes dès 85 €/nuit basse saison. Haute saison location semaine dès 945 €. Petit déj compris.

Simply Canvas est un endroit très original où vous découvrirez le glamping, camping associant confort et hébergement atypique. Sandra et Santi vous y accueillent chaleureusement et vous proposent 6 tentes safari de 35 m², joliment décorées, avec salle de douche privative, et 3 gîtes. Disséminés sur un grand terrain, les logements préservent l'intimité de chacun. Ambiance bucolique et séjour reposant et ressourçant assurés ! Le tout dans un esprit nature et développement durable avec son jardin et ses animaux. Restauration 100 % locale possible le soir.

LES GÎTES DE MOMIAC €€

309, Momiac

✆ 05 53 94 59 04

Location à la semaine en juillet et août à partir de 500 € la semaine. Au mois le reste de l'année.

Une perle du bout du monde que les amateurs de chevaux et de bons vins apprécieront ! Lionel Payen est de ces hommes qui semblent avoir connu plusieurs vies. Aujourd'hui, il élève et entraîne des chevaux pour des courses d'endurance. Les gîtes sont aménagés avec des matériaux de construction bio, dont une piscine à filtration naturelle. Celles et ceux qui sont à la recherche de grands espaces, de silence et de confort seront comblés… Le tout au milieu des chevaux. D'une grande gentillesse, l'accueil de Dominique et Lionel est excellent.

DOMAINE MOUTHES- LE BIHAN

✆ 05 53 83 06 98
www.mouthes-le-bihan.com
Sur rendez-vous. Point de vente, dégustation et visite du chai sur demande.

Cathy et Jean-Marie sont deux vignerons qui ont créé leur vignoble en 1997. L'esprit de terroir est pour eux capital. La notion de rendements ne fait pas partie de leur philosophie. Ils travaillent leurs vignes en bio et biodynamie, les vendanges sont manuelles. Aucun levurage ni enzymage avant l'élevage en cuve. Découvrez leurs vins de la Pie Colette, déclinés en blanc, rouge et rosé, des vins faciles à boire. Chouchou du Petit Futé, la cuvée Viellefont 2017 en rouge : un grand vin !

LAC DE LESCOUROUX

✆ 05 53 66 16 68
www.peche47.com
Ouvert toute l'année. Pêche selon périodes autorisées. Baignade interdite.

Le lac de Lescouroux est un lac artificiel destiné à réguler l'approvisionnement en eau du Dropt. D'une superficie de 112 hectares avec une promenade de 7 km de corniche, le lac sert de réservoir pour l'agriculture et il est très apprécié des pêcheurs (carte de pêche obligatoire). La pêche est autorisée selon la catégorie du plan d'eau (lac de 2e catégorie) et les périodes d'ouverture des espèces recherchées. Lieu idéal pour les balades bucoliques en famille, un parcours balisé vous permet d'observer la vie du lac et les nombreux oiseaux présents sur le site.

LOUBÈS-BERNAC

Loubès-Bernac, petite commune calme en hiver, mais pleine de vie en été, est née à la Révolution par la réunion de quatre paroisses : Bernac, Montaillac, Uffer et Loubes. Les quatre églises édifiées entre le XIe et le XVIe siècle peuvent toutes être visitées. Le château de Théobon, ouvert à la visite en été, date quant à lui du XIVe siècle. Mais ce village est habité depuis la Préhistoire. En témoignent les nombreux vestiges qui y ont été découverts, comme des sarcophages de l'époque mérovingienne. Les amoureux de la nature ne sont pas de reste et peuvent profiter des six chemins de randonnée répertoriés par le Comité départemental du Tourisme.

SOUMENSAC

Village frontière entre le Lot-et-Garonne et la Dordogne... Il partage avec cette dernière le lac de Lescouroux. Certains anciens vous diront que c'est ici que se trouve le meilleur du vignoble de Duras ! Ne manquez pas les marchés de producteurs de pays : le magazine allemand Stern leur a consacré un reportage. Chaque dimanche matin de juillet et août de 9h à 15h, touristes et producteurs se retrouvent à l'ombre des arbres du chemin de ronde. On achète les produits locaux, on les déguste, et on partage, dans une ambiance où la convivialité est reine, des moments exceptionnels. Soumensac offre une vue magnifique qui peut s'étendre jusqu'aux Pyrénées.

CHÂTEAU DE THÉOBON

✆ 06 85 44 83 11
En 2022, ouvert du 4 au 23/07 et du 22/08 au 18/09 du lun au sam 10h-16h. Visite guidée. Adulte : 4 €. CB non acceptée.

Que d'aventures a connu ce château ! Fortement endommagé lors des guerres franco-anglaises et rebâti à la fin du XVe siècle, il sera de nouveau mis à mal à la Révolution. Seule l'implication de passionnés d'histoire et de vieilles pierres a alors permis qu'il ne tombe pas totalement en ruines. Les chantiers de rénovation se succèdent. Les beaux plafonds peints ont été restaurés laissant entrevoir la splendeur passée. La plus belle cheminée du château a été vendue dans les années 1920 et se trouve actuellement dans un musée appartenant à l'université de Harvard.

PAYS DU VAL DE GARONNE GUYENNE GASCOGNE

PAYS D'ALBRET

Le pays d'Albret est un concentré d'histoire qui transparaît non seulement dans son patrimoine architectural, mais aussi dans son art de vivre toujours existant. Le château Henri IV de Nérac fait figure d'emblème royal et historique d'une fierté gasconne identifiable sur plusieurs points. Riche au niveau gastronomique, c'est une région où la tradition culinaire du canard, du vin et de l'Armagnac, la proximité du Gers et des Landes l'expliquant, alimente les événements qui font l'année. De Mézin à Xaintrailles et jusqu'à Francescas, la nature est préservée, la forêt se déploie et la Baïse suit son cours tranquillement offrant aux plaisanciers une formidable opportunité de parcourir l'Albret avec douceur et quiétude. Le pays d'Albret, ce sont les hommes et les femmes qui la font et la convivialité et le plaisir de se retrouver se sentent dans les fêtes qui attirent les foules jusqu'à l'art de la parole burlesque fêté à Moncrabeau.

Pays d'Albret
D11
D655
D8
SAINT-PIERRE-DE-B
D108
D283
XAINTRAILLES
D8
D655
B
Durance
D665
D283
RÉAUP-LISSE
D109
D149
MÉZIN
POUDENAS
SOS
D5
D656
SAINTE-MAURE-DE-PEYRIAC
D144

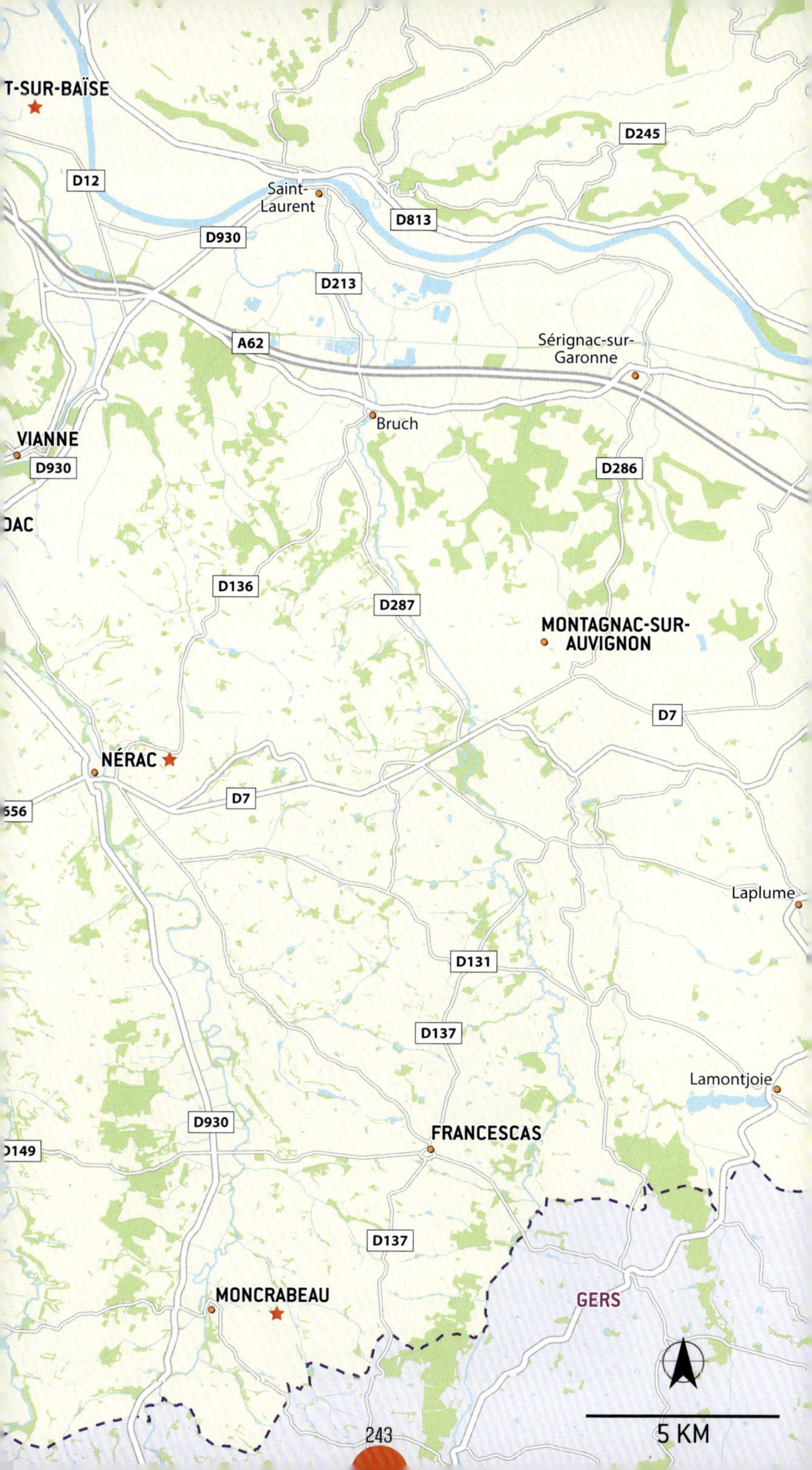
T-SUR-BAÏSE
D12
Saint-
Laurent
D930
D813
D245
D213
A62
Sérignac-sur-
Garonne
Bruch
VIANNE
D930
D286
DAC
D136
D287
MONTAGNAC-SUR-
AUVIGNON
D7
NÉRAC
D7
656
Laplume
D131
D137
Lamontjoie
D930
FRANCESCAS
D149
D137
MONCRABEAU
GERS
5 KM

PAGES

PAYS D'ALBRET

Croisière sur la Baïse près de Nérac.

NÉRAC ★

Quelle jolie ville aux charmes anciens envoûtants ! Nérac fut un pôle intellectuel de la Renaissance et du protestantisme. Le futur roi Henri IV fit du château son quartier général, de 1576 à 1588, années durant lesquelles lui et sa première épouse purent s'adonner aux plaisirs de la Cour sur les bords de la Baïse... Marchez à votre tour sur les pas du roi Henri dans le parc de la Garenne. Une passerelle permet d'accéder à l'autre rive et de revenir dans le centre de Nérac. Il faut prendre le temps de flâner dans les rues, d'admirer le château, la sublime église Saint-Nicolas aux remarquables vitraux, le vieux pont reconstruit au XVIe siècle...

CHÂTEAU HENRI IV ★★

BP 113, Place du Général de Gaulle
✆ 05 53 65 21 11
https://chateau-nerac.fr/

Du 1er juin au 18 septembre. Fermé lun et dim. Mar 13h30-18h. Du mercredi au samedi 10h-12h30, 13h30-18h. 4 € (adulte).

Bijou de la Cité d'Albret, le Château-Musée Henri IV relève le défi de vous faire découvrir un patrimoine extraordinaire, alliant grande Histoire de France et petite histoire locale, au sein d'un territoire vert préservé. Ancienne demeure royale des Albret, l'édifice a accueilli entre autres la cour prestigieuse d'Henri de Navarre, futur Henri IV, et de son épouse Marguerite de Valois dite la Reine Margot. Les collections du XVIe au XIXe siècle permettent de découvrir l'esprit de cette cour de Navarre et la vie quotidienne au temps de la Renaissance.

LUD'O PARC

Avenue de Plaisance
✆ 05 53 65 77 50 - www.ludoparc.eu

Du 02/07 au 04/09. 7j/7 : 11h-19h30. Adultes/enfants + de 1,40 m : 7 €. Gratuit - de 1,10 m. Aquagym mar, jeu, dim.

Durant l'été, à Nérac, le complexe balnéoludique du Lud'O Parc est le lieu idéal pour se rafraîchir et s'amuser en famille ou entre amis. Pour la détente et la baignade sont prévus bassins balnéo, banquettes à bulles, jeux d'eau, lagune avec enrochement, pataugeoire. Pour le fun, toboggan spirale, pentagliss, rivière à bouées. Au milieu d'un parc verdoyant, dans un décor sympa de vestiges gallo-romains, le Lud'O Parc comblera petits et grands. Profitez aussi d'activités encadrées : aquagym, leçons de natation (sur réservation).

CONTER FLEURETTE

Vous connaissez sûrement l'expression « conter fleurette ». Elle trouve son origine à Nérac sur les bords de la Baïse. Henri IV avait la réputation d'être un bon vivant et un amateur de femme. La fille de son jardinier, Fleurette, en aurait fait les frais. Folle d'amour pour ce seigneur d'Albret, elle se noya dans les eaux de la Baïse. Sa statue réalisée par Daniel Campagnac (1896), située dans le parc de la Garenne, rappelle sa triste histoire. Sur la plaque on peut lire : « A peine ils s'étaient vus qu'ils s'aimèrent d'amour. Elle comptait seize ans ; lui, trois de plus. Ravie Fleurette à cet amour donna toute sa vie. Henri, Prince d'Albret ne lui donna qu'un jour ».

DISTILLERIE DU GRAND NEZ

406, route de nomdieu ✆ 06 75 35 93 71
https://dugrandnez.fr/
Du lundi au vendredi de 8h à midi et de 14h à 18h. Lieu de vente et boutique en ligne sur le site internet.

Parce qu'elle produit des gins bio d'exception plusieurs fois médaillés, la Distillerie du Grand Nez créée en 2019 est parvenue en peu de temps à se faire un nom au pays de l'Armagnac. Le Gin Attribut n° 1 présente des saveurs d'agrumes, kiwis et verveine citronnée. Le Gin Attribut n° 2 se distingue par son parfum de fruits caramélisés. Il existe aussi une édition spéciale à la truffe d'été et à la vanille de Madagascar. La subtilité de la palette aromatique, les ingrédients naturels, sans colorant, sans additif, contribuent au succès de ces alcools de caractère.

PARC ROYAL DE LA GARENNE

Avenue de Lattre de Tassigny
✆ 05 53 65 27 75
www.albret-tourisme.com
Accès libre ou visite guidée sur rdv. Parcours sur pupitres 6 étapes ou en vidéo-guide téléchargeable sur le site web.

Les habitants de Nérac aiment s'y promener et s'y délasser. Classé site historique en 1909, ce parc a été créé au XVIe siècle par la famille d'Albret. La reine Margot, touchée par ce lieu, y apporta un plus : l'allée dite « des 3000 pas » qui longe la Baïse jusqu'au bourg de Nazareth. Pleine d'histoire, votre déambulation sera ponctuée de fontaines rappelant qu'en période de chaleur, ce parc sait se faire accueillant. Empruntez la passerelle pour atteindre l'autre rive de la Baïse, où vous pourrez admirer le pavillon des Bains du Roy et son jardin.

CHEMIN DE FER TOURISTIQUE DU PAYS DE L'ALBRET

14, avenue du 19 Mars 1962
✆ 06 98 16 55 33
Départs Mézin ou Nérac. Se renseigner sur les jours et horaires au 06 98 16 55 33 ou 06 03 85 26 54.

L'ancienne voie désaffectée qui relie Nérac à Mézin a repris du service en 2015 et fait revivre les gares et surtout un des plus jolis trajets qu'il vous sera donné de faire. 14 km commentés qui comprennent plusieurs passages sur des viaducs, l'impressionnante traversée du long tunnel de Lamothe-Douazan, la découverte de la faune, la flore et l'histoire de la région. Châteaux et rivières longent aussi le parcours. Petit futé vous recommande vivement cette promenade.

Nérac.

LES CROISIÈRES DU PRINCE HENRY

Port de Nérac © 05 53 65 66 66
www.croisieresduprincehenry.com

Ouvert d'avril à octobre. Adulte : 9,50 €. Enfant (3 à 12 ans) : 7 €. Croisière déjeuner : menus de 37,50 € à 41 €.

Le *Prince Henry* est une réplique d'un coutrillon, un ancien navire qui transportait les marchandises sur la Baïse. Ce bateau robuste peut embarquer jusqu'à 75 passagers pour une visite commentée au départ du joli port de Nérac. La croisière dure une heure. Découvrez le Parc royal de la Garenne, le village templier de Nazareth et passez l'écluse. Il est possible de louer de petites embarcations dont la conduite se fait sans permis. En été : possibilité de déjeuner-croisière.

LES CONTES D'ALBRET €

3152, Route des Contes d'Albret
© 05 53 65 18 73
www.contesdalbret.fr

Aire naturelle de 18 emplacements ouverte de mai à septembre + 2 chambres et 1 appartement. Auberge à la ferme.

Un environnement superbe en pleine campagne, à seulement 10 minutes en voiture de Nérac. Ici, pas d'animations, de télévision, mais un camping nature où l'on profite du calme et de la piscine. C'est aussi une maison où règne l'hospitalité gasconne et si vous n'avez pas envie de camper, 2 chambres et 1 appartement tout confort vous attendent. Côté saveurs, à l'auberge, Michel et Karin sont aux fourneaux, Fabien et Christine au service. Agneau à la plancha, magret ou confit de canard, fromage de brebis : la cuisine campagnarde est succulente.

CAMPING SAINT-LOUIS*** €€

D931
LAMONTJOIE
© 05 53 99 59 38
www.campingagen.fr

Ouvert du 1er avril au 31 octobre. Animations. Balade en canoë, paddle, kayak et pédalo.

Sur un site préservé, Nora et François vous accueillent au sein d'un camping entièrement rénové. Outre les emplacements classiques, vous disposez de 3 tentes tipis prêtes à camper. Pour une nuit encore plus insolite, optez pour la cabane flottante sur le lac ou pour l'un des cinq chalets au bord de l'eau. Labellisé Clef Verte pour son engagement dans l'écologie, le camping propose des activités quotidiennes autour du thème de la nature. Carrés potagers en permaculture. Restaurant de produits. Club enfants avec animateur/trice chaque matin en saison.

MAIRIE DE NÉRAC

Place du Général de Gaulle
© 05 53 97 63 53 - www.nerac.fr

Guichets lundi 14h-17h, mardi-mercredi et vendredi 8h30-12h et 13h30-17h15, jeudi 8h30-17h15 et samedi 8h30-12h.

L'histoire de l'édifice municipal n'a pas toujours été un long fleuve tranquille. Au Moyen Age, le bâtiment faisant office de mairie se trouvait Rue de l'Ecole. En 1611, il fut la proie d'un incendie causé par l'explosion d'une réserve de poudre. Le feu détruisit de nombreux documents, dont les archives du château de Nérac. Il fut reconstruit avec un beffroi et une cloche pour alerter en cas d'autres sinistres. Restauré par la ville, l'édifice est inscrit au titre des Monuments historiques depuis 2008. L'actuelle mairie se trouve Place du Général de Gaulle.

OFFICE DE TOURISME DE L'ALBRET

7, avenue Mondenard © 05 53 65 27 75
www.albret-tourisme.com

Du 7 juillet à fin août du lun au sam 9h-12h30/13h30-18h, le dim 9h30-12h30. Autres périodes, consultez le site.

L'Office de Tourisme de l'Albret met tout en œuvre pour vous accueillir dans ce qui reste l'une des plus pittoresques contrées du Lot-et-Garonne. L'équipe centralise les grands sites touristiques du territoire : le château de Nérac, le Moulin des Tours de Barbaste, les bastides, Mézin et le musée du liège et du bouchon, Bruch, Moncrabeau... Deux bornes interactives diffusant des informations sont disponibles 24h/24 à Nérac et à la capitainerie de Buzet-sur-Baïse.

CHRYSALIDE AU CHÂTEAU DE SAINT-MARTIN €€

© 06 64 98 85 88
https://chrysalide-st-martin.fr/

10 bulles. Tarifs entre 170 € et 275 € la nuitée sur réservation. Petit déjeuner inclus. Panier repas 69 € pour 2.

La nuit sous une bulle transparente, la tête dans les étoiles au milieu de la nature verdoyante et d'un château séculaire : voilà le décor planté ! 10 logements insolites pour vous offrir une nuitée sans pareille. Avec bain bouillonnant, chaises longues, petit déjeuner et possibilité de panier gourmand avec des produits locaux. En supplément pour un séjour romantique : champagne, pétales de roses, massage bien-être. Un véritable moment coupé du monde qui n'appartiendra qu'à vous.

PAYS D'ALBRET

HÔTEL HENRI IV*** €€

4, place du Général Leclerc
✆ 05 53 65 00 63
www.hotelhenriiv.fr

Ouvert toute l'année. Chambre à partir de 70 €. Petit déjeuner à partir de 11 €. Lit supplémentaire 10 €. Piscine. Wifi.

Petit Futé ne saurait trop vous conseiller de séjourner dans ce petit hôtel au charme certain, ancien relais de diligence, qui se trouve dans le centre-ville de Nérac. Rénové, agrandi et doté de chambres supplémentaires par ses nouveaux propriétaires, Anne et Julien, il n'a rien perdu de son caractère. La décoration, moderne et choisie, contribue au confort des lieux tout comme le petit salon-bibliothèque. Le plus : la petite piscine avec ses buses de massage. L'hébergement idéal, en somme, pour profiter de la capitale de l'Albret et de ses alentours.

RÉSIDENCE GOELIA AQUARESORT*** €€

1, rue de Béro-Bisto ✆ 05 53 97 25 31
www.goelia.com/fr/

Ouvert de Pâques à la Toussaint. Location du studio 4 personnes à la villa 8 personnes. A partir de 65 € par nuit.

A 5 minutes à pied de la vieille ville de Nérac, la Résidence Goelia Aquaresort apporte confort et détente au cœur d'un site offrant espaces verts, aires de jeux, hébergements confortables et parc paysager. Construite sous forme de bastides, elle se situe tout près du parc d'animation aquatique Lud'O Parc. La résidence se compose de villas et d'appartements, du studio (2 à 4 personnes) au T4 (6 à 8 personnes). Un parc locatif de 95 logements modernes et parfaitement équipés.

LA TOUR DE BRAZALEM €€

3, rue de l'Ecole ✆ 05 53 97 20 09
www.latourdebrazalem.fr

Ouvert à l'année. 5 hébergements insolites. A partir de 50 € la nuit. Petit déjeuner 5 €. Parking. Jardin et cour.

L'accueil d'Isabelle Pope est vraiment de celui qui ajoute à la qualité de la location. Dans une de ces imposantes demeures constituant le bourg médiéval de Nérac, elle propose quatre chambres d'hôtes et un studio se nichant avec charme au cœur d'un quartier de caractère. Ici se cache un petit bijou d'ambiance et d'architecture : le pigeonnier, chambre pour deux personnes aménagée en haut de la tour de Brazalem, dotée d'une impressionnante vue panoramique sur la ville. Un jardin, une cour et un petit déjeuner copieux complètent cette adresse séduisante.

LES GÎTES DU CHÂTEAU**** €€€

11, ter rue Henri IV ✆ 06 03 53 04 30

2 appartements (75 m²/110 m²) 6 à 8 personnes. De 75 € à 110 € la nuit (minimum 2 nuits). En semaine en été 665 €/770 €.

Confortables, élégants et fonctionnels, voilà les caractéristiques de ces 2 superbes appartements, avec le charme de l'ancien, aménagés dans ce qui était autrefois une quincaillerie. Ils promettent aux hôtes de passage un lieu de vie enchanteur en plein Nérac. Le loft Henri IV a la capacité d'accueillir 6/8 personnes et l'appartement du roi 4/6 personnes. Les deux peuvent se privatiser ensemble. Le plus du loft est sans nul doute son balcon avec vue sur le château. De par leur situation et leur grand confort, c'est un hébergement unique au cœur de la ville.

L'ART DE VIVRE €

Impasse du Château ✆ 05 53 65 69 43
www.restaurant-lartdevivre-nerac.fr

Fermé le lundi. Horaires d'ouverture selon saison. Réservation recommandée. Formules midi à partir de 15 €.

A côté du château, le Chef de ce restaurant propose une cuisine de région généreuse, où produits frais et locaux sont rois. De son inventivité découle une carte évoluant au gré de sa créativité et des saisons. Filet de canette, jus de canard au poivre noir du Vietnam et écrasé de patates douces ou pavé de bœuf charolais, jus aux morilles à l'huile de truffe, pommes de terre au Saint-Nectaire : rien que les intitulés font envie ! En dessert, minestrone de fruits exotiques mangue ananas et glace banane caramel pécan… Une pause gourmande qui surprendra vos papilles.

GUEULETON €

2, avenue Mondenard
✆ 05 47 36 89 32
www.gueuleton.fr

Mercredi/jeudi/vendredi 18h30-2h. Samedi 11h-15h30/18h30-2h. Dimanche 11h-15h30.

« Le repaire des bons vivants » : ainsi se définit Gueuleton avec justesse. Favorisant les produits du terroir, on y déjeune ou dîne à l'espagnole sur le mode de certains bars à tapas chers au Pays basque. Mais si l'inspiration est ici largement ibérique, sachez que vous entrez en terre gasconne ! Vins et viandes proviennent pour une large partie du département. La cave de maturation apporte la promesse de belles côtes de bœuf. Petit Futé apprécie l'ambiance chic et conviviale de ce bar à vins, tapas et viandes, idéalement situé au pied du château d'Henri IV.

L'AUBERGE DES CONTES D'ALBRET €€

Aux Comptes
✆ 05 53 65 18 73
www.albret.com
Chambre 45 €-68 €/nuit. Appartement 380 €-540 €/semaine. Menus 19,50 €, 23,50 €, 26,50 €.

Une adresse complète dans un charmant coin de campagne à proximité de Nérac. On peut y loger en chambre, en appartement, mais aussi sur une aire naturelle de camping avec douches et toilettes. Le restaurant, où est servie une roborative cuisine fermière, dispose d'une belle salle rustique et surtout d'une agréable terrasse. La réservation est obligatoire. Karin et Fabien fabriquent leurs propres conserves (confit, foie gras, pâtés) vendues sur place.

L'ESCADRON VOLANT €€

7, rue Henri IV
✆ 05 53 97 19 04
Tte l'année sauf 3 semaines à Noël. De mai à septembre du lun au sam 9h-15h, 18h-0h (fermé le lundi soir hors saison).

Face au château, la terrasse est irrésistible. Plus qu'un restaurant, c'est aussi un bar à vin où se retrouver à l'apéritif pour déguster plancha, tapas, et une bouteille de vin comme un château Pierron Alternative, coup de cœur du patron. Côté table, l'Escadron propose une cuisine du marché avec un filet de canard aux baies rouges, du poisson à la vapeur ou à la plancha, de délicieux hamburgers maison et une jolie carte de crêpes l'été en dessert. Un véritable lieu de convivialité au cœur du Nérac historique où Jean-Michel Ceruti assure un accueil parfait.

LES PLANCHES €€

13, Quai Lusignan
✆ 05 53 97 39 95
Du mer au dim. A la carte ou formules entrée/plat, plat/dessert à 14 €, entrée/plat/dessert à 18 €.

Le Quai 13 a fait place à l'automne 2021 à ce nouvel établissement. On aime le caractère décontracté que lui a conféré son propriétaire, Arnaud Le Montagner, avec un immense bar ayant fière allure, de la bonne musique jazz en fond, des toiles sympas accrochées aux murs. La carte terre et mer tourne autour des valeurs sûres de la cuisine bistronomique, exécutées avec sérieux. Les produits locaux et de saison sont mis en avant. La terrasse extérieure offre une belle vue sur la rivière Baïse qui s'apprécie aux beaux jours.

LES TERRASSES DU PETIT NÉRAC €

7, rue séderie
✆ 05 53 97 02 91
Ouvert du jeudi au mardi midi et soir. Formule le midi (13,50 €). Carte de cocktails 6-8 €. Chambres : 60 €.

Samuel et Estelle, couple franco-italien, proposent au bord de la Baïse une cuisine d'inspiration du Sud-Ouest mais aussi transalpine, pour une carte des plats et des vins évolutive. Se côtoient gaiement burger italien au taleggio, speck et pesto, risotto à l'encre de seiche et tentacules de poulpe, gnocchis maison, magret de canard... En dessert, craquez pour une spécialité sicilienne très appréciée, le cannoli. 4 chambres rénovées et équipées font du lieu une halte charmante.

LE VERT GALANT €€

11, Rue Séderie
✆ 05 53 65 31 99
Juillet/août : 7j/7 de 12h à 23h/0h. Sinon de 12h à 21h30/22h et fermé le mardi. Fermeture annuelle durant l'hiver.

Depuis la terrasse de ce bar-glacier-restaurant sur les quais, vous profiterez d'une jolie vue sur la rivière Baïse. La carte vous interpellera par ses propositions surprenantes comme ces glaces salées tomate et basilic, reblochon, poivron piment, pouvant accompagner votre salade ou votre tartine. Ici, la boule foie gras se déguste avec un verre de blanc moelleux local dans un accord parfait. Côté sucré, les parfums se comptent par dizaines, classiques ou plus insolites comme agrumes-cactus-gingembre, litchi-framboise-rose. Quelle belle satisfaction au final !

L'ANTRE TANNIQUE

15, rue Henri IV
✆ 06 83 23 31 03
http://antretannique.com/
Ouvert du mardi soir au dimanche soir. Soirées dégustation et musicales (voir page Facebook pour le programme).

© ANTRE TANNIQUE

L'Antre Tannique, cave à vins, champagne et spiritueux avec 500 références et une belle terrasse près du château d'Henri IV, est le lieu pour ses achats de vins de qualité. Vincent Garreau propose une sélection qui balaie les régions viticoles : Bordeaux, Bourgogne, Vallée du Rhône, vins de la Clape. De grands noms côtoient de petits producteurs. Amateurs de spiritueux (Armagnac château Garreau et domaine Ladevèze), champagne (Billecart Salmon) et bières trouveront leur bonheur. Nouveauté : des tapas froids (charcuterie ibérique, terrines du Sud-Ouest) et chauds.

BIOCOOP L'ALBRET VERT

Route de Condom
✆ 05 53 97 27 18
www.biocoop-nerac.fr
Ouvert le lundi de 15h à 19h. Du mardi au samedi de 9h30 à 13h et de 15h à 19h.

L'Albret Vert appartient au réseau Biocoop. On peut y acheter des produits certifiés bio et choisis parmi les producteurs locaux et en Lot-et-Garonne, ils sont nombreux ! Les rayons frais le prouvent avec la crèmerie, de belles spécialités de fromages, de la viande, les fruits et légumes. Le rayon des produits secs vendus en vrac, récemment agrandi, permet de réduire les emballages. Retrouvez aussi pains frais, viennoiseries et pâtisseries, produits de cosmétique… Une équipe à l'écoute saura vous conseiller lors de votre visite.

BOUCHERIE CHEZ DAVID

5, place du foirail
✆ 05 53 65 05 64
Ouvert du mardi au vendredi 7h-12h45/15h30-19h, le samedi 7h-12h45/15h-19h.

La tradition bouchère est bien représentée avec cet établissement tenu par David Terrade assisté de ses 2 collègues. Soucieux des produits de qualité, il est un boucher abattant choisissant sa bête sur pied chez les agriculteurs avoisinants. Veau sous la mère, bêtes de concours, recettes maisons, saisonnières et déclinées (paupiettes de volailles, charcuteries, brochettes, bouchées à la reine, tripes...). Que du bon ! Que dire de son pâté Henri IV ? Incontournable ! Si la qualité, le service et le choix sont vos maîtres mots, cette enseigne est faite pour vous.

CHARCUTERIE DE L'ALBRET

5, rue Marcadieu
✆ 05 53 65 08 93
www.charcuterie-albret.com
Ouvert du mardi au samedi de 8h à 13h et de 15h30 à 18h30.

Farce de porc et de faisan, poitrine et gorge de porc, truffes, trompettes de la mort et foie gras : tels sont les ingrédients de la terrine de Nérac, spécialité incontournable de la charcuterie de l'Albret. Bruno Saclier, artisan charcutier et traiteur, est le seul à pouvoir réaliser ce délice datant du XVIIIe siècle. Meilleur apprenti de France en 1998, il propose de nombreux autres produits : boudin du Béarn, fromage de tête, rillettes… mais aussi plats cuisinés, plateaux-repas et buffets froids pour vos mariages et autres fêtes, repas d'entreprise…

LE CHÂTEAU DU FRANDAT

Route d'Agen
✆ 05 53 65 23 83
www.chateaudufrandat.fr
Lundi au samedi 9h-12h/13h30-18h. Juillet et août : possibilité de visites guidées dès 5 €. Réservation conseillée.

Laetitia et son époux Mickaël sont membres des Vignerons indépendants. Le château du Frandat est un très joli domaine qui a le privilège de revendiquer trois Appellations d'Origines Contrôlées : Buzet (vins rouges et rosés), Floc de Gascogne (blancs et rosés) et Armagnac Ténarèze. Pendant l'été, une promenade commentée dans le vignoble et les vergers est organisée à bord d'une sympathique remorque tractée. Après cette belle découverte, laissez-vous tenter par une dégustation et par le jeu à énigmes dans les vignes et les vergers de pruniers.

CHÂTEAU PIERRON

Route de Mézin ✆ 05 53 65 05 52
www.chateaupierron.com
Ouvert du lundi au vendredi 9h-12h/13h-17h. Visites possibles sur rendez-vous. Boutique en ligne.

Membre du syndicat des Vignerons Indépendants, ce domaine de 26 hectares se trouve au croisement de 3 appellations : Buzet, Côtes de Gascogne et Armagnac. Résolument tourné vers les principes de l'agriculture raisonnée, Pascal Pralong propose sur son domaine deux vins rouges primés au Concours Général Agricole de Paris et récompensés par une médaille d'or en 2020 pour le millésime 2018. Le château propose aussi rosé, Floc de Gascogne et Armagnac en version VSOP (5 ans d'élevage minimum) ou hors d'âge (10 ans) pour les dégustateurs avertis.

CHÈVRERIE LA CLAIRIÈRE

Lieu-dit Guiron - **POMPIEY**
✆ 05 53 65 05 63
www.chevrerielaclairiere.com
Ouvert tous les après-midis 17h-19h30 : téléphoner avant de venir. Dégustation et ventes à la ferme et sur les marchés.

Marie-Christine et Denis vous accueillent avec générosité sur leur domaine paisible où leur trentaine de chèvres paît en toute quiétude. Découvrez la vie du troupeau et assistez à la traite des animaux entre 18h et 19h. Vous pourrez aussi déguster les fromages maison autour d'une table dans une grange aménagée. Ici, l'agriculture est raisonnée et la bonne ambiance est de mise. Vente directe à la ferme à des prix tout doux de fromages de chèvre traditionnels en bûches, pyramides et faites-vous plaisir avec la Clairette !

CHOCOLATERIE ARTISANALE LA CIGALE

2, rue Calvin ✆ 05 53 65 15 73
www.chocolaterie-la-cigale.fr
Mar. à vend. 9h-12h/14h-18h30. Sam. 9h-12h/14h-17h30. Juil.-août : mar. à vend. 9h-13h. Fermé 3 dernières sem. de juil.

Poussez la porte de la chocolaterie de la famille Sarrauste et laissez-vous guider par les effluves provenant de la fontaine à chocolat jusqu'à une grande baie vitrée d'où vous verrez la magie opérer en direct. Bouchées, plaques et spécialités comme le Prunonoix (coquille de nougatine, crème de prunes à l'armagnac et noix), le saucisson au chocolat, les macarons gascons fourrés à la ganache… Le paradis des amoureux du chocolat. Possibilité de visionner un film sur sa fabrication.

FERME DE LAFITTE

Lafitte - **MONGAILLARD**
✆ 05 53 97 20 04
www.fermedelafitte.com
Lundi-vendredi 9h-12h et 14h-18h, samedi 9h-12h. Livraison possible. Petit déj. à la ferme 8/12 €. Menus 20 à 35 €.

Jean-Pierre Caillau est un passionné comme il en reste peu dans la région ! Le credo de la maison est simple : « Du partage, du bonheur et de l'humour ! ». Sa ferme de Lafitte est réputée auprès des Lot-et-Garonnais pour son excellent canard, élevé sur place et transformé ici même. Ici, c'est le partage et la convivialité, l'authenticité du terroir, les bons produits (charcuterie, alcools, foie gras…) et la découverte de la cuisine simple et traditionnelle par le biais des séjours gastronomiques où toute la générosité de l'homme se transmet.

DISTILLERIE FAIVREJMAGINE

1623, Route de Saint Vincent
SAINT-VINCENT-DE-LAMONTJOIE
✆ 06 30 47 85 17 - www.faivrejmagine.org
Ouvert jeudi-vendredi 9h-12h et 14h-18h30 ; le samedi 10h-12h et 14h-18h30. Lundi au mercredi sur RDV. Vente en ligne.

© DISTILLERIE FAIVRE JIMAGINE

L'histoire de cette distillerie familiale remonte au début du XXe siècle dans les Alpes. C'est en Lot-et-Garonne aujourd'hui que les recettes de liqueurs de prunelles et de mûres sauvages sont faites selon les méthodes ancestrales. La gamme s'est agrandie avec des liqueurs de mirabelles et de noix. Le gros challenge de la famille Faivre est devenu la fabrication du whisky. L'orge est récoltée dans les champs voisins. 3 whiskies, de la vodka et du gin sont à retrouver dans la boutique.

LA FROMAGERIE DÉGUSTATION NÉRAC

20, Cours Romas
✆ 06 79 85 47 78
Basse saison : du mardi au samedi 9h30-12h, 15h-19h. Haute saison : du mardi au samedi 9h30-19h.

© LA FROMAGERIE DEGUSTATION

Son amour des fromages, Pascale Garraud le transmet avec générosité depuis des années sur les marchés et désormais dans sa boutique de Nérac. Brie thym abricots et pistaches, chèvre rhum paprika, brebis au piment... Chaque morceau réveille notre goût. On voyage aussi beaucoup avec la tomette corse à la bière, la feta grecque, le cheddar au whisky gallois... Les plateaux composés à la demande sont somptueux. Cet été, profitez de la terrasse pour déguster des assiettes apéritives.

GENEVIÈVE DARRIET PERLIÈRE D'ART

6, Place Saint Marc
✆ 06 86 40 50 47
Ouvert le lun de 15h à 19h (18h en basse saison), du mar au sam de 10h à 12h30 et de 15h à 19h (18h en basse saison).

Dans sa boutique-atelier sur la place de l'église Notre-Dame, Geneviève Darriet souffle le verre de Murano pour façonner des perles qu'elle incruste de poudre d'argent, d'or, ou de cristaux. Les bijoux ainsi fabriqués, des pièces uniques, se distinguent par la qualité de leurs effets de lumière, mais aussi par les intentions positives que Geneviève transmet à ses « créations énergétiques » comme elle les appelle. Une belle adresse d'artisanat d'art au cœur du quartier du Petit Nérac.

AU GOÛT THÉ

24, cours de Romas
✆ 05 53 65 61 03
Du mardi au samedi de 9h à 19h. Cafés et thés en vrac, biscuits, à consommer sur place ou à emporter. Epicerie fine.

C'est à la fois un salon de thé, une épicerie fine, un lieu de dégustation de thés et de cafés. Christelle, passionnée, partage des produits d'exception. Torréfié sur place, elle ne pratique la mouture du café qu'à la demande. Corsé, fruité, acidulé ou bio : c'est selon vos goûts ! Et le thé ? Cent variétés vous attendent : russes, des verts japonais, les fleuris, les fruités, les bios... Côté épicerie, vous trouverez des produits artisanaux : épices, huiles, fleurs de sel... Et de quoi se régaler, sur place ou à emporter, avec chocolats, cannelés, biscuits !

LA MAISON DES FEUILLES

16, rue Armand Fallières
✆ 09 54 48 80 63
Ouvert du mardi au samedi 9h30-12h30 / 14h30-18h30. Jeudi 14h30-18h30. Organisation de rencontres, lectures, concerts.

Cécile Quinard vous accueille toute l'année dans cette librairie généraliste indépendante. Des feuilles, ici, vous en avez des millions à tourner avec quelque 5 000 ouvrages principalement tournés vers la littérature adulte, jeunesse, les BD, la nature, l'écologie. Dernières parutions, best-sellers ou titres plus intimistes : Cécile saura vous aiguiller, elle qui adore mettre en avant des éditeurs hors des sentiers battus. Avec elle, la curiosité n'est pas un vilain défaut, bien au contraire ! Prenez le temps de rechercher les lectures qui conviennent à vos goûts.

PRUKIBIO

Lieu dit gréseau
✆ 06 47 29 12 35
www.prukibio.shop
Mardi 8h30-12h30/14h-18h. Mercredi 8h30-12h30/14h-18h30. Vendredi 8h30-12h30/14h30-18h30.

Prukibio ou la minoterie de Nérac est une adresse au mode de production original. Maraîcher de métier, mais aussi producteur de céréales, Pascal Courtade a décidé il y a quelques années de transformer lui-même son blé en farine bio. Avec sa compagne Agnès, ils transforment une partie de cette farine en pâtes bio. Farine et pâtes de pois chiches et pâtes au sarrasin sans gluten sont aussi proposées ainsi que des légumes bio. Vous pouvez commander sur leur site internet. Ils illustrent parfaitement la notion de circuit court, bio et local.

CASTLE GAME DE SAINT MARTIN

✆ 06 64 98 85 88

Ouvert toute l'année de 9h à 19h en accès libre. Sur réservation en dehors des vacances scol. 7 € (gratuit-de 7 ans)

Au départ il y a le château Saint-Martin tombé en ruines. La volonté de le reconstruire passe notamment par la préservation du patrimoine et une découverte du château par le jeu. En association avec le CEDP47, sous forme de castel game on découvre l'histoire du site d'une façon originale en famille ou entre amis, à travers trois scenarii d'énigmes à résoudre et notamment la quête du trésor de Lespiault à percer dans les ruines qui s'offrent à vous. Participatif et ludique, à découvrir.

HACHE IV

✆ 06 64 98 85 88

https://hache4.fr/

Tous les jours de l'année de 9h à 19h. 1h/15 € ; 8 cibles, 3 personnes par cible maximum. Sur réservation.

Avis aux amateurs de défoulement, le lancer de haches au château Saint-Martin est fait pour vous. Si vous avez passé une journée stressante ou si vous êtes tout simplement sur les nerfs, venez les passer ici à lancer des haches. Cette activité qui nous vient du Canada est à pratiquer en groupe limité et vous êtes bien sûr encadrés. Une initiation pour apprendre les rudiments, un peu d'entraînement individuel et défiez vos amis pour désigner le bûcheron du jour. Un véritable défouloir et une activité qui tranche avec les autres, à découvrir absolument.

PISCINE MUNICIPALE DE NÉRAC

Boulevard Pierre-de-Coubertin

✆ 05 53 65 94 58 - www.ville-nerac.fr

Tte l'année. Horaires variables selon périodes scolaires ou vacances. Port du bonnet obligatoire, short de bain interdit

La piscine municipale de Nérac est entièrement couverte. Elle propose un bassin de 25 m, idéal pour venir faire des longueurs. Vous pouvez également profiter des diverses animations et activités proposées : l'aquagym et l'aquabike en musique, les cours de natation collectifs ou individuels pour les enfants, le jardin aquatique (en dessous de 6 ans) les samedis et dimanches matin pour faire découvrir l'eau aux plus jeunes accompagnés de leurs parents. Alors, à vos maillots !

UN DIMANCHE AU VIGNOBLE

www.undimancheauvignoble.com

Du 10 juillet au 21 août 2022. Toutes les informations sur www.undimancheauvignoble.com/

Depuis 2013, le succès de cette manifestation conviviale ne se dément pas. Pendant l'été, passez vos dimanches dans les vignobles de l'Albret. Vous pourrez y rencontrer des producteurs de Buzet, de Floc de Gascogne ou d'Armagnac. 7 dîners musicaux se dérouleront chez les viticulteurs de la région du 10 juillet au 21 août : 4/07 Domaine Lapeyrade (Calignac), 17/07 Domaine Courège-Longue (Feugarolles), 24/07 Domaine de Versailles (Montagnac-sur-Auvignon), 07/08 Domaine Salisquet (Vianne), 14/08 Château de Lisse, 21/08 Domaine Calbo (Espiens).

FRANCESCAS

Bourgade transformée en bastide sous Edouard Ier en 1286, Francescas mérite assurément une halte, tout d'abord par sa situation qui domine les coteaux. L'accès se faisait par quatre portes aujourd'hui détruites, mais le passé n'est jamais bien loin : il suffit de flâner dans les rues pour le sentir vous raconter la flamboyance des lieux. La place centrale et ses maisons à colombages sont un enchantement. N'hésitez pas à visiter l'église, mais surtout la demeure où vécut Etienne de Vignolles, compagnon de Jeanne d'Arc. L'été se déroule un marché nocturne où vous retrouvez le meilleur du terroir à partir de 18 heures. Une raison de plus de venir !

MUSÉE DE LA BOÎTE ANCIENNE EN FER BLANC

Place du Centre

✆ 05 53 65 42 78

Ouvert toute l'année. Du lundi au samedi le matin et sur rendez-vous. Gratuit. ✆ 05 53 65 42 78 - 06 84 63 10 52.

Il fut un temps où la boîte en fer blanc était un objet de luxe. Ce musée insolite et unique en France en dévoile une collection remarquable. Dans les vitrines de vrais petits chefs-d'œuvre se dévoilent. Classées par continent, de l'Afrique à l'Asie en passant par l'Europe, vous retrouvez des ornementations typées et des évocations nostalgiques. Boîtes de thé ou d'épices, de biscuits ou de bonbons... Le tout dans une maison aux façades à colombage de 1579 !

MONCRABEAU ★

Cette commune d'un peu plus de 700 habitants a une renommée mondiale : c'est la capitale des menteurs ! Chaque premier dimanche d'août, une fête sacre le roi… des menteurs ! Le mensonge se mesure dans des combats homériques où chacun y va de sa menterie… La municipalité a aménagé un circuit des menteurs pour visiter le village aux noms de rues, choisis avec humour. Le circuit vous renseigne sur l'histoire de la ville. Vous apprendrez également que de Moncrabeau vous pouvez voir les Pyrénées par la faille de Roncevaux, les Massaïs chassant le buffle et même la rue où est né l'informaticien du roi Louis XVI… Vous émettez un doute ?

ÉGLISE SAINT-SIGISMOND DE VIALÈRE

Lieu-dit l'Église

Sur le territoire de Moncrabeau, une surprise vous attend au milieu des champs : la vieille grange de campagne que vous allez découvrir fut jadis... une église templière du XIIe siècle ! Elle est restaurée aujourd'hui par un groupe de passionnés, organisés en association (« Douce de Vialère »), avec à sa tête Didier Callemart. Affable, il vous narrera l'histoire de cet édifice et son importance du temps où l'Ordre de Jérusalem gérait par ses commanderies de nombreuses propriétés.

CAMPING LE MOULIAT*** €€

Lieu-dit Le Mouliat

✆ 05 53 65 43 28

www.camping-le-mouliat.fr

D'avril à octobre. 50 emplacements, dont 9 mobil-homes, 6 bungalows toilés, 6 cabanes. Restauration. Piscine.

3 ha verdoyants dont 2 réservés aux activités de plein air et terrains multisports, une grande piscine de 15x7 m, l'accueil chaleureux de Florence et Denis : ce camping familial a tout pour plaire ! Que vous soyez sur les emplacements pour tentes, caravanes et camping-cars ou dans le parc locatif de cabanes, mobil-homes, bungalows, le calme est au rendez-vous dans cette campagne de caractère, au bord de la rivière. Des canoës sont disponibles sur place. Concernant la restauration, la réservation au « Bistro du Camping » est hautement conseillée.

MONTAGNAC-SUR-AUVIGNON

Montagnac-sur-Auvignon domine la vallée de l'Auvignon. Entouré de fortifications, le village offre un superbe panorama sur les coteaux de l'Albret. Le village a été construit tout autour de l'église Notre-Dame du XIIIe siècle, qui fut reconstruite au XVIIe siècle. Le clocher peut se visiter et au terme d'une ascension assez raide, la vue à 360° est une récompense. Les collines jouent les stars, entrecoupées de divers champs qui leur offrent un patchwork de couleurs suivant les saisons. Des vignes aux vergers, en passant par le jaune des tournesols, c'est un pur émerveillement. On peut y voir aussi les vestiges du château et la prison.

CHÂTEAU DE SAINT-LOUP €€

Château très bien indiqué depuis le village.

✆ 06 64 80 75 33

www.stloupenalbret.com

A l'année. Pour des séminaires et mariages. 35 € à 210 € la nuit.

Passé le majestueux portail en fer forgé, vous pénétrez dans la propriété par un immense parc planté de cèdres et de chênes séculaires, d'une petite chapelle et d'anciennes écuries immenses devenues 3 salles de réception. Les quatre chambres, dotées d'un mobilier d'époque, donnent soit sur la chapelle soit sur le grand parc boisé. Vous trouverez dans les murs de ce château le confort d'une noble maison de campagne et un accueil d'une extrême gentillesse. Le château de Saint-Loup dispose également d'un gîte magnifique. Un mariage au château : qui n'en a pas rêvé ?

RÉAUP-LISSE

Limitrophe des Landes et du Gers, Réaup-Lisse est niché au cœur d'un bel environnement boisé. Son patrimoine comprend 3 églises. La plus ancienne, Notre-Dame de Cieuse, date de la fin du XIIe siècle. Elle échappa de peu à la démolition en 1795, lorsqu'il fut envisagé d'utiliser ses pierres pour la construction de ponts. Saint-Laurent de Réaup fut édifiée dans les années 1830. Construite entre 1894 et 1897, Saint-Barthélémy de Lisse est la plus récente. Un site de 9 mégalithes fait partie des curiosités à découvrir. La commune présente la particularité aussi d'être une étape de la Scandibérique, un itinéraire vélo reliant la Norvège à l'Espagne.

CAMPING DU LAC DE LISLEBONNE*** €€

3224 route de Mézin ✆ 05 53 65 65 28
www.camping-lac-lislebonne.com

Du 1er avril au 30 septembre 2022. 74 emplacements (18 chalets). A partir de 15 € la nuit, chalet dès 46 € la nuit.

L'attractivité du camping doit beaucoup à son emplacement dans un parc boisé de 16 hectares. Le lac, doté d'une plage de sable fin, est ouvert à la baignade. Sans oublier la piscine couverte chauffée. Vous pouvez louer un emplacement pour votre tente ou bien occuper un chalet, mobile-home, bungalow en toile. Des animations pour les enfants et les ados sont proposées en haute saison ainsi qu'un spectacle par semaine. Ici, la promesse de vacances détente et nature est pleinement tenue !

LA MAISON DU BOUCHONNIER €€

3, rue du 11 novembre 1918 ✆ 05 53 97 20 52
www.gite-gascogne.com

Ouvert toute l'année. Jusqu'à 4 adultes et un bébé. 3 chambres. 795 € pour 2 €/sem. Animal accepté.

En plein centre-ville, les amoureux de la pierre et des logements de caractère trouveront leur bonheur à la Maison du Bouchonnier. Ce gîte est parfaitement équipé : 2 salles de bains, bibliothèque, télévision, séjour avec cheminée... Les chambres sont dans le même esprit avec des petits meubles de charme. Il possède aussi un jardin avec terrasse, barbecue et plancha. Magnifique maison de maître datant du XIXe siècle, cette adresse est idéale pour découvrir tous les atouts de cette ville médiévale. Mary, votre hôtesse, vous en dévoilera les meilleurs côtés !

MÉZIN

Nichée à l'orée de la forêt landaise, cette commune à flanc de coteau est reconnue comme une destination du tourisme vert. Mais son patrimoine aussi est remarquable, médiéval d'abord avec l'église Saint-Jean-Baptiste et ses célèbres remparts à l'histoire fascinante. Disputée par les Anglais, Mézin ne fut rattachée à la couronne de France qu'en 1453. La vigne régnait en maître, les vins étaient envoyés en Angleterre. L'histoire a meurtri la cité qui renaît au XIXe siècle grâce à l'or local, le liège. La ville est fière d'un de ses enfants, Armand Fallières devenu président de la République en 1906. A visiter : le théâtre et ses fontaines du XVIIIe siècle.

MUSÉE DU LIÈGE ET DU BOUCHON ★

Rue du puits Saint-Côme
✆ 05 53 65 68 16

Ouvert d'avril à octobre. Jours et horaires selon la période. Sur réservation dans l'année. Label Tourisme & Handicap.

Le musée du liège et du bouchon retrace d'une part la vie du Président de la République Armand Fallières (1841-1931) originaire de Mézin et d'autre part l'histoire d'une activité ayant marqué l'Albret : l'exploitation du chêne-liège et l'industrie du bouchon. Récompensé par le label « Musée de France », le lieu conserve une collection unique composée d'outils, de machines, de fonds photographiques, qui témoignent d'un savoir-faire, des évolutions techniques et des usages du liège.

DOPO BASTA €€

12, rue gambetta ✆ 05 53 65 93 20
https://doppo-basta.business.site/

Restaurant et salon de thé. Du mar au ven 9h30-18h ; le dim 9h30-15h. Menu en semaine 13 €. A la carte.

© DOPO BASTA

« Dopo Basta ! » ou « Après ça suffit ! ». Voilà donc l'affirmation comme un clin d'œil de Colette De Bortoli qui a voué sa vie à la cuisine afin de ne pas se couper de ses racines italiennes et du contact humain. Dans ce restaurant-salon de thé tout mignon, on y fait une pause avec un thé bien sûr, mais Colette vous mitonne également des plats italiens et d'autres recettes succulentes (gnocchis à la milanaise, poule farcie). Vous y trouverez aussi les vins de sa famille notamment, le domaine de Caude et son Perle d'or superbe ! Molto bueno !

VILLAGE DE GÎTES €€

Rue Casimir Laffitte
✆ 05 53 65 70 01
Ouvert toute l'année. Huit gîtes communaux pour 4 personnes. Dès 200 € la semaine en basse saison.

Cinq chalets en bois et trois hébergements traditionnels composent ce village dédié aux vacanciers. Du gazon, un espace fleuri et des arbres, des terrasses où se prélasser et déjeuner, un grand barbecue où se retrouver grâce à sa configuration naturelle qui invite à la convivialité. Parfaitement équipés avec wifi et télévision, ils sont parfaits pour 4 personnes et d'un rapport qualité-prix avantageux. Vous êtes tout près de la piscine municipale et, le petit plus : de juin à septembre, elle est gratuite pour les résidents du village !

CAVE DES COTEAUX DU MEZINAIS

Boulevard du Colomé ✆ 05 53 65 53 55
www.lacavedemezin.com
Jan.-mai : mar.-ven. (9h-12h30 et 15h-18h30), sam.-dim. matin. Juin-déc : mar.-sam. (9h-12h30 et 15h-19h), dim. matin.

Venez découvrir et déguster de l'armagnac Ténarèze, de la Blanche d'armagnac, du floc de Gascogne et des vins du Lot-et-Garonne et de Côtes de Gascogne (rouge, blanc et rosé). La Cave vous propose aussi des produits typiques de la région (foie gras, pruneaux, pruneaux à l'armagnac...) ainsi que des fruits et légumes frais issus des fermes alentour. Une gamme de produits bio est aussi disponible pour les vins et armagnacs. En 2019, le Floc de Gascogne blanc AOP a été médaillé d'or.

FERME DE GAGNET

Gagnet
✆ 05 53 65 73 76
www.gagnet.jimdo.com
Point de vente du lundi au samedi 9h-13h et 15h-19h, le dimanche sur RDV. Téléphoner avant de passer est conseillé.

L'exploitation familiale de Marielle Tadieu comporte une dizaine d'hectares de vignes et un élevage de canards. Aménagée dans une pièce chaleureuse où trône une immense cheminée, la boutique propose des produits haut de gamme comme de l'armagnac Ténarèze, de la blanche de Gagnet ou du floc de Gascogne qui a reçu 3 ans de suite la médaille d'or au Concours Général Agricole. Le même niveau qualitatif se retrouve dans les foies gras entiers ou mi-cuits, confit de canard, rillettes, pâtés. Possibilité de séjourner sur place dans un gîte confortable.

LANNES

Petite commune de moins de 400 habitants, Lannes est limitrophe au département du Gers. La surface de vignes a diminué de plus de moitié ces 70 dernières années, mais Lannes reste l'une des premières communes productrices d'armagnac et de floc de Gascogne en Lot-et-Garonne. Côté patrimoine historique, l'église Sainte-Marie allie l'art gothique et l'art roman. Datée du début du XIIIe siècle, vous pourrez y observer son clocher-mur et, côté ouest, son portail à voussures classé aux Monuments historiques. Des travaux de construction ont mis à jour un cimetière primitif dont certains tombeaux de pierre sont datés de l'époque carolingienne.

CHATEAU DE LA GRANGERIE

✆ 05 53 65 70 97
www.lagrangerie.net
Ouvert du lundi au samedi de 9h à 18h ; le dimanche de 15h à 18h Accueil des groupes sur rés. Dégustation gratuite.

Le lieu est magnifique, entouré de vignes. En fait ce « château » est à l'image de son département : rustre, humble, simple, mais imposant tout de même. Les chais de vieillissement se situent dans l'ancienne chapelle. Le domaine viticole est important. Antoine et Robert de Langalerie vous feront découvrir flocs de Gascogne, armagnacs, pruneaux d'Agen à l'armagnac... Le Château de la Grangerie fait partie du réseau Bienvenue à la ferme qui soutient les agriculteurs pour qu'ils puissent répondre aux attentes en termes de dégustation de produits.

POUDENAS

Poudenas est un joli petit village construit sur le versant sud d'une colline. Son château, construit au XIIIe siècle par les seigneurs de Poudenas, vassaux d'Edouard Ier Plantagenêt, surplombe de 50 mètres la vallée de la Gélise. Et au nord : s'étend la forêt landaise. Modifié dès le XVIe siècle, le château a été totalement transformé au XVIIe siècle, à l'image des palais italiens. Ainsi, arcades et terrasses rythment la façade sud et la cour intérieure. Flânez aussi dans son magnifique parc arboré. L'église XIIIe-XIVe siècle et son campanile, le moulin : tout concourt à ravir le promeneur qui pourrait s'imaginer tout droit débarqué en Toscane...

Poudenas.

GÎTES L'ASTARAC ET L'HOSTE €€

126, Larribère
✆ 05 53 97 32 13
2 gîtes de 5 chambres, jusqu'à 10 personnes. A partir de 800 € la semaine selon saison. Piscine. Wifi. Jardin clos.

Le gîte d'Astarac, c'est une grande maison de caractère, parfaitement équipée, sur un jardin clos de 3 000 m² au beau milieu des vertes prairies et de la forêt landaise. Autant dire, un havre de paix pour les amoureux de la nature et du farniente. Patricia gère sur la même propriété un second gîte, L'Hoste : une ancienne ferme possédant le charme de l'ancien avec tout le confort moderne. Vous profiterez de la piscine (12x6 m) et de sa terrasse. Bucolique à souhait !

LA FERME DU BOUE €

578, Chemin de Capet
✆ 05 53 65 63 94
www.fermeduboue.com
4 chalets 3/5 personnes : 100 €/nuit, dès 505 €/semaine l'été. 1 gîte 11 personnes : 400 €/nuit, 1 910 €/semaine l'été.

Aux confins du Lot-et-Garonne, près des Landes et du Gers, les bâtiments de la Ferme du Boué ont été aménagés en gîtes rustiques dotés du confort moderne. Le petit chalet en bois, entre autres, vous fera l'effet d'être franchement mignonnet. La piscine est attirante mais peut-être préférez-vous aller pêcher au bord d'un petit lac sur l'exploitation ? A moins que vous ne vouliez partir avec Sidonie en randonnée à cheval (en supplément). En tout cas, laissez-vous bercer par le chant des oiseaux, vous êtes ici en pleine campagne après tout !

LES DEUX GOURMANDS €€

Au bourg
✆ 05 53 65 61 00
www.lesdeuxgourmands47.com
Tte l'année du mar au ven le midi, le ven soir et le dim midi. Activité traiteur et plats à emporter sur réservation.

Aux portes de la forêt landaise, une cuisine d'exception vous attend. Très connu dans la région, « Les Deux Gourmands » se met en quatre pour vous la faire découvrir. Enfin, c'est surtout David Chaves, le chef, qui y arrive avec brio. La carte est succincte afin de mettre au mieux en valeur les fleurons du terroir. Produits frais et locaux, d'une qualité redoutable, vous dégustez le meilleur du Lot-et-Garonne. De sa salade peyriacaise à ses profiteroles revisitées pour les gourmands, David s'amuse à nous surprendre. Gastronomique et novateur, quel bonheur !

SAINTE-MAURE-DE-PEYRIAC

Sainte-Maure est une sainte de Touraine, pourtant vous êtes bien en Lot-et-Garonne ! En pleine campagne gasconne avec ses chênes, pins et vignes. À l'entrée du village, l'église paroissiale, dédiée à Saint Celse a été bâtie entre 1840 et 1846. Sa construction a été financée par un mécène, Joseph Courtade de Salis qui souhaitait expier ses fautes. Il est enterré devant l'église.

Dans ce village étape vous attendent tous les délices de la région. Du foie gras aux confits, des vins aux flocs de Gascogne. Si vous êtes dans le coin au moment de la Pentecôte, découvrez les atouts du village et ses producteurs locaux lors de sa fête annuelle.

SOS

Avec près de 700 habitants, les Sotiates, cet ancien site gaulois témoigne d'une occupation humaine ancienne. Cette cité tranquille qui domine la vallée de la Gélise se trouve sur la Ténarèze, voie de communication, qui, dès la Préhistoire, reliait le centre de la France aux Pyrénées. En 1579, Henri de Navarre, futur roi Henri IV, devient seigneur de Sos. Ce n'est pourtant qu'au XIXe siècle que Sos connaît la prospérité grâce à la culture du pin et à la récolte de sa résine, le gemmage. De cette époque, subsistent quelques belles demeures anciennes à colombages, de larges places et, près de la mairie, un petit musée lapidaire de plein air.

BISTRO SOTIATE €€

28, place Armand Fallières
✆ 05 53 65 12 82
www.bistrosotiate.fr

Tte l'année. Basse saison : du mer soir au dim midi. Haute saison : 7j/7 midi et soir. A la carte : de 15 € à 30 €.

Nommé Sotiate en référence au nom des habitants de Sos, ce restaurant est situé au cœur de ce village à la frontière des Landes. Il a été repris en janvier 2022 par Camille et David, tous deux attachés à servir à leur clientèle une cuisine de famille, à l'ardoise, élaborée avec des produits en circuit court la plupart du temps. Les plats du jour varient constamment. Les grillades et les poissons restent plébiscités. Les desserts maison sont faits avec des fruits de saison. Sous l'impulsion du couple, qui a refait la déco, l'adresse continue de (bien) vivre !

LE CLOS LAURAN €€

Clos Lauran
POMPIEY
✆ 05 53 65 08 58

Clévacances (2 clés). Ouvert toute l'année. Nuitée + petit déjeuner à partir de 55 €. Relais équestre, étang et pêche.

Cette suite familiale est nichée dans une maison de maître, au cœur d'une exploitation viticole que Benoît pourra vous faire visiter. Le cadre est superbe avec différentes ambiances : bois et prairies se succèdent, autant de possibilités de balades très agréables. Entre forêt et vignoble, c'est vraiment un bol d'air pur dépaysant qui marque cette chambre d'hôte. Vous séjournerez dans une suite composée de deux chambres d'une capacité maximale de 5 personnes, avec salle d'eau et toilettes privées. Une très belle adresse en pleine nature, loin de toute agitation.

LAVARDAC

Les origines de Lavardac se perdent dans la nuit des temps. La ville, située à l'orée de la forêt landaise, au confluent de la Gélise et de la Baïse est à égale distance de Toulouse et de Bordeaux. Du XVe au XVIIIe, centre d'entrepôt et de transit, plaque tournante entre le Bordelais, l'Armagnac et le Périgord : tout le commerce en gabarre passait par la Baïse. Les axes de communication ont toujours été le point fort de la ville. De nombreux vestiges disséminés dans la campagne attestent de l'existence d'une cité gallo-romaine. Il convient de découvrir le parc de la mairie avec ses arbres de légende, ses allées ombragées et son kiosque à musique.

CENTRE EQUESTRE DOMAINE DE CAZETTES

Route de Montgaillard ✆ 06 10 52 37 99
www.cazettes.ffe.com

Toute l'année. Promenades en été, 1h env. 20 €/adulte. Promenade en main : enfants dès 4 ans. Pension de chevaux.

Jean-Charles De Cours est à la tête du domaine de Cazettes, un centre équestre où 120 licenciés lui font confiance pour pratiquer leur passion. Une écurie complète accueille chevaux, poneys et shetlands et propose des cours tout niveau et pour tous les âges En été, sur rendez-vous, des promenades sur les coteaux sont organisées. Suivant votre niveau, vous traversez les vignes ou irez au village de Montgaillard, dans une belle ambiance. Pension possible pour les chevaux.

Le village de Barbaste.

BARBASTE ★

C'est jolie cité construite au confluent de la Gélise et de la Baïse, porte d'entrée de la forêt des Landes de Gascogne. Son monument le plus célèbre est le moulin des tours qui a été construit au XIIIe siècle. Avec le pont roman du XIIe, ils forment un très bel ensemble. Le moulin fortifié était particulièrement affectionné par le jeune Henri de Navarre qui a longtemps signé son courrier de la formule suivante « le meunier de Barbaste » et ce, jusqu'à ce qu'il devienne roi de France ! Une étape incontournable lors de votre passage en Albret. Barbaste est aussi une station qui attire de nombreux adeptes du tourisme vert, sa population double en été !

MOULIN DES TOURS DE BARBASTE ★

Maison Bransoulié
✆ 05 53 65 09 37
www.albret-tourisme.com
Voir avec l'Office de Tourisme de l'Albret pour les visites guidées. Tarifs : 5 €, 3 € pour les 12-18 ans.

Le site du Moulin des Tours, classé Monument historique, rassemble un moulin fortifié de la fin du XIIIe et un pont roman du XIIe. Il constituait un important ensemble défensif, chers à Henri IV. La visite, conduite par un guide de l'Office de Tourisme de l'Albret, passe par différentes salles du moulin, dont une avec une impressionnante hauteur de plafond de 15 mètres. Les parties demeurant inaccessibles, comme les tours, se découvrent virtuellement sur une borne tactile.

BUREAU D'INFORMATION DE BARBASTE

Rue du Moulin des Tours ✆ 05 53 65 09 37
www.albret-tourisme.com
En juillet et août du mar au ven 10h-18h, le sam, dim et lun 14h-18h. Autres périodes : voir sur le site.

Le bureau d'information touristique de Barbaste dépend de l'Office de Tourisme de l'Albret. Vous y trouverez tous les renseignements utiles sur le village et son monument emblématique, le Moulin des Tours : une imposante forteresse agrémentée d'un pont roman sur la Gélise. L'Office de Tourisme organise les visites guidées de l'édifice. Pour tout connaître des hébergements, restaurants, promenades à faire dans le coin, adressez-vous à la sympathique équipe de ce point d'information.

LE MOULIN DES SAVEURS €€

4, Rue du Moulin des Tours
✆ 05 53 97 06 60
www.moulindessaveurs.com
Mar-dim midi ; mar, merc, ven, sam soir. Menus de 30,50 € à 50 €. Form. midi 23,50 €, Menu enf. 15 €, Résa recommandée.

Sébastien Gilbert et Laurent Mames se sont établis dans cet ancien moulin pour y exécuter une cuisine semi-gastronomique de grande qualité. En partie troglodyte, le restaurant est une fortification charmante. En ce cadre enchanteur vous seront servies des farandoles de saveurs : aiguillettes de canard Montmorency croustillant de polenta aux tomates confites, pavé de maigre au sel d'algues et son risotto de supions au cognac et à l'estragon... Côté desserts, citons le moka café réduction de réglisse au chocolat blanc et citron vert. L'été, privilégiez la terrasse !

© LE MOULIN DE SAVEURS

© MOULIN DES SAVEURS

PAYS D'ALBRET

Moulin des Tours de Barbaste.

POT DE LÈBE €

Pot de Lèbe
✆ 06 16 45 19 53
Albret-tourisme.com
Ouvert toute l'année. Pour 6 personnes dès 600 € la semaine. Animaux acceptés (sup. de 4 €/nuit). Wifi gratuit.

Emmanuel Noval a su mettre en valeur cette très jolie maison de type landais. Les colombages ajourés, les briquettes et le torchis lui assurent beaucoup de charme. Au milieu d'une clairière, protégée par la forêt, elle semble sortie d'un conte de Perrault. Petit Futé adore la baignoire sabot en cuivre, assortie aux tomettes de terre cuite. Vous pourrez aussi profiter de la piscine privative ouverte à la belle saison, atout bien-être de ce lieu enchanteur. Vous serez séduit par ce charme authentique et la tranquillité de la campagne.

LE RELAIS DU MOULIN NEUF €€

210, route de Bordeaux ✆ 05 53 97 68 00
www.relais-moulinneuf.fr
Ouvert toute l'année. 65 chambres. Possibilité pension complète ou demi-pension. Tarifs sur demande.

Petit Futé a été séduit par le cadre bucolique des lieux. Cinq pavillons occupent le parc, regroupant 65 chambres. Les séjours sont assortis d'une pension complète ou demi-pension permettant de se décharger des soucis de logistique alimentaire. Les activités (sportives, culturelles) et animations (autour du vin par exemple) sont nombreuses. Le site dispose en prime d'une grande piscine et d'une pataugeoire. Les jeux de plein air et les moments de bien-être ont la part belle. Un lieu idéal pour se fabriquer de bons souvenirs en famille ou entre amis.

LES BASTIDES DU GOLF D'ALBRET €€

179, Le Pusocq ✆ 05 53 97 20 75
www.bastides-albret.fr
Appartements de 2 à 8 personnes. Nuitée dès 59 € (haute saison minimum 2 nuits), à la semaine dès 410 €.

Au cœur d'un très joli parcours de golf 18 trous, cette résidence de tourisme bénéficie d'un cadre exceptionnel. Installés dans d'anciennes bâtisses du XVIIe siècle, ces appartements offrent un véritable havre de paix qui séduira aussi bien les vacanciers que les professionnels venus effectuer des séminaires, les familles nombreuses et plus logiquement, les golfeurs ! Profitez de la piscine chauffée de mai à septembre et détendez-vous avant de découvrir les charmes de la région !

LES PALMIERS €€

Route de Bordeaux
✆ 05 53 65 55 02
Du lun au jeu 12h-13h45/19h-20h45. Ven et dim midi 12h-13h45. Formule en semaine 15 €. Menu du dimanche 20 €.

Repris en 2018 par Romain et Céline, le restaurant a ses habitués. Cette adresse conviviale mise sur une cuisine traditionnelle, généreuse. Elle met bien en valeur les viandes de premier choix provenant des 4 boucheries que Romain possède à Agen, Roquefort, Damazan et Nérac : steaks, escalopes, rôtis de porc, tendrons de veau, tripes, bourguignon, blanquette... Les grillades à la plancha et les brochettes sont très appréciées. Le midi : buffet de hors-d'œuvre et desserts à volonté. L'accueil et le service sont chaleureux. Rapport qualité-prix à saluer.

CAP CAUDEROUE

✆ 05 53 65 52 74

www.cap-cauderoue.com

Ouvert des vacances de février à celles de la Toussaint. Jours et horaires variables selon la saison.

Les parcours d'accrobranche adaptés à tous les âges dès 3 ans constituent le point fort de ce parc en pleine forêt. Ils ne doivent pas cependant faire oublier les nombreuses autres activités proposées : tir à l'arc et laser game (pour les groupes de 6 personnes minimum), VTT, minigolf, karting à pédales (pour les - de 12 ans), balade équestre, en canoë ou en trottinette électrique... La catapulte, qui vous propulse dans les airs jusqu'à 20 mètres de hauteur, vous procurera de sacrées sensations. Nouveautés 2022 : disc golf, corde game, archery tag.

GOLF CLUB D'ALBRET

177, Le Pusocq

✆ 05 53 97 26 22

www.golf-albret.fr

Toute l'année. Basse saison 8h30-18h30. Haute saison 8h-21h. Bar. Restaurant (le midi seulement).

Le Golf Club de l'Albret, c'est 48 ha consacrés golf, proposant un parcours de 18 trous. Le parc d'une distance totale de 5 810 m permet aux joueurs de tous les niveaux de disposer d'un parcours adapté. Le panorama est magnifique, au cœur de Gascogne, à l'orée des Landes, au beau milieu des collines boisées, des vignobles de Buzet et des bastides alentour. Les lieux ne manquent pas de charme ! Sur le site, le bar-restaurant du golf (ouvert à tous) propose une cuisine au gré des saisons et les Bastides d'Albret, plusieurs séjours détente avec piscine.

VACANCÉOLE - LE DOMAINE DU GOLF D'ALBRET

Le Pusocq

✆ 05 53 65 61 60

D'avr à oct. Studio : 189 € à 735 €/semaine. 2 pièces : 217€ à 854 €/semaine. 3 pièces : 287 € à 1253 €/semaine.

Vacancéole - Le Domaine du Golf d'Albret est une vaste résidence de tourisme 3* comprenant 193 appartements, du studio au 3 pièces, dont certains accessibles aux personnes à mobilité réduite, tous équipés d'une terrasse ou d'un balcon. Les résidents peuvent s'adonner au golf sur le parcours 18 trous et bénéficient aussi de deux piscines extérieures, hammam, bain bouillonnant, courts de tennis... Le restaurant du golf, propose une cuisine traditionnelle du Sud-Ouest.

BUZET-SUR-BAÏSE ★

Dès les premiers temps de son existence, ce village, peuplé dès la préhistoire, est dédié à l'exploitation agricole. Au Moyen Age, un bourg se développe au-dessus de la vallée de la Baïse. Dès la fin des guerres de religion, les vignerons étendent leurs habitations. C'est au XIXe siècle que les Buzéquais développent le village en y bâtissant hôtel de ville, presbytère et église. Outre l'agriculture, Buzet possède aussi une activité meunière : l'un de ses moulins est transformé en usine à crayons après la Première Guerre jusqu'aux années 60. Vin et terroir viticole restent l'activité principale de Buzet et participent principalement à son dynamisme.

CYCLES SUD-OUEST

58, bld de la République

✆ 07 52 05 90 48

www.cyclessudouest.com

Juillet-août ouvert du lundi au dimanche de 9h30 à 19h, septembre à juin sur rdv. Boutique.

© CYCLES SUD OUEST

L'essence touristique du Lot-et-Garonne se trouve ici. Plus qu'une location de cycles, c'est un lieu de conseil de balades et d'équipements pour optimiser votre soif de liberté. Le canal de Garonne, la vallée du Lot, tout est à votre portée. 70 vélos et 10 vélos électriques sont disponibles. Du VTC au tandem en passant par la remorque enfant, tout y est jusqu'à la livraison de Bordeaux... à Sète ! Cycles Sud-Ouest propose aussi des micro-aventures originales à vélo sur 1 ou 2 jours pour découvrir différemment le territoire. Plus d'informations sur le site.

CHÂTEAU ET PARC DE BUZET

✆ 06 26 13 93 87

https://chateau-fabriquesdebuzet.fr/

Pas de visite libre. Plus d'informations et détails des animations sur le site. Visite du parc 5 €, gratuit - de 12 ans.

Le château de Buzet et son parc ont été repris par Les Vignerons de Buzet depuis octobre 2018. Cette initiative a pour but de faire (re) vivre le domaine en valorisant son patrimoine historique, culturel et environnemental et en se projetant sur une transition agro-écologique en lien avec la viticulture. Ces axes s'articulent autour d'animations où le public est convié telles que la Fête de la Nature en mai, les Rendez-vous aux Jardins en juin, des promenades historiques l'été, le parcours jeu pour les familles et divers ateliers sur la Nature...

COOPÉRATIVE LES VIGNERONS DE BUZET

56, avenue des Côtes de Buzet

✆ 05 53 84 74 30

www.nouslesvigneronsdebuzet.fr

Juillet-août : visites guidées tous les jours sur rés. 10h et 16h. De septembre à juin, sur rendez-vous.

Découvrez Les Vignerons de Buzet de l'intérieur : les chais, la mise en bouteille... et suivez le cheminement de l'élaboration du vin. Cette coopérative est innovante et intègre les enjeux de la transition agro-écologique jusqu'aux installations écologiques pour le traitement des eaux de production et les installations de cuverie. Vous visiterez ainsi le jardin des filtres, espace végétal esthétique et fonctionnel. Le parcours s'achève par une dégustation de sélection des vins.

L'ÎLE AUX BATEAUX €

20, L'ÎLE

✆ 05 53 83 98 65

De mai à octobre. 70 € la nuit la chambre pour 2 ; 80 € pour 3. Restauration midi et soir (sauf lun soir et mardi).

Au port de plaisance de Buzet, installée au bord de la piste cyclable qui longe le canal du Midi, l'Ile aux Bateaux est l'endroit idéal pour les nombreux cyclistes de passage. Ouverte dans les murs d'une ancienne maison éclusière restaurée, cette maison d'hôtes a repris vie en 2018 pour proposer un hébergement de 4 chambres. Avec son abri sécurisé la nuit pour les vélos, c'est l'endroit idéal pour une halte au bord de l'eau. D'autant que vous pouvez également vous restaurer midi et soir sur sa terrasse ombragée, ou simplement boire un verre. Simple et bucolique !

DOMAINE DE MICHELET €€

326, Chemin de Michelet

✆ 06 84 95 64 65

www.domainedemichelet.com

Toute l'année. Chambres nuitée 80 €/2 pers. Gîte rural modulable 10 personnes de 800 € à 2 200 € la sem. selon saison.

Jérôme et Nathalie Roussille possèdent une exploitation viticole familiale de 60 ha en agriculture biologique. Ils travaillent donc avec des méthodes respectueuses de l'environnement. Leur splendide domaine, ils ont eu la volonté de l'ouvrir au public. Dans ce cadre typique, le gîte est composé de 4 chambres, entourant un vaste salon. Une magnifique terrasse complète le lieu qui, avec la piscine privée, surplombe le vignoble. Vos hôtes vous y accueillent autour d'un verre de vin. Un vrai moment d'échange chaleureux et convivial.

L'ÎLE AUX BATEAUX €€

20, L'ÎLE

✆ 05 53 83 98 65

Ouvert de juin à septembre. Tous les midis et soirs (sauf le mardi). Menus à 16 € et 29 €.

Nelly et Sylvain Magnac, qui officient au Vigneron, tiennent aussi depuis 2016 cette maison éclusière entre la Baïse et le canal, à l'écluse de Buzet-sur-Baïse. La proximité avec la rivière et les plaisanciers amène ce petit plus de quiétude durant le repas et c'est sur une terrasse ombragée que vous êtes servis. Le menu entrée, plat, dessert et celui du dimanche sont excellents avec des propositions originales comme les cuisses de grenouilles et le fameux crêpier du Vigneron. Glaces, gaufres, café ou rafraîchissement, c'est l'endroit pour « chiller ».

LE VIGNERON €€

20, boulevard de la République

✆ 05 53 84 73 46

Du mardi au dimanche le midi, du jeudi au samedi le soir. Menus à 16 €, 29 € et 35 €.

Fidèle à la cuisine du Sud-Ouest depuis plus de 35 ans, Le Vigneron est l'assurance d'un bon repas. Escalope de foie gras aux pommes, magret de canard poivre vert, civet de porcelet au vin de Buzet, pavé de saumon sauce champagne... Autant de recettes qui illustrent bien l'art culinaire à la française. Le tout accompagné du coup de cœur viticole choisi parmi les producteurs indépendants de Buzet, cela va de soi ! Avec le chariot de desserts maison, la magie opère jusqu'au bout. Des travaux ont permis d'embellir le restaurant qui a du coup gagné en convivialité.

COOPÉRATIVE LES VIGNERONS DE BUZET

Avenue des Côtes de Buzet ✆ 05 53 84 17 16
www.nouslesvigneronsdebuzet.fr
Basse saison : du lun au sam 10h-12h30/14h-18h. De mai à fin septembre : du lun au sam 9h-12h30/14h-18h30.

Ce collectif de 160 viticulteurs réunis en coopérative depuis 1953 est pionnier de la transition agro-écologique, avec l'objectif de préserver le terroir et de voir grandir les vignes sur une terre vivante. Des animations œnotouristiques sont proposées l'été : visite guidée de la coopérative, balade dans les vignes ainsi que dans le parc du château de Buzet, découverte du vignoble en vélo électrique, yoga en plein air... Et retrouvez bien sûr dans la boutique tous les crus de Buzet !

PORT DE BUZET-SUR-BAÏSE

✆ 05 53 84 72 50

www.aquitaine-navigation.com

Location et réparation de bateaux habitables du 1er avril au 31 octobre, du lundi au samedi. Navigation sans permis.

Ce port de plaisance est un point d'info situé à la confluence du canal de Garonne et de la rivière Baïse. C'est là que vous pourrez naviguer lors de croisières fluviales dont vous êtes le capitaine ! Les bateaux habitables (de 2 à 10 personnes) à louer ne nécessitent pas de permis, ce qui les rend accessibles : c'est vraiment une idée de séjour que nous vous conseillons. La location de vélos à la journée est également proposée. Sur place se trouve une boutique où sont vendus glaces, boissons fraîches, produits du terroir, matériel d'accastillage...

CAMPING DU LAC €

Lac du Moulineau ✆ 07 56 05 46 51

www.camping-du-lac-damazan.fr

Ouvert d'avril à octobre. Emplacement tente dès 10,50 €, caravane de 17,50 € à 19,50 €, camping-car de 22 € à 25,50 €.

Etienne Grémont se trouve depuis la saison 2022 aux commandes du Camping du Lac, qui propose de nombreux emplacements dans un véritable havre de paix à l'ombre des chênes et au bord du lac du Moulineau. Proche du canal de Garonne et de sa voie cyclable, il est une halte bienvenue pour les cyclistes. Sont mis à disposition des campeurs une cuisinette, un réfrigérateur, une laverie et un garage à vélos. Restauration le soir l'été. Un camping à taille humaine avec un état d'esprit très nature. Sur le site du lac, profitez de la baignade et du téléski nautique.

SAINT-PIERRE-DE-BUZET

Ce petit village pittoresque, comptant moins de 300 habitants, est construit sur les coteaux dominant la Garonne. Aux portes du parc naturel des Landes de Gascogne, Saint-Pierre de Buzet est marqué par des paysages offrant une transition entre vignes et forêt landaise. Fidèle à la région, la principale ressource du village est la production de vins avec ici, trois appellations viticoles. Mais si vous prenez le temps de vous éloigner un peu du bourg, vous pourrez vous baladez au milieu des chênes liège dont l'écorce alimentait jadis les usines de bouchons de Nérac. A voir : l'église romane classée du XIIe siècle, la tour gallo-romaine de Peyrelongue.

VIANNE

Bâtie sur les berges de la Baïse, c'est une des plus belles bastides du Lot-et-Garonne. Fondée en 1284 par le roi d'Angleterre et le seigneur des lieux, Jourdain de L'Isle. Ce dernier donnera au village le nom de sa tante Vianne de Gontaud Biron. Profitez d'une déambulation dans ses rues pour découvrir les remparts, les portes et les tours d'angle impressionnantes ainsi que l'église romane. Si vous êtes à Vianne durant l'été, ne manquez sous aucun prétexte l'accueillant et convivial marché nocturne du vendredi à partir de 18h. Et si vous êtes toujours dans les parages lors des escargolades annuelles, foncez ! Un régal pour les amateurs de ce mets.

MUSÉE DE L'ÉCOLE RURALE D'AUTREFOIS

Au Bourg

✆ 05 53 84 74 14

musee.ecole.47.pagesperso-orange.fr

En juillet et août du mardi au dimanche 15h-18h. Le reste de l'année sur réservation. Adulte 3 €, enfant 2 €.

Les cahiers sont encore sur les pupitres inclinés, on a l'impression que l'encre vient juste de sécher sur ces pages d'écritures soignées. Alain Paraillous, écrivain et Raconteur de Pays, a réussi au fil des années à reconstituer l'école communale de son enfance. Tous les objets et mobiliers ont été récupérés dans les brocantes, vide-greniers ou ont été donnés. C'est un musée de la nostalgie de ce qu'était l'école de 1833 à 1960. Petit Futé a adoré cette visite.

BUREAU D'INFORMATION TOURISTIQUE DE L'ALBRET

Place des Marronniers

✆ 05 53 65 27 75

www.albret-tourisme.com

Ouvert l'été du lundi au samedi de 10h à 12h30 et de 14h à 18h.

Le point d'information de Vianne dépend de l'Office de Tourisme de l'Albret basé à Nérac. Il est ouvert en juillet et août. Vous y trouverez toutes les informations sur cette superbe bastide et les curiosités qu'elle recèle comme ses remparts intacts de 1 250 mètres, ses quatre belles tours servant de portes d'entrée, le pont suspendu sur la Baïse, l'église romane mais aussi les tombes carolingiennes que l'on trouve uniquement à Vianne. Une belle escale dans le temps !

VERRERIE D'ART DINO GLASS

Boulevard de la Gare

✆ 07 86 88 80 50

Ouvert du mardi au samedi de 9h30 à 12h et de 14h à 19h, le dimanche et le lundi de 14h à 19h.

A l'extérieur des remparts, rendez-vous dans l'ancienne gare devenue l'atelier boutique de Dino Diaconescu, souffleur de verre. Magicien du verre, a-t-on même envie de dire quand on regarde l'artiste au travail ! Les objets exposés révèlent des formes gracieuses, des couleurs chatoyantes. Outre les vases, lampes et autres flûtes à champagne, les sculptures d'animaux (oiseaux, dauphins, tortues, etc.) suscitent le ravissement de par leur grâce et leur poésie. Magnifique !

LE PORTAIL GASCON - LES HÉBERGEMENTS €€

31, Rue du Couvent

FEUGAROLLES

✆ 05 53 84 16 60

www.leportailgascon.fr

Location d'1 appartement : 110 €/nuit. Chambre simple : 60 €/nuit. Studio PMR : 80 €/nuit.

Le Portail Gascon ne fait pas seulement bar, restaurant et salle de spectacle, ce qui est déjà beaucoup ! Il est aussi possible d'y loger. L'établissement dispose de 2 appartements de 2 chambres, chacune avec un lit double et une salle de bains. Elles peuvent se louer à l'unité. Par ailleurs, un studio équipé lui aussi d'un lit double a été aménagé pour recevoir les personnes à mobilité réduite. Plus que jamais l'endroit mérite son qualificatif de lieu de vie.

CHÂTEAU DE LAROCHE €€

lieu dit Laroche

✆ 06 80 41 00 35

4 suites à partir de 190 €/2 personnes. Table d'hôtes à 31 €, vin compris.

Cette demeure du XIIIe siècle abrita l'écrivain Marcel Prévost, mort à Vianne en 1941. Votre hôte vous racontera, au coin du feu ou dans le parc, l'histoire du château et du village. 4 suites de grand standing sont proposées, chacune avec sa salle de bains privative (baignoire et douche). 2 d'entre elles disposent d'une vaste terrasse. 3 salons sont réservés aux pensionnaires pour la détente et le divertissement. La piscine est dotée de 2 bassins, dont 1 pataugeoire pour les enfants. Les petits déjeuners sont servis aux beaux jours en terrasse ou dans la cour.

GITE GARDETTE EN ALBRET €€

✆ 06 12 29 14 14

www.gite-gardette.fr

810 € la semaine en mai, juin et septembre. 1 280 € la semaine en juillet et août. 4 épis Gîtes de France.

Vous tomberez certainement sous le charme de cette gracieuse résidence du XVIIe siècle dans un parc clos de 8 hectares que vous pourrez explorer à loisir. Catherine vous réservera un accueil engageant assorti de surprises de bienvenue. Le gîte est un véritable cocon harmonieux, partagé entre inspiration historique avec meubles d'époque et évocation d'horizons lointains à travers les nombreux souvenirs de voyage ramenés par Catherine. La baignoire en mode bain romain est superbe. Quant à la grande piscine extérieure au sel, elle remporte tous les suffrages.

Vianne.

L'ATYPIK €

18, Place des Marronniers
✆ 05 53 65 09 74

Fermé le lundi. Ouvert du mardi au dimanche midi. Menus de 15 € à 30 €. Réservation recommandée.

L'Atypik a changé d'emplacement. Il occupe désormais une charmante maison en pierre donnant sur la place centrale de la bastide. Cette position lui permet de disposer aux beaux jours d'une large terrasse d'une centaine de couverts. Elodie Cordina, enfant du pays, concocte en cuisine des plats généreux, emplis d'attention. La règle d'or tient en deux mots : fait maison ! Les produits sont frais, indiscutablement. L'ardoise est sans cesse renouvelée. Côté vin : essentiellement des Buzet, dont les meilleurs bio. En bref, c'est très bon, peu cher et convivial.

JEAN-MARIE BITAUBE TRAITEUR €€

Boulevard de la Gare
✆ 09 74 56 55 61
www.jm-bitaube.com

Traiteur ouvert l'année. Point de vente de Casteljaloux les vendredis, samedis et dimanches de 8h à 13h.

Traiteur toute l'année, Jean-Marie Bitaubé a implanté son laboratoire sur Vianne. Il prépare de bons petits plats pour vos repas en amoureux, vos réceptions et toutes autres occasions. Sa spécialité : les escargots que vous pouvez déguster l'été lors des marchés nocturnes de la bastide ou des autres dans la région. Il s'est, en outre, diversifié en ouvrant un point de vente sur la commune de Casteljaloux, où sont proposés huîtres et fruits de mer.

DOMAINE SALISQUET

Calezun ✆ 05 53 97 53 22
www.domaine-salisquet.fr

Boutique ouverte le 2e samedi du mois 10h-15h et sur RDV en semaine. Visite du domaine sur réservation : 5 €.

La famille Chassenard est tombée dans la barrique depuis longtemps ! Audrey, la fille, a affranchi 10 ha de la propriété familiale et produit un vin en indépendant, AOC Buzet, issu d'une vigne cultivée en agriculture biologique. C'est un domaine jeune dont « L'Imprévu » est roi : un vin rouge né d'un assemblage de merlot, de cabernet sauvignon et de cabernet franc. A ses côtés se tiennent « L'Esbérit » rosé et le blanc sec « Libre ». Des visites commentées du chai et des vignes sont organisées sur réservation, avec, comme il se doit, une dégustation pour finir.

LE PORTAIL GASCON

31, Rue du Couvent - **FEUGAROLLES**
✆ 05 53 84 16 61
www.leportailgascon.fr

Du lundi au mercredi 10h-15h/17h30-19h30. Jeudi et vendredi 10h-15h/17h30-2h. Samedi 10h-2h. Dimanche 10h-21h.

On est d'abord frappé par la beauté insolite de l'ancien couvent Saint-Anne. Début 2022, la vie y a repris son cours. Et, surprise, ce n'est pas juste un bar, un restaurant ou une salle de spectacles mais les trois à la fois ! Pensé comme un lieu de divertissement et de rapprochement social, on y vient pour l'apéro, un concert, partager une planche de charcuterie, suivre la retransmission d'un match, prendre des cours de danse... Brunch, barbecue, escargolade et autres : les activités se succèdent les dimanches. Une belle idée pour favoriser la vie locale !

XAINTRAILLES

Poton de Xaintrailles est né vers 1390. Ce gentilhomme gascon a combattu les Anglais pendant la guerre de Cent Ans. Prisonnier, il fut échangé contre John Talbot, le général anglais défait à Castillon en 1453. Charles VII le nomma maréchal de France en 1454 et lui donna la ville de Saint-Macaire. Il mourut à Bordeaux au château Trompette en 1461. Dans les registres du Parlement, on trouve ce commentaire : « Un des plus vaillants capitaines du royaume de France qui fut cause avec La Hire de chasser les Anglais ! ». Cette commune porte donc un nom gravé dans la mémoire collective.

A admirer : le château et son donjon du XIVe siècle, l'église du XVe.

MUSÉE DE L'ABEILLE

Lieu-dit Jeandouillard
✆ 07 67 42 80 10
https://museedelabeille.wordpress.com

Du 1er juillet au 31 août les lundis, mercredis, vendredis 15h-18h30. Ouvert sur rdv le reste de l'année. Gratuit.

Ce petit musée propose une découverte passionnante de l'apiculture au cours des siècles. Il explore l'univers des abeilles et répond aux questions que vous vous posez sur l'organisation sociale de ces insectes et la production de miel. La récolte vous sera expliquée à travers le matériel utilisé au fil du temps par les apiculteurs et par l'observation d'une ruche vitrée (sauf période d'extraction du miel à partir de la mi-août environ). Vente directe des produits de la ruche. Une visite que les enfants apprécieront particulièrement... les parents aussi !

ORGANISER SON SÉJOUR

Passer un week-end, quelques jours ou quelques semaines en Lot-et-Garonne est chose de plus en plus aisée tant les moyens de s'y rendre ont évolué au fil du temps et de l'attraction croissante du territoire. Le train reste le moyen le plus adéquat pour les voyageurs arrivant depuis les régions éloignées. Quant à la question du déplacement à l'intérieur du département, les transports en commun ont grandement évolué et facilité le transfert des Lot-et-Garonnais comme des touristes de passage avec un réseau faisant le lien entre les villes les plus importantes du Lot-et-Garonne. Il sera d'ailleurs aussi question d'une mobilité fluviale singulière au territoire avec la présence du canal des deux mers traversant le Lot-et-Garonne. Pour les curieux voulant en savoir plus sur cette terre de diversité culturelle, les médias locaux sont aussi actifs et présents sur l'ensemble du département pour offrir une actualité locale et générale.

S'Y RENDRE

Lorsqu'on veut se rendre dans le Lot-et-Garonne, plusieurs moyens s'offrent à vous. A mi-chemin de deux grosses métropoles françaises en l'occurrence Toulouse et Bordeaux, le département est donc un passage obligé pour cet axe majeur. Plusieurs gares sont desservies avec des lignes TER provenant de Bordeaux et Toulouse et celle d'Agen est également un arrêt sur la ligne TGV depuis Paris. En voiture, le Lot-et-Garonne est traversé par l'axe routier principal que constitue la tranche ouest de l'Autoroute des Deux Mers ou A62 avec 3 péages autoroutiers : Agen, Aiguillon et Marmande. Depuis Paris, deux solutions se présentent à vous, soit par l'ouest avec l'A10 « L'Aquitaine » soit par le centre de la France avec l'A20 « L'Occitane ». Concernant les vols, les deux aéroports de Bordeaux-Mérignac et Toulouse-Blagnac sont les deux principales plateformes aériennes les plus proches du département de Lot-et-Garonne.

AÉROPORT D'AGEN-LA GARENNE

La Garenne
AGEN
✆ 05 53 77 00 88
www.aeroport-agen.com
Renseignements au 05 53 77 00 88. Aviation d'affaires et de loisirs.

L'aéroport d'Agen-La Garenne est situé à moins de 5 km du cœur de la métropole. Si la ligne Agen-Paris a été interrompue en juin 2020, les pistes restent ouvertes aux vols d'affaires à l'intérieur de l'espace Schengen avec un service d'affrètement sur mesure. L'aviation de loisirs est présente à travers différents clubs. Aéroclub, centre de parachutisme, école de pilotage, centre de climatologie et même un atelier de peintures d'avion : les activités sont encore nombreuses.

SNCF TER NOUVELLE-AQUITAINE

✆ 0800 87 28 72
www.ter.sncf.com/nouvelle-aquitaine
Accueil téléphonique ouvert du lundi au samedi de 6h30 à 19h30, et le dimanche de 14h à 19h.

TER Nouvelle-Aquitaine permet d'adapter sa façon de voyager à son budget grâce à des abonnements à la semaine, au mois ou à l'année à tarifs préférentiels. La carte MODALIS (TER, tram et bus du réseau TBC) offre jusqu'à 75 % de réduction sur un trajet déterminé et des voyages illimités. Le Pass Jeune TER permet de bénéficier pendant un an de 50 % de réduction sur les billets TER les week-ends, les vacances scolaires et les jours fériés. Accueil téléphonique 7j/7.

GARE SNCF D'AGEN

✆ 01 84 94 36 35
Ouverte du lundi au jeudi 5h05-23h05, vendredi 5h05-23h40, samedi 5h25-22h40, dimanche et fêtes : 7h-23h05.

Mise en service en 1856, la gare d'Agen est la deuxième gare en nombre de voyageurs après Bordeaux si l'on prend en compte l'ex-région Aquitaine. Sa halle métallique initiale a été façonnée par le bureau d'études de Gustave Eiffel et aujourd'hui, elle est dotée de trois quais centraux, trois abris, un souterrain et une traversée de voie à niveau par le public. Elle est également une gare d'arrêt pour le TGV entre Bordeaux et Toulouse et reste desservie majoritairement par les Intercités. Pôle multimodal, elle est pratique avec son parc à vélos et un parking.

FLIXBUS

AGEN
www.flixbus.fr
Renseignements sur le site internet.

Adepte de la mobilité à petit prix, Flixbus est fait pour vous avec ses transferts depuis les moyennes et grandes villes de France et qui dessert Agen en Lot-et-Garonne. C'est donc un bon moyen de se rendre dans la préfecture du pruneau à moindres frais même depuis la plus belle capitale du monde, Paris. Les horaires sont variés et tout est expliqué sur le site internet du transporteur. Par ailleurs, c'est un véritable moyen de déplacement écologique avec un impact environnemental et un bilan carbone qui regardent vers le bas. Une façon futée de se rendre à Agen.

SE DÉPLACER

Circuler dans le Lot-et-Garonne est facilitée par divers moyens de transport. Tideo est le réseau du département de Lot-et-Garonne qui relie toutes les principales villes du département. Agen, Villeneuve-sur-Lot, Marmande, Nérac et Fumel sont ainsi desservies selon un tracé permettant de couvrir une grande partie du territoire. A l'intérieur des agglomérations, un réseau de bus est mis en place que ce soit avec Evalys à Marmande, Tempo bus à Agen ou Elios pour l'agglomération villeneuvoise. Par ailleurs, il existe comme partout des possibilités de covoiturage pour mutualiser les moyens de mobilité. Les agences de location existent et sont localisées dans toutes les zones urbaines du Lot-et-Garonne permettant ainsi de circuler à l'intérieur du département où les routes sont aménagées et soumises à des travaux de réfection et de rénovation dans l'optique de faciliter la mobilité des conducteurs.

EMERAUDE LOCATION

213, Pont des Sables - **FOURQUES-SUR-GARONNE**
✆ 06 23 89 19 33
www.emeraudelocabateaux.fr
Location de bateaux et vélos. Ouvert 7j/7 l'été. Mai, juin, septembre : du mardi au samedi, le dimanche sur réservation.

Emeraude Location se situe en bordure du canal latéral à la Garonne, à la halte nautique de Pont des Sables. Vous pourrez y louer des bateaux électriques sans permis pour apprécier la douceur du vivre du canal, des canoës, des kayaks... Vous préférez pédaler le long de l'eau sur la voie verte ? Pas de souci, Emeraude Location dispose d'une vaste sélection de vélos adultes ou enfants, vélos suiveurs, tandems, draisiennes, tricycles adultes/enfants remorques pour enfant ou chien : vous trouverez sans difficulté la location qu'il vous faut.

BUS ÉLIOS

22, rue du collège ✆ 05 53 40 23 30
www.bus-elios.fr
Bureau lundi-vendredi 9h-12h30 et 14h-18h. Informations complètes sur le site internet.

Les bus Elios sont chargés de l'exploitation du réseau du Grand Villeneuvois qui compte 19 communes. 27 lignes gratuites sont proposées au bénéfice des usagers, dont 4 lignes principales et 13 lignes secondaires fonctionnant sur la journée à horaires spécifiques. Une offre de transport à la demande sur réservation est mise en place pour les zones non desservies ainsi que pour les personnes à mobilité réduite. Des navettes scolaires circulent également et il existe une possibilité de prêt de vélos standards, pliants et VAE. Toutes les informations sur le site.

TIDEO

Boulevard Sylvain Dumon
AGEN
✆ 08 00 94 40 47
www.tideo.fr
Horaires des lignes disponibles sur le site Internet.

Le réseau des cars régionaux concerne aussi bien les trajets entre les principales villes du département (Marmande, Agen, Villeneuve-sur-Lot, Nérac, Fumel, Lavardac...) que les dessertes dans de nombreuses communes traversées par les lignes. Pour un tarif fort abordable, vous pouvez ainsi naviguer à loisir et rayonner dans tout le Lot-et-Garonne. C'est un réseau équilibré dont les fréquences de passage sont organisées de telle manière que tout est fait pour satisfaire l'ensemble des usagers dans leur recherche de mobilité.

AVIS

12, boulevard Sylvain-Dumon
AGEN
✆ 05 53 47 76 47
www.avis.fr
Ouvert du lundi au vendredi 8h-12h/14h-17h30 ; le samedi 8h-12h.

Avis est un loueur de voiture. Mais pas seulement ! Au-delà de la seule location de voiture, les agents d'Avis conseillent et renseignent sur le choix du véhicule, sur les services, les accessoires… De la simple réservation d'une journée à plus d'une semaine, Avis s'engage sur plusieurs critères, sans doute les plus importants. Adaptée à tous les besoins, la gamme des véhicules de location Avis vous offre un large choix : petites citadines, berlines équipée, 4x4, cabriolets, minibus, prestige, etc. Le système de réservation en ligne est rapide et efficace.

RENT A CAR

1838, avenue du Général Leclerc
AGEN
✆ 05 53 87 00 47
www.rentacar.fr
Ouvert du lundi au vendredi de 8h à 12h et de 14h à 18h ; le samedi de 9h à 12h et de 14h à 18h.

Le Lot-et-Garonne promeut bien volontiers le cyclotourisme, mais pour vos déplacements plus longs, vos excursions et autres balades dans ce bien riche département, la voiture s'avère parfois bien pratique et efficace ! Rent a Car propose différentes catégories de véhicules à la location : économique, citadine, confort, berline, minibus, monospace... Il y en a pour tous les goûts et les besoins. Vous pouvez louer à l'heure, à la demi-journée, à la journée ou plus. Tout est possible ! Cette société dispose également d'un grand parc de véhicules utilitaires.

EMERAUDE LOCATION

213, Pont des Sables - **FOURQUES-SUR-GARONNE**
✆ 06 23 89 19 33
www.emeraudelocabateaux.fr
Location de bateaux et vélos. Ouvert 7j/7 l'été. Mai, juin, septembre : du mardi au samedi, le dimanche sur réservation.

Emeraude Location se situe en bordure du canal latéral à la Garonne, à la halte nautique de Pont des Sables. Vous pourrez y louer des bateaux électriques sans permis pour apprécier la douceur du vivre du canal, des canoës, des kayaks... Vous préférez pédaler le long de l'eau sur la voie verte ? Pas de souci, Emeraude Location dispose d'une vaste sélection de vélos adultes ou enfants, vélos suiveurs, tandems, draisiennes, tricycles adultes/enfants remorques pour enfant ou chien : vous trouverez sans difficulté la location qu'il vous faut.

TEMPO VÉLO

AGEN
✆ 05 53 48 90 10
10 €/jour. 20 €/semaine. 40 €/mois. 200 €/semestre. Abonnés Tempo : 8 €/jour. 15 €/semaine. 30 €/mois. 150 €/semestre.

Plus économique et écologique que lui, il n'y a que vos pieds ! Avec le service Tempo Vélo, l'Agglomération d'Agen se parcourt à votre guise. Alors, en selle ! Pour 1 jour, 1 semaine, 1 mois, voire 1 semestre, le service de location de vélos à assistance électrique est fait pour vous. Les vélos sont équipés d'un panier intégré et d'un antivol. Des vélos se trouvent en libre-service sur le territoire avec l'application Tempo Vélo, à télécharger. Agen et les villes alentour comptent plusieurs stations. Petit Futé vous souhaite une bonne balade.

COVOITURAGE EN LOT-ET-GARONNE

AGEN

Le covoiturage est très prisé en ces moments des prix incertains des carburants, de la sensibilisation à l'environnement et de la densité de la circulation. Le conseil départemental a donc mis en place une plate-forme de covoiturage www.covoiturage-47.fr où l'inscription est gratuite. Bien sûr les possibilités de départ et d'arrivée ne se cantonnent pas aux frontières du Lot-et-Garonne mais la majorité des voyages proposés comporte la ville d'Agen.

S'INFORMER

Le Lot-et-Garonne est un territoire rural et en ce sens on pourrait croire que son activité médiatique reste modeste. Pourtant, au vu des nombreux organes de presse qui existent dans le domaine de la radio ou de la presse écrite, le département paraît être un territoire plutôt actif. La presse Quotidienne Régionale est représentée par deux grands journaux, en l'occurrence le Groupe Sud Ouest et le groupe de La Dépêche du Midi elle-même scindée en plusieurs quotidiens qui ne sont pas tous distribués au même endroit, preuve que le Lot-et-Garonne est une terre partagée entre Aquitaine et Occitanie. Au niveau du média radiophonique, il existe un nombre important de radios disséminées un peu partout sur le territoire qui délivrent une information à la fois régionale, mais aussi localisée à leur seul périmètre de diffusion permettant aux habitants de pouvoir bénéficier d'une source d'informations locales auxquelles ils sont attachés.

LE RÉPUBLICAIN LOT-ET-GARONNE

38, Rue Léopold Faye
✆ 05 53 20 92 93

Cet hebdomadaire, dont la rédaction est basée à Marmande, paraît chaque jeudi. Sa zone de diffusion s'étend sur toute la partie ouest du département. Faits divers, politique, économie, culture, sport : la vie dans des communes comme Duras, Miramont-de-Guyenne, Marmande, Tonneins, Casteljaloux, Damazan, Nérac et les villages aux alentours est passée à la loupe. Le journal est une mine d'informations pratiques et recense tous les événements festifs sur le territoire.

SUD RADIO

104, avenue du Président-Kennedy
PARIS (16e)
✆ 08 26 30 03 00 - www.sudradio.fr
Fréquence FM Gers : 102.

Née dans les années 1960 en Andorre, la station Sud Radio n'a cessé de se développer. Allongeant ses ondes tout d'abord dans le Sud-Ouest, elle a conquis l'Ile-de-France, et donc Cergy-Pontoise et ses environs, en 2011. La radio propose un programme de débats et de libre expression. L'animation est assurée par des personnalités reconnues. Enfin, même si elle émet dorénavant exclusivement de Paris, elle conserve une journaliste correspondante à Toulouse et reste fidèle à l'Ovalie en faisant une large part aux retransmissions de matches de rugby.

47FM

6, rue de Rigoulet
BOÉ
www.47fm.net

Une radio qui vous raconte l'actualité locale avec dynamisme, une bonne programmation musicale et deux rendez-vous phares : *Le Réveil du Lot-et-Garonne* en compagnie du jeune animateur Di Papet de 6h à 10h du lundi au vendredi avec les actualités, infos, météo, bonne humeur, musiques, jeux et chroniques puis de 15h à 19h *L'Aprem 47FM* animé par Yann. Sans oublier l'émission consacrée au ballon ovale qui est diffusée tous les lundis et jeudis de 19h à 20h. Trois longueurs d'onde : 87.7 à Agen, 87.6 dans le Fumelois et 96.2 à Nérac et en Albret.

ARL

8, place des Carmes
✆ 05 56 63 35 52
www.arlfm.com

ARL Aquitaine Radio Live est une station de radio indépendante régionale créée en 1984 basée à Langon en Gironde et qui diffuse de la musique, des informations locales, des jeux et des journaux d'actualité sur une grande partie de la Nouvelle-Aquitaine. L'actualité locale y est abordée et le week-end, la station fait un focus important sur les infos sportives et des lives comme radio partenaire du SUA-LG, dont elle diffuse en direct les matches. Les différentes fréquences : Marmande : 90.0 ; Agen et Nérac : 98.1 ; *ARL* fait partie de l'association lesindes-radio.fr.

FRANCE 3 NOUVELLE-AQUITAINE

Lasserre-Estillac-Agen
✆ 05 53 77 20 19

France 3 Nouvelle-Aquitaine dispose d'une antenne à Agen située à l'Agropole et qui appartient au réseau des chaînes régionales de *France 3*. Les infos locales dans des domaines très variés sont couvertes sur l'ensemble du département, en fonction de l'actualité. Les reportages sont diffusés dans les émissions régionales et dans les décrochages du journal d'actualité de *France 3 Nouvelle-Aquitaine* et parlent des événements demandant un focus télévisuel.

RADIO FG

51, rue de Rivoli - **PARIS** (1er)
✆ 01 40 13 88 00
www.radiofg.com
Fréquence : 98.2 FM.

Radio FG est la radio musicale de référence électro. Elle propose un programme axé sur la deep et la house-music. Acteur unique du paysage radiophonique français, Radio FG est la radio « Feel Good ». FG diffuse son programme dans 28 villes françaises. Radio FG est à l'origine du mouvement French Touch. C'est le découvreur et l'incubateur des nouveaux talents, pionnier dans la diffusion et le rayonnement de l'électro en France et dans le monde depuis 1992. Ecoutez FG en FM, DAB+, sur radioFG.com, Applis, Boxes, Satellite et 4G.

LE PETIT BLEU

113, boulevard Carnot
AGEN
✆ 05 53 77 06 70
www.petitbleu.fr

Le Bleu comme on dit à Agen est le journal d'Agen, c'est le quotidien le plus lu dans la métropole. C'est une institution qui existe depuis 1914. Son nom rappelle que la préfecture recevait du ministère de la guerre les nouvelles du front des Agenais sur du papier bleu c'est-à-dire en télégramme, qu'elle affichait et cela créait des attroupements très importants. Alors est née dans l'esprit de certains journalistes l'idée de créer un journal appelé Le Petit Bleu. Supplément TV le dimanche. A noter que le *Petit Bleu* fait partie du groupe *La Dépêche*.

RADIO BULLE (93.6)

2, place des Jacobins
AGEN
✆ 05 53 87 30 01
www.radiobulle.net

Cette radio locale a été créée en 1984. Elle est située au cœur de la ville d'Agen et couvre un bassin de population de 250 000 habitants. Radio associative, elle grandit chaque année en proposant de nombreuses émissions en direct sur les principaux événements de l'Agenais. Différentes émissions sont programmées et rythment la semaine autour de l'actualité, les sports, la culture... Diffusé sur 93.6 FM, son programme éclectique est toujours en prise directe avec les territoires et à l'écoute de leurs habitants en déplaçant ses micros directement sur le terrain.

QUIDAM - L'HEBDO

30, rue Naissant
AGEN
✆ 05 53 87 46 75
www.quidamlhebdo.fr

Quidam l'Hebdo est un hebdomadaire gratuit que l'on trouve tous les vendredis chez de nombreux commerçants de l'agglomération agenaise ainsi que l'agglomération villeneuvoise. L'actualité locale est reprise dans ce journal. Quidam Magazine est le grand frère de l'Hebdo. Bimensuel et tiré à plusieurs milliers d'exemplaires, il traite les sujets économiques, politiques et culturels du département. Certaines personnalités locales font l'objet de portraits et les soirées « people » font l'objet de reportages photo. Tous les sujets sont traités de façon originale...

SUD OUEST

19, rue Roussanes
AGEN
✆ 05 47 49 01 50
www.sudouest.com

Un journal qui traite en même temps l'actualité nationale, régionale et départementale, une seule édition Lot-et-Garonne, mais qui traite chaque ville du département. Ainsi, Agen, Marmande, Villeneuve-sur-Lot, Nérac et Tonneins possèdent leur(s) page(s) dédiée(s). Toute l'information générale et les nouvelles locales indispensables y sont traitées, l'actualité quotidienne est passée au crible. Le samedi, le *Mag Sud Ouest* est distribué avec l'édition classique. Quant au dimanche, le journal propose deux magazines : Version *femina* et le magazine Télé.

FG.
radioFG.com
FeelGood.

INDEX

Buzet-sur-Baïse.

Le village de Pujols.
© XAVIER CHAMBELLAND - CDT 47

D

E

Pujols.

Balade dans les rues de Nérac.
© JIMJAG - ADOBE STOCK

M

N

O

P

Q

R

S

EDITION

Directeurs de collection et auteurs : Dominique AUZIAS et Jean-Paul LABOURDETTE
Responsable d'édition : Emma DILIGENT-ESPIET
Auteurs : Nicolas MICHEL, Baptiste RANNOU, Frédéric FILALI, Mathieu DAL'ZOVO, Claire DELBOS, Hermance HITTE, Thomas GIOVANNETTI, Fabien MIETURKA, Axelle PARTAIX, Jean-Paul LABOURDETTE, Dominique AUZIAS et alter
Directeur Editorial : Stéphan SZEREMETA
Rédaction France : Briséis CREAC'H-MENUT, Mélanie COTTARD, Audrey VEDOVOTTO, Nicolas WODARCZAK
Rédaction Monde : Laure CHATAIGNON, Morgane VESLIN, Pierre-Yves SOUCHET, Natalia COLLIER

FABRICATION

Maquette et Montage : Romain AUDREN, Julie BORDES, Delphine PAGANO
Iconographie et Cartographie : Anne DIOT, Julien DOUCET

WEB ET NUMERIQUE

Directeur Web : Louis GENEAU DE LAMARLIERE
Développeurs : Guillaume BARBET, Adeline CAUX et Roland SPOUTIL
Intégrateur Web : Mickael LATTES, Antoine DION
Webdesigner : Caroline LAFFAITEUR
Community Traffic Manager : Alice BARBIER, Mariana BURLAMAQUI et Noémie LE SAUX

DIRECTION COMMERCIALE

Directeur commercial : Guillaume VORBURGER
Coordinatrice des Régies commerciales : Manon GUERIN assistée de Jonas HESOL
Account Manager Marketplace : Leila ROUGEOT assistée de Lola FAVRE-MOT
Responsable Régies locales : Michel GRANSEIGNE
Responsables Développement régie inter : Jean-Marc FARAGUET et Guillaume LABOUREUR et Camille ESMIEU
Chefs de Publicité Régie nationale : Caroline AUBRY, François BRIANCON-MARJOLLET, Perrine DE CARNE MARCEIN, Jonathan TOUTOUX et Amélie NOEL

DIFFUSION ET PROMOTION

Directrice des Ventes : Bénédicte MOULET assistée d'Aissatou DIOP
Responsable des ventes : Jean-Pierre GHEZ assisté de Nelly BRION
Relations Presse-Partenariats : Jean-Mary MARCHAL

ADMINISTRATION

Président : Jean-Paul LABOURDETTE
Directrice des Ressources Humaines : Dina BOURDEAU assistée de Sandra DOS REIS et Eva BAELEN
Directrice Administrative et Financière : Valérie DECOTTIGNIES
Comptabilité : Guillaume PETIT, Aminata BAGAYOKO, Jeannine DEMIRDJIAN
Recouvrement : Fabien BONNAN assisté de Sandra BRIJLALL
Responsable informatique : Elie NZUZI-LEBA

PETIT FUTÉ LOT-ET-GARONNE

LES NOUVELLES EDITIONS DE L'UNIVERSITE
18, rue des Volontaires - 75015 Paris.
✆ 01 53 69 70 00 - Fax 01 42 73 15 24
Internet : www.petitfute.com
SAS au capital de 1 000 000 € - RC PARIS B 309 769 966
Couverture : Butte de la Vierge, Monbahus non loin de Miramont-de-Guyenne © Teddy Verneuil Lezbroz
Impression : IMPRIMERIE CHIRAT - 42540 Saint-Just-la-Pendue
Achevé d'imprimer : juin 2022
Dépôt légal : 27/07/2022
ISBN : 9782305074337

Pour nous contacter par email, indiquez le nom de famille en minuscule suivi de @petitfute.com
Pour le courrier des lecteurs : info@petitfute.com

IMPRIMÉ EN FRANCE

COLLABOREZ
À LA PROCHAINE ÉDITION